MOSAIK 2

German Language and Culture

VISTA
HIGHER LEARNING

Boston, Massachusetts

Publisher: José A. Blanco

President: Janet Dracksdorf

Vice President, Editorial Director: Amy Baron

Managing Editor: Elvira Ortiz

Senior National Language Consultant: Norah Lulich Jones

Editorial Development: Judith Bach, Deborah Coffey, Aliza B. Krefetz, Thomas Kroy, Katie Van Adzin

Project Management: Maria Rosa Alcaraz, Cécile Engeln, Sharon Inglis

Technology Editorial: Darío González, Egle Gutiérrez, Paola Ríos Schaaf

Design and Production Director: Marta Kimball

Senior Creative Designer, Print & Web/Interactive: Susan Prentiss

Production Manager: Oscar Díez

Design and Production Team: Liliana Bobadilla, María Eugenia Castaño, Michelle Groper, Mauricio Henao, Jhoany Jiménez, Fabián Darío Montoya, Erik Restrepo, Sónia Teixeira, Andrés Vanegas, Nick Ventullo

Student Edition ISBN-13: 978-1-61857-184-7
Teacher's Annotated Edition (TAE) ISBN-13: 978-1-61857-187-8
Library of Congress Card Number: 2013930655

1 2 3 4 5 6 7 8 9 WC 17 16 15 14 13

TEACHER'S ANNOTATED EDITION

Table of Contents

KONTEXT	FOTOROMAN	KULTUR	STRUKTUREN	WEITER GEHT'S

KAPITEL 1

LEKTION 1A Hallo! Wie geht's?

KONTEXT	FOTOROMAN	KULTUR	STRUKTUREN	WEITER GEHT'S
Kontext: Wie geht's? **Aussprache und Rechtschreibung:** The German alphabet	**Folge 1:** Willkommen in Berlin!	**Im Fokus:** Hallo, Deutschland! **Porträt:** Das Brandenburger Tor	**1A.1** Gender, articles, and nouns **1A.2** Plurals **1A.3** Subject pronouns, **sein**, and the nominative case **Wiederholung** **Zapping:** *Deutsche Bahn*	**Panorama:** Die deutschsprachige Welt **Lesen:** Adressbuch **Hören** **Schreiben** **Wortschatz**

LEKTION 1B

KONTEXT	FOTOROMAN	KULTUR	STRUKTUREN	WEITER GEHT'S
Kontext: In der Schule **Aussprache und Rechtschreibung:** The vowels **a**, **e**, **i**, **o**, and **u**	**Folge 2:** Oh, George!	**Im Fokus:** Die Schulzeit **Porträt:** Der Schultag	**1B.1 Haben** and the accusative case **1B.2** Word order **1B.3** Numbers **Wiederholung**	

KAPITEL 2

LEKTION 2A Schule und Studium

KONTEXT	FOTOROMAN	KULTUR	STRUKTUREN	WEITER GEHT'S
Kontext: An der Universität **Aussprache und Rechtschreibung:** Consonant sounds	**Folge 3:** Checkpoint Charlie	**Im Fokus:** Uni-Zeit, Büffel-Zeit **Porträt:** Uni Basel	**2A.1** Regular verbs **2A.2** Interrogative words **2A.3** Talking about time and dates **Wiederholung** **Zapping:** *TU* Berlin	**Panorama:** Berlin **Lesen:** Karlswald-Universität **Hören** **Schreiben** **Wortschatz**

LEKTION 2B

KONTEXT	FOTOROMAN	KULTUR	STRUKTUREN	WEITER GEHT'S
Kontext: Sport und Freizeit **Aussprache und Rechtschreibung:** Diphthongs: **au**, **ei/ai**, and **eu/aü**	**Folge 4:** Ein Picknick im Park	**Im Fokus:** Skifahren im Blut **Porträt:** Mesut Özil	**2B.1** Stem-changing verbs **2B.2** Present tense as future **2B.3** Negation **Wiederholung**	

KAPITEL 3

LEKTION 3A Familie und Freunde

KONTEXT	FOTOROMAN	KULTUR	STRUKTUREN	WEITER GEHT'S
Kontext: Sabine Schmidts Familie **Aussprache und Rechtschreibung:** Final consonants	**Folge 5:** Ein Abend mit der Familie	**Im Fokus:** Eine deutsche Familie **Porträt:** Angela Merkel	**3A.1** Possessive adjectives **3A.2** Descriptive adjectives and adjective agreement **3A.3 Gern** and **nicht gern** **Wiederholung** **Zapping:** *Volkswagen*	**Panorama:** Die Vereinigten Staaten und Kanada **Lesen:** Hunde und Katzen **Hören** **Schreiben** **Wortschatz**

LEKTION 3B

KONTEXT	FOTOROMAN	KULTUR	STRUKTUREN	WEITER GEHT'S
Kontext: Wie sind sie? **Aussprache und Rechtschreibung:** Consonant clusters	**Folge 6:** Können wir Freunde sein?	**Im Fokus:** Auf unsere Freunde! **Porträt:** Ernst August von Hannover	**3B.1** Modals **3B.2** Prepositions with the accusative **3B.3** The imperative **Wiederholung**	

KAPITEL 4

LEKTION 4A Essen

KONTEXT	FOTOROMAN	KULTUR	STRUKTUREN	WEITER GEHT'S
Kontext: Lebensmittel **Aussprache und Rechtschreibung:** The German **s**, **z**, and **c**	**Folge 7:** Börek für alle	**Im Fokus:** Der Wiener Naschmarkt **Porträt:** Wolfgang Puck	**4A.1** The modal **mögen** **4A.2** Adverbs **4A.3** Separable and inseparable prefix verbs **Wiederholung** **Zapping:** *Yello Strom*	**Panorama:** Österreich **Lesen:** Die ersten Monate in Graz **Hören** **Schreiben** **Wortschatz**

LEKTION 4B

KONTEXT	FOTOROMAN	KULTUR	STRUKTUREN	WEITER GEHT'S
Kontext: Im Restaurant **Aussprache und Rechtschreibung:** The German **s** in combination with other letters	**Folge 8:** Die Rechnung, bitte!	**Im Fokus:** Wiener Kaffeehäuser **Porträt:** Figlmüller	**4B.1** The dative **4B.2** Prepositions with the dative **Wiederholung**	

KONTEXT	FOTOROMAN	KULTUR	STRUKTUREN	WEITER GEHT'S
ÜBERBLICK Reviews material from **MOSAIK 2**				
LEKTION 1A Gesundheit				
Kontext: Im Badezimmer **Aussprache und Rechtschreibung:** Vocalic **r**	**Folge 1:** Guten Morgen, Herr Professor	**Im Fokus:** Kur **Porträt:** Nivea	**1A.1** Reflexives verbs with accusative reflexive pronouns **1A.2** Reflexives verbs with dative reflective pronouns **1A.3** Reciprocal verbs and reflexives used with prepositions **Wiederholung** **Zapping:** *Du bist Deutschland*	**Panorama:** Mecklenburg-Vorpommern und Brandenburg **Lesen:** Andis Blog / Fit in 10 Minuten **Hören** **Schreiben** **Wortschatz**
LEKTION 1B				
Kontext: Beim Arzt **Aussprache und Rechtschreibung:** Syllabic stress	**Folge 2:** Im Krankenhaus	**Im Fokus:** Apotheken **Porträt:** Röntgen	**1B.1 Der Konjunktiv II** **1B.2 Würden** with the infinitive **Wiederholung**	
LEKTION 2A Stadtleben				
Kontext: Besorgungen **Aussprache und Rechtschreibung:** The glottal stop	**Folge 3:** Gute Neuigkeiten	**Im Fokus:** Fußgängerzonen **Porträt:** Die Deutsche Post	**2A.1** Subordinating conjunctions **2A.2** Adjectives used as nouns **2A.3 Das Futur I** **Kurzfilm** *Fanny*	**Panorama:** Niedersachsen und Nordrhein-Westfalen **Lesen:** Hermann Hesse, *Allein*; Paul Celan, *Todesfuge* **Hören** **Schreiben** **Wortschatz**
LEKTION 2B				
Kontext: In der Stadt **Aussprache und Rechtschreibung:** Loan words (Part 1)	**Folge 4:** Sabites Nacht	**Im Fokus:** Kabarett **Porträt:** Pina Bausch	**2B.1** Prepositions of direction **2B.2** Talking about nationality **Wiederholung**	
LEKTION 3A Beruf und Karriere				
Kontext: Im Büro **Aussprache und Rechtschreibung:** Loan words (Part 2)	**Folge 5:** Sag niemals nie	**Im Fokus:** Familienunternehmen **Porträt:** Robert Bosch	**3A.1** Relative pronouns **3A.2** Perfekt versus **Präteritum** (review) **Wiederholung** **Kurzfilm** *Die Berliner Mauer*	**Panorama:** Baden-Württemberg, Saarland und Rheinland-Pfalz **Lesen:** Peter Bichsel, *Der Erfinder* **Hören** **Schreiben** **Wortschatz**
LEKTION 3B				
Kontext: Berufe **Aussprache und Rechtschreibung:** Recognizing near-cognates	**Folge 6:** Schlechte Nachrichten	**Im Fokus:** Sozialversicherungen **Porträt:** Marshallplan	**3B.1 Das Futur II** **3B.2** Adjective endings (review) **Wiederholung**	
LEKTION 4A Natur				
Kontext: In der Natur **Aussprache und Rechtschreibung:** Intonation	**Folge 7:** In der Kunstgallerie	**Im Fokus:** Biodiverse Landschaften Deutschlands **Porträt:** Alexander von Humboldt	**4A.1 Der Konjunktiv der Vergangenheit** **4B.2 Partizip Präsens** **Wiederholung** **Kurzfilm** *Kursdorf*	**Panorama:** Sachsen-Anhalt und Sachsen **Lesen:** Rose Ausländer, *Meine Nachtigall*; Rilke, *Duineser Elegien: Die achte Elegie* **Hören** **Schreiben** **Wortschatz**
LEKTION 4B				
Kontext: Die Umwelt **Aussprache und Rechtschreibung:** Tongue twisters	**Folge 8:** Auf Wiedersehen, Berlin!	**Im Fokus:** Grüne Berufe in Sachsen **Porträt:** Michael Braungart	**4B.1 Der Konjunktiv I** and indirect speech **4B.2** The passive voice **Wiederholung**	

KAPITEL 1 — **KAPITEL 2** — **KAPITEL 3** — **KAPITEL 4**

Your source for integrated text-technology resources

Powerful tools that you can customize for your personal course management, along with the integrated content students need to improve—and enjoy—learning.

Focused uniquely on world language, with robust features that speak to you and your students' needs. How do we know? Feedback from our 20,000 language teachers and 1 million students.

Simplified experience so you can navigate the site easily, have flexible options, and quickly sort a wealth of information.

- **Stop Student Frustration:** Make it a cinch for students to track due dates, save work, and get access to all available Supersite resources.

- **Set-Up Ease:** Customize your class(es), create your own grading categories, plus copy previous settings to save time.

- **All-in-One Gradebook:** Save time with multi-level viewing, easy grade adjustment, and options to add outside grades for a true, cumulative grade.

- **Grading Options:** Choose to grade student-by-student, question-by-question, or spot check. Plus, use in-line editing and voice comments for targeted feedback.

- **Accessible Student Data:** Share information one-on-one with convenient views, and produce class reports in the formats that best fit you and your department.

Teaching and learning all in one place

Supersite Integrated text-technology resources with multiple levels of access.

For you

- A gradebook to manage classes, view rosters, set assignments, and manage grades
- A communication center for announcements and notifications
- Teacher resources, including answer keys, videoscripts, audioscripts, info gap activities, and worksheets
- Online assessments, plus the complete Testing Program in Rich Text Format (RTF)
- MP3 files of the complete Lab and Testing Audio Programs
- Grammar presentation slides
- Lesson plan RTFs
- Pre-made syllabi
- Complete access to the Student Supersite
- Voiceboards for oral assignments, group discussions, homework, projects, and explanation of complex material
- Online tools to support communication and collaboration
- vText—the online, interactive student edition

For your students

- Textbook activities with auto-grading and instant feedback
- Additional auto-graded activities for extra practice
- Streaming video with teacher-controlled subtitles and translations
- Internet search activities
- Recorded readings
- Textbook and Lab audio MP3s
- Auto-graded tests and exams
- Chat activities for conversational skill-building and oral practice
- Pronunciation practice
- WebSAM, the online Workbook and Video/Lab Manual that includes:
  - Audio record-submit activities
  - Auto-grading for select activities
- vText—the online, interactive student edition

virtual
interactive
text

Integrated with the Supersite, the **Mosaik vText** provides teachers and students with an online interactive textbook that has links to textbook activities, audio, video, and more. Lighten backpacks! The Supersite and vText are iPad® friendly.

CHAPTER OPENERS

outline the content and features of each chapter.

Urlaub und Ferien

KAPITEL 3

Chapter opener photos highlight scenes from the **Fotoroman** that illustrate the chapter theme. They are snapshots of the characters that students will come to know throughout the program.

Content lists break down each chapter into its two lessons and one **Weiter geht's** section, giving you an at-a-glance summary of the vocabulary, grammar, cultural topics, and language skills covered in the chapter.

ⓢupersite

Supersite resources are available for every section of each chapter at **vhlcentral.com.** Icons show you which textbook activities are also available online, and where additional practice activities are available. The description next to the ⓢ icon indicates what additional resources are available for each section: videos, audio recordings, readings, presentations, and more!

Supersite features vary by access level. Visit **vistahigherlearning.com** to explore which Supersite level is right for you.

KONTEXT

presents and practices vocabulary in meaningful contexts.

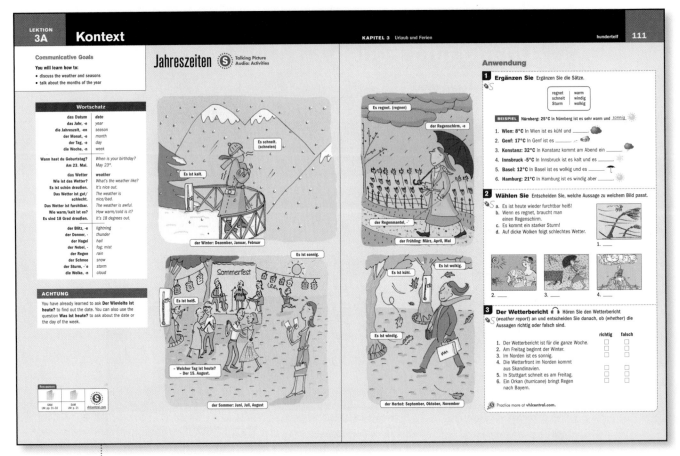

Communicative goals highlight the real-life tasks you will be able to carry out in German by the end of each lesson.

Illustrations introduce high-frequency vocabulary through expansive, full-color images.

Wortschatz sidebars call out important theme-related vocabulary in easy-to-reference German-English lists.

Ressourcen boxes let you know what print and technology ancillaries reinforce and expand on every section of every lesson.

Achtung boxes give you additional information about how and when to use certain vocabulary words or grammar structures.

Kontext always contains one audio activity that accompanies either the **Anwendung** or the **Kommunikation** practice activities. **Anwendung** follows a pedagogical sequence that starts with simpler, shorter, discrete recognition activities and builds toward longer, more complex production activities.

Ⓢupersite

- Audio recordings of all vocabulary items
- Audio for **Kontext** listening activity
- Talking Picture activity
- Textbook activities
- Additional online-only practice activities

Supersite features vary by access level. Visit **vistahigherlearning.com** to explore which Supersite level is right for you.

KONTEXT

practices vocabulary using communication activities.

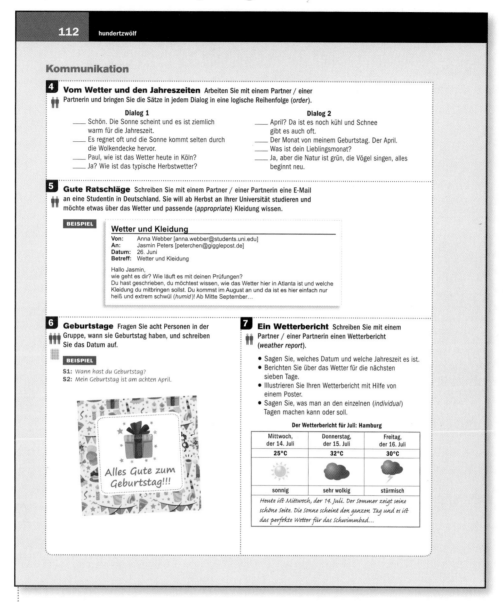

Kommunikation

4 **Vom Wetter und den Jahreszeiten** Arbeiten Sie mit einem Partner / einer Partnerin und bringen Sie die Sätze in jedem Dialog in eine logische Reihenfolge (order).

Dialog 1

____ Schön. Die Sonne scheint und es ist ziemlich warm für die Jahreszeit.

____ Es regnet oft und die Sonne kommt selten durch die Wolkendecke hervor.

____ Paul, wie ist das Wetter heute in Köln?

____ Ja? Wie ist das typische Herbstwetter?

Dialog 2

____ April? Da ist es noch kühl und Schnee gibt es auch oft.

____ Der Monat von meinem Geburtstag. Der April.

____ Was ist dein Lieblingsmonat?

____ Ja, aber die Natur ist grün, die Vögel singen, alles beginnt neu.

5 **Gute Ratschläge** Schreiben Sie mit einem Partner / einer Partnerin eine E-Mail an eine Studentin in Deutschland. Sie will ab Herbst an Ihrer Universität studieren und möchte etwas über das Wetter und passende (appropriate) Kleidung wissen.

BEISPIEL

Wetter und Kleidung

Von: Anna Webber [anna.webber@students.uni.edu]
An: Jasmin Peters [peterchen@gigglepost.de]
Datum: 26. Juni
Betreff: Wetter und Kleidung

Hallo Jasmin,
wie geht es dir? Wie läuft es mit deinen Prüfungen?
Du hast geschrieben, du möchtest wissen, wie das Wetter hier in Atlanta ist und welche Kleidung du mitbringen sollst. Du kommst im August an und da ist es hier einfach nur heiß und extrem schwül (humid)! Ab Mitte September…

6 **Geburtstage** Fragen Sie acht Personen in der Gruppe, wann sie Geburtstag haben, und schreiben Sie das Datum auf.

BEISPIEL

S1: Wann hast du Geburtstag?
S2: Mein Geburtstag ist am achten April.

Alles Gute zum Geburtstag!!!

7 **Ein Wetterbericht** Schreiben Sie mit einem Partner / einer Partnerin einen Wetterbericht (weather report).

• Sagen Sie, welches Datum und welche Jahreszeit es ist.
• Berichten Sie über das Wetter für die nächsten sieben Tage.
• Illustrieren Sie Ihren Wetterbericht mit Hilfe von einem Poster.
• Sagen Sie, was man an den einzelnen (individual) Tagen machen kann oder soll.

Der Wetterbericht für Juli: Hamburg

Mittwoch, der 14. Juli	Donnerstag, der 15. Juli	Freitag, der 16. Juli
25°C	32°C	30°C
sonnig	sehr wolkig	stürmisch

Heute ist Mittwoch, der 14. Juli. Der Sommer zeigt seine schöne Seite. Die Sonne scheint den ganzen Tag und ist das perfekte Wetter für das Schwimmbad…

Kommunikation activities make use of discourse-level prompts, allowing you to use the vocabulary creatively in interactions with a partner, a small group, or the entire class.

Icons provide on-the-spot visual cues for pair, small group, language recycling, listening-based, and worksheet-based or information gap activities.

For a legend explaining the icons used in the student text, see page xii.

Ⓢupersite

• Virtual Chat activities for recording and submitting a simulated conversation online.
• Work with a partner online to record and submit an activity with the Partner Chat feature.

Supersite features vary by access level. Visit **vistahigherlearning.com** to explore which Supersite level is right for you.

AUSSPRACHE UND RECHTSCHREIBUNG

presents the rules of German pronunciation and spelling.

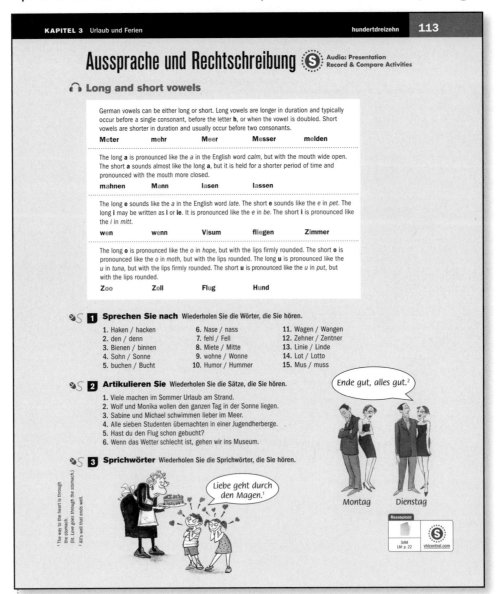

Aussprache und Rechtschreibung ⓈAudio: Presentation / Record & Compare Activities

🎧 Long and short vowels

German vowels can be either long or short. Long vowels are longer in duration and typically occur before a single consonant, before the letter **h**, or when the vowel is doubled. Short vowels are shorter in duration and usually occur before two consonants.

Meter   **mehr**   **Meer**   **Messer**   **melden**

The long **a** is pronounced like the *a* in the English word *calm*, but with the mouth wide open. The short **a** sounds almost like the long **a**, but it is held for a shorter period of time and pronounced with the mouth more closed.

mahnen   **Mann**   **lasen**   **lassen**

The long **e** sounds like the *a* in the English word *late*. The short **e** sounds like the *e* in *pet*. The long **i** may be written as **i** or **ie**. It is pronounced like the *e* in *be*. The short **i** is pronounced like the *i* in *mitt*.

wen   **wenn**   **Visum**   **fliegen**   **Zimmer**

The long **o** is pronounced like the *o* in *hope*, but with the lips firmly rounded. The short **o** is pronounced like the *o* in *moth*, but with the lips rounded. The long **u** is pronounced like the *u* in *tuna*, but with the lips firmly rounded. The short **u** is pronounced like the *u* in *put*, but with the lips rounded.

Zoo   **Zoll**   **Flug**   **Hund**

1 Sprechen Sie nach Wiederholen Sie die Wörter, die Sie hören.

1. Haken / hacken
2. den / denn
3. Bienen / binnen
4. Sohn / Sonne
5. buchen / Bucht
6. Nase / nass
7. fehl / Fell
8. Miete / Mitte
9. wohne / Wonne
10. Humor / Hummer
11. Wagen / Wangen
12. Zehner / Zentner
13. Linie / Linde
14. Lot / Lotto
15. Mus / muss

2 Artikulieren Sie Wiederholen Sie die Sätze, die Sie hören.

1. Viele machen im Sommer Urlaub am Strand.
2. Wolf und Monika wollen den ganzen Tag in der Sonne liegen.
3. Sabine und Michael schwimmen lieber im Meer.
4. Alle sieben Studenten übernachten in einer Jugendherberge.
5. Hast du den Flug schon gebucht?
6. Wenn das Wetter schlecht ist, gehen wir ins Museum.

Ende gut, alles gut.²

3 Sprichwörter Wiederholen Sie die Sprichwörter, die Sie hören.

Liebe geht durch den Magen.¹

Montag   Dienstag

¹ The way to the heart is through the stomach. (lit. Love goes through the stomach.)
² All's well that ends well.

Ressourcen — SAM LM: p. 22 — Ⓢ vhlcentral.com

Explanations of German pronunciation and spelling are presented clearly, with abundant model words and phrases. The red highlighting feature focuses your attention on the target structure.

Practice pronunciation and spelling at the word- and sentence-levels. The final activity features illustrated sayings and proverbs that present the target structures in an entertaining cultural context.

The headset icon at the top of the page indicates that the explanation and activities are recorded for convenient use in or outside of class.

Ⓢupersite

- Audio recording of the **Aussprache und Rechtschreibung** presentation
- Record-and-compare activities

Supersite features vary by access level. Visit **vistahigherlearning.com** to explore which Supersite level is right for you.

FOTOROMAN

tells the story of a group of students living in Berlin.

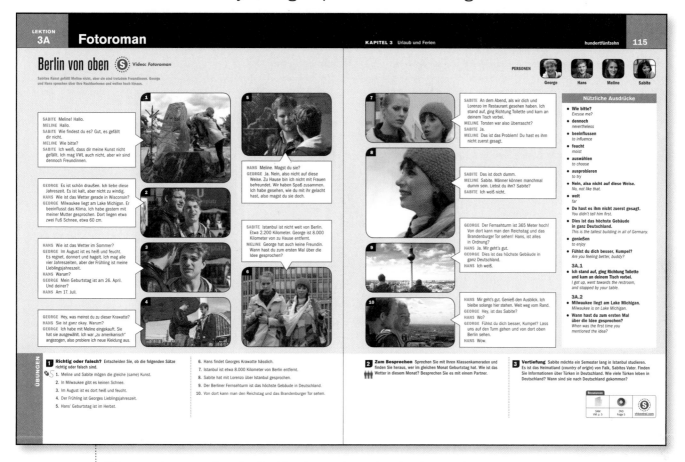

Fotoroman is a versatile episodic video that can be assigned as homework, presented in class, or used as review. To learn more about using the **Fotoroman** video, turn to page T27.

Conversations reinforce vocabulary from **Kontext**. They also preview structures from the upcoming **Strukturen** section in context.

Personen features the cast of recurring **Fotoroman** characters, including students: George, Sabite, Meline, and Hans.

Nützliche Ausdrücke calls out the most important words and expressions from the **Fotoroman** episode that have not been formally presented. This vocabulary is not tested. The blue numbers refer to the grammar structures presented in the lesson.

Übungen activities include comprehension questions, a communicative task, and a research-based task.

ⓢupersite

- Streaming video with teacher-controlled captioning for all 8 episodes of the **Fotoroman**
- End-of-video **Zusammenfassung** section where key vocabulary and grammar from the episode are re-inforced
- ⓢ students work with a partner online to record and submit an activity

Supersite features vary by access level. Visit **vistahigherlearning.com** to explore which Supersite level is right for you.

KULTUR

explores cultural themes introduced in **KONTEXT.**

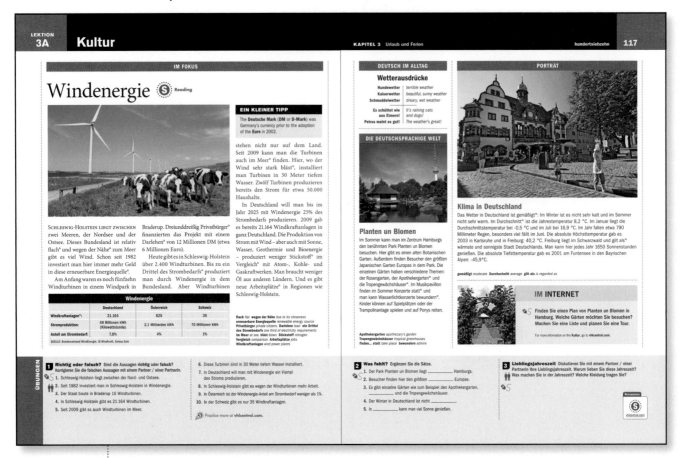

Im Fokus presents an in-depth reading about the lesson's cultural theme. Full-color photos bring to life important aspects of the topic, while charts support the main text with statistics and additional information.

Ein kleiner Tipp boxes provide helpful tips for reading and understanding German.

Porträt spotlights notable people, places, events, and products from the German-speaking world. This article is thematically linked to the lesson.

Deutsch im Alltag presents additional vocabulary related to the lesson theme, showcasing words and phrases used in everyday spoken German. This vocabulary is not tested.

Die deutschsprachige Welt focuses on the people, places, dialects, and traditions in regions where German is spoken. This short article is thematically linked to the lesson.

Im Internet boxes, with provocative questions and photos, direct you to the **MOSAIK** Supersite where you can continue to learn about the topics in **Kultur.**

Supersite

- **Kultur** reading
- **Im Internet** research activity expands on the lesson theme
- Reading-based activity

Supersite features vary by access level. Visit **vistahigherlearning.com** to explore which Supersite level is right for you.

STRUKTUREN

presents German grammar in a graphic-intensive format.

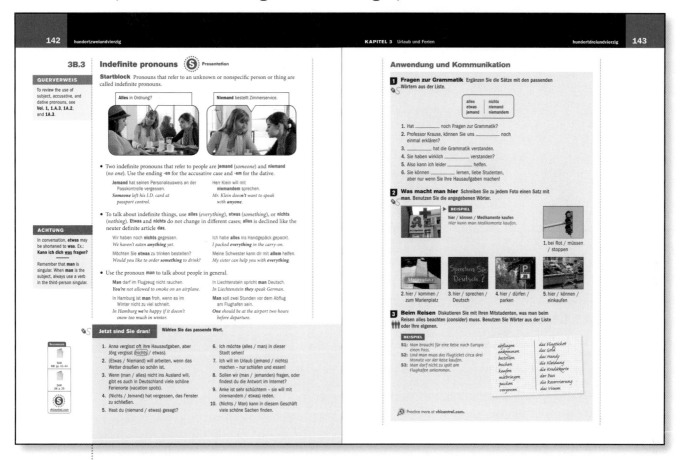

Format includes one to two pages of explanation for each grammar point, followed by one to two pages of activities. Two to three grammar points are featured in each lesson.

Startblock eases you into each grammar explanation, with definitions of grammatical terms and reminders about grammar concepts with which you are already familiar.

Photos from the **Fotoroman** consistently integrate the lesson's video episode with the grammar explanations.

Querverweis boxes call out information covered in earlier lessons or provide cross-references to related topics you will see in future chapters.

Achtung boxes clarify potential sources of confusion and provide supplementary information.

Jetzt sind Sie dran! is your first opportunity to practice the new grammar point.

Anwendung offers a wide range of guided activities that combine lesson vocabulary and previously learned material with the new grammar point.

Kommunikation activities provide opportunities for self-expression using the lesson grammar and vocabulary. These activities feature interaction with a partner, in small groups, or with the whole class.

ⓢupersite

- Grammar presentations
- Textbook activities
- Additional online-only practice activities
- Chat activities for conversational skill-building and oral practice

Supersite features vary by access level. Visit **vistahigherlearning.com** to explore which Supersite level is right for you.

WIEDERHOLUNG

pulls the lesson together.

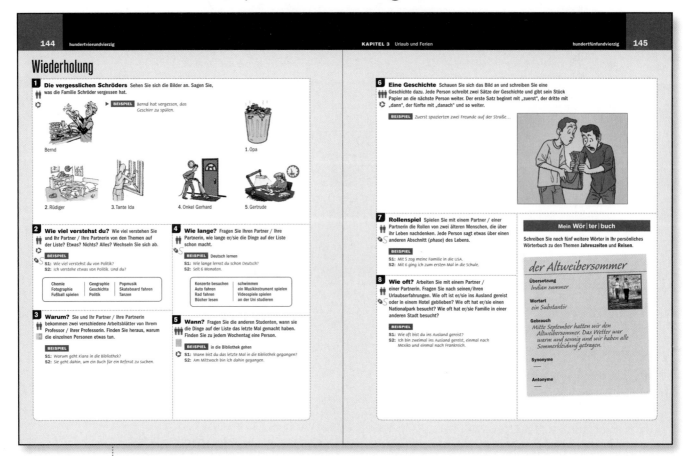

Wiederholung activities integrate the lesson's grammar points and vocabulary with previously learned vocabulary and structures, providing consistent, built-in review as you progress through the text.

Pair and group icons indicate communicative activities such as role play, games, personal questions, interviews, and surveys.

Information gap activities, identified by interlocking puzzle pieces, engage you and a partner in problem-solving situations.

Recycling icons call out the activities in which you will practice the lesson's grammar and vocabulary along with previously learned material.

Mein Wörterbuch in the B lesson of each chapter offers the opportunity to increase your vocabulary and contextualize new words.

Supersite

- Virtual Chat activities for recording and submitting a simulated conversation online.
- Work with a partner online to record and submit an activity with the Partner Chat feature.

Supersite features vary by access level. Visit **vistahigherlearning.com** to explore which Supersite level is right for you.

ZAPPING

features TV commercials and public service announcements.

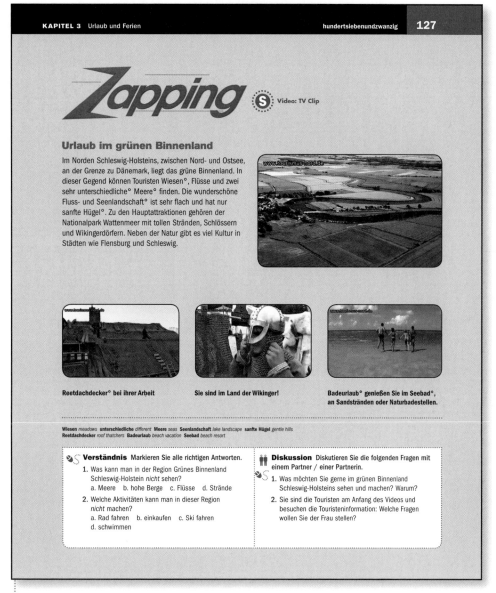

Zapping

S Video: TV Clip

Urlaub im grünen Binnenland

Im Norden Schleswig-Holsteins, zwischen Nord- und Ostsee, an der Grenze zu Dänemark, liegt das grüne Binnenland. In dieser Gegend können Touristen Wiesen°, Flüsse und zwei sehr unterschiedliche° Meere° finden. Die wunderschöne Fluss- und Seenlandschaft° ist sehr flach und hat nur sanfte Hügel°. Zu den Hauptattraktionen gehören der Nationalpark Wattenmeer mit tollen Stränden, Schlössern und Wikingerdörfern. Neben der Natur gibt es viel Kultur in Städten wie Flensburg und Schleswig.

www.tourismus-nord.de

Reetdachdecker° bei ihrer Arbeit

Sie sind im Land der Wikinger!

Badeurlaub° genießen Sie im Seebad°, an Sandstränden oder Naturbadestellen.

Wiesen *meadows* **unterschiedliche** *different* **Meere** *seas* **Seenlandschaft** *lake landscape* **sanfte Hügel** *gentle hills*
Reetdachdecker *roof thatchers* **Badeurlaub** *beach vacation* **Seebad** *beach resort*

Verständnis Markieren Sie alle richtigen Antworten.

1. Was kann man in der Region Grünes Binnenland Schleswig-Holstein *nicht* sehen?
   a. Meere   b. hohe Berge   c. Flüsse   d. Strände

2. Welche Aktivitäten kann man in dieser Region *nicht* machen?
   a. Rad fahren   b. einkaufen   c. Ski fahren
   d. schwimmen

Diskussion Diskutieren Sie die folgenden Fragen mit einem Partner / einer Partnerin.

1. Was möchten Sie gerne im grünen Binnenland Schleswig-Holsteins sehen und machen? Warum?

2. Sie sind die Touristen am Anfang des Videos und besuchen die Touristeninformation: Welche Fragen wollen Sie der Frau stellen?

Zapping presents authentic TV commercials and public service announcements from the German-speaking world.

Summary provides context for each video clip.

Photos and captions provide key information to facilitate comprehension.

Post-viewing activities check comprehension and encourage you to explore the broader themes presented in each film.

Supersite

- Streaming video of the TV clips with teacher-controlled subtitle options

- Textbook activity

Supersite features vary by access level. Visit **vistahigherlearning.com** to explore which Supersite level is right for you.

WEITER GEHT'S

Panorama presents geographical, historical, and cultural information about the German-speaking world.

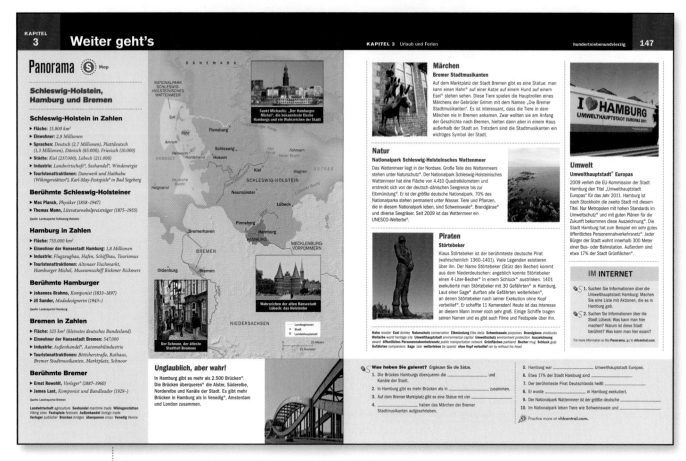

Panorama offers interesting facts about the featured city, region, or country.

Maps point out major geographical features and situate the featured region in the context of its immediate surroundings.

Readings explore different aspects of the featured region's culture, such as history, landmarks, fine art, literature, and insight into everyday life.

Unglaublich aber wahr! highlights an intriguing fact about the featured place, person, or thing.

Comprehension questions check your understanding of key ideas.

Ⓢupersite

- Map with statistics and cultural notes
- **Im Internet** research activity
- Textbook activity
- Partner Chat activities

Supersite features vary by access level. Visit **vistahigherlearning.com** to explore which Supersite level is right for you.

WEITER GEHT'S

Lesen provides practice for reading skills in the context of the chapter's theme.

Lesen Ⓢ Reading: Audio

Vor dem Lesen

Strategien

Predicting content from the title
You can often use titles and subheadings to predict the content of a text before you read it. For example, you can usually predict the content of a newspaper article from its headline. Predicting content from titles will help you increase your reading comprehension in German.

Untersuchen Sie den Text
Lesen Sie die Überschriften (titles) des Textes. Was für eine Textart ist das? Schreiben Sie mit einem Partner / einer Partnerin eine Liste: welche Informationen können Sie in jedem Teil des Textes finden?

Überschriften
Lesen Sie die Überschriften: Was ist das Thema des Textes, der dieser Überschrift folgt (follows)? Wo kann man diese Überschriften finden (in einer Tageszeitung, einem Magazin, einer Broschüre, einem Reiseführer, etc.)?

Regensburg entdecken

Diese Woche in Berlin

Die Pyramiden Ägyptens in 8 Tagen!

DFB-Team verliert Fußball-Länderspiel gegen Frankreich

Am Frankfurter Flughafen wird gestreikt

Die 15 besten Rezepte zum Grillen

Gute Restaurants für Studenten in Kiel

Die Nordseeküste° Schleswig-Holsteins in 6 Tagen

6 Tage Naturerlebnis° für 450 Euro!

1. Tag: Hamburg–Büsum Mit dem Bus von Hamburg nach Brunsbüttel. Hier besichtigen° wir die Schleusen° des Nord-Ostsee-Kanals. Weiter geht es mit dem Bus nach Friedrichskoog. Wir besuchen die Seehundstation° Friedrichskoog, die einzige Seehundstation in Schleswig-Holstein. Per Bus geht es weiter nach Büsum, unserer Endstation heute. Am Nachmittag besuchen wir das „Museum am Meer" mit Informationen über das Fischen an der Nordseeküste. Danach gibt es einen Besuch der 'Sturmflutenwelt' Blanker Hans' mit Demonstration der Flutkatastrophe von 1962.

2. Tag: Büsum–Tönning–St. Peter Ording–Husum Nach einer Busfahrt von Büsum nach Tönning besuchen wir das Multimar Wattforum. Hier kann man in Aquarien Wale und andere Tiere des Wattenmeers sehen. Mit dem Bus geht es weiter nach St. Peter Ording. Wir werden einen Spaziergang am Strand machen und dann den 'Westküstenpark mit Robbinarium' besuchen. (Bei schlechtem Wetter gehen wir in der Dünentherme Freizeit- und Erlebnisbad schwimmen.) Nach einer weiteren Busfahrt besuchen wir das Schloss° vor Husum und den Schlosspark mit seinen wunderschönen Blumen.

3. Tag: Husum–Insel Föhr In Husum machen wir eine Stadtführung° mit dem Fahrrad: Wo hat der berühmte Autor Theodor Storm gelebt und gearbeitet? Mit dem Bus geht es dann nach Dagebüll und mit einer Fähre° auf die Insel° Föhr. Hier besuchen wir ein typisches friesisches Dorf°: Nieblum.

4. Tag: Insel Föhr–Insel Amrum Mit der Fähre fahren wir von Föhr zu der Insel Amrum. Wir sehen uns die Stadt Wittdün an, besuchen den Amrumer Leuchtturm° (gebaut 1875) und gehen auf der Kniepsand-Sandbank spazieren.

5. Tag: Insel Amrum–Sylt Mit der Fähre fahren wir von Amrum nach Sylt. Wir wandern zum Roten Kliff Kampen. Nachmittags besuchen wir den Einkaufsarkade in Westerland und das Sylt Aquarium mit 2.000 verschiedenen Kreaturen aus dem Meer.

6. Tag: Sylt–Seebüll–Friedrichstadt–Hamburg Mit der Fähre geht es zurück zur Küste nach Niebüll und dann weiter nach Seebüll. Hier besuchen wir das Emil-Nolde-Museum. Mit dem Bus weiter nach Friedrichstadt. Diese Stadt heißt auch die „Holländerstadt". Die Stadtführung ist inklusive einer Schifffahrt° auf den Grachten° und Kanälen der Stadt. Das Ende unserer Tour ist in Hamburg.

Nordseeküste North Sea coast **Naturerlebnis** nature experience **besichtigen** tour **Schleusen** locks **Seehundstation** harbor seal ward **Sturmflutwelt** world of the storm tide **Robbinarium** seal zoo **Schloss** castle
Stadtführung tour of the town **Fähre** ferry **Insel** island **friesisches Dorf** Frisian village **Leuchtturm** lighthouse **Schifffahrt** boat tour **Grachten** town canals

Nach dem Lesen

Ⓢ **Richtig oder falsch?** Korrigieren Sie die falschen Sätze.

	richtig	falsch
1. Den Nord-Ostsee-Kanal kann man in Brunsbüttel besuchen.	☐	☐
2. In Schleswig-Holstein gibt es viele Seehundstationen.	☐	☐
3. In der Nordsee gibt es keine Wale.	☐	☐
4. Im Schlosspark in Husum kann man wunderschöne Blumen sehen.	☐	☐
5. Dagebüll ist ein typisches friesisches Dorf.	☐	☐
6. Die Insel Amrum ist für ihre lange Sandbank aus Kniepsand bekannt.	☐	☐
7. Die Insel Amrum ist berühmt für das Rote Kliff.	☐	☐
8. In Seebüll, der „Holländerstadt", gibt es viele Grachten und Kanäle.	☐	☐

Ⓢ **Kombinieren Sie** Verbinden Sie jede Aktivität mit dem passenden Ort.

___ 1. das Emil-Nolde-Museum besuchen
___ 2. auf der Kniepsand-Sandbank spazieren gehen
___ 3. eine Seehundstation besuchen
___ 4. eine Stadtführung mit dem Fahrrad machen
___ 5. das „Museum am Meer" besuchen

a. Friedrichskoog
b. Seebüll
c. Husum
d. Insel Amrum
e. Büsum

Urlaub in Schleswig-Holstein
Führen Sie zu dritt eine Diskussion. Sie werden Schleswig-Holstein drei Wochen lang besuchen. Sie wollen eine organisierte Tour machen, die in Hamburg beginnt. Sie besuchen das Reisebüro für weitere Informationen. Stellen Sie Fragen über Städte, Aktivitäten, Ausflüge, Hotels, den Transport etc.

Vor dem Lesen presents useful strategies and activities to help you improve your reading abilities.

Readings are tied to the chapter theme. The selections recycle vocabulary and grammar you have learned.

Nach dem Lesen consists of post-reading activities that check your comprehension.

Ⓢupersite

- Audio-sync reading that highlights text as it is being read
- Textbook reading-based activities
- Work with a partner online to record and submit an activity with the Partner Chat feature

Supersite features vary by access level. Visit **vistahigherlearning.com** to explore which Supersite level is right for you.

WEITER GEHT'S

Hören and **Schreiben** provide support for listening and writing skills in the context of the chapter's theme.

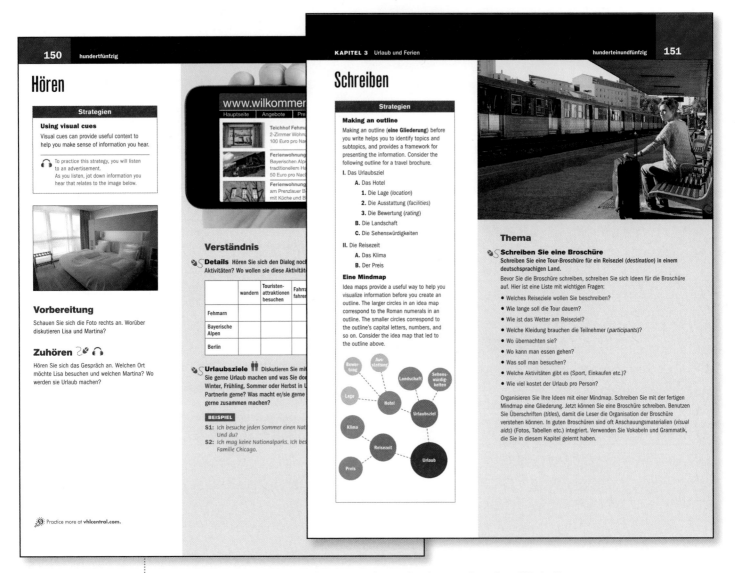

Hören uses a recorded conversation or narration to develop your listening skills in German.

Strategien and **Vorbereitung** prepare you to listen to the audio recording.

Zuhören guides you through the recorded segment, and **Verständnis** checks your understanding of what you've heard.

Strategien provides useful preparation for the writing task presented in **Thema**.

Thema presents a writing topic and includes suggestions for approaching it. It also provides words and phrases that may be useful in writing about the topic.

Supersite

- Audio for **Hören** activities
- Partner Chat activities
- Textbook activities and additional online-only practice activity
- Submit your writing assignment online using the composition engine.

Supersite features vary by access level. Visit **vistahigherlearning.com** to explore which Supersite level is right for you.

WORTSCHATZ

summarizes the chapter's active vocabulary.

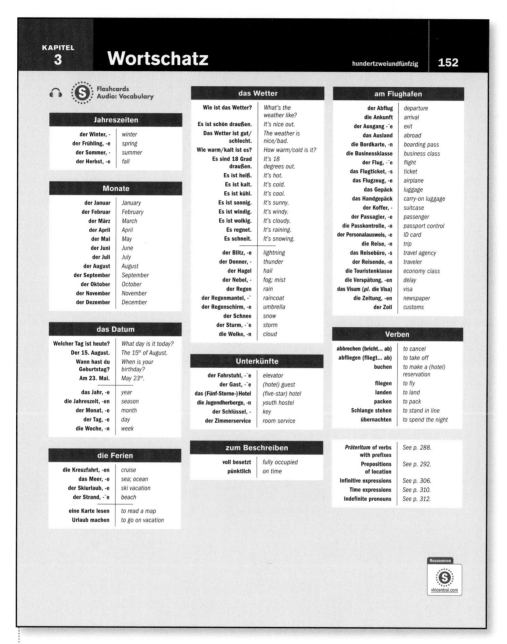

🎧 (S) Flashcards
Audio: Vocabulary

Jahreszeiten

der Winter, -	winter
der Frühling, -e	spring
der Sommer, -	summer
der Herbst, -e	fall

Monate

der Januar	January
der Februar	February
der März	March
der April	April
der Mai	May
der Juni	June
der Juli	July
der August	August
der September	September
der Oktober	October
der November	November
der Dezember	December

das Datum

Welcher Tag ist heute?	What day is it today?
Der 15. August.	The 15th of August.
Wann hast du Geburtstag?	When is your birthday?
Am 23. Mai.	May 23rd.
das Jahr, -e	year
die Jahreszeit, -en	season
der Monat, -e	month
der Tag, -e	day
die Woche, -n	week

die Ferien

die Kreuzfahrt, -en	cruise
das Meer, -e	sea; ocean
der Skiurlaub, -e	ski vacation
der Strand, -̈e	beach
eine Karte lesen	to read a map
Urlaub machen	to go on vacation

das Wetter

Wie ist das Wetter?	What's the weather like?
Es ist schön draußen.	It's nice out.
Das Wetter ist gut/schlecht.	The weather is nice/bad.
Wie warm/kalt ist es?	How warm/cold is it?
Es sind 18 Grad draußen.	It's 18 degrees out.
Es ist heiß.	It's hot.
Es ist kalt.	It's cold.
Es ist kühl.	It's cool.
Es ist sonnig.	It's sunny.
Es ist windig.	It's windy.
Es ist wolkig.	It's cloudy.
Es regnet.	It's raining.
Es schneit.	It's snowing.
der Blitz, -e	lightning
der Donner, -	thunder
der Hagel	hail
der Nebel, -	fog; mist
der Regen	rain
der Regenmantel, -̈	raincoat
der Regenschirm, -e	umbrella
der Schnee	snow
der Sturm, -̈e	storm
die Wolke, -n	cloud

Unterkünfte

der Fahrstuhl, -̈e	elevator
der Gast, -̈e	(hotel) guest
das (Fünf-Sterne-)Hotel	(five-star) hotel
die Jugendherberge, -n	youth hostel
der Schlüssel, -	key
der Zimmerservice	room service

zum Beschreiben

voll besetzt	fully occupied
pünktlich	on time

am Flughafen

der Abflug	departure
die Ankunft	arrival
der Ausgang -̈e	exit
das Ausland	abroad
die Bordkarte, -n	boarding pass
die Businessklasse	business class
der Flug, -̈e	flight
das Flugticket, -s	ticket
das Flugzeug, -e	airplane
das Gepäck	luggage
das Handgepäck	carry-on luggage
der Koffer, -	suitcase
der Passagier, -e	passenger
die Passkontrolle, -n	passport control
der Personalausweis, -e	ID card
die Reise, -n	trip
das Reisebüro, -s	travel agency
der Reisende, -n	traveler
die Touristenklasse	economy class
die Verspätung, -en	delay
das Visum (pl. die Visa)	visa
die Zeitung, -en	newspaper
der Zoll	customs

Verben

abbrechen (bricht... ab)	to cancel
abfliegen (fliegt... ab)	to take off
buchen	to make a (hotel) reservation
fliegen	to fly
landen	to land
packen	to pack
Schlange stehen	to stand in line
übernachten	to spend the night

Präteritum of verbs with prefixes	See p. 288.
Prepositions of location	See p. 292.
Infinitive expressions	See p. 306.
Time expressions	See p. 310.
Indefinite pronouns	See p. 312.

Ressourcen
(S)
vhlcentral.com

Wortschatz presents the chapter's active vocabulary in logical groupings, including notation of plural forms.

ⓢupersite

- Audio recordings of all vocabulary items
- Vocabulary flashcards with audio

Supersite features vary by access level. Visit **vistahigherlearning.com** to explore which Supersite level is right for you.

MOSAIK and the *Standards for Foreign Language Learning*

Since 1982, when the *ACTFL Proficiency Guidelines* were first published, that seminal document and its subsequent revisions have influenced the teaching of modern languages in the United States. **MOSAIK** was written with the concerns and philosophy of the *ACTFL Proficiency Guidelines* in mind, incorporating a proficiency-oriented approach from its planning stages.

MOSAIK's pedagogy was also informed from its inception by the *Standards for Foreign Language Learning in the 21st Century.* First published in 1996 under the auspices of the National Standards in Foreign Language Education Project, the Standards are organized into five goal areas, often called the Five Cs: Communication, Cultures, Connections, Comparisons, and Communities.

Since **MOSAIK** takes a communicative approach to the teaching and learning of German, the Communication goal is central to the student text. For example, the diverse formats used in the **Kommunikation** and **Wiederholung** activities in each lesson—pair work, small group work, class circulation, information gap, task-based, and so forth—engage students in communicative exchanges, providing and obtaining information, and expressing feelings, emotions, and ideas.

The **Schreiben** section focuses on developing students' communication skills in writing. The Cultures goal is most overtly evident in the **Fotoroman** and **Kultur** sections, as well as in the **Panorama** feature in the **Weiter geht's** section at the end of each chapter. Students can also acquire information and recognize distinctive cultural viewpoints in the literary texts of the **Lesen** sections. **MOSAIK** also weaves culture into virtually every page, exposing students to the multiple facets of practices, products, and perspectives of the German-speaking world. In keeping with the Connections goal, students can connect with other disciplines such as communications, business, geography, history, fine arts, science, and math in the **Zapping** and **Panorama** features. Moreover, **Im Internet** boxes in **Kultur** and **Panorama** support the Connections and Communities goals as students work through those sections and complete the related activities on the **MOSAIK** Supersite. As for the Comparisons goal, it is reflected in **Aussprache und Rechtschreibung** and the **Strukturen** sections.

Special Standards icons appear on the student text pages of your Teacher's Annotated Edition to call out sections that have a particularly strong relationship with the Standards. These are a few examples of how **MOSAIK** was written with the Standards firmly in mind, but you will find many more as you work with the student textbook and its ancillaries.

Six Steps in Using the MOSAIK Instructional Design

Step 1: Context
Begin each lesson by asking students to provide *from their own experience words*, concepts, categories, and opinions related to the theme. Spend quality time evoking words, images, ideas, phrases, and sentences; group and classify concepts. You are giving students the "hook" for their learning, focusing them on their most interesting topic—themselves—and encouraging them to invest personally in their learning.

Step 2: Vocabulary
Now turn to the vocabulary section, inviting students to experience it as a new linguistic *code* to express what they *already know and experience* in the context of the lesson theme. Vocabulary concepts are presented in context, carefully organized, and frequently reviewed to reinforce student understanding. Involve students in brainstorming, classifying and grouping words and thoughts, and personalizing phrases and sentences. In this way, you will help students see German as a new tool for self-expression.

Step 3: Media
Once students see that German is a tool for expressing their own ideas, bridge their experiences to those of German speakers through the **Fotoroman** section. The **Fotoroman** Video Program storyline presents and reviews vocabulary and structure in accurate cultural contexts for effective training in both comprehension and personal communication.

Step 4: Culture
Now bring students into the experience of culture as seen *from the perspective* of those living in it. Here we share German-speaking cultures' unique geography, history, products, perspectives, and practices. Through **Kultur** readings and internet activities students experience and reflect on cultural experiences beyond their own.

Step 5: Structure
We began with students' experiences, focusing on bridging their lives and language to the target cultures. Through context, media, and culture, students have incorporated both previously-learned and new grammatical structures into their personalized communication. Now a formal presentation of relevant grammar demonstrates that grammar is a tool for clearer and more effective communication. Clear presentations and invitations to compare German to English build confidence, fluency, and accuracy.

Step 6: Skill Synthesis and Communication
Pulling all their learning together, students now integrate context, personal experience, communication tools, and cultural products, perspectives, and practices. Through extended reading, writing, listening, speaking, and cultural exploration in scaffolded progression, students apply all their skills for a rich, personalized experience of German.

Differentiation

Knowing how to appeal to learners of different abilities and learning styles will allow you to foster a positive teaching environment and motivate all your students. Here are some strategies for creating inclusive learning environments. Extension and expansion activities are also suggested.

Learners with Special Needs

Learners with special needs include students with attention priority disorders or learning disabilities, slower-paced learners, at-risk learners, and English language learners. Some inclusion strategies that work well with such students are:

Clear Structure By teaching concepts in a predictable order, you can help students organize their learning. Encourage students to keep outlines of materials they read, classify words into categories such as colors, or follow pre–writing steps.

Frequent Review and Repetition Preview material to be taught and review material covered at the end of each lesson. Pair proficient learners with less proficient ones to practice and reinforce concepts. Help students retain concepts through continuous practice and review.

Multi-sensory Input and Output Use visual, auditory, and kinesthetic tasks to add interest and motivation, and to achieve long-term retention. For example, vary input with the use of audio recordings, video, guided visualization, rhymes, and mnemonics.

Additional Time Consider how physical limitations may affect participation in special projects or daily routines. Provide additional time and recommended accommodations.

Different Learning Styles

Visual Learners learn best by seeing, so engage them in activities and projects that are visually creative. Encourage them to write down information and to think in pictures as a long-term retention strategy. Reinforce their learning through visual displays such as diagrams, videos, and handouts.

Auditory Learners best retain information by listening. Engage them in discussions, debates, and role-playing. Reinforce their learning by playing audio versions of texts or reading aloud passages and stories. Encourage them to pay attention to voice, tone, and pitch to infer meaning.

Kinesthetic Learners learn best through moving, touching, and doing hands-on activities. Involve such students in skits and dramatizations; to infer or convey meaning, have them observe or model gestures such as those used for greeting someone or getting someone's attention.

Advanced Learners

Advanced Learners have the potential to learn language concepts and complete assignments at an accelerated pace. They may benefit from assignments that are more challenging than the ones given to their peers. The key to differentiating for advanced learners is adding a degree of rigor to a given task. Examples include sharing perspectives on texts they have read with the class, retelling detailed stories, preparing analyses of texts, or adding to discussions. Here are some other strategies for engaging advanced learners:

Timed Answers Have students answer questions within a specified time limit.

Persuading Adapt activities so students have to write or present their points of view in order to persuade an audience. Pair or group advanced learners to form debating teams.

Best Practices

The creators of **MOSAIK** understand that there are many different approaches to successful language teaching and that no one method works perfectly for all teachers or all learners. These strategies and tips may be applied to any language-teaching method.

Maintain the Target Language

As much as possible, create an immersion environment by using German to *teach* German. Encourage the exclusive use of the target language in your classroom, employing visual aids, mnemonics, circumlocution, or gestures to complement what you say. Encourage students to perceive meaning directly through careful listening and observation, and by using cognates and familiar structures and patterns to deduce meaning.

Cultivate Critical Thinking

Prompt students to reflect, observe, reason, and form judgments in German. Engaging students in activities that require them to compare, contrast, predict, criticize, and estimate will help them to internalize the language structures they have learned.

Encourage Use of Circumlocution

Prompt students to discover various ways of expressing ideas and of overcoming potential blocks to communication through the use of circumlocution and paraphrasing.

Assessment

As you use the **MOSAIK** program, you can employ a variety of assessments to evaluate progress. The program provides comprehensive, discrete answer assessments, as well as more communicative assessments that elicit open-ended, personalized responses.

Diagnostic Testing

The **Wiederholung** section in each lesson provides you with an informal opportunity to assess students' readiness for the listening, reading, and writing activities in the **Weiter geht's** section. If some students need additional practice or instruction in a particular area, you can identify this before students move on.

Writing Assessment

At the end of each chapter, the **Weiter geht's** section includes a **Schreiben** page that introduces a writing strategy, which students apply as they complete the writing activity. These activities include suggestions that will focus students' attention on what is important for attaining clarity in written communication.

Testing Program

The **MOSAIK** Testing Program offers two Quizzes for each **Lektion**.

A **Test** is available for each chapter, and a **Cumulative Exam** for chapters 1-4 is provided. The tests are available on the Supersite so that you can customize them by adding, eliminating, or moving items according to your classroom and student needs.

Portfolio Assessment

Portfolios can provide further valuable evidence of your students' learning. They are useful tools for evaluating students' progress in German and also suggest to students how they are likely to be assessed in the real world. Since portfolio activities often comprise classroom tasks that you would assign as part of a lesson or as homework, you should think of the planning, selecting, recording, and interpreting of information about individual performance as a way of blending assessment with instruction.

You may find it helpful to refer to portfolio contents, such as drafts, essays, and samples of presentations when writing student reports and conveying the status of a student's progress to his or her parents.

Ask students regularly to consider which pieces of their own work they would like to share with family and friends, and help them develop criteria for selecting representative samples of essays, stories, poems, recordings of plays or interviews, mock documentaries, and so on. Prompt students to choose a variety of media in their activities wherever possible to demonstrate development in all four language skills. Encourage them to seek peer and parental input as they generate and refine criteria to help them organize and reflect on their own work.

Strategies for Differentiating Assessment

Here are some strategies for modifying tests and other forms of assessment according to your students' needs and your own purposes for administering the assessment.

Adjust Questions Direct complex or higher-level questions to students who are equipped to answer them adequately and modify questions for students with greater needs. Always ask questions that elicit thinking, but keep in mind the students' abilities.

Provide Tiered Assignments Assign tasks of varying complexity depending on individual student needs.

Promote Flexible Grouping Encourage movement among groups of students so that all learners are appropriately challenged. Group students according to interest, oral proficiency levels, or learning styles.

Adjust Pacing Pace the sequence and speed of assessments to suit your students' learning needs. Time advanced learners to challenge them and allow slower-paced learners more time to complete tasks or answer questions.

Performance Assessment

As we move toward increasing students' use of German within real-life contexts, our assessment strategies need to expand in focus too. Students need to demonstrate what they can *do* with German, so we want to employ assessments that come as close as possible to the way German is used in authentic settings. *Performance assessments* provide meaningful contexts in which to measure authentic communication. They begin with a goal, a real-life task that makes sense to students and engages their interest. To complete the task, students progress through the three modes of communication: they read, view, and listen for information (interpretive mode); they talk and write with classmates and others on what they have experienced (interpersonal mode); and they share formally what they have learned (presentational mode).

Within the **MOSAIK** activity sequence, you will find several opportunities for performance assessment. Consider using the Voiceboard tool or Partner Chat activities as the culmination of an oral communication sequence. The **Schreiben** assignment in the **Weiter geht's** section has students apply the chapter context to a real-life task.

General Suggestions for Using the MOSAIK *Fotoroman* Video Episodes

The **Fotoroman** section in each lesson and the **Fotoroman** video were created as interlocking pieces. All photos in **Fotoroman** are actual video stills from the corresponding video episode, while the printed conversations are abbreviated versions of the dramatic segment. Both the **Fotoroman** conversations and their expanded video versions represent comprehensible input at the discourse level; they were purposely written to use language from the corresponding lesson's **Kontext** and **Strukturen** sections. Thus, they recycle known language, preview grammar points students will study later in the lesson, and, in keeping with Krashen's concept of "i + 1," contain some amount of unknown language.

Because the **Fotoroman** textbook sections and the dramatic episodes of the **Fotoroman** video are so closely connected, you may use them in many different ways. For instance, you can use **Fotoroman** as a preview, presenting it before showing the video episode. You can also show the video episode first and follow up with **Fotoroman**. You can even use **Fotoroman** as a stand-alone, video-independent section.

Depending on your teaching preferences and campus facilities, you might decide to show all video episodes in class or to assign them solely for viewing outside the classroom. You could begin by showing the first one or two episodes in class to familiarize yourself and students with the characters, storyline, style, and **Summary** sections. After that, you could work in class only with **Fotoroman** and have students view the remaining video episodes outside of class. No matter which approach you choose, students have ample materials to support viewing the video independently and processing it in a meaningful way. For each video episode, there are activities in the **Fotoroman** section of the corresponding textbook lesson, as well as additional activities in the **MOSAIK** Video Manual section of the *Student Activities Manual*.

You might also want to use the **Fotoroman** video in class when working with the **Strukturen** sections. You could play the parts of the dramatic episode that correspond to the video stills in the grammar explanations or show selected scenes and ask students to identify certain grammar points.

You could also focus on the **Zusammenfassung** sections that appear at the end of each episode to summarize the key language functions and grammar points used. In class, you could play the parts of the **Zusammenfassung** section that exemplify individual grammar points as you progress through each **Strukturen** section. You could also wait until you complete a **Strukturen** section and review it and the lesson's **Kontext** section by showing the corresponding **Summary** section in its entirety.

On the **MOSAIK** Supersite, teachers can control what, if any, subtitles students can see. They are available in German or in English, and in transcript format.

When showing the **Fotoroman** video segments in your classes, you might want to implement a process approach. You could start with an activity that prepares students for the video segment, implementing the vocabulary they learned in the **Kontext** section. This could be followed by an activity that students do while you play parts of, or the entire, video segment. The final activity, done in the same class period or in the next one as warm-up, could recap what students saw and heard and move beyond the video segment's topic. The following suggestions for using the **Fotoroman** video segments in class are in addition to those on the individual pages of the Teacher's Annotated Edition, and they can be carried out as described or expanded upon in any number of ways.

Before viewing

- Ask students to guess what the segment might be about based on what they've learned in **Kontext** or by asking them to look at the video stills.
- Have pairs make a list of the lesson vocabulary they expect to hear in the video.
- Read a list of true-false or multiple-choice questions about the video to the class, and have students use what they know about the characters to guess the answers. Have them confirm their guesses after watching the segment.

While viewing

- Show the video segment with the audio turned off and ask students to use lesson vocabulary and previously learned structures to describe what they see. Have them confirm their guesses by showing the segment again with the audio on.
- Have students refer to the list of words they brainstormed before viewing the video and put a check in front of any words they actually hear or see in the segment.
- First, have students simply watch the video. Then, show it again and ask students to take notes on what they see and hear. Finally, have them compare their notes in pairs or groups for confirmation.
- Print the episode's videoscript from the Supersite and white out words and expressions related to the lesson theme. Distribute the scripts for pairs or groups to complete as cloze paragraphs.
- Show the video segment before moving on to **Kontext** to jump-start the lesson's vocabulary, grammar, and cultural focus. Have students tell you what vocabulary and grammar they recognize from previous lessons.

After viewing

- Have students say what aspects of the information presented in the corresponding textbook lesson are included in the video segment.
- Ask groups to write a brief summary of the content of the video segment. Have them exchange papers with another group for peer review.
- Have students pick one new aspect of the corresponding textbook lesson's cultural theme that they learned about from watching the video segment. Then ask them to research more about that topic and write a list or paragraph to expand on it.

About Zapping TV Clips and Short Films

A TV clip or a short film from the German-speaking world appears in the first **Lektion** of each **Kapitel**. The purpose of this feature is to expose students to the language and culture contained in authentic media pieces. The following list of the television commercials and short films is organized by **Kapitel** and **Lektion**.

MOSAIK 1

Kapitel 1 *Deutsche Bahn* (29 seconds)

Kapitel 2 *TU Berlin* (1 minute, 15 seconds)

Kapitel 3 *Volkswagen* (41 seconds)

Kapitel 4 *Yello Strom* (39 seconds)

MOSAIK 2

Kapitel 1 *Shopping in München*
(2 minutes, 55 seconds)

Kapitel 2 *Hausarbeit* (1 minute, 13 seconds)

Kapitel 3 *Urlaub im Grünen Binnenland*
(3 minutes, 41 seconds)

Kapitel 4 *Mercedes mit Allradantrieb*
(45 seconds)

MOSAIK 3

Kapitel 1 *Du bist Deutschland*
(2 minutes, 3 seconds)

Kapitel 2 *Fanny* (13 minutes, 45 seconds)

Kapitel 3 *Die Berliner Mauer* (15 minutes)

Kapitel 4 *Kursdorf* (15 minutes, 7 seconds)

Learning to Use Your
Teacher's Annotated Edition

MOSAIK offers you a comprehensive, thoroughly developed Teacher's Annotated Edition (TAE). It features student text pages overprinted with answers to all activities with discrete responses. Each page also contains annotations for a few selected activities that were written to complement and support varied teaching styles, to extend the already rich contents of the student textbook, and to save you time in class preparation and course management.

Because the **MOSAIK** TAE is different from teacher's editions available with other German programs, this section is designed as a quick orientation to the principal types of teacher annotations it contains. As you familiarize yourself with them, it is important to know that the annotations are suggestions only. Any German question, sentence, model, or simulated teacher-student exchange is not meant to be prescriptive or limiting. You are encouraged to view these suggested "scripts" as flexible points of departure that will help you achieve your instructional goals.

For the Chapter Opening Page

- **Suggestion** A discussion topic idea, based on the Chapter Opener photo

For the Lessons

- **Suggestion** Teaching suggestions for working with on-page materials, carrying out specific activities, and presenting new vocabulary or grammar

- **Expansion** Expansions and variations on activities

- **Vorbereitung** Suggestions for talking about the **Fotoroman** pages before students have watched the video or studied the pages

- **Nützliche Ausdrücke** A list of expressions taken from the **Fotoroman** that students may need to study before watching the episode

---

Please check the **MOSAIK** Supersite at **vhlcentral.com** for additional teaching support.

Teacher Ancillaries

- **Workbook/Video Manual/Lab Manual Answer Key**

- **MOSAIK Teacher's DVD**
  This DVD contains the complete **MOSAIK Fotoroman** episodes with German and English subtitles.

- **Digital Image Bank**
  The Digital Image Bank consists of maps of German-speaking regions and the textbook's **Kontext** illustrations. It is available on the Supersite only.

- **Sample Lesson Plans**
  The **MOSAIK** Sample Lesson Plans offer two different kinds of lesson plans: Language/Structure-Based Lesson Plans and Culture/Context-Based Lesson Plans. Both cover the core materials, but while the Language/Structure-Based Lesson Plans focus on vocabulary and grammar, the Culture/Context-Based Lesson Plans emphasize the cultural elements in each chapter. The Sample Lesson Plans are available only on the Supersite.

- **Testing Program**
  The Testing Program contains quizzes for every lesson, tests for every chapter, mid-term exams, and final exams. There is a quiz for each of the text's 8 lessons, in two versions ("A" and "B"), for a total of 16 quizzes.

  There are 4 chapter-level tests (one for each chapter), plus one cumulative exam covering all of **MOSAIK 2**. The Testing Program includes the answer key to all quizzes, tests, and exams, and printed audioscripts for listening comprehension sections on tests and exams. They are available as customizable RTF files on the Supersite.

- **Testing Program MP3 files**
  These audio files provide the recordings of the Testing Program's listening sections, and they are available on CD or on the Supersite.

- **MOSAIK Supersite**
  In addition to full access to the Student Supersite, the password-protected Teacher Supersite offers a robust course management system that allows you to assign and track student progress.

The Vista Higher Learning Story

Your Specialized Foreign Language Publisher

Independent, specialized, and privately owned, Vista Higher Learning was founded in 2000 with one mission: to raise the teaching and learning of world languages to a higher level. This mission is based on the following beliefs:

- It is essential to prepare students for a world in which learning another language is a necessity, not a luxury.
- Language learning should be fun and rewarding, and all students should have the tools they need to achieve success.
- Students who experience success learning a language will be more likely to continue their language studies both inside and outside the classroom.

With this in mind, we decided to take a fresh look at all aspects of language instructional materials. Because we are specialized, we dedicate 100 percent of our resources to this goal and base every decision on how well it supports language learning.

That is where you come in. Since our founding, we have relied on the invaluable feedback of language teachers and students nationwide. This partnership has proved to be the cornerstone of our success, allowing us to constantly improve our programs to meet your instructional needs.

The result? Programs that make language learning exciting, relevant, and effective through:

- unprecedented access to resources
- a wide variety of contemporary, authentic materials
- the integration of text, technology, and media
- a bold and engaging textbook design

By focusing on our singular passion, we let you focus on yours.

The Vista Higher Learning Team

VISTA®
HIGHER LEARNING

500 Boylston Street, Suite 620, Boston, MA 02116-3736 TOLL-FREE: 800-618-7375
TELEPHONE: 617-426-4910 FAX: 617-426-5209 www.vistahigherlearning.com

MOSAIK 2

German Language and Culture

VISTA®
HIGHER LEARNING

Boston, Massachusetts

Publisher: José A. Blanco

President: Janet Dracksdorf

Vice President, Editorial Director: Amy Baron

Managing Editor: Elvira Ortiz

Senior National Language Consultant: Norah Lulich Jones

Editorial Development: Judith Bach, Deborah Coffey, Aliza B. Krefetz, Thomas Kroy, Katie Van Adzin

Project Management: Maria Rosa Alcaraz, Cécile Engeln, Sharon Inglis

Technology Editorial: Darío González, Egle Gutiérrez, Paola Ríos Schaaf

Design and Production Director: Marta Kimball

Senior Creative Designer, Print & Web/Interactive: Susan Prentiss

Production Manager: Oscar Díez

Design and Production Team: Liliana Bobadilla, María Eugenia Castaño, Michelle Groper, Mauricio Henao, Jhoany Jiménez, Fabián Darío Montoya, Erik Restrepo, Sónia Teixeira, Andrés Vanegas, Nick Ventullo

Student Edition ISBN-13: 978-1-61857-184-7
Teacher's Annotated Edition (TAE) ISBN-13: 978-1-61857-187-8
Library of Congress Card Number: 2013930655

1 2 3 4 5 6 7 8 9 WC 17 16 15 14 13

MOSAIK 2

German Language and Culture

Table of Contents

Kultur

Strukturen

Weiter geht's

Kontext

Fotoroman

Kultur

Strukturen

Weiter geht's

THE *FOTOROMAN* EPISODES

Fully integrated with your textbook, the **MOSAIK Fotoroman** contains 8 dramatic episodes—one for each lesson of the text. The episodes relate the adventures of four students who are studying in Berlin.

The **Fotoroman** dialogues in the printed textbook lesson are an abbreviated version of the dramatic episode featured in the video. Therefore, each **Fotoroman** section can be used as preparation before you view the corresponding video episode, as post-viewing reinforcement, or as a stand-alone section.

As you watch the video, you will see the characters interact using the vocabulary and grammar you are studying. Their conversations incorporate new vocabulary and grammar with previously taught language. At the conclusion of each episode, the **Zusammenfassung** segment summarizes the key language functions and grammar points used in the episode.

THE CAST

Learn more about each of the characters you'll meet in **MOSAIK Fotoroman**:

George
is from Milwaukee, Wisconsin.
He is studying Architecture.

Hans
is from Straubing, in Bavaria.
He studies Political Science and History.

Meline
is from Vienna.
She is studying Business.

Sabite
is from Berlin.
She studies Art.

ANCILLARIES

- **Student Activities Manual (SAM)**

  The Student Activities Manual consists of three sections: the Workbook, the Video Manual, and the Lab Manual. The Workbook activities provide additional practice of the vocabulary and grammar for each textbook lesson. The Video Manual section includes activities for the **MOSAIK Fotoroman**, and the Lab Manual activities focus on building your listening comprehension, speaking, and pronunciation skills in German.

- **Lab Program MP3s**

  The Lab Program MP3 files, which are available on CD or online, contain the recordings needed to complete the activities in the Lab Manual.

- **Textbook MP3s**

  The Textbook MP3 files contain the recordings needed to complete the listening activities in **Kontext**, **Aussprache und Rechtschreibung**, **Hören**, and **Wortschatz** sections. The files are available on the **MOSAIK** Supersite or on CD.

- **FOTOROMAN DVD**

  The **Fotoroman** DVD, available for purchase, comes with optional German and English subtitles for every episode. All episodes are also available on the **MOSAIK** Supersite.

- **WebSAM**

  Completely integrated with the **MOSAIK** Supersite, the **WebSAM** provides access to the online Workbook, Video Manual, and Lab Manual activities with instant feedback and grading. The complete audio program is online and features record-submit functionality for select activities.

- **MOSAIK Supersite**

  The Supersite (**vhlcentral.com**) gives you access to a wide variety of interactive activities for each section of every lesson of the student text, including: auto-graded activities for extra practice with vocabulary, grammar, video, and cultural content; reference tools; the **Zapping** TV commercials and short films; the **Fotoroman** episodic videos; the Textbook MP3 files, the Lab Program MP3 files, and more.

⟨S⟩uper**site**

Each section of your textbook comes with activities on the **MOSAIK** Supersite, many of which are auto-graded with immediate feedback. Plus, the Supersite is iPad®-friendly, so it can be accessed on the go! Visit **vhlcentral.com** to explore the wealth of exciting resources.

KONTEXT
- Talking Picture for **Kontext** illustration followed by audio activities
- Additional activities for extra practice
- **Aussprache und Rechtschreibung** presentation followed by record-compare activities
- Textbook activities
- Partner Chat and Virtual Chat activities for conversational skill-building and oral practice

FOTOROMAN
- Streaming video for all 8 episodes of the **Fotoroman** with teacher-controlled options for subtitles
- Textbook activities
- **Zusammenfassung** section where key vocabulary and grammar from the episode are called-out
- Partner Chat activities

KULTUR
- Culture reading
- Internet search activity
- Textbook activities
- Partner Chat activities

STRUKTUREN
- Grammar presentations
- Virtual Chat and Partner Chat activities for conversational skill-building and oral practice
- **Zapping** streaming video of TV clip
- Textbook activities
- Additional activity for extra practice
- **Wiederholung** Partner Chat and Virtual Chat activities

WEITER GEHT'S

Panorama
- Map with statistics and cultural notes
- Textbook activity
- Internet search activity

Lesen
- Audio-sync reading
- Partner Chat activities
- Textbook activities

Hören
- Textbook activities
- Additional activities for extra practice
- Partner Chat activities

Schreiben
- Submit your writing assignment online

WORTSCHATZ
- Audio recordings of all vocabulary items
- Vocabulary flashcards with audio

Plus! Also found on the Supersite:

- All textbook and lab audio MP3 files
- Communication center for teacher notifications and feedback
- A single gradebook for all Supersite activities
- WebSAM online Workbook/Video Manual and Lab Manual
- **v̂Text** online, interactive student edition with access to Supersite activities, audio, and video

ACKNOWLEDGMENTS

On behalf of its authors and editors, Vista Higher Learning expresses its sincere appreciation to the teachers nationwide who reviewed materials from **MOSAIK**. Their input and suggestions were vitally helpful in forming and shaping the program in its final, published form.

We also extend a special thank you to the contributing writers of **MOSAIK** whose hard work was central to the publication.

REVIEWERS

Andreas Aebi
California Institute of Technology

Inge Baird
Anderson University

Julia Baker
Tennessee Technological University

John Beatty
Brooklyn College

Dr. E. Berroth
Southwestern University

Iris Bork-Goldfield
Wesleyan University

Cordula Brown
Seattle University

Anita Campitelli
University of North Carolina at Greensboro

Gisela Chappelle
College of the Redwoods

Siegfried Christoph
University of Wisconsin—Parkside

Albrecht Classen
University of Arizona

Richard DCamp
University of Wisconsin Oshkosh

Sandra Dillon
Idaho State University

Dr. David L. Dysart
Stetson University

Prof. Beate T. Engel-Doyle
Franciscan University of Steubenville

Angela Ferguson
Samford University

Sonja Fritzsche
Illinois Wesleyan University

Margarete Froelicher-Grundmann
Armstrong Atlantic University

Marion Gehlker
Yale University

Mary M. Gell
University of Michigan

Kathie Godfrey
Portland State University

Andrea Golato
University of Illinois at Urbana-Champaign

Beatrice Haase-Dubuis
Missouri Southern State University

Brenda Hansen
Bob Jones University

George E. Harding
Francis Mairon University

James W. Harrison
Southern Utah University

Deborah Horzen
University of Central Florida

Cornelius G. House
Purdue University Calumet

James Jones
Central Michigan University

Christa Keister
Lafayette College

Eric Klaus
Hobart and William Smith Colleges

Dr. Seth Knox
Adrian College

Kathy Krause
University of Missouri—Kansas City

Doreen Krueger
Concordia University Wisconsin

Dr. Ute S. Lahaie
Gardner-Webb University

Stephen Della Lana
College of Charleston

Uta Larkey
Goucher College

Thomas Leek
University of Wisconsin—Stevens Point

Dr. William Lehman
Western Carolina University

Enno Lohmeyer
Case Western Reserve University

Barbara Merten-Brugger
University of Wisconsin

Jean-François Mondon
Minot State University

Dr. David E. Nagle
Oklahoma Baptist University

Vince Redder
Dakota Wesleyan University

Sunka Simon
Swarthmore College

Regina Smith
Grand Valley State University

Jane Sokolosky
Brown University

Maria Grazia Spina
University of Central Florida

Luke Springman
Bloomsburg University of Pennsylvania

Tim Straubel
Western Kentucky University

Dr. Amy Kepple Strawser
Otterbein University

Martin Sulzer-Reichel
University of Richmond

Theodore N. Thomas
Milligan College

Kevin Walton
Fort Lewis College

Carl Wiltse
Southern Methodist University

Lidia Zhigunova
Tulane University

Gesa Zinn
University of Minnesota—Duluth

Überblick

KOMMUNIKATIONSZIELE

I will be able to:

- Identify myself and others
- Discuss everyday activities
- Make plans and invitations

1A.1 Gender, articles, and nouns

	MASCULINE	FEMININE	NEUTER
DEFINITE ARTICLES	der Tisch	die Tür	das Fenster
INDEFINITE ARTICLES	ein Tisch	eine Tür	ein Fenster

Remind students that the nouns ending with -*in* that refer to people are always feminine; die Freun**din**

- The definite article **die** is used with all plural nouns, regardless of gender.

  die **Tische**   die **Türen**   die **Fenster**

- There is no plural form of the indefinite article.

  Er ist **ein Mann.** ——▶ Sie sind **Männer.**

- Two or more simple nouns can be combined to form a compound noun.

  die Nacht + das Hemd ——▶ das Nachthemd

1A.2 Plurals

ACHTUNG

The gender and number of a compound noun is determined by the last noun in the compound; das Haus + die Aufgabe ——▶ **die** Hausaufgabe

- There are five main patterns for forming plural nouns in German.

notation	singular	plural
- -¨	das Fenster ——▶ die Fenster die Mutter ——▶ die Mütter	
-e -¨e	der Freund ——▶ die Freunde der Stuhl ——▶ die Stühle	
-er -¨er	das Kind ——▶ die Kinder der Mann ——▶ die Männer	
-n -en -nen	der Junge ——▶ die Jungen die Frau ——▶ die Frauen die Freundin ——▶ die Freundinnen	
-s	der Park ——▶ die Parks	

1A.3 Subject pronouns, *sein*, and the nominative case

sein (*to be*)			
singular		plural	
ich **bin**	*I am*	wir **sind**	*we are*
du **bist**	*you are* (inf.)	ihr **seid**	*you are* (inf.)
Sie **sind**	*you are* (form.)	Sie **sind**	*you are* (form.)
er/sie/es **ist**	*he/she/it is*	sie **sind**	*they are*

- The grammatical subject of a sentence is always in the nominative case (**der Nominativ**). The nominative case is also used for nouns that follow a form of **sein**, **werden**, or **bleiben**.

  Das ist **eine gute Idee.**   Wir bleiben **Freunde.**

1 Was ist das? Ergänzen Sie die Tabelle. Schauen Sie sich das Beispiel an.

der Computer _ein Computer_	das Problem ein Problem	die Frage eine Frage
das Hemd ein Hemd	der Junge ein Junge	der Tisch ein Tisch
die Note eine Note	die Prüfung eine Prüfung	das Zeugnis ein Zeugnis
der Taschenrechner ein Taschenrechner	das Lehrbuch ein Lehrbuch	die Frau eine Frau
der Ruscksack ein Rucksack	die Stunde eine Stunde	das Mädchen ein Mädchen
das Fenster ein Fenster	der Bleistift ein Bleistift	die Tafel eine Tafel

2 Wer ist das? Wählen Sie das Pronomen, das am besten passt.

1.   2.   3.

4.   5.   6.

1. _Sie_ (Sie / Du) sind froh.
2. _Wir_ (Wir / Du) sind Tänzer.
3. _Es_ (Sie / Es) ist ein Fahrrad.
4. _Ihr_ (Ihr / Ich) seid in der Bibliothek.
5. _Er_ (Du / Er) ist mein Onkel.
6. _Du_ (Du / Sie) bist müde.

3 Freunde in Deutschland Sie sprechen mit Freunden in Deutschland. Ergänzen Sie die Sätze mit dem richtigen bestimmten Artikel (der/die/das).

1. Wann ist __die__ Prüfung? Sie ist am Montag.
2. Wo ist __der__ Student? Er ist hier.
3. Wie ist __das__ Ergebnis? Nicht schlecht.
4. Was ist __das__ Problem?
5. Wo ist __der__ Stuhl?
6. Hier ist __das__ Wörterbuch.
7. __Das__ Foto ist prima!
8. __Der__ Computer ist ziemlich gut.

4 Das Verb sein Ergänzen Sie die Sätze mit der richtigen Form von „sein".

1. Das Wörterbuch __ist__ neu.
2. Wir __sind__ Freunde.
3. Ich __bin__ Amerikaner.
4. Sie __sind__ Studenten.
5. Valeria __ist__ in der Schule.

5 Der Nominativ Ergänzen Sie die Sätze mit der richtigen Form vom unbestimmten Artikel (ein/eine/ein).

1. Das ist __ein__ Lehrbuch.
2. __Eine__ Prüfung ist im Dezember.
3. Entschuldigung, wo ist __ein__ Papierkorb?
4. Das ist __ein__ großes Fenster.
5. __Ein__ Mann im Hotel spricht etwas Englisch.

6 Wo sind sie? Klara sucht ihre Mitstudenten. Sie fragt Herrn Koch. Ergänzen Sie das Gespräch mit der richtigen Form von „sein".

KLARA Guten Tag, Herr Koch. Entschuldigen Sie, wo (1) __sind__ Herr Wagner und meine Klassenkameraden?

HERR KOCH Herr Wagner (2) __ist__ zu Hause. Die Studenten (3) __sind__ in der Bibliothek.

KLARA Dankeschön!

HERR KOCH (4) __Bist__ du Klara?

KLARA Ja, ich (5) __bin__ Klara.

7 Fragen Beantworten Sie die Fragen schriftlich. Suchen Sie dann einen Partner um das Gespräch zu führen. Stellen Sie Suggestivfragen. Präsentieren Sie Ihre Resultate der Klasse. Answers will vary.

> **BEISPIEL**
> **S1:** *Ist deine Mutter New Yorkerin?*
> **S2:** *Nein, sie ist Schweizerin.*

1. Ist deine Mutter/Vater (*from another city/state*)?
2. Wo sind deine Bücher?
3. Bist du in einer Sportmannschaft?

8 Beschreibungen Schreiben Sie eine kurze Beschreibung von Ihnen und ihrer Deutschklasse. Wie heißen Sie? Wo sind Sie zu Hause? Wer ist Ihr Deutschlehrer? Wie ist der Unterricht? Answers will vary.

1B.1 *Haben* and the accusative case

haben (*to have*)			
ich **habe**	*I have*	wir **haben**	*we have*
du **hast**	*you have* (inf.)	ihr **habt**	*you have* (inf.)
Sie **haben**	*you have* (form.)	Sie **haben**	*you have* (form.)
er/sie/es **hat**	*he/she/it has*	sie **haben**	*they have*

- A noun that functions as a direct object is in the accusative case.

definite and indefinite articles				
	masculine	**feminine**	**neuter**	**plural**
nominative	der/ein Stuhl	die/eine Tür	das/ein Fenster	die/- Notizen
accusative	den/einen Stuhl	die/eine Tür	das/ein Fenster	die/- Notizen

1B.2 Word order

- In German, the verb is always the second element in a sentence. The first element is often the subject, but it can also be a time expression or a prepositional phrase.

Ich **habe** heute Abend viele Hausaufgaben.
Viele Hausaufgaben **habe** Ich heute Abend.

- To turn a statement into a yes-or-no question, move the verb to the first position.

Die Professorin **ist** nett. ⟶ **Ist die professorin** nett?

Jetzt **habt** Ihr einen Computer. ⟶ **Habt Ihr jetzt** einen computer?

1B.3 Numbers

numbers 0–99							
0	null	10	zehn	20	zwanzig	30	dreißig
1	eins	11	elf	21	einundzwanzig	31	einunddreißig
2	zwei	12	zwölf	22	zweiundzwanzig	40	vierzig
3	drei	13	dreizehn	23	dreiundzwanzig	45	fünfundvierzig
4	vier	14	vierzehn	24	vierundzwanzig	50	fünfzig
5	fünf	15	fünfzehn	25	fünfundzwanzig	60	sechzig
6	sechs	16	sechzehn	26	sechsundzwanzig	70	siebzig
7	sieben	17	siebzehn	27	siebenundzwanzig	80	achtzig
8	acht	18	achtzehn	28	achtundzwanzig	90	neunzig
9	neun	19	neunzehn	29	neunundzwanzig	99	neunundneunzig

mathematical expressions					
+	plus	×	mal	=	ist (gleich)
–	minus	÷ or :	geteilt durch	%	Prozent

25,4 **fünfundzwanzig Komma vier**
4,99 € **vier Euro neunundneunzig**
1.960.000 **eine Million neunhundertsechzigtausend**

$3 \cdot 3 = 9$ **Drei mal drei ist gleich neun.**
$20 : 5 = 4$ **Zwanzig geteilt durch fünf ist vier.**

1

Wer hat was? Ergänzen Sie die Sätze mit der richtigen Form von „haben".

1. Er ____hat____ ein Lehrbuch.
2. Wir ____haben____ eine Deutschstunde.
3. Ich ____habe____ eine Frage.
4. Die Universität ____hat____ eine Mensa.
5. ____Habt____ ihr heute eine Prüfung?
6. Du ____hast____ ein schönes Foto.
7. Frau Müller ____hat____ ein Lehrbuch für Mathematik.
8. Monika und Sabine ____haben____ Freunde in Berlin.

2

Was haben sie? Ergänzen Sie „haben" in der richtigen Form und den unbestimmten Artikel im Akkusativ.

1. Wir ____haben einen____ Lehrer aus Deutschland.
2. Die Professorin ____hat einen____ Taschenrechner.
3. Die Klasse ____hat eine____ Hausaufgabe.
4. Du ____hast eine____ Uhr.
5. Die Ergebnisse ____haben ein____ Problem.
6. Der Bleistift ____hat einen____ Radiergummi.

3

Ein paar Fragen Verändern Sie die Sätze in Entscheidungsfragen.

1. Ich habe viele Hausaufgaben.
   Hast du viele Hausaufgaben?
2. Die Professorinnen haben viele Fragen.
   Haben die Professorinnen viele Fragen?
3. Die Schülerin hat einen neuen Lehrer.
   Hat die Schülerin einen neuen Lehrer?
4. Die Bibliothek hat eine schöne Tür.
   Hat die Bibliothek eine schöne Tür?
5. Du hast den Rucksack.
   Hast du den Rucksack?

4

Im Klassenzimmer Bilden Sie Fragen. Achten Sie auf den richtigen Satzbau.

▶ **BEISPIEL**

die Schüler / die Bücher / haben
Haben die Schüler die Bücher?

1. Tische / die Schüler / haben Haben die Schüler Tische?
2. der Lehrer / hat / eine Klasse Hat der Lehrer eine Klasse?
3. Computer / die Schüler / haben Haben die Schüler Computer?
4. die Lehrerin / eine Karte / hat Hat die Lehrerin eine Karte?
5. einen Terminkalender / die Lehrerin / hat Hat die Lehrerin einen Terminkalender?
6. die Schüler / haben / Bleistifte Haben die Schüler Bleistifte?

5

Zum Besprechen Stellen Sie Ihrem Partner / Ihrer Parnerin die Fragen in Augabe 4. Beantworten Sie die Fragen mit **Ja** oder **Nein**. Präsentieren Sie Ihren Dialog der Klasse.

BEISPIEL

S1: *Haben die Schüler die Bücher?*
S2: *Ja, die Schüler haben die Bücher.*

> **6 Expansion** Ask students to write out their own numbers and equations. Have them take turns reading their numbers and equations and figuring out the answers.

6

Mathespaß Bitte ergänzen Sie die Sätze.

1. Siebzehn ____minus____ drei ist vierzehn.
2. Neunundzwanzig plus vierzehn ist ____dreiundvierzig____.
3. Sechzig ____plus____ zwanzig ist achtzig.
4. Neunhundert geteilt durch zehn ist ____neunzig____.
5. Fünfundzwanzig ____mal____ vier ist einhundert.
6. Vierundfünfzig minus achtzehn ist ____sechsunddreißig____.
7. Achtundneunzing minus sechzehn is ____zweiundachtzig____.
8. Zwölf geteilt durch drei ist ____vier____.

7

Die Zahlen Bitte schreiben Sie die Zahlen and mathematischen Gleichungen (*math equations*).

1. 1949
   neunzehnhundertneunundvierzig
2. 317
   dreihundertsiebzehn
3. 2.013
   zweitausenddreizehn
4. 0,8
   null Komma acht
5. 67 + 4 = 71
   Siebenundsechzig plus vier ist (gleich) einundsiebzig.
6. 213 · 3 = 639
   Zweihundertdreizehn mal drei ist (gleich) sechshundertneununddreißig
7. 24 : 4 = 6
   Vierundzwanzig geteilt durch vier ist (gleich) sechs
8. 91 − 6 = 85
   Einundneunzig minus sechs ist (gleich) fünfundachtzig

8

Was ist da drin? Diskutieren Sie mit einem Partner / einer Partnerin, was im Klassenzimmer ist. Präsentieren Sie Ihren Dialog der Klasse. Answers will vary.

BEISPIEL

S1: *Was hat das Klassenzimmer?*
S2: *Das Klassenzimmer hat eine Karte und viele Bücher.*
S1: *Haben wir Computer?*
S2: *Ja, wir haben Computer.*

2A.1 Regular Verbs

	studieren (*to study*)		wandern (*to hike*)	
ich	studiere	*I study*	wandere	*I hike*
du	studierst	*you study*	wanderst	*you hike*
Sie	studieren	*you study*	wandern	*you hike*
er/sie/es	studiert	*he/she studies*	wandert	*he/she hikes*
wir	studieren	*we study*	wandern	*we hike*
ihr	studiert	*you study*	wandert	*you hike*
Sie	studieren	*you study*	wandern	*you hike*
sie	studieren	*they study*	wandern	*they hike*

- Regular verbs whose stems end in *-d* or *-t* add an e before the endings *-st* or *-t* for ease of pronunciation.

> finden ⟶ du find**e**st; er/sie/es find**e**t; iht find**e**t
>
> arbeiten ⟶ du arbeit**e**st; er/sie/es arbeit**e**t; iht arbeit**e**t

- Verbs whose stems end in *-gn* or *-fn* also add an *-e* before the endings *-st* and *-t*.

> Es **regnet** morgen.   **Öffnest** du das Fenster?

- If a verb stem ends in *-s*, *-ß*, *-x*, or *-z*, the *-s* is dropped from the second person singular ending.

> Er **reist** oft in die Schweiz.   Du **heißt** Sabine.

2A.2 Interrogative words

interrogatives			
wann?	*when?*	wie?	*how?*
warum?	*why?*	wie viel?	*how much?*
was?	*what?*	wie viele?	*how many?*
welcher/welche/welches?	*which?*	wo?	*where?*
wen?/wem?	*whom?*	woher?	*where (from)?*
wer?	*who?*	wohin?	*where (to)?*

2A.3 Talking about time and dates

- To ask *What time is it?*, say **Wie spät ist es?** or **Wie viel Uhr ist es?**

> Es ist **zwanzig nach** vier.   Es ist **halb zehn**.
> Es ist **Viertel vor** elf.   Es ist **Mitternacht**.

ordinal numbers					
1.	erste	8.	achte	31.	einunddreißigste
2.	zweite	9.	neunte	55.	fünfundfünfzigste
3.	dritte	10.	zehnte	69.	neunundsechzigste
4.	vierte	11.	elfte	93.	dreiundneunzigste
5.	fünfte	12.	zwölfte	100.	hundertste
6.	sechste	19.	neunzehnte	1000.	tausendste
7.	siebte	20.	zwanzigste		

1 Alle studieren die Konjugation. Bitte ergänzen Sie „studieren" mit der richtigen Endung.

1. Wir __studieren__ Online.
2. Peter __studiert__ in Magdeburg.
3. Maria und Sebastian __studieren__ Mathematik.
4. Ich __studiere__ in Potsdam.
5. Du __studierst__ doch in Wien, oder?
6. Ihr __studiert__ Physik.
7. Annabelle __studiert__ in Wittenberg.

2 Konjugation Bitte ergänzen Sie die Verben in Klammern mit der richtigen Endung.

1. Wir __brauchen__ (brauchen) Fahrräder.
2. Die Professorin __korrigiert__ (korrigieren) die Prüfung.
3. Die Klasse __spielt__ (spielen) Fußball.
4. __Findest__ (finden) du Biologie interessant?
5. Das Restaurant __öffnet__ (öffnen) um 11 Uhr.
6. Ich __wohne__ (wohnen) in Weimar.
7. Wann __antwortest__ (antworten) du auf meine E-Mail?
8. __Hört__ (hören) ihr gern deutsche Musik?

3 Wortschatz Wählen Sie das richtige Verb.

1. Angelika und Rosa (wandern / (spielen)) Volleyball.
2. Du ((kaufst) / wartest) die Bücher.
3. Ihr (geht / (macht)) jetzt die Hausaufgaben.
4. Jürgen ((belegt) / reist) Architektur.
5. Wir (bedeuten / (verstehen)) nicht alle Fragen.
6. Meine Freundin ((träumt) / grüßt) von Bayern.
7. Ich (baue / (liebe)) deutsche Filme.
8. Die Professoren ((wiederholen) / warten) das Thema.

4 Fragen Sie! Wählen Sie das richtige Fragewort.

1. —__Woher__ (Woher / Welche) kommst du?
   —Ich komme aus Nürnberg.
2. —__Warum__ (Warum / Wo) belegst du Informatik?
   —Ich denke, das ist interessant.
3. —__Wann__ (Wie / Wann) hast du die Prüfung?
   —Am Montag.
4. —__Wie viele__ (Wie viele / Welche) Schüler sind hier?
   —Achtzehn.
5. —__Wen__ (Wen / Wie) kennst du?
   —Ich kenne einen Professor für Chemie.
6. —__Wer__ (Wer / Wo) ist der Dozent?
   —Dr. Bebel ist der Dozent.

5 Wie spät ist es? Bitte schreiben Sie diese Uhrzeiten.

1. 5.30 __Es ist halb sechs.__
2. 7.10 __Es ist zehn nach sieben.__
3. 5.45 __Es ist Viertel vor sechs. / Es ist Dreiviertel sechs.__
4. 19.40 __Es ist zwanzig vor acht.__
5. 23.30 __Es ist halb zwölf.__
6. 15.15 __Es ist Viertel nach drei. / Es ist Viertel vier.__

6 Welcher Tag ist es? Bitte ergänzen Sie die Sätze mit den richtigen Informationen.

1. Valentinstag ist am (14.) __vierzehnten__ Februar.
2. Heilige Drei Könige ist am (6.) __sechsten__ Januar.
3. St.-Patricks-Tag ist am (17.) __siebzehnten__ März.
4. Weihnachten ist am (25.) __fünfundzwanzigsten__ Dezember.
5. Neujahrstag ist am (1.) __ersten__ Januar.

7 Mein Geburtstagskalender Notieren Sie die Geburtstage von sechs Klassenkameraden und Mitgliedern Ihrer Familie. Schreiben Sie dann Sätze wie die Beispiele. Answers will vary.

BEISPIEL

Mein Geburtstag ist am dritten März. Susis Geburtstag ist am achtzehnten Oktober.

8 Fragen im Dialog Stellen Sie Ihrem deutschen Gesprächspartner sechs Fragen mit verschiedenen Fragewörtern. Answers will vary.

BEISPIEL

S1: *Wohin reist ihr?*
S2: *Wir reisen an die Ostsee.*
S1: *Wie viel kostet die Karte?*
S2: *Die Karte kostet zwölf Euro.*

1. Welcher Tag ist heute?
2. Wann hast du Geburtstag?
3. Wann ist dein Lieblingsfeiertag (favorite holiday)?
4. Wie spät ist es?
5. Um wie viel Uhr ist die Deutschvorlesung vorbei?
6. Wann hast du die Veranstaltung?

2B.1 Stem-changing verbs

- Certain irregular verbs use the regular endings but have changes to their stem vowels in the **du** and **er/sie/es** forms. Most stem-changing verbs follow one of four patterns in the present tense.

	schlafen a ⟶ ä	laufen au ⟶ äu	sprechen e ⟶ i	lesen e ⟶ ie
ich	schlafe	laufe	spreche	lese
du	schläfst	läufst	sprichst	liest
er/sie/es	schläft	läuft	spricht	liest
wir	schlafen	laufen	sprechen	lesen
ihr	schlaft	lauft	sprecht	lest
Sie/sie	schlafen	laufen	sprechen	lesen

- Besides an **e ⟶ i** vowel change, **nehmen** (*to take*) and **werden** (*to become*) have additional changes in the **du** and **er/sie/es** forms.

  nehmen ⟶ du n**immst**; er/sie/es n**immt**

  werden ⟶ du w**irst**; er/sie/es w**ird**

2B.2 Present tense used as future

- The adverbs **heute** (*today*), **morgen** (*tomorrow*), and **übermorgen** (*the day after tomorrow*) are commonly used with the present tense to express future ideas.

  Morgen gehen wir einkaufen.   **Heute Nachmittag** gehe ich schwimmen.

- Use **am** with **Morgen, Vormittag, Mittag, Nachmittag, Abend, Wochenende**, or the days of the week to specify when something will occur.

  Am Sonntag gehen wir angeln.   **Am Freitagnachmittag** gehe ich zum Arzt.

- Use **im** with months and seasons (**Frühling, Sommer, Herbst, Winter**).

  Im Frühling gehe ich wandern.   **Im Februar** fahre ich Ski.

- When both the day of the week and the time of day are specified, they form a compound noun: **Dienstagmittag, Mittwochabend**.

2B.3 Negation

- In negative statements or questions, place **nicht** after the subject, conjugated verb, direct object, and definite time expressions, but before other sentence elements.

  Ich gehe heute **nicht** in die Sporthalle.   Brauchst du den Fußball **nicht**?

- **Kein** is the negative form of the indefinite article **ein**. Use **kein** to negate a noun preceded by an indefinite article or by no article.

  —Spielen Sie Tennis? ⟶ —Nein, wir spielen **kein** Tennis.

  —Hat er Hobbys? ⟶ —Nein, er hat **keine** Hobbys.

- The conjunction **doch** has no exact equivalent in English. Use it to contradict a negative question or statement.

  —Ich habe **keine** Freunde. ⟶ —**Doch**, du hast viele Freunde!

1 Ich und du
Bitte ersetzen Sie in den folgenden Sätzen „ich" durch „du".

1. Ich esse gern Bratwurst. _Du isst gern Bratwurst._
2. Ich nehme das Fahrrad. _Du nimmst das Fahrrad._
3. Ich fahre im Winter oft Ski. _Du fährst im Winter oft Ski._
4. Ich werde Chemiker. _Du wirst Chemiker._
5. Ich laufe in die Bibliothek. _Du läufst in die Bibliothek._
6. Ich schlafe nie in der Deutschstunde.
   Du schläfst nie in der Deutschstunde.

2 Was fehlt?
Bitte ergänzen Sie die Verben in Klammern in der richtigen Form.

1. Renate _liest_ (lesen) ein Buch über Tennis.
2. Frank _sieht_ (sehen) einen Film über Berlin.
3. Die Klasse _fährt_ (fahren) im Sommer nach München.
4. _Hilfst_ (Helfen) du deiner Mutter?
5. Der Dozent _vergisst_ (vergessen) die Vorlesung.
6. _Gibst_ (Geben) du mir deine Telefonnummer?
7. Monika _trifft_ (treffen) Theresa im Stadion.
8. _Fängt_ (Fangen) Michael den Ball?

3 Wortschatz
Wählen Sie das richtige Verb.

1. Rosa (empfiehlt / spielt) Volleyball.
2. Du (kaufst / wartest) die Bücher.
3. Ihr (geht / macht) jetzt die Hausaufgaben.
4. Jürgen (belegt / reist) Architektur.
5. Wir (bedeuten / verstehen) nicht alle Fragen.
6. Meine Freundin (träumt / grüßt) von Bayern.
7. Ich (baue / liebe) deutsche Filme.
8. Die Professoren (wiederholen / warten) das Thema.

4 Zeitangaben
Bitte schreiben Sie die richtige Zeitangabe für die Antwort. Suchen Sie dann einen Partner um das Gespräch zu führen. Präsentieren Sie Ihre Resultate der Klasse.

1. —Wann klettert ihr? (weekend)
   —Wir klettern _am Wochenende_.
2. —Wann regnet es viel? (fall)
   —_Im Herbst_ regnet es viel.
3. —Wann beginnt die Vorlesung? (midmorning)
   —Die Vorlesung beginnt _am Vormittag_.
4. —Wann siehst du den Film? (evening)
   —Ich sehe den Film _am Abend_.
5. —Wann besuchen die Studenten Berlin? (next week)
   —Die Studenten besuchen _nächste Woche_ Berlin.
6. —Wann gehst du zum Arzt? (this afternoon)
   —Ich gehe _heute Nachmittag_ zum Arzt.

5 Präsens als Zeitform der Zukunft
Bitte bilden Sie Sätze.

1. du / gehen / heute Nachmittag / Ski fahren
   Du gehst heute Nachmittag Ski fahren.
2. nächste Woche / Volleyball / spielen / die Mannschaft
   Die Mannschaft spielt nächste Woche Volleyball.
3. reisen / übermorgen / Antje / nach Österreich
   Antje reist übermorgen nach Österreich.
4. ihr / im Frühling / Fahrrad / fahren
   Ihr fahrt im Frühling Fahrrad.
5. Karin / kochen / heute Abend / Schnitzel
   Karin kocht heute Abend Schnitzel.
6. mehr / ich / schreiben / morgen
   Ich schreibe morgen mehr.
7. nächsten Freitag / wir / im Wald / wandern
   Wir wandern nächsten Freitag im Wald.
6. fahren / Ursula / Ski / im Februar
   Ursula fährt im Februar Ski.

6 „Kein" oder „nicht"?
Bitte verneinen Sie richtig.

1. Das sind Studentinnen.
   Das sind keine Studentinnen.
2. Ich verstehe dich.
   Ich verstehe dich nicht.
3. Manuela trainiert im Stadion.
   Manuela trainiert nicht im Stadion.
4. Hast du Freizeit?
   Hast du keine Freizeit?
5. Am Wochenende fahren Thomas und Ute in die Berge.
   Am Wochenende fahren Thomas und Ute nicht in die Berge.
6. Nächste Woche haben wir Vorlesungen.
   Nächste Woche haben wir keine Vorlesungen.

7 Was ist nur mit Holger los?
Finden Sie mindestens fünf Gründe, warum Holger unglücklich ist. Schreiben Sie Sätze mit „kein" oder „nicht". Answers will vary.

3A.1   Possessive adjectives

personal pronouns and possessive adjectives		
personal pronouns	**possessive adjectives**	
ich	mein	*my*
du	dein	*your (sing., inf.)*
er	sein	*his*
sie	ihr	*her*
es	sein	*its*
wir	unser	*our*
ihr	euer	*your (pl., inf.)*
Sie	Ihr	*your (sing./pl., form.)*
sie	ihr	*their*

- The endings of the possessive adjectives change according to the gender, case, and number of the object possessed.

  Mein Großvater liebt **seine** Schwester.   Tobias liebt **seinen** Bruder.

3A.2   Descriptive adjectives and adjective agreement

- Use an adjective with no added endings after the verbs **sein**, **werden**, and **bleiben**.

  Mein Bruder ist **klein**.   Seine Mutter bleibt **sportlich**.   Deine Schwester wird **groß**.

- Adjective endings depend on the case, number, and gender of the noun they modify, and whether they are preceded by a **der**-word, an **ein**-word, or neither.

  Sie lieben ihren **jungen** Sohn.   Das kleine Baby hat blaue Augen.
  Gudrun ist ein **junges** Kind.   **Altes** Brot schmeckt nicht so gut.

- If multiple adjectives precede the same noun, they all take the same ending.

  Ist das **kleine, rothaarige**   Sie hat einen **großen, gut**
  Mädchen deine Schwester?   **aussehenden** Bruder.

- Some adjectives ending in **-er** or **-el**, such as **teuer** and **dunkel**, drop the **e** in the stem when an ending is added. Dropping the e in **teuer** is optional.

  Das ist ein **teu(e)res** Buch.   Das ist ein **dunkles** Foto.

3A.3   *Gern* and *nicht gern*

- To say that you like or dislike to do something, use the conjugated verb with the adverb **gern**.

  Ich schwimme **gern**.   Meine Schwester liest **gern** Bücher.

- In an affirmative sentence, place **gern** after the verb it modifies. Note that any direct or indirect objects are placed after **gern**.

  Dein Bruder spielt **gern** Fußball.   Katzen trinken **gern** Milch.

- To express dislike for an activity, use **nicht gern** after the verb.

  Mein Vater arbeite **nicht gern** spät.   Thomas isst **nicht gern** Kuchen.

1 Possessivpronomen Bitte ergänzen Sie die deutschen Possessivpronomen im Nominativ.

1. ___Deine___ (*Your* – informal) Idee ist ziemlich gut.
2. ___Unsere___ (*Our*) Universität hat eine gute Mensa.
3. ___Mein___ (*My*) Freund studiert Geschichte.
4. ___Seine___ (*His*) Freundin kommt aus Potsdam.
5. ___Ihr___ (*Her*) Hobby ist Klettern.
6. Wo ist ___eure___ (*your, pl.*) Vorlesung?
7. Wer ist ___Ihr___ (*your, formal*) Professor für Psychologie?
8. Was ist ___seine___ (*its* – *when talking about* das Schwimmbad) Adresse?

2 Mein or meine? Bitte ergänzen Sie die richtige Form des Possessivpronomens „mein" im Nominativ.

1. ___Meine___ Großmutter kommt aus Leipzig, ___mein___ Großvater aus Berlin.
2. ___Meine___ Verwandten besuchen sie oft, denn ___meine___ Großeltern sind schon über achtzig Jahre alt.
3. ___Mein___ Onkel ist Rechtsanswalt, ___meine___ Tante ist Journalistin.

3 unser / unsere Bitte ergänzen Sie die richtige Form des Possessivpronomens „unser" im Nominativ.

1. ___Unsere___ Eltern sind seit zwanzig Jahren verheiratet.
2. Sie sind stolz auf ___unser___ tolles Haus.
3. ___Unser___ Hund heißt Max.
4. ___Unsere___ Katze ist sehr intelligent und dynamisch.
5. Morgen spielt ___unsere___ Mannschaft in Stuttgart.
6. Ich glaube, ___unser___ Dozent ist krank.
7. ___Unsere___ Hausaufgaben sind wirklich schwierig.

4 Was braucht Matthias? Matthias ist der Dozent für Mathematik. Bitte schreiben Sie, was er braucht. Benutzen Sie das Possessivpronomen „sein" im Akkusativ.

1. Matthias braucht ___seinen Computer___.
2. Matthias braucht ___sein Fahrrad___.
3. Matthias braucht ___seine Bleistifte___.
4. Matthias braucht ___seine Tafel___.

5 euer / eur... Jetzt sprechen Sie mit Ute und Rosi. Benutzen Sie die richtige Form des Possessivpronomens „euer".

1. Wo wohnt ___eure___ Familie?
2. Kennt ihr ___euren___ Architekten gut?
3. Braucht ihr ___euer___ Wörterbuch im Moment?
4. Spielt ___eure___ Fußballmannschaft am Wochenende?
5. Nehmt ihr ___euren___ Hund mit zum Wandern?
6. Kocht ___eure___ Oma morgen Schnitzel?

6 Gern oder nicht gern? Bitte schreiben Sie, was jede Person gern oder nicht gern macht.

1. das Paar / kochen
Das Paar kocht gern.

2. Jens / schwimmen
Jens schwimmt nicht gern.

3. die Frau und der Hund / spazieren gehen
Die Frau und der Hund gehen nicht gern spazieren.

4. Inge und ihr Mann / sehen / Talkshows
Inge und ihr Mann sehen gern Talkshows.

7 Adjektive Bitte ergänzen Sie das Adjektiv im Nominativ.

1. Die ___schlanke___ (schlank) Frau dort ist meine Professorin für Geschichte.
2. Der ___ledige___ (ledig) Mann heißt Müller.
3. Ein ___freundlicher___ (freundlich) Schüler hilft gern.
4. Die ___interessante___ (interessant) Vorlesung ist heute langweilig.
5. Das ist wirklich ein ___lustiger___ (lustig) Film!
6. Du bist ein ___fleißiges___ (fleißig) Mädchen.
7. Das ___helle___ (hell) Zimmer ist unser Klassenzimmer.
8. Josefine ist eine ___tolle___ (toll) Musikerin.

8 Meine Verwandten und Freunde Beschreiben Sie, was Ihre Verwandten oder Freunde gern oder nicht gern machen. Schreiben Sie mindestens sechs Sätze. Answers will vary.

BEISPIEL *Mein Onkel und meine Tante tanzen gern, aber sie reisen nicht gern.*

3B.1 | Modals

- Modals express an attitude towards an action, such as permission, obligation, ability, desire, or necessity. *May*, *can*, and *must* are examples of English modals.

modals in the present tense					
	dürfen	**können**	**müssen**	**sollen**	**wollen**
ich	darf	kann	muss	soll	will
du	darfst	kannst	musst	sollst	willst
er/sie/es	darf	kann	muss	soll	will
wir	dürfen	können	müssen	sollen	wollen
ihr	dürft	könnt	müsst	sollt	wollt
Sie/sie	dürfen	können	müssen	sollen	wollen

- When you use a modal to modify the meaning of another verb, put the conjugated form of the modal in second position. Put the infinitive of the other verb at the end of the sentence.

Ich **muss** Französisch **lernen**.   **Willst** du Wasser **trinken**?

3B.2 | Prepositions with the accusative

prepositions with the accusative					
bis	*until, to*	**für**	*for*	**ohne**	*without*
durch	*through*	**gegen**	*against*	**um**	*around; at (time)*

Der Besitzer kommt **durch die Tür**.   Was hast du **gegen meinen Freund**?

- **Pro** is also an accusative preposition. The object it precedes takes no article.

Der Kellner verdient 300 Euro **pro Woche**.   Das Auto fährt 130 Kilometer **pro Stunde**.

- The accusative is also used with objects that precede **entlang**.

Wir gehen **den Fluss entlang**.   Ich fahre **die Straße entlang**.

3B.3 | The imperative

ACHTUNG

The verb **sein** has irregular imperative forms.

Sei lieb!

Seid discret!

Seien Sie mutig!

Seien wir realistisch!

the *Imperativ* conjugation	
Indikativ	**Imperativ**
du kaufst	kauf(e)
ihr kauft	kauft
Sie kaufen	kaufen Sie
wir kaufen	kaufen wir

Mach deine Hausaugaben!   **Antworte** auf die Frage!

Fahren Sie nicht so schnell!   **Hör** keine laute Musik.

Öffnen Sie bitte Ihren Rucksack.   **Gehe** nach Hause, bitte.

Esst das Gemüse, Kinder!   **Lernt** für dir Prüfung.

1 Satzbau mit Modalverben Bitte bilden Sie Sätze, achten Sie auf den richtigen Satzbau.

1. müssen / wir / machen / viele Hausaufgaben
   Wir müssen viele Hausaufgaben machen.
2. heute / nicht schwimmen / darf / Sybille
   Sybille darf heute nicht schwimmen.
3. will / helfen / meiner Schwester / ich
   Ich will meiner Schwester helfen.
4. können / wir / empfehlen / den Fisch
   Wir können den Fisch empfehlen.
5. sollt / ihr / spielen / leise
   Ihr sollt leise spielen.
6. lernen / musst / du / für die Prüfung
   Du musst für die Prüfung lernen.

2 Konjugation der Modalverben Bitte ergänzen Sie die Verben in Klammern mit der richtigen Endung.

1. Wir ___können___ (können) Thomas am Stadion treffen.
2. Die Mannschaft ___muss___ (müssen) noch viel trainieren.
3. Die Klasse ___will___ (wollen) an die Nordsee reisen.
4. ___Darf___ (dürfen) ich etwas fragen?
5. Du ___darfst___ (dürfen) die Hausaufgaben nicht vergessen.
6. Hans ___kann___ (können) sehr gut Ski fahren.
7. ___Wollt___ (wollen) ihr in die Bibliothek gehen?
8. ___Soll___ (sollen) ich einen Arzt rufen?

3 Fragen mit Modalverb Bilden Sie Fragen mit Modalverb.

1. Kuchen essen / wollen / ihr
   Wollt ihr Kuchen essen?
2. lernen / jetzt / müssen / du
   Musst du jetzt lernen?
3. Sabine / dürfen / Fußball spielen
   Darf Sabine Fußball spielen?
4. Musik hören / dürfen / wir
   Dürfen wir Musik hören?

4 Einladungen Beantworten Sie die Fragen schriftlich. Suchen Sie dann einen Partner um das Gespräch zu führen. Präsentieren Sie Ihre Resultate der Klasse. Answers will vary.

BEISPIEL

S1: *Willst du morgen Tennis spielen?*
S2: *Ich kann morgen nicht Tennis spielen, ich muss in die Bibliothek gehen.*

1. Willst du morgen Schach spielen? (ich / Französisch lernen)
2. Wollen wir Karten spielen? (wir / für unsere Bekannten kochen)
3. Wollt ihr übermorgen in die Bibliothek gehen? (wir / Vorlesung besuchen)

5 Präpositionen Wählen Sie die richtige Präposition.

1. (Ohne / Bis) meinen Freund gehe ich nicht in das Kino.
2. Meine Freunde spielen (durch / bis) 19 Uhr Volleyball.
3. Jürgen braucht ein Geschenk (um / für) seine Bekannten.
4. Der Sportler muss (gegen / entlang) den Wind laufen.
5. Sie geht immer (für / durch) den Park zur Universität.
6. Die Journalistin arbeitet heute (durch / bis) Mitternacht.

6 Präpositionen mit dem Akkusativ Benutzen Sie die richtige Präposition mit dem Akkusativ.

1. Das Geschenk ist ___für den___ Freund aus Trier. (*for the*)
2. Am Abend gehen wir oft ___den Fluss entlang___. (*along the river*)
3. Ich bin ___bis nächsten___ Monat in Österreich. (*until next*)
4. Wir dürfen jetzt nicht ___durch die___ Bibliothek gehen. (*through the*)
5. Der Architekt läuft ___um unser___ Haus. (*around our*)
6. Die Kellnerin verdient 8 Euro ___pro Stunde___. (*per hour*)

7 Was sollen wir machen? Bilden Sie Sätze im Imperativ.

1. Du öffnest dein Buch. ___Öffne dein Buch!___
2. Ihr geht in die Bibliothek. ___Geht in die Bibliothek!___
3. Du nimmst ein Schnitzel. ___Nimm ein Schnitzel!___
4. Sie sprechen mit der Journalistin. ___Sprechen Sie mit der Journalistin!___
5. Ihr schreibt an die Tafel. ___Schreibt an die Tafel!___
6. Du bist nicht gierig. ___Sei nicht gierig!___

8 Der neue Schüler Ein neuer Schüler kommt in Ihre Klasse. Bitte schreiben Sie ihm/ihr auf, was wichtig ist. Benutzen Sie Sätze im Imperativ. Präsentieren Sie die Liste dann der Klasse. Answers will vary.

BEISPIEL

Sei pünktlich! Arbeite leise!

4A.1   The modal *mögen*

mögen (*to like*)			
ich mag	*I like*	wir mögen	*we like*
du magst	*you like*	ihr mögt	*you like*
er/sie/es mag	*he/she/it likes*	Sie/sie mögen	*you/they like*

Die Kinder **mögen** diesen Joghurt.   **Magst** du Zwiebeln und Knoblauch?

möchten			
ich möchte	*I would like*	wir möchten	*we would like*
du möchtest	*you would like*	ihr möchtet	*you would like*
er/sie/es möchte	*he/she/it would like*	Sie/sie möchten	*you/they would like*

Ich **möchte** Fußball spielen.   **Möchten Sie** Pasta oder Reis?

4A.2   Adverbs

4A.1: Remind students that **möchten** is the subjunctive form of **mögen**. It is used for polite requests and to say what one *would like* to have or do.

- When an adverb modifies a verb, it generally comes immediately after the verb it modifies. Adverbs of time or place can also come directly before the verb.

  Ich esse **täglich** Gemüse.   **Morgens** trinken wir immer Kaffee.

Remind students that while most modals modify another verb, **mögen** almost always appears on its own. It is used to say what one usually likes to have or do.

- If there is more than one time expression in a sentence, general time references are placed before adverbs of specific time.

  Samstag morgens um 11 Uhr esse ich Frühstuck mit meinem Vater.

- When there is more than one adverbial expression in a sentence, adverbs of time come first, followed by adverbs of manner, then adverbs of place.

  Ihr kocht **am Wochenende**   Sie essen **morgen Abend**
  zusammen zu Hause.   **bestimmt woanders**.

- In sentences with adverbial expressions, the negation **nicht** usually *precedes* general expressions of time, manner, and place, but *follows* adverbs of specific time.

  Wir kaufen Fleisch **nicht oft**   Ich möchte **am Montag nicht**
  im Supermarket.   in die Schule gehen.

4A.3   Separable and inseparable prefix verbs

ACHTUNG

Move the infinitive of the separate prefix verb to the end of the sentence when using a modal with a separable prefix verb.

Die Mädchen **möchten** morgen Abend **ausgehen.**

Ich **soll** mit meinen Hausaufgaben **anfangen.**

separable prefix verbs	
anfangen	mitbringen
ankommen	mitkommen
anrufen	vorbereiten
aufstehen	vorstellen
ausgehen	zuschauen
einkaufen	zurückkommen
einschlafen	

Jakob **verkauft** sein Fahrrad.

Ich **kaufe** im Supermarket **ein.**

inseparable prefix verbs	
bestellen	verkaufen
besuchen	überlegen
bezahlen	wiederholen
erklären	

Wir **bezahlen** die Rechnung.

Ich **komme** nicht **zurück.**

1 Im Restaurant
Bitte schreiben Sie die richtige Form von „möchten".

1. Was __möchten__ Sie essen?
2. __Möchtest__ du Eis mit Himbeeren?
3. Ich __möchte__ bitte bezahlen.
4. Wir __möchten__ einen Tisch am Fenster.
5. __Möchtet__ ihr vielleicht zuerst eine Suppe?
6. Meine Freundin __möchte__ noch ein Stück Kuchen.

2 Zum Abendessen gehen
Bitte bilden Sie Sätze mit der richtigen Form von „möchten." Answers will vary.

Wir		(the menu)
Meine Freunde		(a napkin)
Ich		(desserts)
Du	möchten	(a fork)
Ihr		(no appetizer)
Meine Eltern		(the check)
Ihre Großmutter		(beef with rice)

3 mögen
Bitte wählen Sie die richtige Form von „mögen".

1. Wir (mögen / magst) Knoblauch.
2. Sie (mag / mögt) Schweinefleisch.
3. Sie (mögt / mögen) Pilze.
4. Ich (mag / mögt) Brötchen.
5. Er (magst / mag) Hähnchen.
6. (Mögt / Magst) du Würstchen?

4 Adverbien
Bitte bilden Sie Sätze. Achten Sie auf den korrekten Satzbau.

1. schmeckt / wirklich / Schnitzel / ausgezeichnet
   Schnitzel schmeckt wirklich ausgezeichnet.
2. er / selten / kauft / Thunfisch
   Er kauft selten Thunfisch.
3. scharf / immer / kocht / seine Mutter
   Seine Mutter kocht immer scharf.
4. wir / jetzt / zusammen / zum Lebensmittelgeschäft / fahren
   Wir fahren jetzt zusammen zum Lebensmittelgeschäft.

5 Trennbare Verben
Bitte kombinieren Sie immer den zweiten Satz in der richtigen Form.

1. der Unterricht / anfangen / um 7 Uhr
   Wir müssen uns beeilen! _Der Unterricht fängt um 7 Uhr an._
2. Frau Müller / einkaufen / jeden Donnerstag / Lebensmittel
   Sie ist nicht zu Hause. Frau Müller kauft jeden Donnerstag Lebensmittel ein.
3. ich / einschlafen / fast
   Es ist so langweilig! Ich schlafe fast ein.
4. mitkommen / ihr?
   Wir gehen ins Restaurant. Kommt ihr mit?
5. morgen / aufstehen / er / schon / um 5.30 Uhr
   Er geht schon ins Bett. Morgen steht er schon um 5.30 Uhr auf.

6 Trennbare und untrennbare Verben
Bitte beenden Sie die Sätze in der richtigen Form.

1. (vorstellen / uns seine Freunde)
   Der Schüler stellt uns seine Freunde vor.
2. (erklären / den Gästen die Rechnung)
   Die Kellnerin erklärt den Gästen die Rechnung.
3. (verkaufen / unser Auto)
   Meine Eltern verkaufen unser Auto.
4. (mitkommen / nach Dresden)
   Mein Bruder kommt nach Dresden mit.
5. (ausgehen / fast jedes Wochenende)
   Unsere Klassenkameraden gehen fast jedes Wochenende aus.
6. (zuschauen / beim Fußballspiel)
   Die Gäste schauen beim Fußballspiel zu.

7 Was magst du so?
Suchen Sie einen Partner. Erzählen Sie Ihrem Gesprächspartner unter anderem, was Sie mögen, sehr gern mögen, nicht so sehr mögen und gar nicht gern mögen. Präsentieren Sie Ihre Resultate der Klasse. Answers will vary.

Hey! Ich **mag** das! Danke.

BEISPIEL

S1: *Was magst Du zum Frühstück?*
S2: *Ich mag Brötchen mit Marmelade.*
S1: *Mögen deine Freunde Kaffee?*
S2: *Nein, meine Freunde mögen keinen Kaffee.*

4B.1 | The dative

- An object in the dative case indicates to whom or for whom an action is performed.

Ich bringe **dem Lehrer** einen Apfel.   Zeig **der Professorin** deine Arbeit.

dative				
	masculine	**feminine**	**neuter**	**plural**
definite articles	dem Kellner	der Kellnerin	dem Kind	den Kindern
indefinite articles	einem Kellner	einer Kellnerin	einem Kind	keinen Kindern
possessive adjectives	meinem Koch	meiner Köchin	meinem Kind	meinen Kindern

- The endings for possessive adjectives are the same as the endings for the indefinite articles.

Der Kellner bringt **meiner Frau** einen Salat.

Peter empfiehlt **seinen Freunden** das Restaurant.

- When using plural nouns in the dative case, add **-n** to any noun whose plural form does not already end in **-n** or **-s**.

die Teller ⟶ den Tellern   die Esslöffel ⟶ den Esslöffeln

- In the dative case, an adjective preceded by an **ein**-word or an **der**-word always ends in **-en**.

Anna kauft **dem kleinen** Jungen ein Eis.   Ich gebe **meiner kleinen** Schwester eine Banana.

- Adjectives in the dative that are not preceded by an article have endings similar to the definite article endings.

Ich biete **guten** Freunden immer gutes Essen an.

Die Lehrerin hilft **neuen** Studenten gern.

- Use the dative question word **wem** to ask *to whom?*

Wem gehört diese Tasse?   Sie gehört **meinem** Opa.

4B.2 | Prepositions with the dative

prepositions with the dative			
aus	*from*	nach	*after; to*
außer	*except for*	seit	*since; for*
bei	*at; near; with*	von	*from*
mit	*with*	zu	*to; for; at*

- The prepositions **bei**, **von**, and **zu** can combine with the definite article **dem** to form contractions. The preposition **zu** also forms a contraction with the definite article **der**.

Wir kaufen oft **beim** Supermarket ein.   Tina fährt **zur** Universität.

1 Dativ von weiblichen Substantiven Bitte ergänzen Sie im Dativ.

1. Mein Vater spricht mit __der__ (die) Kellnerin.
2. Peter, kannst du bitte __der__ (die) Dozentin meine Hausaufgaben geben?
3. Melanie dankt __einer__ (eine) Studentin aus Kanada.
4. Ich schreibe __meiner__ (meine) Mutter eine E-Mail.
5. Der Kellner empfiehlt __deiner__ (deine) Schwester bestimmt das Hähnchen.
6. Helft ihr __unserer__ (unsere) Nachbarin?
7. Anja zeigt __ihrer__ (ihre) Ärztin den Arm.

2 Nettigkeiten Bitte ergänzen Sie im Dativ.

1. Wir zeigen __dem__ (das) Kind das Schwimmbad.
2. Die Professorin gibt __meinem__ (mein) Freund das Zeugnis.
3. Kannst du __unserem__ (unser) Sohn einen Ball bringen?
4. Meine Mutter dankt __dem__ (der) Kellner und gibt ihm ein Trinkgeld.
5. Ich kaufe __meinem__ (mein) Großvater das Buch.
6. Die Studenten helfen __dem__ (der) Verkäufer im Lebensmittelgeschäft.
7. Die Köchin bringt __dem__ (der) Gast das Rezept (recipe).

3 Dativ in Singular und Plural Bitte beantworten Sie die folgenden Fragen.

1. Wem antwortet Angelika? Sie antwortet __ihrem Lehrer__. (ihr Lehrer)
2. Wem helfen die Nachbarn? Sie helfen __meinen Verwandten__. (meine Verwandten)
3. Wem schickst du die Fotos? Ich schicke sie __meiner Oma__. (meine Oma)
4. Wem kauft Jürgen die Blumen? Er kauft sie __seiner Freundin__. (seine Freundin)
5. Wem bringen wir die Wörterbücher? Wir bringen sie __den Schülern__. (die Schüler)
6. Wem zeigt die Journalistin ihren Artikel? Sie zeigt den Artikel __der Köchin__. (die Köchin)

4 Geburtstagsgeschenke Bitte beschreiben Sie, was Sie Ihren Verwandten und Freunden zum Geburtstag schenken, kaufen, geben oder schicken. Achten Sie auf den Dativ. Schreiben Sie mindestens acht Sätze. Answers will vary.

BEISPIEL

*Ich schicke **meiner** Tante eine Karte. Ich gebe **meinem** Opa einen Fußball. Ich schenke **meiner** Freundin ein Fahrrad. Ich kaufe **meiner** Mutter einen Kuchen.*

5 Adjektive im Dativ Bitte beantworten Sie. Achten Sie auf den Dativ.

1. Wem schenkst du das Auto? (der kleine Junge)
   Ich schenke dem kleinen Jungen das Auto.
2. Wem schreibst du eine E-Mail? (meine gute Freundin)
   Ich schreibe meiner guten Freundin eine E-Mail.
3. Wem empfiehlt der Kellner die Suppe? (eine alte Dame)
   Er empfiehlt einer alten Dame die Suppe.
4. Wem gehört der Rucksack? (die schlanke Frau dort hinten)
   Er gehört der schlanken Frau dort hinten.
5. Wem hilft die Rechtsanwältin? (der spanische Musiker)
   Sie hilft dem spanischen Musiker.
6. Wem zeigen wir unsere Stadt? (die österreichischen Geschäftsleute)
   Wir zeigen den österreichischen Geschäftsleuten unsere Stadt.

6 Wer, wen oder wem? Schreiben Sie die richtigen Fragewörter.

1. __Wer__ kommt aus Hamburg?
2. __Wen__ kennen Sie gut?
3. __Wem__ hilft die Köchin?
4. __Wem__ gehört dieses Messer?
5. __Wen__ fotografiert die Journalistin?
6. __Wer__ interessiert sich für die Speisekarte?
7. __Wen__ besucht ihr morgen?
8. __Wem__ gibst du das Geburtstagsgeschenk?

7 Ortsangaben: Präpositionen mit dem Dativ Ergänzen Sie die Sätze mit der richtigen Form des Dativ.

1. Ich komme jeden Tag um 15 Uhr aus __der Schule__. (die Schule)
2. Morgen fährt er mit __dem Fahrrad__ (das Fahrrad) in die Schule.
3. Er kommt aber erst um 17 Uhr von __seinem Training__. (sein Training)
4. Der Lehrer ist heute bei __seinen Kindern__. (seine Kinder)
5. Dieser Schinken ist aus __dem Schwarzwald__. (der Schwarzwald)
6. Ich mag diese Vorlesung seit __dem ersten Tag__. (der erste Tag)

8 Meine Freizeit Beantworten Sie die Fragen schriftlich. Suchen Sie dann einen Partner um das Gespräch zu führen. Answers will vary.

1. Wo sind Sie gern?
2. Mit wem sind Sie am Wochenende zusammen?
3. Wohin gehen Sie?
4. Woher kommen Sie um 15 Uhr?

9 Kurze Gespräche Bitte ergänzen Sie den Dialog.

1. —___Was___ (Was / Welches) ist da drin?
   —Lehrbücher. Sie ___sind___ (sind / ist) von Torsten.
2. —___Wo___ (Wem / Wo) sind Ulrich und Sabine?
   —Sabine kommt ___aus der___ (aus der / auf die) Bibliothek.
   Ulrich hat ___eine___ (eine / einen) Vorlesung.
3. —___Wie viele___ (Wohin / Wie viele) Touristen sind dort?
   —Hmm... Da sind ___einundzwanzig___ (einundzwanzig /
   dritte) Touristen.
4. —___Woher___ (Woher / Was) kommt Gudrun?
   —Gudrun kommt aus ___den___ (die / den)
   Vereinigten Staaten.

10 Fragewörter Bitte vervollständigen Sie.

1. —___Wie___ heißt die Professorin?
   —Die Professorin heißt Schneider.
2. —___Warum___ lernst du so viel?
   —Ich habe eine Prüfung.
3. —___Welche___ Fächer sind einfach?
   —Biologie und Chemie sind einfach.
4. —___Wann___ ist Mathematik?
   —Mathematik ist um 10 Uhr.
5. —___Woher___ kommst du?
   —Ich komme aus Bern in der Schweiz.
6. —___Was___ studiert Hugo?
   —Hugo studiert Medizin.

11 Wie spät ist es? Bitte schreiben Sie diese Uhrzeiten.

1. 3.40 ___Es ist zwanzig vor vier.___
2. 8.30 ___Es ist halb neun.___
3. 21.17 ___Es ist siebzehn nach neun.___

12 Befehle Geben Sie Befehle in der Sie-Form.

BEISPIEL anfangen
Fangen Sie an.

1. überlegen — ___Überlegen Sie.___
2. nicht mitkommen — ___Kommen Sie nicht mit.___
3. zurückkommen — ___Kommen Sie zurück.___
4. einkaufen — ___Kaufen Sie ein.___
5. zuschauen — ___Schauen Sie zu.___
6. anrufen — ___Rufen Sie an.___
7. nicht ausgehen — ___Gehen Sie nicht aus.___
8. aufstehen — ___Stehen Sie auf.___
9. bezahlen — ___Bezahlen Sie.___
10. nicht einschlafen — ___Schlafen Sie nicht ein.___

13 Was fehlt? Ergänzen Sie die Sätze.

1. Ich habe einen ___großen___ (groß) Bruder.
2. Mein ___großer___ (groß) Bruder spielt Fußball.
3. Er hat einen ___kleinen___ (klein) Hund.
4. Der ___kleine___ (klein) Hund hat sehr ___kurze___ (kurz) Beine.
5. Seine ___kurzen___ (kurz) Beine sind auch sehr ___dünn___ (dünn).
6. Hast du auch so einen ___kleinen___ (klein), ___schönen___ (schön) Hund?

14 Was machen diese Leute? Bilden Sie Sätze und achten Sie auf den korrekten Satzbau.

1. in die Konditorei / gehen / morgen / wir
   ___Wir gehen morgen in die Konditorei.___
2. immer / Brötchen / zum Frühstück / möchten / meine deutschen Freunde
   ___Meine deutschen Freunde möchten zum Frühstück immer Brötchen.___
3. kann / ich / dir / nicht / leider / helfen
   ___Ich kann dir leider nicht helfen.___
4. lesen / Klara / am Wochenende / möchten / gern
   ___Klara möchte gern am Wochende gern lesen.___

15 Was ist richtig? Bitte wählen Sie den richtigen Satz.

1. Ⓐ Ich wünsche dir einen guten Rutsch ins neues Jahr.
   B. Ich wünsche dir ins neues Jahr einen guten Rutsch.
2. A. Meine Freundin überall sucht roten Paprika.
   Ⓑ Meine Freundin sucht überall roten Paprika.
3. Ⓐ Der Ober spricht viel zu schnell.
   B. Der Ober spricht zu schnell viel.
4. A. Ich bestelle in diesem Restaurant eine Nachspeise immer.
   Ⓑ Ich bestelle in diesem Restaurant immer eine Nachspeise.

16 Der Wochenplan Entscheiden Sie, was Sie diese Woche machen wollen. Suchen Sie andere Studenten in der Gruppe, die das Gleiche machen wollen und finden Sie eine Zeit, wann Sie das machen können. Answers will vary.

BEISPIEL

S1: *Willst du diese Woche einkaufen gehen?*
S2: *Ja, ich will diese Woche einkaufen gehen.*
S1: *Können wir zusammen einkaufen gehen?*
S2: *Ja, gern.*
S1: *Hast du am Mittwoch Zeit?*
S2: *Nein, am Mittwoch habe ich keine Zeit.*

16 **Suggestion** Have students brainstorm activities before they begin the exercise.

16 **Expansion** Instead of working in small groups, have students stand up and circulate throughout the entire class.

Suggestion Have students guess the meaning of
the unit title **Feiern** based on the image shown.
Ask: **Was feiern Meline, Hans und Sabite?**

Feste feiern

Talking Picture
Audio: Activities

Wortschatz

Feste	*celebrations*
der Feiertag, -e	*holiday*
die Karte, -n	*card*
die Party, -s	*party*
anstoßen (stößt... an)	*to toast*
bekommen	*to receive*
einladen (lädt... ein)	*to invite*
feiern	*to celebrate*
eine Party geben	*to throw a party*
(keinen) Spaß haben	*(not) to have fun*
lächeln	*to smile*
lachen	*to laugh*
schenken	*to give (a gift)*
überraschen	*to surprise*
Herzlichen Glückwunsch!	*Congratulations!*
besondere Anlässe	*special occasions*
die Ehe, -n	*marriage*
der/die Frischvermählte, -n	*newlywed*
die Geburt, -en	*birth*
der Geburtstag, -e	*birthday*
die Hochzeit, -en	*wedding*
der Jahrestag, -e	*anniversary*
(das) Silvester	*New Year's Eve*
(das) Weihnachten	*Christmas*
in Rente gehen	*to retire*
einen Abschluss machen	*to graduate*
Ausdrücke	*expressions*
die Freundschaft, -en	*friendship*
das Glück	*happiness*
der Kuss, -̈e	*kiss*
die Liebe	*love*

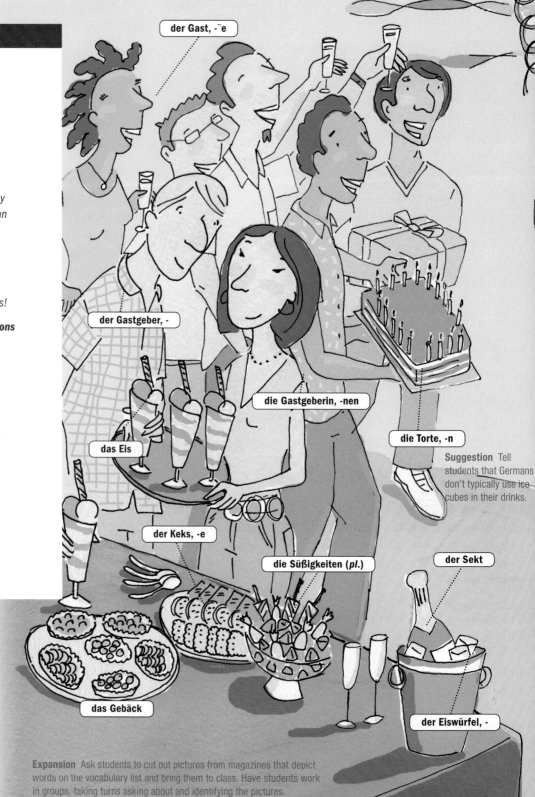

der Gast, -̈e

der Gastgeber, -

die Gastgeberin, -nen

die Torte, -n

Suggestion Tell students that Germans don't typically use ice cubes in their drinks.

das Eis

der Keks, -e

die Süßigkeiten (*pl.*)

der Sekt

das Gebäck

der Eiswürfel, -

Herzlichen Glückwunsch zum Geburtstag, Hans!

der Ballon, -e

die Überraschung, -en

das Geschenk, -e

Anwendung

1 Suggestion Go over the first few items together, as a class.

1 Was passt zusammen? Welche Wörter in der linken Spalte (*column*) passen am besten zu den Wörtern in der rechten Spalte?

_a/b_	**1.** der Geburtstag	a.	der Kuchen
_d_	**2.** der Gast	b.	die Karte
_f/e_	**3.** die Ehe	c.	das Silvester
_a_	**4.** die Torte	d.	die Gastgeberin
_c_	**5.** das Weihnachten	e.	die Liebe
_e/f_	**6.** der Kuss	f.	die Frischvermählten

2 Feste und Feiertage Ergänzen Sie die Sätze.

1. An nationalen ___Feiertagen___ müssen die meisten Leute (*most people*) nicht arbeiten.
2. An Halloween kommen Kinder an die Haustür und man gibt ihnen ___Süßigkeiten___.
3. An Weihnachten legt man die ___Geschenke___ unter einen Tannenbaum (*Christmas tree*).
4. An Silvester stößt man um Mitternacht mit ___Sekt___ an.
5. Nach 25 Ehejahren feiert man die silberne (*silver*) ___Hochzeit___.
6. In Deutschland geht man normalerweise mit 67 Jahren in ___Rente___.

3 Eine Party für Max 🎧 Hören Sie den Dialog an und markieren Sie dann die richtigen Aussagen.

3 Expansion Have students write a second dialogue that takes place at Max's surprise party, then act it out for the class.

	richtig	falsch
1. Max hat nächsten Monat Geburtstag.	☐	☑
2. Max braucht ein bisschen Spaß.	☑	☐
3. Max plant seine Geburtstagsparty selbst.	☐	☑
4. Max spielt in der Basketballmannschaft.	☑	☐
5. Zum Geburtstag kommen zehn Personen.	☐	☑
6. Die Party ist bei Emil.	☑	☐
7. Die Freunde kaufen das Geschenk zusammen.	☑	☐
8. Zum Geburtstag bekommt Max einen Baseball.	☐	☑

4 Satzsalat Bilden Sie Sätze mit den diversen Elementen.

Answers will vary. Sample answers are provided.

BEISPIEL *Die Eltern bereiten eine Geburtstagsparty vor.*

die Eltern	anstoßen	die Kinder
die Gäste	bekommen	eine Geburtstagsparty
der Gastgeber	einladen	eine Geburtstagstorte
das Geburtstagskind	mitbringen	ein Geschenk
die Verwandten	vorbereiten	mit einem Getränk

1. Die Verwandten bringen ein Geschenk mit.
2. Das Geburtstagskind bekommt eine Geburtstagstorte.
3. Die Gastgeber laden die Kinder ein.
4. Die Gäste stoßen mit einem Getränk an.

4 Suggestion Have students identify the separable prefix verbs before they complete this activity.

🖱: Practice more at **vhlcentral.com**.

Kommunikation

7 Suggestion Write the following useful phrases on the board: **Auf meinem Bild sind …, Mein Bild hat …,** and **Hast du das auch auf deinem Bild?** Make sure students understand that they should not show each other their pictures. Model this by protectively holding your sheet of paper and saying: **Mein Partner darf mein Bild nicht sehen.**

5 Besondere Anlässe
Was feiern die Personen auf den Bildern? Bilden Sie (*Create*) mit Ihrem Partner / Ihrer Partnerin zusammen einen Satz zu jedem Bild. Answers will vary. Sample answers are provided.

Matthias

▶ **BEISPIEL**

Matthias hat heute Geburtstag.

5 Suggestion Encourage students to be inventive and detailed in their descriptions.

1. Lena
Lena macht ihren Abschluss.

2. Kerstin und Simon
Kerstin und Simon feiern ihre Hochzeit.

3. Frau Hartmann
Frau Hartmann bekommt ihr erstes Kind.

4. Andreas und seine Freunde
Andreas gibt eine Silvesterparty für seine Freunde.

5. Herr Aydin
Herr Aydin ist jetzt in Rente.

6. Martin
Martin gibt seiner Freundin einen Kuss.

6 Eine Einladung
Lesen Sie Kiaras Einladung an ihre Verwandten und beantworten Sie mit Ihrem Partner / Ihrer Partnerin die Fragen zum Text. Answers will vary. Sample answers are provided.

Von:	Kiara Gökda
An:	Familie Özer; Familie Celik; Murat Gökda; Familie Gökda; Ela Cengiz; Kenan Cengiz; Alik Aymaz; Familie Yilmaz
Betreff:	Feier für meine Eltern

Hallo an alle,

im Mai feiern unsere Eltern ihre silberne Hochzeit. 25 Jahre – unglaublich! Mein Bruder Murat und ich planen eine Feier für sie am Samstag, dem 5. Mai, im Restaurant „Zum Alten Markt" hier in München. Unsere Idee ist, dass wir alle, wir beide und ihr, ihnen eine Reise (*trip*) nach Marokko schenken. Die Reise ist für eine Woche und kostet 520 Euro pro Person.

Wir hoffen, ihr könnt kommen und macht bei dem Geschenk mit.

Kiara

1. **Warum schreibt Kiara die E-Mail?** Sie plant eine Feier für ihre Eltern.
2. **Wie lange sind die Eltern verheiratet?** Sie sind 25 Jahre verheiratet.
3. **Was wollen sie den Eltern schenken?** Sie wollen den Eltern eine Reise nach Marokko schenken.
4. **Von wem ist das Geschenk?** Das Geschenk ist von Kiara und Murat und den Verwandten.
5. **Wie viel Geld braucht Kiara für das Geschenk?** Sie braucht 1.040 Euro für das Geschenk.
6. **Wann und wo ist die Feier?** Sie ist am 5. Mai im Restaurant „Zum Alten Markt" in München.

7 Sieben Unterschiede
Finden Sie die sieben kleinen Unterschiede auf den Bildern, die Sie von Ihrem Professor / Ihrer Professorin bekommen. Answers will vary.

BEISPIEL

S1: *Auf meinem Bild sind fünf Personen. Wie viele Personen sind auf deinem Bild?*
S2: *Auf meinem Bild sind sechs Personen.*

8 Feiern wir!
Sie planen eine Party für nächstes Wochenende. Beraten Sie (*Discuss*), wo Sie die Party machen wollen, wen Sie einladen, was Sie alles brauchen, wer Essen macht, wer die Getränke kauft, welche Musik Sie hören möchten und so weiter. Answers will vary.

BEISPIEL

S1: *Bei wem wollen wir die Party machen?*
S2: *Bei Hanna? Sie wohnt bei den Eltern, und ihr Haus ist ziemlich groß. Und wen wollen wir einladen?*
S3: *Wir können unsere Freunde vom Basketball einladen.*

8 Expansion Have students plan an actual party as the culmination of this unit. Make sure students use German to discuss the plans.

Aussprache und Rechtschreibung

 Audio: Presentation
Record & Compare Activities

NATIONAL STANDARDS comparisons

🎧 The consonantal *r*

To pronounce the German consonant **r**, start by placing the tip of your tongue against your lower front teeth. Then, raise the back of your tongue toward the roof of your mouth. Let air flow from the back of your throat over your tongue creating a soft vibrating sound from the roof of your mouth.

| **R**ock | **r**ot | B**r**ille | F**r**eund | Jah**r**estag |

Note that the consonant **r** sound always precedes a vowel.

| O**r**ange | f**r**isch | fah**r**en | **R**ucksack | Pap**r**ika |

When the German **r** comes at the end of a word or a syllable, it sounds more like a vowel than a consonant. This *vocalic* **r** sound will be discussed in **Lektion 9A**.

Suggestion Tell students that in some parts of Bavaria and Austria, the **r** sound is produced with the tongue at the front of the mouth, and sounds similar to the Spanish r.

1 Sprechen Sie nach Wiederholen Sie die Wörter, die Sie hören.

1. Rente
2. rosa
3. reden
4. Schrank
5. schreiben
6. sprechen
7. Sprudel
8. Straße
9. gestreift
10. frisch
11. Bruder
12. tragen
13. grau
14. Haare
15. Amerika
16. studieren

2 Artikulieren Sie Wiederholen Sie die Sätze, die Sie hören.

1. Veronika trägt einen roten Rock.
2. Mein Bruder schreibt einen Brief.
3. Rolf reist mit Rucksack nach Rosenheim.
4. Regensburg und Bayreuth liegen in Bayern.
5. Warum fahren Sie nicht am Freitag?
6. Marie und Robert sprechen Russisch.
7. Drei Krokodile fressen frische Frösche.
8. Im Restaurant bestellt die Frau Roggenbrot mit Radieschen.

3 Sprichwörter Wiederholen Sie die Sprichwörter, die Sie hören.

Rede, so lernst du reden.[1]

Der Krug geht so lange zum Brunnen, bis er bricht.[2]

[1] You learn how to do something by doing it. (lit. *Speak, if you want to learn how to speak.*)
[2] If you overdo it, you'll wear yourself out. (lit. *The pitcher goes to the well until it breaks.*)

Ressourcen

SAM LM: p. 3

vhlcentral.com

Frohes neues Jahr! Ⓢ Video: *Fotoroman*

Vorbereitung Have students preview the scenes and write down one adjective to describe each scene.

Meline und Sabite wollen Silvester feiern, aber Torsten und Lorenzo haben andere Pläne.
Da klingelt es plötzlich an der Tür...

1

SABITE Torsten! Es ist Silvester! Aber es sind Weihnachtsferien! Die Uni fängt erst wieder in zwei Wochen an. Warte mal.

5

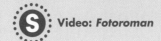

MELINE Niemand lernt an Silvester. Man geht auf Partys und hat Spaß. Du hast eine wunderschöne Freundin, Torsten. Verlange nicht von ihr, das neue Jahr ohne dich zu beginnen. Bist du ihr immer noch böse?

2

MELINE Sind Hans und George schon aus Bayern zurück? Wo ist Lorenzo?
SABITE Er ist nicht da! Es wird langsam spät.
MELINE Voicemail.
SABITE Nur die Ruhe, Meline.
MELINE Lorenzo!

SABITE Torsten? Dir auch ein frohes neues Jahr!

3

GEORGE UND HANS Frohes neues Jahr!!!!
GEORGE Wir haben die Party einfach zu euch gebracht!
HANS George hat das Licht in eurer Wohnung gesehen.
GEORGE Hans hat Meline schreien gehört.
MELINE Ich habe nicht geschrien.
HANS Wo ist Lorenzo?
MELINE Ha, ha, ha, Hans. Wo ist denn deine neue Freundin?

MELINE Lorenzo ist in der Stadt. Wir gehen später am Abend essen und danach gehen wir zu einer Party am Brandenburger Tor.
SABITE Schön, dass du Silvester mit ihm feierst.
MELINE Wir haben Spaß zusammen. Wieso kommst du nicht mit uns mit? Es sind bestimmt eine Million Leute da.
SABITE Ich mag keine Menschenmassen. Danke für die Einladung.

4

6

ÜBUNGEN

1 **Richtig oder falsch?** Entscheiden Sie, ob die folgenden Sätze richtig oder falsch sind.

1. Torsten will Silvester lernen. Richtig.

2. Lorenzo ist in der Stadt. Richtig.

3. Meline und Lorenzo wollen ins Kino gehen. Falsch.

4. Es sind eine Million Leute am Fernsehturm. Falsch.

5. George und Hans haben Licht in der Wohnung gesehen. Richtig.

6. Hans hat Meline singen gehört. Falsch.

7. George und Hans sind auf einer Party in Kreuzberg gewesen. Richtig.

8. Meline möchte, dass Hans und George zurück zur Party gehen. Falsch.

9. Hans hat Kekse gebacken. Falsch.

10. George möchte mit seinen Freunden anstoßen. Richtig.

7

HANS Gut, dann gehen wir eben zurück zur Party in Kreuzberg.
SABITE Ah, ah! Geht nicht. Ich bin so froh, dass ihr hier seid. Frohes neues Jahr, Hans, George.
MELINE Bitte geht nicht. Ich habe Sekt.

8

HANS Ich habe einen Stollen für uns gebacken.
SABITE Oh, sieht lecker aus. Bitte schön.
HANS Danke. Hier, reich mal rüber.
MELINE Oh, Hans, er schmeckt genau wie der von meiner Mutter!

9

MELINE Es ist Mitternacht! Frohes neues Jahr!

10

GEORGE Ich möchte gern mit euch anstoßen, meine neuen Freunde. *Happy New Year!*
SABITE *Mutlu yıllar.*

Nützliche Ausdrücke

- **Silvester**
  New Year's Eve
- **die Weihnachtsferien**
  winter break
- **Die Uni fängt erst wieder in zwei Wochen an.**
  Classes don't begin for two weeks.
- **wunderschön**
  gorgeous
- **Bist du ihr immer noch böse?**
  Are you still mad at her?
- **Frohes neues Jahr!**
  Happy New Year!
- **die Menschenmassen**
  crowds
- **Nur die Ruhe!**
  Relax!
- **Hans hat Meline schreien gehört.**
  Hans heard Meline yelling.
- **Reich mal rüber!**
  Hand it over!

1A.1
- **Ich habe einen Stollen für uns gebacken.**
  I baked a stollen for us.

1A.2
- **Verlange nicht von ihr, das neue Jahr ohne dich zu beginnen.**
  Don't make her start the new year without you.

1A.3
- **Schön, dass du Silvester mit ihm feierst.**
  It's great that you're celebrating New Year's with him.

---

2 **Zum Besprechen** Planen Sie zu dritt eine Silvesterparty. Machen Sie eine Einkaufsliste und eine Gästeliste. Soll die Party ein Motto (*theme*) haben? Müssen sich die Gäste verkleiden (*wear costumes*)? Answers will vary.

3 **Vertiefung** Finden Sie heraus (*Find out*), warum der letzte Tag im Jahr in der deutschsprachigen Welt **Silvester** heißt. Woher kommt der Name? Seit wann heißt der Tag so? Possible answer: Seit 1582 heißt der letzte Tag des Jahres Silvester, benannt nach dem Todestag von Papst Silvester I. (31. Dezember).

Suggestion Explain to students that Hans speaks in Bavarian at the end of this episode: **Is' scho' recht. A guat's Nei's!** (**Du hast Recht. Ein gutes Neues!**)

Ressourcen

SAM
VM: p. 1

DVD
Folge 1

vhlcentral.com

IM FOKUS

Das Oktoberfest Reading

AM 12. OKTOBER 1810 HEIRATET KRONprinz Ludwig (der spätere König Ludwig I. von Bayern) Prinzessin Therese. Vor den Toren Münchens° feiern Menschen aus ganz Bayern die königliche Hochzeit auf einem Feld. Dieses Feld heißt heute noch Theresienwiese. Viele Menschen nennen es einfach die Wiesn, ein Wort aus der bayerischen Umgangssprache°. 1810 kann man Pferderennen° auf der Theresienwiese sehen und in den nächsten Jahren wiederholt man diese Pferderennen. Das ist der Anfang des Oktoberfests.

Im Jahr 1818 gibt es das erste Karussell° beim Oktoberfest. Heute findet man neben Karussells und Festzelten° auch Willenborgs Riesenrad° und einen Flohzirkus° für Kinder. In den nächsten Jahren beginnt das Oktoberfest aus Wettergründen° bereits im September. Traditionell ist der erste Tag immer der erste Samstag nach dem 15. September. Der Oberbürgermeister° Münchens zapft° das erste Bierfass° an und sagt dann: „O'zapft is!" Das ist Bayerisch und bedeutet „Es ist angezapft!" Der letzte Tag ist der erste Sonntag im Oktober. In über 200 Jahren findet das Oktoberfest 24-mal wegen° Cholera oder Kriegen° nicht statt°.

Das Oktoberfest	
Erstes Oktoberfest:	1810
Ort:	Theresienwiese
Fläche:	0,42 km² (Quadratkilometer)
Besucher:	mehr als 6 Millionen Gäste
Festzelte:	14 große und 15 kleine
Schweinswürste:	119.302 Paar
Schweinshaxen°:	69.293
Abfall°:	678 Tonnen
Verlorene Gegenstände°:	260 Brillen° und 200 Handys

QUELLE: offizielles Stadtportal für München

den Toren Münchens *the gates of Munich* **bayerischen Umgangssprache** *Bavarian vernacular* **Pferderennen** *horse races* **Karussell** *merry-go-round* **Festzelten** *pavilions* **Riesenrad** *Ferris wheel* **Flohzirkus** *flea circus* **aus Wettergründen** *due to weather concerns* **Oberbürgermeister** *mayor* **zapft... an** *taps* **Bierfass** *beer barrel* **wegen** *due to* **Kriegen** *wars* **findet... statt** *takes place* **Schweinshaxen** *pork knuckles* **Abfall** *garbage* **Verlorene Gegenstände** *Lost items* **Brillen** *eyeglasses*

ÜBUNGEN

1 Richtig oder falsch? Sind die Aussagen **richtig** oder **falsch?** Korrigieren Sie die falschen Aussagen mit einem Partner / einer Partnerin.

1. Das erste Oktoberfest findet 1815 statt.
   Falsch. Das erste Oktoberfest findet 1810 statt.
2. Die Menschen feiern die Hochzeit von Kronprinz Ludwig und Prinzessin Therese in Nürnberg.
   Falsch. Die Menschen feiern die Hochzeit in München.
3. In der bayerischen Umgangssprache heißt die Theresienwiese „Wiesn". Richtig.
4. Das erste Karussell gibt es 1815. Falsch. Das erste Karussell gibt es 1816.
5. Für Kinder gibt es heute auch einen Flohzirkus. Richtig.

6. Der erste Tag des Oktoberfests ist immer der erste Sonntag nach dem 15. September.
   Falsch. Der erste Tag des Oktoberfests ist der erste Samstag nach dem 15. September.
7. Der Münchener Oberbürgermeister zapft das erste Bierfass an. Richtig.
8. In über 200 Jahren findet das Oktoberfest 20-mal nicht statt.
   Falsch. Es findet 24-mal nicht statt.
9. Mehr als 10 Millionen Gäste besuchen das Oktoberfest jedes Jahr.
   Falsch. Mehr als 6 Millionen Gäste besuchen das Oktoberfest jedes Jahr.
10. Zu den verlorenen Gegenständen gehören 260 Brillen und 200 Handys. Richtig.

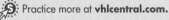 Practice more at **vhlcentral.com**.

DEUTSCH IM ALLTAG

Herzlichen Glückwunsch

Alles Gute zum Geburtstag!	*Happy birthday!*
Ein gutes neues Jahr!	*Happy New Year!*
Frohe Ostern!	*Happy Easter!*
Frohe Weihnachten!	*Merry Christmas!*
Gute Besserung!	*Get well!*
Hals- und Beinbruch!	*Break a leg!*
Viel Glück!	*Good luck!*

DIE DEUTSCHSPRACHIGE WELT

Weihnachten

Am 6. Dezember besucht Sankt Nikolaus Kinder in vielen Gegenden° Deutschlands, Österreichs und der Schweiz. Brave° Kinder bekommen Schokolade, Nüsse° und andere Süßigkeiten. Manchmal bringt der Sankt Nikolaus einen Partner mit. Diese zweite Person heißt Krampus im Süden und Knecht Ruprecht im Norden. Er soll böse° Kinder erschrecken°.

Die Weihnachtsfeiertage sind der 25. und 26. Dezember. Geschenke bekommen Kinder aber schon am 24. Dezember, dem Heiligen Abend. Das Christkind, ein blonder Engel°, bringt Geschenke, und Familien öffnen sie am gleichen Abend.

in vielen Gegenden *in many areas* **Brave** *Well-behaved* **Nüsse** *nuts* **böse** *naughty* **erschrecken** *scare* **Engel** *angel*

PORTRÄT

Die Sternsinger

Suggestion Ask students what differences they've noticed between Christmas as it is celebrated in their country and Christmas in German-speaking countries.

Vor allem in Bayern und Österreich sind die Sternsinger ein sehr bekanntes Brauchtum°. Drei Kinder oder junge Leute verkleiden sich° als die Heiligen Drei Könige° Caspar, Melchior und Balthasar. Sie gehen zwischen dem 27. Dezember und dem 6. Januar, dem Tag des Dreikönigsfestes, von Haus zu Haus. Sie singen Lieder in den Häusern, sprechen ein Gebet° und sagen ein Gedicht° auf. Dann schreiben sie mit Kreide° einen Segen° über° die Haustür. In Deutschland sammeln° die Sternsinger seit dem 16. Jahrhundert Geld für wohltätige Zwecke°, vor allem für Kinder in Not°. Die Aktion Dreikönigssingen ist weltweit° die größte organisierte Hilfsaktion von Kindern für Kinder. Alleine im Jahr 2005 sammeln die Sternsinger 47 Millionen Euro.

Brauchtum *tradition* **verkleiden sich** *dress up* **Könige** *kings* **Gebet** *prayer* **Gedicht** *poem* **Kreide** *chalk* **Segen** *blessing* **über** *over* **sammeln** *collect* **wohltätige Zwecke** *charitable purposes* **in Not** *in need* **weltweit** *worldwide*

IM INTERNET

Welche anderen Feste und Festivals werden in Deutschland, Österreich und der Schweiz gefeiert?

*For more information on this **Kultur**, go to vhlcentral.com.*

2 **Was fehlt?** Ergänzen Sie die Sätze.

1. Sankt Nikolaus besucht Kinder am ___6. Dezember___.

2. Brave Kinder bekommen ___Schokolade___, Nüsse und andere Süßigkeiten.

3. Weihnachtsgeschenke bringt in Deutschland, Österreich und der Schweiz ___das Christkind___.

4. Zwischen dem 27. Dezember und dem ___6. Januar___ gehen Sternsinger von Haus zu Haus.

3 **Wie feiern Sie zu Hause?** Wählen Sie mit einem Partner / einer Partnerin einen Feiertag in Ihrem Land. Was feiert man an diesem Tag, wie feiert man den Tag, wann feiert man und welche regionalen Variationen gibt es? Präsentieren Sie Ihre Beschreibung den Klassenkameraden. Die Mitstudenten müssen den Feiertag erraten (*guess*).

3 **Suggestion** Give students a model to help them understand how to approach this activity. Ex.: **Ich denke an einen Feiertag. Mein Feiertag ist im Herbst. An diesem Tag muss man nicht arbeiten. Der Tag ehrt den Arbeiter. Das ist ein amerikanischer Feiertag. Die Deutschen haben auch so einen Feiertag, aber dort feiert man ihn am ersten Mai. Welcher Feiertag ist das?** (Labor Day)

Ressourcen

vhlcentral.com

1A.1 | **The _Perfekt_ (Part 1)**  **Presentation**

Startblock In English, there are several ways of talking about events in the past: _I ate, I have eaten, I was eating._ In German, all of these meanings can be expressed with the **Perfekt** tense.

QUERVERWEIS

In **2A.1** and **2B.1**, you will learn about the **Präteritum**, a past tense used mainly in writing.

Wir **haben** die Party einfach zu euch **gebracht**.

Ich **habe** einen Stollen für uns **gebacken**.

The _Perfekt_ tense

- To form the **Perfekt**, use a present tense form of **haben** or **sein** with the _past participle_ of the verb that expresses the action.

QUERVERWEIS

Most verbs form the **Perfekt** with **haben**. You will learn about forming the **Perfekt** with **sein** in **1B.1**.

Ich **habe** zu viel Kuchen **gegessen**.
I **ate** too much cake.

Wir **haben** den Kindern Geschenke **gekauft**.
We **bought** the kids presents.

Forming past participles

- German verbs can be grouped into three main categories, based on the way their past participles are formed.

Ich **habe** eine Torte **gemacht**.
I **made** a cake.

Wir **haben** Kekse **gegessen**.
We **ate** cookies.

Er **hat** eine CD **gebrannt**.
He **burned** a CD.

- Most German verbs are _weak_. Form the past participle of a weak verb by adding **ge-** before the verb stem and **-t** or **-et** after the stem.

ACHTUNG

The **-et** ending is added to verb stems ending in **-d, -t,** or a consonant cluster, to make pronunciation easier: **Es hat geregnet.**

common weak verbs			
infinitive	past participle	infinitive	past participle
arbeiten	gearbeitet	lernen	gelernt
feiern	gefeiert	öffnen	geöffnet
hören	gehört	sagen	gesagt
kaufen	gekauft	spielen	gespielt
lachen	gelacht	tanzen	getanzt

Haben Sie eine Flasche Sekt **gekauft**?
**Did** you **buy** a bottle of champagne?

Ich **habe** mit den Gästen **geredet**.
I **chatted** with the guests.

Suggestion Write on the board: **ge-** + stem + **-t** and have students copy it down in their notes. Give students the infinitives of other weak verbs, and have them figure out the past participles, based on the pattern. Ex.: **kochen, machen.**

- Verbs ending in **-ieren** are almost always weak. Their past participles end in **-t**, but omit the **ge-** prefix.

Der Lehrer **hat** die Hausaufgaben **korrigiert**.
The teacher **corrected** the homework.

Wie lange **habt** ihr in Deutschland **studiert**?
How long **did** you **study** in Germany?

Suggestion Point out that the past participle of **verlieren** is an exception: **Ich habe _verloren_.**

- To form the past participle of a *strong* verb, add **ge-** before the verb stem and **-en** after. Strong verbs may be regular or irregular in the present, but verbs that have a stem change in the present tense are almost always strong verbs in the **Perfekt**.

Wir **haben** unsere Freunde **gesehen**.
*We **saw** our friends.*

Ich **habe** meinen Eltern **geholfen**.
*I **helped** my parents.*

- Note that many strong verbs have a stem change in the past participle.

common strong verbs			
infinitive	past participle	infinitive	past participle
essen	ge**g**essen	schlafen	geschlafen
finden	gef**u**nden	schreiben	geschr**ie**ben
geben	gegeben	sprechen	gespr**o**chen
heißen	geheißen	tragen	getragen
helfen	geh**o**lfen	treffen	getr**o**ffen
lesen	gelesen	trinken	getr**u**nken
nehmen	gen**o**mmen	waschen	gewaschen

Habt Ihr den Bus nach Hause **genommen**?
*Did you **take** the bus home?*

Sie **hat** viele Bücher **geschrieben**.
*She**'s written** a lot of books.*

- There is a small group of verbs called *mixed* verbs. The past participles of mixed verbs have a **ge-** prefix and end in **-t** like weak verbs, but they have irregular stems like many strong verbs.

common mixed verbs	
infinitive	past participle
brennen (*to burn*)	ge**brann**t
bringen	ge**brach**t
denken	ge**dach**t
nennen (*to name*)	ge**nann**t
rennen (*to run*)	ge**rann**t

Habt ihr an die Hochzeit **gedacht**?
***Were** you **thinking** about the wedding?*

Sie **haben** ihr Kind Elisabeth **genannt**.
*They **named** their child Elisabeth.*

Suggestion Show students the verb list in **Appendix A**. Give them the infinitive of a strong or mixed verb, and have them check the appendix to find the past participle.

Suggestion Emphasize that since there is no predictable pattern; students must *memorize* the past participles of strong and mixed verbs.

ACHTUNG

You cannot tell which category a verb belongs to by looking at the infinitive. You must learn the past participle of a verb along with its present tense forms.

QUERVERWEIS

See **Appendix A** for a complete list of past participles for all strong and mixed verbs taught in this book.

Ressourcen

SAM
WB: pp. 3–4

SAM
LM: p. 4

S
vhlcentral.com

Jetzt sind Sie dran!   Ergänzen Sie die Sätze mit den richtigen Formen der Hilfsverben und der Partizipien.

1. Wir ___haben___ Monikas Geburtstag ___gefeiert___. (feiern)
2. Die Kinder ___haben___ viel Milch ___getrunken___. (trinken)
3. Unsere Freunde ___haben___ viel Spaß ___gehabt___. (haben)
4. Jens ___hat___ mit seinen Geschenken ___gespielt___. (spielen)
5. Ich ___habe___ am Montag ___gearbeitet___. (arbeiten)
6. Peter ___hat___ vier Jahre an der Uni ___studiert___. (studieren)

7. Die Gäste ___haben___ dem Geburtstagskind viele Geschenke ___gegeben___. (geben)
8. ___Habt___ ihr die Bücher ___gelesen___? (lesen)
9. ___Hast___ du an die Pläne ___gedacht___? (denken)
10. Wir ___haben___ sehr viel ___gelacht___. (lachen)
11. ___Habt___ ihr Süßigkeiten ___gegessen___? (essen)
12. Meine Freundin ___hat___ einen Hund ___adoptiert___. (adoptieren)

Anwendung

1 **Suggestion** Make sure students understand the meaning of these verbs before you begin. Practice pronunciation of **schreiben/geschrieben** and tell students to highlight the "vowel swap" in their books.

1 **Expansion** Mime *correcting*, *reading*, *eating*, and *finding* and ask students **Was habe ich gemacht?** They must produce sentences in the perfect to describe the action you mimed. Ex.: **Sie haben Hausaufgaben korrigiert. Sie haben Ihr Handy gefunden.**

2 **Suggestion** Ask students to identify the mixed verb (**denken**) before doing this activity. Also, practice pronunciation of **gearbeitet** by having students repeat after you.

3 **Suggestion** Remind students that when they learn a new verb, there is usually no way to know if it is strong or weak, and that while there are some patterns, they still need to learn participles on a verb-by-verb basis.

1 Was passt zusammen? Welche Verben in Spalte 1 entsprechen (*match*) den Partizipien in Spalte 2?

c	1. essen	a.	gebracht
f	2. finden	b.	geholfen
b	3. helfen	c.	gegessen
e	4. schreiben	d.	genommen
a	5. bringen	e.	geschrieben
d	6. nehmen	f.	gefunden

2 Das Perfekt Setzen Sie die Verben ins Perfekt.

BEISPIEL tanzen (ich)
ich habe getanzt

1. kaufen (du) du hast gekauft
2. lernen (wir) wir haben gelernt
3. feiern (er) er hat gefeiert
4. arbeiten (Sie) Sie haben gearbeitet
5. hören (ihr) ihr habt gehört
6. regnen (es) es hat geregnet
7. kochen (sie, *sing.*) sie hat gekocht
8. denken (ich) ich habe gedacht

3 Was haben sie gemacht? Ergänzen Sie die Sätze mit der richtigen Form von **haben** und dem passenden Partizip.

1. Ich ____habe____ einen neuen Rucksack ____gekauft____. (kaufen)
2. Julius ____hat____ seine Freunde ____getroffen____. (treffen)
3. ____Habt____ ihr das Fußballspiel mit Paul ____diskutiert____? (diskutieren)
4. Der Koch ____hat____ die Zwiebeln ____gewaschen____. (waschen)
5. ____Hast____ du gestern mit deinem Bruder ____gesprochen____? (sprechen)
6. Petra ____hat____ ihre Tochter zum Friseur ____gebracht____. (bringen)
7. Kiara ____hat____ eine Party ____gegeben____. (geben)
8. Professor Schulz, ____haben____ Sie meine Arbeit ____korrigiert____? (korrigieren)

4 Am Wochenende Was haben diese Personen am Wochenende gemacht? Schreiben Sie zu jedem Foto einen Satz im Perfekt. Answers will vary. Sample answers are provided.

▶ **BEISPIEL**
meine Eltern und ich
Meine Eltern und ich haben Karten gespielt.

1. Herr Peters
Herr Peters hat gelesen.

2. Erik und Rolf
Erik und Rolf haben Tee getrunken.

3. Jessica
Jessica hat geschlafen.

4. Dana
Dana hat getanzt.

5. Hasan
Hasan hat sein Auto gewaschen.

6. Sara und Max
Sara und Max haben im Restaurant gegessen.

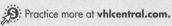

Practice more at **vhlcentral.com**.

Kommunikation

5 **Letzten Sommer** Fragen Sie Ihren Partner / Ihre Partnerin, was er/sie letzten Sommer gemacht hat. Answers will vary.

1. Hast du viel geschlafen?
2. Hast du viel gegessen?
3. Hast du gearbeitet? Wo?
4. Hast du Deutsch gelernt?

5. Hast du Sport gemacht?
6. Hast du oft Freunde getroffen?
7. Hast du etwas gekauft? Was?
8. Hast du viele Filme gesehen? Welche?

6 **Auf Dieters Geburtstagsparty** Sehen Sie mit einem Partner / einer Partnerin das Bild (*picture*) an. Was haben die Personen auf Dieters Geburtstagsparty gemacht?

BEISPIEL

S1: *Jutta hat Karaoke gesungen.*
S2: *Ja, und ihre Freunde haben viel gelacht.*

7 **Im Deutschkurs** Fragen Sie Ihre Klassenkameraden, was gestern (*yesterday*) im Deutschkurs passiert ist (*happened*). Vergleichen Sie die Antworten in Ihrer Gruppe.

BEISPIEL

S1: *Habt ihr gelesen?*
S2: *Ja, wir haben gelesen.*
S3: *Wer hat gelacht?*
S1: *Rolf hat gelacht!*

antworten	schlafen
diskutieren	schreiben
essen	singen
lachen	spielen
lernen	sprechen
lesen	trinken

8 **Meine Großeltern** Erzählen Sie den Studenten/Studentinnen in Ihrer Gruppe, was Ihre Großeltern gemacht haben, als sie jünger waren (*when they were younger*).

BEISPIEL

S1: *Mein Großvater hat immer viele Geschenke für seine Kinder gekauft.*
S2: *Meine Großmutter hat jeden Tag Kuchen oder Kekse gebacken.*
S3: *Meine Großeltern haben beide (both) oft Karten gespielt.*

7 **Suggestion** Divide students into small groups and ask each group to come up with their own sample question, using verbs from the word bank. Write their suggestions on the board.

8 **Suggestion** Smaller groups are recommended for this activity. Tell students that if they don't know much about their grandparents, they can be creative and make something up.

Accusative pronouns

See **Vol. 1, 1A.3** to review the nominative pronouns.

Startblock Just as nouns in the nominative case can be replaced by nominative pronouns, nouns in the accusative case can be replaced by accusative pronouns.

personal pronouns				
	nominative		**accusative**	
singular	ich	*I*	**mich**	*me*
	du	*you* (inf.)	**dich**	*you* (inf.)
	Sie	*you* (form.)	**Sie**	*you* (form.)
	er/sie/es	*he/she/it*	**ihn/sie/es**	*him/her/it*
plural	wir	*we*	**uns**	*us*
	ihr	*you* (inf.)	**euch**	*you* (inf.)
	Sie	*you* (form.)	**Sie**	*you* (form.)
	sie	*they*	**sie**	*them*

Suggestion Give students a moment to read through the list of accusative pronouns. Then, with their books closed, have them provide the accusative form of each nominative pronoun you give them.

Suggestion Remind students that a noun following the verb **sein** is *not* a direct object and is in the nominative case.

You might want to direct the students to **Vol. 1, 1B.1** to review direct objects in the accusative case and **Vol. 1, 3B.2** to review prepositions followed by the accusative.

Suggestion The song **"Ich will"** by Rammstein is full of pronouns and features ample repetition. Give students a fill-in-the-blanks worksheet containing the song lyrics, with the pronouns omitted. Have students listen to the song and fill in the missing pronouns.

Wer hat **die Torte** gebacken?
*Who baked **the cake**?*

Ich habe **sie** gebacken.
*I baked **it**.*

- Direct objects are always in the accusative case. An accusative pronoun replaces a noun that functions as a direct object.

Er hat **mich** überrascht.
*He surprised **me**.*

Hast du **ihn** geküsst?
*Did you kiss **him**?*

- A pronoun that follows an accusative preposition must be in the accusative case.

Wir haben eine Überraschung **für dich**.
*We have a surprise **for you**.*

Ihr fahrt **ohne mich** zur Hochzeit.
*You're going to the wedding **without me**.*

- In simple sentences, accusative pronouns go directly after the conjugated verb. If the sentence has a modal verb, the accusative pronoun goes after the conjugated modal verb.

Ich sehe **euch** jeden Tag.
*I see **you** every day.*

Ich muss **es** heute machen.
*I have to do **it** today.*

- In the **Perfekt**, place the accusative pronoun directly after the conjugated helping verb.

Sie haben **uns** zur Party eingeladen.
*They invited **us** to the party.*

Wir haben **sie** mit einer Torte überrascht.
*We surprised **them** with a cake.*

- In sentences with inverted word order, such as yes-or-no questions, place the accusative pronoun after the subject.

Siehst du **sie** oft?
*Do you see **her** often?*

Morgen rufe ich **dich** an.
*I'll call **you** tomorrow.*

Ressourcen

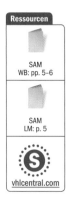

SAM
WB: pp. 5–6

SAM
LM: p. 5

S
vhlcentral.com

Jetzt sind Sie dran!	**Wählen Sie die richtigen Pronomen.**

1. Das Buch? Du sollst (es / ihn) lesen.
2. Die Ballons? Siehst du (sie / uns) nicht?
3. Ihr müsst ohne (uns / euch) ins Kino gehen.
4. Ich finde Peter süß und habe (uns / ihn) geküsst.

5. Anne und dich? Wir finden (euch / sie) nett.
6. Sonja, warte! Ich habe eine Karte für (dich / ihn).
7. Die große Liebe? Gibt es (uns / sie)?
8. Uta, liebst du (mich / dich)?

Anwendung und Kommunikation

1 **Bei meinen Eltern** Ersetzen Sie (*Substitute*) die unterstrichenen Wörter mit Akkusativpronomen.

> **BEISPIEL** Ich sehe Peter.
> *Ich sehe ihn.*

1. Ich rufe <u>meinen Freund</u> an.
   Ich rufe ihn an.
2. Mein Freund besucht <u>mich und meine Familie</u>.
   Mein Freund besucht uns.
3. Mein Bruder kocht <u>das Essen</u> für uns.
   Mein Bruder kocht es für uns.

4. Mein Vater isst <u>die Suppe</u> gern.
   Mein Vater isst sie gern.
5. Meine Schwester kauft <u>die Erdbeeren</u> auf dem Markt.
   Meine Schwester kauft sie auf dem Markt.
6. Mein Freund sagt: „Ich besuche <u>dich und deine Eltern</u> gern."
   Mein Freund sagt: „Ich besuche euch gern."

2 **Sätze bilden** Bilden Sie logische Sätze mit den angegebenen Wörtern. Ersetzen Sie die Wörter in Klammern (*parentheses*) mit Akkusativpronomen.
Answers may vary. Sample answers are provided.

> ▶ **BEISPIEL** (die Erdbeeren) essen wollen
> *Ich will sie essen.*

1. (das Buch) lesen müssen
   Ich muss es lesen.

2. (Lisa) einladen wollen
   Ich will sie einladen.

3. (der Film) sehen möchten
   Ich möchte ihn sehen.

4. (das Auto) kaufen sollen
   Ich soll es kaufen.

5. (Hausaufgaben) machen müssen
   Ich muss sie machen.

3 **Die Überraschungsparty** Ihr Partner / Ihre Partnerin fragt Sie über die Party am Samstag bei Max. Beantworten Sie die Fragen und benutzen Sie Akkusativpronomen. *Answers may vary. Sample answers are provided.*

> **BEISPIEL** S1: *Ruft ihr Emil und Martina an?*
> S2: *Ja, wir rufen sie an.*

1. Ist es eine Party für Max?
   Ja, es ist eine Party für ihn.
2. Lädst du Erik ein?
   Ja, ich lade ihn ein.
3. Kommt Erik ohne seine Freundin?
   Ja, er kommt ohne sie.
4. Hast du das Geschenk schon gekauft?
   Ja, ich habe es schon gekauft.

5. Bringst du deine CDs mit?
   Nein, ich bringe sie nicht mit.
6. Soll ich den Salat schon vorher (*beforehand*) machen?
   Ja, du sollst ihn schon vorher machen.
7. Können wir dort laute Musik hören?
   Ja, ihr könnt sie dort hören.
8. Überraschen wir Max?
   Ja, wir überraschen ihn.

3 **Suggestion** Students are sometimes confused when answering **wir** questions with **ihr**. You may wish to do item 7 together as a class.

4 **Der Computer** Erstellen Sie ein Gespräch mit den angegebenen Wörtern. Benutzen Sie Akkusativpronomen. *Answers will vary.*

> **BEISPIEL** der Computer
> S1: *Meine Eltern haben ihn für mich gekauft.*
> S2: *Ohne ihn kann ich nicht lernen.*
> S3: *Ich finde ihn schlecht.*

das Eis	das Geschenk
der Gastgeber	die Karten
der Geburtstag	die Kekse

 Practice more at **vhlcentral.com**.

Dative pronouns  Presentation

You might want to direct students to **Vol. 1, 4B.1** to review the indirect objects in the dative case and **Vol. 1, 4B.2** to review prepositions followed by the dative case.

Startblock In 1A.2, you learned that you can replace nouns in the accusative case with accusative pronouns. Use dative pronouns in place of dative nouns to indicate *to whom* or *for whom* an action is done.

- Indirect objects are always in the dative case. When the indirect object is a pronoun rather than a noun, use a dative pronoun.

Suggestion Give students two or three simple sentences that feature pronouns, and have them identify the subjects, the direct objects, the indirect objects, and any objects of prepositions. Use humorous or dramatic sentences to keep students engaged.

personal pronouns			
	nominative	**accusative**	**dative**
singular	ich du Sie er/sie/es	mich dich Sie ihn/sie/es	mir dir Ihnen ihm/ihr/ihm
plural	wir ihr Sie sie	uns euch Sie sie	uns euch Ihnen ihnen

Musst du **ihr** eine E-Mail schreiben?
*Do you have to write **her** an e-mail?*

Wir wollen **euch** die Stadt zeigen.
*We want to show **you** the city.*

- In German, some verbs always take an object in the dative case.

danken	*to thank*	glauben	*to believe*
folgen	*to follow*	gratulieren	*to congratulate*
gefallen (gefällt)	*to please*	helfen	*to help*
gehören	*to belong (to)*	passen	*to fit*

Das gefällt **mir** sehr gut.
I like that a lot.

Ich glaube **dir** nicht.
*I don't believe **you**.*

- When one object is a noun and the other is a pronoun, place the pronoun first.

Gib **mir** einen Kuss!
*Give **me** a kiss!*

Zeig **es** dem Lehrer!
*Show **it** to the teacher!*

- When a sentence has both a direct and an indirect object and both are pronouns, place the dative pronoun after the accusative pronoun.

Ich habe **dem Kind das Geschenk** gegeben.
*I gave **the present** to the child.*

Ich habe **es ihm** gegeben.
*I gave **it** to him.*

ACHTUNG

Be careful when deciding whether the pronoun you need is a direct or an indirect object.

Ich sehe ihn.
[direct object]

Ich gebe ihm das Buch.
[indirect object]

ACHTUNG

You have learned that certain prepositions are always followed by the dative case. If a dative preposition is followed by a pronoun, use a dative pronoun: **mit mir, von ihnen, bei uns.**

Ressourcen

SAM
WB: pp. 7-8

SAM
LM: p. 6

S

vhlcentral.com

Suggestion Point out to students that in item 4, **Backen** is used as a noun. Explain that in this context, **beim Backen** means *with the baking*.

Jetzt sind Sie dran! Wählen Sie den richtigen Fall (*case*) für die unterstrichenen Wörter: Nominativ (N), Akkusativ (A), oder Dativ (D).

D **1.** Er hat <u>ihr</u> eine Blume gegeben.

N **2.** <u>Wir</u> bringen Wein und Käse zur Party mit.

A **3.** Hast du <u>sie</u> zu Weihnachten besucht?

D **4.** Kannst du <u>mir</u> beim Backen helfen?

D **5.** Ich danke <u>euch</u> für die Fotos von der Hochzeit.

N **6.** Vielleicht glaubt <u>seine Mutter</u> ihm nicht.

A **7.** Gabi besucht <u>dich</u> am Wochenende, nicht?

D **8.** Das Geschenk ist von <u>ihr</u>.

Anwendung und Kommunikation

1 **Meine Tante Marie** Ersetzen Sie die Dativobjekte mit Dativpronomen.

> **BEISPIEL** Sie hat mit <u>meiner Mutter</u> telefoniert.
> *Sie hat mit ihr telefoniert.*

1. Ich habe viel von <u>meiner Tante Marie</u> gelernt. Ich habe viel von ihr gelernt.
2. Ich habe oft bei <u>Tante Marie und Onkel Hans</u> geschlafen. Ich habe oft bei ihnen geschlafen.
3. Sie haben immer mit <u>mir und meinem Bruder</u> gespielt. Sie haben immer mit uns gespielt.
4. Mein Onkel hat <u>meinem Bruder</u> oft geholfen. Mein Onkel hat ihm oft geholfen.
5. „Tante Marie, kann ich bei <u>dir und Onkel Hans</u> wohnen?" „Tante Marie, kann ich bei euch wohnen?"

2 **Wählen Sie** Wählen Sie in jedem Satz das richtige Pronomen.

1. Wir haben (ihr / sie) das Geschenk gegeben.
2. Gehören (euch / ihn) die Karten?
3. Hast du (ihn / ihm) zum Geburtstag gratuliert?
4. Haben die Gäste mit (sie / ihnen) angestoßen?
5. Wer hat außer (dir / dich) Kuchen gegessen?
6. Und das Baby? Habt ihr (ihm / es) auch gesehen?
7. Wann feiert ihr die Hochzeit? Feiert ihr (sie / ihr) im Sommer?
8. Lädst du (mich / mir) auch ein?

3 **Alles Gute zum Geburtstag!** Erzählen Sie Ihrem Partner / Ihrer Partnerin, was Sie diesen Personen zum Geburtstag schenken. Answers will vary.

> **BEISPIEL**
> Ihre Mutter
> **S1:** *Was schenkst du deiner Mutter zum Geburtstag?*
> **S2:** *Ich schenke ihr einen kleinen Hund! Und deiner Mutter?*
> **S1:** *Meine Mutter mag Hunde nicht. Ich schenke ihr einen Computer.*

1. Ihr Bruder
2. Ihre Großeltern
3. Ihre Schwester
4. Ihre Katze
5. Ihr Vater
6. Ihr Professor / Ihre Professorin

4 **Danke schön!** Erfinden Sie mit Ihren Klassenkameraden eine Geschichte (*story*) über die Personen auf dem Bild. Answers will vary.

> **BEISPIEL**
> **S1:** *Die junge Frau ruft ihre Schwester an.*
> **S2:** *Sie dankt ihr für das Geburtstagsgeschenk.*
> **S3:** *Nein! Sie gratuliert ihr zu ihrem Abschluss…*

anrufen	einladen	gratulieren (zu)
antworten (auf)	gefallen	helfen
danken (für)	gehören	kaufen
einkaufen	glauben	schreiben

4 **Suggestion** Circulate among groups and provide vocabulary as needed. Allow students to focus on content and comprehensibility rather than on accuracy.

4 **Expansion** Have students write their stories down, this time paying closer attention to grammatical correctness. Have them read their stories out loud to the class.

 Practice more at **vhlcentral.com.**

Wiederholung

1 Auf der Party
Wer hat dieses Essen gemacht und diese Geschenke gekauft? Answers will vary.

BEISPIEL

S1: Wer hat den Apfelsaft gekauft?
S2: Anja hat ihn gekauft.

backen	kaufen
bringen	machen
gehören	schenken

2 Suggestion Before beginning this activity, have students review the gender of each food item listed, to make sure they apply the appropriate pronouns in the accusative.

2 Was isst du gern?
Was isst Ihr Partner / Ihre Partnerin gern? Benutzen Sie die Wörter aus der Liste. Answers will vary.

BEISPIEL

S1: Isst du gern Garnelen?
S2: Nein, ich esse sie nicht gern.

2 Expansion Have students jot down which foods their partner likes and report back to the class.

Auberginen	Pilze
Eis	Schinken
Gebäck	Schweinefleisch
Kekse	Süßigkeiten
Knoblauch	Torten
Meeresfrüchte	Trauben
Pfirsiche	Würstchen

3 Hast du...?
Wer hat in Ihrer Klasse diese Aktivitäten gemacht? Schreiben Sie die Namen der Klassenkameraden auf. Fragen Sie dann weiter nach mehr Informationen. Answers will vary.

3 Suggestion You may wish to set a time limit for this activity, or encourage students to go as quickly as possible, to help them stay on task.

BEISPIEL

S1: Hast du zu viel gegessen? Wann?
S2: Ich habe an Thanksgiving zu viel gegessen.

4 Geschenke
Was haben Sie und Ihr Partner / Ihre Partnerin Freunden und Familie zum Geburtstag oder zu Weihnachten geschenkt? Answers will vary.

BEISPIEL

S1: Was hast du deiner Mutter zum Geburtstag geschenkt?
S2: Ich habe ihr einen schönen Terminkalender geschenkt.

4 Suggestion Emphasize correct use of case. Students may need a moment to formulate their questions in writing before they speak with their partners.

5 Lara auf der Party
Sie und Ihr Partner / Ihre Partnerin bekommen unterschiedliche Blätter mit Bildern von einer Party. Beschreiben Sie mit Ihrem Partner / Ihrer Partnerin Laras Aktivitäten. Answers will vary.

BEISPIEL

S1: Erst hat Lara mit einem Mann gesprochen.
S2: Dann hat sie gesungen.

6 Und Sie?
Was haben Sie auf der letzten Party gemacht? Was haben die anderen in der Gruppe gemacht? Answers will vary.

BEISPIEL

S1: Auf der Party am Freitagabend habe ich getanzt. Und du? Hast du auf der letzten Party getanzt?
S2: Nein, ich habe nicht getanzt. Aber ich habe auf der Party am Samstagabend Musik gehört. Das mache ich gern.

Geschenke kaufen
essen
(keinen) Spaß haben
Musik hören
kochen
lachen
mit Freunden reden
tanzen

Zapping

S Video: TV Clip

Shopping in München

Die Leopoldstraße und die Maximilianstraße sind zwei wichtige Straßen in München. Hier kaufen Münchner und Touristen ein und genießen die Stadt. Die Leopoldstraße beginnt am Siegestor. Hier kann man bummeln°, einkaufen, in Straßencafés sitzen und Kunst bewundern°. Die Maximilianstraße ist eine sehr elegante und luxuriöse Straße. Hier kann man einen einzigartigen° Architekturstil und elegante Geschäfte sehen. Neben internationalen Modeläden° kann man auch das Kaffeehaus Dallmayr besuchen.

In der Leopoldstraße gibt es bekannte° Modeketten° und kleine Boutiquen.

Auch für Kunstliebhaber° hat die Leopoldstraße einiges zu bieten°.

Alle internationale Topmarken° gibt es in der Maximilianstraße.

bummeln *stroll* **bewundern** *admire* **einzigartigen** *unique* **Modeläden** *fashion stores* **bekannte** *well-known* **Modeketten** *chain stores* **Kunstliebhaber** *art-lovers* **bieten** *offer* **Topmarken** *top brands*

 Verständnis Beantworten Sie die Fragen mit den Informationen aus dem Video.

1. Was kann man in beiden Straßen machen?
   a. das Siegestor sehen   (b. Kaffee trinken)
   c. Weißwurst essen
2. Was beschreibt nur die Leopoldstraße?
   a. Luxuslabels   (b. 3,6 km lang)   c. Juweliere

 Diskussion Diskutieren Sie die folgenden Fragen mit einem Partner / einer Partnerin. Answers will vary.

1. In welcher der zwei Münchner Straßen möchten Sie am liebsten ein paar Stunden verbringen und warum? Was möchten Sie dort machen?
2. Gibt es in Ihrer Stadt oder Ihrem Land Straßen wie die Leopoldstraße oder die Maximilianstraße? Wie sind sie ähnlich (*similar*) oder anders (*different*)?

Kleidung

S Talking Picture
Audio: Activities

Wortschatz	
Kleidung	*clothing*
die Bluse, -n	*blouse*
die Brille, -n	*glasses*
der Handschuh, -e	*glove*
die Jeans, -	*jeans*
der Mantel, -¨	*coat*
der Pullover, -	*sweater*
die Socke, -n	*sock*
der Stiefel, -	*boot*
das Sweatshirt, -s	*sweatshirt*
das Trägerhemd, -en	*tank top*
das T-Shirt, -s	*T-shirt*
die Unterwäsche	*underwear*
Einkaufen	*shopping*
die Baumwolle	*cotton*
die Farbe, -n	*color*
die Kleidergröße, -n	*size*
das Leder	*leather*
die Seide	*silk*
der Verkäufer, - /	*salesperson*
die Verkäuferin, -nen	
die Wolle	*wool*
im Angebot	*on sale*
dunkel	*dark*
einfarbig	*solid colored*
eng	*tight*
gestreift	*striped*
hell	*bright; light*
kurzärmlig	*short-sleeved*
langärmlig	*long-sleeved*
weit	*loose; big*
anziehen (zieht... an)	*to put on*

Suggestion Tell students that **Jeans** may be used in the singular (**Ich trage eine Jeans**) or plural (**Meine Jeans sind alt**).

Suggestion Give students sample sentences using the verb anziehen. Ex.: **Ich ziehe eine Jacke an.**

ACHTUNG

You can add the prefix **hell** (*light*) or **dunkel** (*dark*) to any color word, to form a compound adjective: **dunkelbraun**, **hellblau**.

Ressourcen

SAM WB: pp. 9–10 | SAM LM: p. 7 | vhlcentral.com

der Hut, -¨e

der Badeanzug, -¨e

Er ist teuer.

die Krawatte, -n

das Kleid, -er

der Gürtel, -

das Hemd, -en

die kurze Hose (*pl.* die kurzen Hosen)

die Turnschuhe (*m., pl.*)

Er trägt einen Anzug (*pl.* -¨e). (tragen)

die Handtasche, -n

gelb   grün   lila   rosa   grau

orange   schwarz

blau   braun   weiß

rot

Suggestion Use items in the classroom to practice color, or bring a bag of assorted colorful objects and ask students to name the colors they see. Ask: **Welche Farbe hat der Tisch? Welche Farbe hat die Tafel? Welche Farbe hat Jakes Sweatshirt?**

die Sonnenbrille, -n

die Mütze, -n

die Halskette, -n

der Schal, -s

Es ist billig.

die Jacke, -n

150€ 18€

der Rock, -̈e

die Hose, -n

der Schuh, -e

Anwendung

1 **Was passt nicht?** Welches Wort passt nicht zu den anderen?

BEISPIEL lila, grün, (hell)

1. (die Unterwäsche), der Mantel, die Jacke
2. teuer, billig, (langärmlig)
3. das Leder, die Seide, (die Farbe)
4. die Schuhe, (die Halsketten), die Stiefel
5. (die Verkäuferin), die Mütze, der Schal
6. das Kleid, der Rock, (die Krawatte)

2 **Farben bezeichnen** Nennen Sie die Farben von den Dingen, die Sie auf den Fotos sehen.

1. gelb _____

2. weiß _____

3. rot _____

4. rosa _____

5. braun _____

6. schwarz/dunkelgrau _____

3 **Semesterferien** 🎧 Manfred plant eine kurze Reise (*trip*) in die Schweizer Alpen. Hören Sie an, was Manfred sagt, und markieren Sie am Ende die Kleidungsstücke, die er noch vor (*before*) der Reise kaufen will.

	ja	nein			ja	nein
1. einen Pullover	☐	☑		5. eine Lederjacke	☐	☑
2. Skistiefel	☑	☐		6. eine Skihose	☑	☐
3. eine Jeans	☑	☐		7. eine Skijacke	☐	☑
4. ein Hemd	☐	☑		8. einen Mantel	☑	☐

4 **Passende Kleidungsstücke** Welche Kleidungsstücke trägt man in diesen Situationen? Answers will vary. Sample answers are provided.

1. Hasan trägt am Strand seine _Sonnenbrille_.
2. Zum Wandern in den Alpen soll man _gute Schuhe_ tragen.
3. Im Winter trägt Alexandra ihren _Mantel_ und ihren Pullover.
4. Zum Schwimmen trägt Lena ihren _Badeanzug_.
5. Für ihren Abschlussball kauft Elke ein schönes _Kleid_.

🎧: Practice more at **vhlcentral.com.**

Kommunikation

5

Was tragen die Leute? Beschreiben Sie mit Ihrem Partner / Ihrer Partnerin die Kleidungsstücke von den Personen auf den Fotos. Answers will vary. Sample answers are provided.

die Tennisspielerin

▶ **BEISPIEL**

Die Tennisspielerin trägt ein weißes Trägerhemd und einen weißen Tennisrock.

5 **Suggestion** Give students sample adjective phrases that model correct endings for all genders in the accusative. Ex.: *masculine:* **einen roten Rock;** *feminine:* **eine gelbe Bluse;** *neuter:* **ein weißes Hemd;** *plural:* **grüne Socken.**

1. Thomas Thomas trägt einen grauen Mantel, Jeans und einen schwarzen Pullover.

2. der Geschäftsmann Der Geschäftsmann trägt ein blaues Hemd und eine schwarze Hose.

3. die Studentin Die Studentin trägt einen roten Pullover, eine dunkle Hose und einen braunen Rucksack.

4. die Kinder Die Kinder tragen weiße T-Shirts, grüne kurze Hosen, weiße Socken und Turnschuhe.

5. Frau Walter Frau Walter trägt einen hellbraunen Mantel, einen hellbraunen Schal, und eine schwarze Handtasche.

6. Herr Huber Herr Huber trägt einen hellen Anzug und einen dunklen Hut.

6

Sieben Unterschiede Finden Sie die sieben kleinen Unterschiede auf den Bildern, die Sie von Ihrem Professor / Ihrer Professorin bekommen. Answers will vary.

BEISPIEL

S1: *Trägt die Person auf deinem Bild (picture) eine Jeans?*
S2: *Nein, sie trägt einen Rock.*

7

Wir gehen auf eine Party! Carla lädt Ihren Deutschkurs zu einer Party ein. Diskutieren Sie mit Ihren Klassenkameraden was für eine Party es wird und was Sie für die Fete anziehen wollen. Answers will vary.

BEISPIEL

S1: *Carlas Fete ist morgen Abend. Ich weiß nicht was ich anziehen soll. Vielleicht meine enge, schwarze Jeans und ein schwarzes T-Shirt.*
S2: *Hmm, ganz in schwarz? Ich bringe auch einen Badeanzug mit. Sie hat ein Schwimmbad im Garten.*
S3: *Soll ich dann auch einen Hut und eine Sonnenbrille mitnehmen?*

7 **Suggestion** Have each group report back to the class about who will be wearing what to the party.

8

Im Kaufhaus Schreiben Sie in kleinen Gruppen einen Dialog im Kaufhaus. Diskutieren Sie mit dem Verkäufer / der Verkäuferin über die Kleider, die Sie brauchen, aus welchem Material sie sein sollen, für welchen Anlass Sie einkaufen und so weiter. Answers will vary.

BEISPIEL

S1: *Guten Tag. Kann ich Ihnen helfen?*
S2: *Ja, ich brauche für eine Hochzeitsfeier ein passendes Kleid.*
S3: *Und ich brauche einen Anzug. Schwarz oder dunkelgrau.*

ein baumwollenes Nachthemd
ein dunkelblaues Abendkleid
gute Wanderschuhe
einen rot gestreiften Badeanzug
eine flexible Skibrille
traditionelle Lederhosen
warme Stiefel
weiße Tenniskleidung

6 **Expansion** Draw a **Strichmännchen** wearing assorted items of clothing, but do not show students the picture. Ask them to draw a stick figure and clothe him according to your oral description. Then, reveal your drawing so students can compare it to their own.

Aussprache und Rechtschreibung

 Audio: Presentation
Record & Compare Activities

🎧 The letter combination *ch* (Part 1)

The letter combination **ch** has two distinct pronunciations, which depend on its placement within a word. To pronounce **ch** after the vowels **a**, **o**, **u**, and **au**, start by pressing the tip of your tongue against your lower front teeth and raising the back of the tongue to the roof of the mouth. Then blow out air through the small space between the back of the tongue and the roof of the mouth.

Na**ch**name	To**ch**ter	Bu**ch**	brau**ch**en	a**ch**t

Expansion Have students come up with a class motto including as many **ch**-sounds following a back vowel as possible.

In loanwords, **ch** may appear at the beginning of a word. In these words, the **ch** is sometimes pronounced like the *k* in the English word *king*. It may also be pronounced like the *sh* in the English word *ship*.

Chaos	**Ch**or	**Ch**rist	**Ch**ance	**Ch**ef

 1 **Sprechen Sie nach** Wiederholen Sie die Wörter, die Sie hören.

1. lachen
2. nach
3. auch
4. gesprochen
5. geflochten
6. brauchen
7. fluchen
8. Tuch
9. flache

 2 **Artikulieren Sie** Wiederholen Sie die Sätze, die Sie hören.

1. Wir haben schon wieder Krach mit den Nachbarn.
2. Christians Tochter macht die Nachspeise.
3. Die Kinder waren nass bis auf die Knochen.
4. Hast du Bauchweh?
5. Der Schüler sucht ein Buch über Fremdsprachen.
6. Jochen kocht eine Suppe mit Lauch.

> Vorgetan und nachgedacht hat manchem großes Leid gebracht.[2]

 3 **Sprichwörter** Wiederholen Sie die Sprichwörter, die Sie hören.

> Wo Rauch ist, da ist auch Feuer.[1]

[1] Where there's smoke, there's fire.
[2] Look before you leap. (*lit.* Doing before thinking has brought great suffering to many.)

Ressourcen

SAM
LM: p. 6   vhlcentral.com

Sehr attraktiv, George!

 **Video:** *Fotoroman*

Meline findet Georges Stil nicht sehr attraktiv. Kann sie ihm helfen, attraktive Kleidung zu finden?

Vorbereitung Ask students to describe what George and Meline are wearing in each scene.

GEORGE Hallo, Meline.
MELINE Hallo, George.
GEORGE Wer ist das gewesen?
MELINE Esteban Aurelio Gómez de la Garza. Kommt aus Madrid. Langweilig.
GEORGE Hast du seit Silvester mit Lorenzo gesprochen?
MELINE Lorenzo ist unhöflich gewesen. Ich habe ihn gelöscht.

GEORGE Ich gehe zur Kaiser-Wilhelm-Gedächtnis-Kirche. Möchtest du gern mitkommen?
MELINE Ja.

GEORGE Woher hast du gewusst, dass das passiert?
MELINE Du kennst deine Architektur. Und ich kenne die Menschen. Gehen wir.

GEORGE Franz Schwechten hat das Originalbauwerk entworfen.
MELINE Im neuromanischen Baustil.
GEORGE Du weißt viel über Architektur.
MELINE Ich kann lesen. Das steht hier alles. Dort ist eine Tafel!

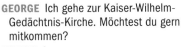

MELINE Wie sieht's aus da drin, George? George?
GEORGE Okay?
MELINE Komm, lass mich mal sehen!

MELINE George, lass es bleiben. Komm. Ich weiß, wie ich dir helfen kann.
GEORGE Mir mit was helfen?
MELINE George, du bist nicht in den USA. Männer in Europa tragen keine Jeans und Turnschuhe. Schau.

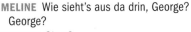

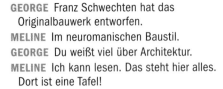

ÜBUNGEN

1 **Ergänzen Sie** Ergänzen Sie die Sätze mit den richtigen Informationen.

1. Esteban Aurelio Gómez de la Garza kommt aus (Madrid / Barcelona).

2. George möchte zur (Berliner Mauer / Kaiser-Wilhelm-Gedächtnis-Kirche) gehen.

3. (Franz Beckenbauer / Franz Schwechten) hat das Originalbauwerk entworfen.

4. George weiß viel über (Kleidung / Architektur).

5. Meline kann George mit seiner (Kleidung / Hausaufgabe) helfen.

6. Männer in Europa tragen keine (Jeans und Turnschuhe / Seidenkrawatten).

7. Meline findet die Kleidung im Geschäft zu (teuer / hässlich).

8. George empfiehlt (*recommends*) Meline einen Freund aus einem anderen (Land / Beruf).

9. Mit dem Hut und der (Sonnenbrille / Jacke) sieht George sehr europäisch aus.

10. Meline hat eine schöne (Halskette / Handtasche) gesehen.

7

MELINE Dieser Pullover ist zu eng. Die Hosen sind zu lang. Du musst ein gestreiftes Hemd unter dem Pullover anziehen, kein einfarbiges. Was meinst du?

GEORGE Mir gefallen die Stiefel?

MELINE Das ist alles falsch. Zu teuer, zu teuer. Diese sind ein Schnäppchen. Wo ist der Verkäufer?

GEORGE Warum bin ich in diesen Laden gekommen? Ich sehe lächerlich aus.

8

MELINE Blau? Nein. Schwarz? Nein. Grün? Nein. Okay. Zieh dieses Hemd... und diese Hose an... mit... dieser Seidenkrawatte. Komm schon! Wir haben nicht den ganzen Tag Zeit.

9

GEORGE Wie wäre es du denn mal mit einer Person aus einem anderen Beruf?

MELINE Wie Architektur?

GEORGE Ähmm... nein. Literatur oder Philosophie. Informatik oder Geschichte? Wie Hans.

10

MELINE Sehr attraktiv, George. Setz diese Sonnenbrille auf. Hut. So sieht ein europäischer Mann aus.

GEORGE Hast du gehört, was ich gesagt habe?

MELINE Zieh schnell deine Jeans wieder an. Ich habe eine Handtasche gesehen. Die muss ich unbedingt kaufen. Hans. Also wirklich.

Nützliche Ausdrücke

- **die Kirche**
  church

- **Franz Schwechten hat das Originalbauwerk entworfen.**
  Franz Schwechten designed the original structure.

- **Im neuromanischen Baustil.**
  In the neo-Romanesque style.

- **die Tafel**
  plaque

- **George, lass es bleiben.**
  George, don't even try.

- **Mir mit was helfen?**
  Help me with what?

- **Woher hast du gewusst, dass das passiert?**
  How did you know that was going to happen?

- **Wie sieht's aus da drin, George?**
  How's it going in there, George?

- **lächerlich**
  ridiculous

- **Wir haben nicht den ganzen Tag Zeit.**
  We don't have all day.

- **unbedingt**
  at all costs

1B.1
- **Wer ist das gewesen?**
  Who was that?

1B.2
- **Du weißt viel über Architektur.**
  You know a lot about architecture.

- **Und ich kenne die Menschen.**
  And I know people.

1B.3
- **George, du bist nicht in den USA.**
  George, you're not in the U.S.

- **Warum bin ich in diesen Laden gekommen?**
  Why did I come into this store?

2 **Zum Besprechen** Bilden Sie Gruppen zu dritt und diskutieren Sie: Welche Beziehung (*relationship*) haben Sie zur Mode? Ist sie Ihnen wichtig? Was ist Ihre Lieblingskleidung? Answers will vary.

3 **Vertiefung** Suchen Sie einen bekannten Designer oder eine bekannte Designerin aus Deutschland, Österreich, der Schweiz oder Liechtenstein und finden Sie Informationen zu ihm/ihr im Internet. Geben Sie vor Ihrer Klasse eine kurze Präsentation. Research possibilities include: Karl Lagerfeld, Wolfgang Joop, Jil Sander, Helmut Lang

3 **Suggestion** Encourage students to bring photos of their chosen designer and his/her fashions to share with the class.

Ressourcen

| SAM VM: p. 2 | DVD Folge 2 | vhlcentral.com |

IM FOKUS

Deutsche Modewelt Ⓢ Reading

> **EIN KLEINER TIPP**
>
> The symbol **m²** stands for **Quadratmeter** (*square meters*).

FRANKREICH UND ITALIEN SIND klassische Modeländer. Aber in Deutschland entwirft° und produziert man auch viel Mode und Kleidung.

Kleidergrößen			
Frauenkleider		**Männerhosen**	
Deutschland	USA	Deutschland	USA (Bundweite/Länge in Zoll°)
30	2	44	30/32
32	4	46	32/32
34	6	48	33/32
36	8	50	34/32
38	10	52	36/34
40	12	54	38/34
42	14	56	40/34
44	16		

Ähnlich wie° in Frankreich und Italien gibt es berühmte Modedesigner: Karl Lagerfeld, Wolfgang Joop und Jil Sander sind internationale Stars. Deutsche Marken° wie Hugo Boss, Bogner und Escada sind weltweit° bekannt.

Mode spielt in Deutschland eine große Rolle für die Wirtschaft. Deutschland gehört heute zu den führenden° Mode-Exporteuren. Jedes Jahr importieren deutsche Firmen aber auch Kleidung im Wert von 23,9 Milliarden Euro nach Deutschland: Deutschland ist einer der größten internationalen Kleiderimporteure. Im Bereich° der Sportmode sind deutsche Firmen wie Adidas und Puma überall

bekannt. Diese beiden Firmen haben ihren Hauptsitz° in Herzogenaurach, einer kleinen Stadt in Bayern. In Berlin findet man das größte Warenhaus° auf dem europäischen Kontinent: das Kaufhaus des Westens (KaDeWe), mit rund 60.000 m² Verkaufsfläche°. Die wichtigsten Modestädte in Deutschland sind Berlin und Düsseldorf. Auch München wird für Mode immer wichtiger.

Deutschland ist ein Magnet für Modeexperten aus der ganzen Welt. In Düsseldorf findet jedes Jahr zweimal die CPD (Collections Premieren Düsseldorf) statt°, die größte Modemesse° weltweit. In Köln kann man bis 2002 jährlich die Herren-Mode-Woche/ Inter-Jeans besuchen, wo rund 1.600 Aussteller° aus 50 Ländern neue Kleider und Accessoires für Herren präsentieren. Die IMOTA (Internationale Modetage) findet in Berlin statt. Hier findet man viele junge Modeschöpfer°.

Modewelt *world of fashion* **entwirft** *designs* **Ähnlich wie** *Similar to* **Marken** *brands* **weltweit** *worldwide* **führenden** *leading* **Bereich** *area* **Hauptsitz** *headquarters* **Warenhaus** *department store* **Verkaufsfläche** *sales floor* **findet... statt** *takes place* **Modemesse** *fashion trade fair* **Aussteller** *exhibitors* **Modeschöpfer** *fashion designers* **Zoll** *inches*

ÜBUNGEN

1 **Richtig oder falsch?** Sind die Aussagen **richtig** oder **falsch**? Korrigieren Sie die falschen Sätze.

Ⓢ

1. Frankreich und Italien sind die klassischen Modeländer. Richtig.

2. Mode spielt in Deutschland keine große Rolle.
   Falsch. Mode spielt in Deutschland eine große Rolle.

3. Karl Lagerfeld und Jil Sander sind internationale Modestars. Richtig.

4. Deutschland ist ein großer Mode-Exporteur. Richtig.

5. Puma und Adidas sind Sportmodefirmen aus Bayern. Richtig.

6. Das größte Warenhaus auf dem europäischen Kontinent ist in Frankreich.
   Falsch. Das größte Warenhaus auf dem europäischen Kontinent ist das KaDeWe in Berlin.

7. In Deutschland gibt es viele internationale Modemessen. Richtig.

8. Die Herren-Mode-Woche/Inter-Jeans konnte (*could*) man bis 2002 jährlich in Berlin besuchen.
   Falsch. Die Herren-Mode-Woche/Inter-Jeans konnte man bis 2002 jährlich in Köln besuchen.

9. Die IMOTA ist die größte Modemesse der Welt.
   Falsch. Die CPD ist die größte Modemesse der Welt.

10. Hugo Boss und Joop sind bekannte deutsche Modemarken. Richtig.

 Practice more at **vhlcentral.com**.

Modevokabeln

der letzte Schrei	*the latest thing*
der Stil	*style*
angesagt	*trendy*
ausgefallen	*offbeat*
elegant	*elegant*
gut gekleidet	*well-dressed*
modisch	*fashionable*
schlecht gekleidet	*badly dressed*

Die Tracht

Das Wort „Tracht" bezeichnet° oft traditionelle oder historische Kleidung. In der Alpenregion, genauer gesagt° in Bayern und in Österreich, bezieht sich° das Wort heute auf Lederhosen für Männer und Dirndl für Frauen. Männer tragen neben° Lederhosen, Hosenträger°, Haferlschuhe° und Bundhosenstrümpfe°. Frauen in Dirndl tragen eine weiße Bluse mit Puffärmeln° und ein Kropfband°. Ursprünglich° waren Lederhosen und Dirndl Arbeitskleidung, aber heute sieht man sie bei Umzügen° wie dem Oktoberfest.

bezeichnet *denotes* **genauer gesagt** *more precisely*
bezieht sich *refers to* **neben** *in addition to*
Hosenträger *suspenders* **Haferlschuhe** *brogue shoes*
Bundhosenstrümpfe *long socks* **Puffärmeln** *puffed sleeves*
Kropfband *choker* **Ursprünglich** *originally* **Umzügen** *parades*

Rudolf Moshammer

Rudolf Moshammer war ein bekannter bayerischer Modedesigner. International war er nicht so bekannt wie Karl Lagerfeld oder Jil Sander. Aber namhafte Kunden° wie zum Beispiel Arnold Schwarzenegger, Siegfried und Roy, José Carreras und Carl XVI. Gustaf von Schweden kauften seine Mode. Moshammer verkaufte seine Designs in der Münchner Boutique Carneval de Venise, einem Geschäft an der Maximilianstraße im Herzen Münchens. Neben seiner Mode war Moshammer berühmt für seine Yorkshire-Hündin Daisy, seine aufwendige° schwarze Frisur° mit zwei Locken im Gesicht° und sein soziales Engagement für Obdachlose°. Im Januar 2005 wurde Moshammer in seiner Münchner Villa ermordet°.
Suggestion Tell students that nowadays one rarely sees Germans dressed **in Tracht**, even in Bavaria--except, as mentioned in the article, **bei Festen und Umzügen.**
namhafte Kunden *famous customers* **aufwendige** *lavish* **Frisur** *hairstyle* **Gesicht** *face*
Obdachlose *homeless people* **wurde... ermordet** *was murdered*

IM INTERNET

Suchen Sie Namen bekannter Designer in Deutschland, Österreich und der Schweiz.

For more information on this **Kultur**, go to vhlcentral.com.

---

2 Mode in Bayern Ergänzen Sie die Sätze.

1. Eine Tracht ist traditionelle und historische ___Kleidung___.

2. Ursprünglich waren ___Lederhosen___ und Dirndl Arbeitskleidung.

3. Arnold Schwarzenegger und José Carreras waren zwei namhafte ___Kunden___ von Rudolf Moshammer.

4. Rudolf Moshammers Boutique war in ___München___.

5. Moshammers Yorkshire-Hündin heißt ___Daisy___.

3 Campusmode Diskutieren Sie mit einem Partner / einer Partnerin, was Studenten auf dem Campus tragen: Gibt es eine Campusmode? Tragen Sie diese Kleidung auch gern? Welche Kleidung sollen Studenten tragen?

BEISPIEL

S1: Viele Studenten tragen gern Jeans mit Sweatshirt zum Frühstück. Wie findest du das?

S2: Ich finde es gut. Es kann am Morgen kalt (*cold*) sein.

Ressourcen

vhlcentral.com

1B.1 The *Perfekt* (Part 2) Ⓢ Presentation

Startblock In 1A.1, you learned that most verbs form the **Perfekt** with **haben**. However, certain types of verbs form the **Perfekt** with **sein**.

> Wer **ist** das **gewesen**?

> Sie **ist** vor sechs Monaten von Köln nach Berlin **gezogen**.

The *Perfekt* with *sein*

You might want to direkt the students to **Vol.1, 1B.1** to review the function of direct objects.

- Only a few verbs form the **Perfekt** with **sein**. They are all verbs that indicate a change of condition or location. These verbs never take a direct object.

Die Pflanzen **sind** schnell **gewachsen**.
*The plants **grew** quickly.*

Wir **sind** zusammen nach Innsbruck **gefahren**.
*We **drove** to Innsbruck together.*

Peter **ist** krank **gewesen**.
*Peter **got** sick.*

Ich **bin** vom Fahrrad **gefallen**.
*I **fell** off my bike.*

Suggestion Remind students that this rule is helpful as a general guideline, but that ultimately, they will need to memorize the correct participles and auxiliaries on a verb-by-verb basis.

- To form the **Perfekt** tense of a verb with **sein**, use a conjugated form of **sein** plus the past participle of the verb that expresses the action.

Amira **ist** schon nach Hause **gegangen**.
*Amira already **went** home.*

Sie **sind** gestern Abend **gekommen**.
*They **came** last night.*

Mein Opa **ist** gestern nach München **gefahren**.
*My grandpa **went** to Munich yesterday.*

Letzten Sommer **sind** wir nach Italien **gereist**.
*Last summer we **traveled** to Italy.*

Suggestion Point out to students that **bleiben** and **sein** are an exception to the "change of condition or location" rule.

- Both **sein** and **bleiben** are conjugated with **sein** in the **Perfekt**. Note that the past participle of **sein** is **gewesen**.

Ich **bin** in der Bibliothek **geblieben**.
*I **stayed** in the library.*

Vor zwei Jahren **bin** ich in Istanbul **gewesen**.
*Two years ago I **was** in Istanbul.*

- Here is a list of common verbs that take **sein** in the **Perfekt**. Note that most are strong verbs.

verbs that form the *Perfekt* with *sein*			
infinitive	**past participle**	**infinitive**	**past participle**
bleiben	geblieben	reisen	gereist
fahren	gefahren	sein	gewesen
fallen	gefallen	steigen (*to climb*)	gestiegen
gehen	gegangen	sterben (*to die*)	gestorben
kommen	gekommen	wachsen (*to grow*)	gewachsen
laufen	gelaufen	wandern	gewandert
passieren (*to happen*)	passiert	werden	geworden

Suggestion Have students identify whether each verb listed describes a "change of location" or a "change of state".

Word order in the *Perfekt*

- In **1B.2**, you learned that the conjugated verb is always in second position in a statement and in first position in a yes-or-no question. In the **Perfekt**, the conjugated form of **haben** or **sein** is always in second position for statements and first in yes-or-no questions.

Hast du seit Silvester mit Lorenzo **gesprochen**?

Lorenzo **ist** unhöflich **gewesen**.

Die roten Schuhe **haben** nicht viel **gekostet**.
*The red shoes **didn't cost** very much.*

Seid ihr im Sommer viel **gereist**?
*Did you **travel** a lot over the summer?*

You might want to direkt the students to **Vol.1, 1B.2** and **2A.2** to to review word order in simple sentences.

- In statements and questions, always place the past participle at the end of the sentence or clause.

Ich **habe** gestern ein neues Kleid **gekauft**.
*I **bought** a new dress yesterday.*

Wo **hast** du die tollen Stiefel **gekauft**?
*Where **did** you **buy** those awesome boots?*

Ressourcen

SAM
WB: pp. 11-12

SAM
LM: pp. 9

vhlcentral.com

Jetzt sind Sie dran!   **Wählen Sie das passende Hilfsverb.**

1. Wir (sind / haben) den ganzen Abend bei unseren Eltern gewesen.
2. Ich (bin / habe) nicht lange auf der Party geblieben.
3. (Ist / Hat) Peter eine teure Sonnenbrille gekauft?
4. Leider (ist / hat) Jürgens Katze letzte Woche gestorben.
5. Wann (seid / habt) ihr nach Italien gereist?
6. Ich (bin / habe) einen schicken Rock aus Seide getragen.
7. (Bist / Hast) du die Kleider gewaschen?
8. Michael (ist / hat) zum Kaufhof gefahren.
9. Meine Eltern (sind / haben) mir Handschuhe geschenkt.
10. Leider (ist / hat) mein Bleistift ins Wasser gefallen.
11. Ihr (seid / habt) nicht viel gelaufen.
12. (Bist / Hast) du ohne Brille ins Kino (*to the movies*) gegangen?

Anwendung

1 Perfektformen
Ergänzen Sie die Sätze mit den richtigen Formen von **sein** und den Partizipien.

1. Ich ____bin____ am Samstag zu Susanne ____gegangen____. (gehen)
2. Meine Mutter ____ist____ fünf Kilometer ____gelaufen____. (laufen)
3. Die Wintermonate ____sind____ sehr warm ____gewesen____. (sein)
4. Wann ____ist____ Sigmund Freud ____gestorben____? (sterben)
5. Jens und Kai, ihr ____seid____ zu spät ____gekommen____. (kommen)
6. Zu Silvester ____sind____ wir zu Hause ____geblieben____. (bleiben)
7. ____Bist____ du letzten Sommer durch Europa ____gereist____? (reisen)
8. Professor Schmidt, wann ____sind____ Sie nach Hause ____gefahren____? (fahren)

2 Expansion Have students play pictionary using sentences in the Perfekt. Choose sentences with verbs that are easy to depict in a drawing. Ex.: **Mein Hund ist geschwommen**.

2 Letzten Juli
Beschreiben Sie, was diese Personen letzten Juli gemacht haben. Answers may vary. Sample answers are provided.

> nach Nürnberg fahren
> von einem Stuhl fallen
> nach Hause kommen
>
> am (*on the*) Strand laufen
> nach Europa reisen
> braun (*tan*) werden

▶ **BEISPIEL** Mein Bruder Max
ist am Strand gelaufen.

1. Anja
ist nach Hause gekommen.

2. Mein Neffe Emil
ist von einem Stuhl gefallen.

3. Professor Aydin
ist nach Europa gereist.

4. Frau Weber
ist nach Nürnberg gefahren.

5. Meine Cousine Ela
ist braun geworden.

3 In letzter Zeit
Bilden Sie Sätze im Perfekt. Benutzen Sie **sein** als Hilfsverb. Answers may vary. Sample answers are provided.

BEISPIEL meine Oma / kommen / zu meiner Abschlussfeier
Meine Oma ist zu meiner Abschlussfeier gekommen.

1. fahren / du / nach Hause
Bist du nach Hause gefahren?
2. meine Eltern und ich / reisen / im Januar / nach Österreich
Meine Eltern und ich sind im Januar nach Österreich gereist.
3. mein Freund / bleiben / bei seinen Eltern / in Berlin
Mein Freund ist bei seinen Eltern in Berlin geblieben.
4. ich / werden / nach der Party / sehr müde
Ich bin nach der Party sehr müde geworden.
5. dein Baby / wachsen / so schnell
Dein Baby ist so schnell gewachsen!
6. gehen / ihr / auf die Hochzeit / von Nils und Karin
Seid ihr auf die Hochzeit von Nils und Karin gegangen?

 Practice more at **vhlcentral.com**.

Kommunikation

4 **Bilden Sie Sätze** Stellen Sie Ihrem Partner / Ihrer Partnerin sechs logische Fragen zu der Party von gestern Abend (*last night*). Benutzen Sie das Perfekt und verwenden Sie Wörter aus jeder Spalte. Answers will vary.

> **BEISPIEL**
> **S1:** *Seid ihr mit Sonja gegangen?*
> **S2:** *Ja, wir sind zusammen gegangen!*

A	B	C
ich	bleiben	mit dem Auto
du	fahren	nicht
Sonja	gehen	ihre neuen Schuhe
es	kommen	bei Thomas
ihr	passieren	mit Sonja
Olivia und Markus	sein	warm
was?	tragen	zu spät

5 **Historische Personen** Erraten Sie mit Ihrer Gruppe, was jede von diesen historischen Personen in ihrem Leben gemacht hat. Answers will vary. Sample answers are provided.

> **BEISPIEL** George Washington
> *Er ist Präsident von Amerika gewesen.*

fallen	laufen	sein
gehen	reisen	spielen
helfen	schreiben	werden

1. Julia Child / Kochbücher
   Sie hat Kochbücher geschrieben.
2. Babe Ruth / Baseball
   Er hat Baseball gespielt.
3. Angela Merkel / Kanzlerin von Deutschland
   Sie ist Kanzlerin von Deutschland geworden.

4. Humpty Dumpty / die Mauer
   Er ist von der Mauer gefallen.
5. Mutter Teresa / arme Leute
   Sie hat armen Leuten geholfen.
6. Marco Polo / nach China
   Er ist nach China gereist.

6 **Semesterferien** Fragen Sie Ihren Partner / Ihre Partnerin, was er/sie in den Semesterferien (*semester break*) gemacht hat. Answers will vary.

> **BEISPIEL**
> **S1:** *Bist du in den Semesterferien gereist?*
> **S2:** *Nein, ich bin hier geblieben. Ich habe in einer Pizzeria gearbeitet. Und du?*
> **S1:** *Meine Familie und ich sind nach Deutschland gefahren.*

arbeiten	spazieren gehen
bleiben	kommen
fahren	reisen
einkaufen gehen	sein
schwimmen gehen	wandern

7 **Als Kind** Machen Sie mit einem Partner / einer Partnerin ein Interview über Ihre Kindheit (*childhood*). Wenn Sie fertig sind, tauschen Sie die Rollen.

> **BEISPIEL** gern zur Schule gehen
> **S1:** *Bist du gern zur Schule gegangen?*
> **S2:** *Ja, ich bin gern zur Schule gegangen. Aber meine Hausaufgaben habe ich nicht immer gern gemacht!*

1. ein guter Schüler / eine gute Schülerin sein
2. nach der Schule mit den anderen (*other*) Kindern spielen
3. oft zu spät zur Schule kommen
4. Fahrrad fahren

5. im Sommer mit den Eltern reisen
6. gern auf Klassenfahrten (*field trips*) gehen
7. am Wochenende zu Hause bleiben
8. einen Hund oder eine Katze haben

5 **Expansion** For homework, have students research biographical information about a famous person of their choice and write ten simple sentences about that person in the **Perfekt**. In class, students must present their sentences and have classmates guess who the person is.

7 **Suggestion** If you hear many mistakes in the formation of participles or use of the correct auxiliary, interrupt this activity to form some sample questions together with the class.

1B.2 **Wissen** and **kennen** (S) Presentation

Startblock In German, the verbs **wissen** and **kennen** are used to express different types of knowledge.

Du **weißt** viel über Architektur.

Ich **kenne** die Menschen.

QUERVERWEIS

The verb **wissen** is often used with dependent clauses.

Students will learn about dependent clauses in **Vol. 3, 2A.3**.

- Use **wissen** to express the idea of *knowing a fact* or piece of information. **Wissen** is irregular in its present-tense singular forms.

wissen (*to know information*)			
ich weiß	*I know*	wir wissen	*we know*
du weißt	*you know*	ihr wisst	*you know*
er/sie/es weiß	*he/she/it knows*	Sie/sie wissen	*you/they know*

Michael **weiß** die Antwort nicht.
*Michael doesn't **know** the answer.*

Weißt du, wo mein Badeanzug ist?
*Do you **know** where my bathing suit is?*

- Use **kennen** to express the idea of *being familiar with* someone or something. **Kennen** always takes a direct object, usually a person or place. It is regular in the present tense.

QUERVERWEIS

To review the formation of mixed verbs, see **1A.1**.

kennen (*to know, to be familiar with*)			
ich kenne	*I know*	wir kennen	*we know*
du kennst	*you know*	ihr kennt	*you know*
er/sie/es kennt	*he/she/it knows*	Sie/sie kennen	*you/they know*

Ich **kenne** viele Leute.
*I **know** a lot of people.*

Du **kennst** Sabine schon seit zwei Jahren.
*You've **known** Sabine for two years.*

- In the **Perfekt**, both **kennen** and **wissen** are mixed verbs; their past participles end in -**t**, but their stems are irregular.

Jan **hat** Mehmet **gekannt**.
*Jan **knew** Mehmet.*

Mein Opa **hat** viel über Kunst **gewusst**.
*My grandpa **knew** a lot about art.*

Ressourcen

SAM
WB: pp. 13–14

SAM
LM: p. 10

(S)

vhlcentral.com

Jetzt sind Sie dran!   Wählen Sie das richtige Verb.

1. Ich (weiß / kenne) nicht, wo du wohnst.
2. Wir (wissen / kennen) die Musik von Mozart.
3. (Wisst / Kennt) ihr die neue Studentin?
4. Roland (weiß / kennt) nicht, wo seine Brille ist.
5. Robert (weiß / kennt), wo das Geschäft ist.
6. Du (weißt / kennst) die Antwort nicht.
7. Ich habe ihn nicht gut (gewusst / gekannt).
8. Ich habe nicht (gewusst / gekannt), wie alt die Uni ist.

Anwendung und Kommunikation

1 Wissen und kennen Ergänzen Sie die richtigen Formen von **kennen** und **wissen**.

Präsens

1. sie (*sing.*) ___kennt___ (kennen)
2. ihr ___wisst___ (wissen)
3. wir ___kennen___ (kennen)
4. du ___weißt___ (wissen)
5. er ___weiß___ (wissen)
6. ich ___kenne___ (kennen)

Perfekt

7. Sie ___haben gewusst___ (wissen)
8. du ___hast gekannt___ (kennen)
9. ihr ___habt gekannt___ (kennen)
10. er ___hat gewusst___ (wissen)
11. ich ___habe gekannt___ (kennen)
12. wir ___haben gewusst___ (wissen)

2 Wissen oder kennen? Wählen Sie das passende Verb und ergänzen Sie die Sätze mit den richtigen Formen von **wissen** oder **kennen**.

1. ___Weißt___ du die Telefonnummer von Marion?
2. Wir ___kennen___ ihren Freund, aber wir ___wissen___ nicht viel über ihn.
3. ___Wisst___ ihr, wie lange sie bei ihren Eltern bleibt?
4. Meine Freundin ___kennt___ Berlin sehr gut.
5. ___Habt___ ihr euch schon (*already*) letztes Semester ___gekannt___? (Perfekt)
6. Einstein ___hat___ sehr viel über Physik ___gewusst___! (Perfekt)

3 Die Stadt und der Campus Fragen Sie Ihren Partner / Ihre Partnerin, was und wen er/sie von der Stadt (*city*) und dem Campus weiß und kennt. Answers will vary.

> **BEISPIEL**
>
> **S1:** *Kennst du ein schönes Café?*
> **S2:** *Ja, ich kenne ein sehr schönes Café!*
> **S1:** *Weißt du, wo ein billiges Schuhgeschäft ist?*
> **S2:** *Nein, das weiß ich nicht.*

> unsere Stadt
> wo der Supermarkt ist
> ein gutes und nicht so teures Restaurant
> wo deine Klassenkameraden wohnen
> einen guten Friseur
> wann die Vorlesung anfängt

3 Suggestion Formulate the first few questions and answers together as a class.

4 Ihre Klassenkameraden Finden Sie ein paar interessante Informationen über die Personen in Ihrer Gruppe.

> **BEISPIEL**
>
> **S1:** *Wo wohnst du?*
> **S2:** *Ich wohne in Campbell Hall.*
> **S1:** *Kennst du Professor Schmidt?*
> **S2:** *Nein, ich kenne ihn nicht.*

Name: Caroline	
Ich weiß:	1. ihren Namen. (Caroline)
	2. , wo sie wohnt. (Campbell Hall)
	3. , was ihr Lieblingssport ist. (Sie spielt Hockey.)
Ich kenne:	4. ihre Freundin Katia.
	5. ihren Freund Jeffrey. (Sie spielen Tennis zusammen.)
	6. ihr Lieblingsrestaurant. (Blue Moon)

1B.3

NATIONAL comparisons STANDARDS

Two-way prepositions

 **S** Presentation

Suggestion Before starting with the **Wechselpräpositionen**, help students solidify their existing knowledge of prepositions. Ask them what prepositions are and have them give some examples in both English and German. Remind them that some prepositions always take the accusative (Vol. 1, 3B.2), and some always take the dative (Vol. 1, 4B.2). Review these prepositions to ensure that students remember their meaning and usage.

Startblock You learned that certain prepositions are always followed by the accusative case, while others are always followed by the dative case. A small number of prepositions can be followed by either the dative or the accusative, depending on the situation.

Was machst du **in diesem Teil** der Stadt?

Warum bin ich **in diesen Laden** gekommen?

- Prepositions that can be followed by either the dative or the accusative are called *two-way prepositions*.

two-way prepositions			
an	*at, on*	**über**	*above, over*
auf	*on, on top of*	**unter**	*under*
hinter	*behind*	**vor**	*in front of*
in	*in, into*	**zwischen**	*between*
neben	*next to*		

Ich trage ein T-Shirt **unter dem Pullover**.
*I'm wearing a T-shirt **under my sweater**.*

Stell deine Schuhe nicht **auf den Tisch!**
*Don't put your shoes **on the table!***

ACHTUNG

Remember that dative prepositions *always* take a dative object, even if the verb in the sentence indicates movement: **Ich fahre mit meinem Onkel**.

- Whether you choose a dative or an accusative object to follow a two-way preposition depends on the meaning of the sentence. If the verb indicates *movement toward* a destination, use an object in the accusative.

Ich **fahre** das Auto **in die Garage**.
*I'm **driving** the car **into the garage**.*

Der Hund **geht in die Küche**.
*The dog **is going into the kitchen**.*

- If the verb does *not* indicate movement toward a destination, use an object in the dative case.

Suggestion Teach students the rhyme *Where at? Dat! Where to? Accu!* and the German equivalent **Wo? Dativ! Wohin? Akkusativ!** to help them remember this rule. Emphasize that the deciding factor is not just movement, but movement *towards* a destination.

Expansion Use objects in the classroom to demonstrate two-way prepositions. Ex: **Ich lege mein Buch auf den Tisch. Das Buch liegt auf dem Tisch**. In each sentence, emphasize the distinction between *destination* and *location*.

Warum **bist** du heute **auf dem** Kurfürstendamm?

Er **arbeitet im Bereich** internationale Finanzen.

Das Auto **ist in der Garage**.
*The car **is in the garage**.*

Der Hund **isst in der Küche**.
*The dog **eats in the kitchen**.*

- When you use a two-way preposition with a pronoun, make sure to select a pronoun in the appropriate case.

Ich sitze **neben dem alten Mann**.
*I'm sitting **next to the old man**.*

Ich sitze **neben ihm**.
*I'm sitting **next to him**.*

Er hat den Teller **vor seinen Sohn** gestellt.
*He put the plate **in front of his son**.*

Er hat den Teller **vor ihn** gestellt.
*He put the plate **in front of him**.*

QUERVERWEIS

To review the forms of dative and accusative pronouns, see **1A.2** and **1A.3**.

You might want to direct the students to **Vol. 1, 3B.2** to review contractions with accusative prepositions and **Vol. 1, 4B.2** to review contractions with dative prepositions.

- Here are some common contractions of two-way prepositions and definite articles.

an	+	das	→	**ans**
auf	+	das	→	**aufs**
in	+	das	→	**ins**
an	+	dem	→	**am**
in	+	dem	→	**im**

- The question **wohin?** (*where to?*) asks about movement. When you answer this question with a two-way preposition, always use an object in the accusative case.

Wohin fahren wir morgen?
Where are we going tomorrow?

Wir fahren morgen **in die Stadt**.
*We're going **to the city** tomorrow.*

Wohin gehen die Leute?
Where are the people going?

Sie gehen **ins Konzert**.
*They're going **to the concert**.*

- The question **wo?** (*where?*) asks about location. When you answer this question with a two-way preposition, always use an object in the dative case.

Wo ist mein Schal?
Where is my scarf?

Dein Schal liegt **auf dem Tisch**.
*Your scarf is lying **on the table**.*

Wo hängt das Bild?
Where is the picture hanging?

Es hängt **an der Wand**.
*It's hanging **on the wall**.*

Suggestion Make sure students understand that the "**wo**" verbs all describe location (place) and the "**wohin**" verbs all describe the process of placing something somewhere (placement).

- The following verbs can be used with two-way prepositions to show location or to describe a destination.

wo?	
hängen	to hang, to be hanging
liegen	to lie
sitzen	to sit
stehen	to stand

wohin?	
hängen	to hang (something)
legen	to lay (down)
setzen	to set (down)
stellen	to put (down)

Ressourcen

SAM
WB: pp. 15–16

SAM
LM: p. 11

vhlcentral.com

Jetzt sind Sie dran!   **Wählen Sie den richtigen Artikel.**

Suggestion Remind students that they need to look at the verb in order to make a decision about case.

1. Wir wohnen über (einer / eine) Bäckerei.
2. Die warme Jacke hängt an (die / der) Tür.
3. Ich lege den gestreiften Hut auf (den / dem) Tisch.
4. Aha! Unter (den / dem) Tisch liegt meine Mütze.
5. Die Verkäuferin hängt das kurzärmlige Kleid zwischen (die / den) langärmligen Kleider und die Blusen.
6. Matthias trägt selten ein Sweatshirt über (sein / seinem) T-shirt.

7. Die Kinder schlafen immer mit (ihre / ihren) Socken.
8. Der Hund ist hinter (das / dem) Auto gelaufen.
9. Frau Vögele braucht Unterwäsche und geht in (ein / einem) Geschäft.
10. Die Katze sitzt gern auf (meine / meiner) Jacke.
11. Seid ihr am Montag wieder in (ein / einem) Konzert gegangen?
12. Wir füttern (*feed*) den Hund neben (den / dem) Tisch.

Anwendung

1 Suggestion Students may have difficulty with item 5 because of the motion verb, **fahren**. Point out that the car is your *location*, not your *destination*. You are *in the car*, not moving *towards* the car.

1 **Präpositionen** Ergänzen Sie die Sätze mit den richtigen Artikeln oder Pronomen.

1. Können wir zwei Tage bei (du / dir) bleiben?
2. Hast du dein Fahrrad hinter (das / dem) Haus gestellt?
3. Warum ist Aisha gegen (unserem / unser) Geschenk gewesen?
4. Die neue Bäckerei ist zwischen (die / der) Metzgerei und (den / dem) Supermarkt.
5. Ich bin in (meinem / mein) Auto gefahren.
6. Sophia und Hans reiten jeden (*every*) Morgen durch (den / dem) Park.
7. Der Hund liegt gern neben (sie / ihnen).
8. Kommt ihr mit (ihm / ihn) zurück?

2 Suggestion Emphasize the distinction between *movement and movement towards*. **Ski fahren**, for example, of course entails movement, but the skiers are skiing *in* the mountains, not *into* the mountains. Hence the dative case is used, not the accusative.

2 **Wo macht man das?** Schreiben Sie zu jedem Foto, wo man diese Aktivitäten machen kann.

> die Berge | ein altes Haus | das Restaurant
> die Bibliothek | der Park | das Stadion

▶ **BEISPIEL** lesen
in der Bibliothek

1. Fußball spielen
   im Stadion

2. essen
   im Restaurant

3. Ski fahren
   in den Bergen

4. spazieren gehen
   im Park

5. wohnen
   in einem alten Haus

3 **Überraschung beim Abendessen** Bilden Sie Sätze. Sample answers are provided.

BEISPIEL das Trinkgeld / liegen / auf / der Tisch
Das Trinkgeld liegt auf dem Tisch.

1. der Pizzaservice / bringen / die Pizza / an / die Haustür
   Der Pizzaservice bringt die Pizza an die Haustür.
2. die Großmutter / stellen / Teller und Gläser / auf / der Tisch
   Die Großmutter stellt Teller und Gläser auf den Tisch.
3. die Kinder / sitzen / zwischen / die Eltern
   Die Kinder sitzen zwischen den Eltern.
4. die kleine Lisa / setzen / ihre neue Barbie / neben / ihr großer Bruder
   Die kleine Lisa setzt ihre neue Barbie neben ihren großen Bruder.
5. die leckere Pizza / sein / schon (*already*) / auf / der Tisch
   Die leckere Pizza ist schon auf dem Tisch.
6. eine kleine Maus / laufen / über / die Teller
   Eine kleine Maus ist über die Teller gelaufen.
7. der Vater / bringen / schnell / die Katze / in / das Zimmer
   Der Vater hat schnell die Katze ins Zimmer gebracht.
8. was / finden / die Familie / später / unter / der Tisch
   Was hat die Familie später unter dem Tisch gefunden?

 Practice more at **vhlcentral.com**.

Kommunikation

4 **Auf und um den Campus** Beantworten Sie abwechselnd
(*alternating*) die Fragen von Ihrem Partner / Ihrer Partnerin. Answers will vary.

> **BEISPIEL**
>
> **S1:** Wohin hast du deinen Rucksack gelegt?
> **S2:** Ich habe ihn unter den Tisch gelegt.

1. Wohin können wir zum Kaffee trinken gehen?
2. Wo lernen die Studenten Fremdsprachen?
3. Wohin gehen die Studenten zum Mittagessen?
4. Wo kann ich ein leckeres Eis kaufen?
5. Wohin sollen die Studenten ihre Autos stellen?
6. Wo wanderst du gern?

5 **Wohin gehst du?** Fragen Sie die Studenten / die Studentinnen in Ihrer
Gruppe, wohin sie gehen, um (*in order*) diese Aktivitäten zu (*to*) machen. Answers will vary.

> **BEISPIEL** frühstücken
>
> **S1:** Du willst frühstücken. Wohin gehst du?
> **S2:** Ich gehe in die Mensa.
> **S3:** Ich gehe ins Café.
> **S4:** Ich frühstücke in meinem Zimmer (*room*).

1. Deutsch lernen
2. Basketball spielen
3. ein Fußballspiel sehen
4. schwimmen

5. Lebensmittel kaufen
6. Silvester feiern
7. Spaß haben
8. mit Freunden zum Essen ausgehen

6 **Hier auf dem Campus** Sarah ist neu an Ihrer Uni. Erfinden Sie mit
Ihrem Partner / Ihrer Partnerin zusammen sechs Ratschläge (*pieces of
advice*) für sie. Sie können auch andere Verben benutzen. Answers will vary.

> **BEISPIEL** Die Mensa is nicht sehr gut. (essen)
> Iss nicht in der Mensa. Geh ins Café!

1. Das Café ist leider teuer. (bestellen)
2. Dein Zimmer ist sehr warm. (öffnen)
3. Der Deutschkurs ist nicht einfach. (lernen)

4. Parken ist ein Problem. (stellen)
5. Der Park ist abends sehr
   dunkel. (laufen)

6 Suggestion Briefly review
formation of the **du**-imperative for
each verb.

7 **Was passiert alles im Restaurant?** Erfinden Sie eine Geschichte
(*story*) mit den Studenten / die Studentinnen in Ihrer Gruppe über die
Personen auf dem Bild. Benutzen Sie Präpositionen. Answers will vary.

> **BEISPIEL**
>
> **S1:** Die junge Frau ist mit ihrem Mann
> ins Restaurant gekommen.
> **S2:** Sie sitzt am Tisch neben ihrem Mann.
> **S3:** Ein Kellner stellt einen Teller auf
> den Tisch...

7 Suggestion Make sure
students understand that they
need to use a preposition in each
sentence. You may wish to set a
time limit and have groups
compete to create the most
correct sentences.

Wiederholung

1 Kleidung zu jedem Anlass
Beschreiben Sie mit einem Partner / einer Partnerin, was Thomas und Anja zu jedem (*each*) Anlass (*occasion*) tragen. Answers will vary.

BEISPIEL

S1: Was trägt Thomas zur Geburtstagsfeier im Restaurant?
S2: Zur Geburtstagsfeier im Restaurant trägt er eine grüne Hose und ein oranges T-shirt. Und was trägt Anja?

> im Regen (*rain*)
> im Rockkonzert
> in den Bergen, zum Ski fahren
> ins Schwimmbad
> zur Geburtstagsfeier im Restaurant
> zur Sporthalle

2 Wissen oder kennen
Ihr Professor / Ihre Professorin gibt Ihnen ein Blatt mit einigen Fragen und Fakten. Finden Sie eine Person, die die Antwort weiß.

BEISPIEL

S1: Wer weiß, wie der längste Fluss (*river*) Österreichs heißt?
S2: Ich weiß es. Das ist die Donau.

3 Zwei Eichhörnchen
Sie und ein Partner / eine Partnerin bekommen zwei verschiedene Blätter. Beschreiben Sie die Route von den Eichhörnchen (*squirrels*) durch das Klassenzimmer.

BEISPIEL

S1: Das Eichhörnchen läuft durch die Tür neben dem Lehrer ins Zimmer.
S2: Dann steht es auf dem Tisch...

4 Elkes Großeltern
Erzählen Sie mit einem Partner / einer Partnerin von Elkes Großeltern. Benutzen Sie die angegebenen Daten und erfinden Sie (*invent*) weitere (*additional*) Informationen.

BEISPIEL

S1: Elkes Großeltern sind 1967 auf die Uni gegangen.
S2: Im Deutschseminar hat die Oma den Opa gesehen.
S1: Sie hat gedacht: „Er ist der Mann für mich!"

1967	1973	1975	1976	2012
Die Oma sieht den Opa im Deutschseminar.	Oma und Opa machen den Abschluss.	Oma und Opa heiraten.	Die Frischvermählten reisen nach Indien.	Beide gehen in Rente.

5 Unsere Woche
Schreiben Sie auf, was Sie in der letzten Woche gemacht haben. Fragen Sie Ihren Partner / Ihre Partnerin, was er/sie gemacht hat.

BEISPIEL

S1: Am Montag bin ich in die Bibliothek gegangen. Und du, Monika, was hast du gemacht?
S2: Ich bin auf meinem Zimmer geblieben.

	meine Woche	
	ich	*mein Partner / meine Partnerin*
Montag	Ich bin in die Bibliothek gegangen.	Monika ist auf ihrem Zimmer geblieben.
Dienstag		
Mittwoch		
Donnerstag		
Freitag		
Samstag		
Sonntag		

6 Kennst du diese Person?
Beschreiben Sie eine bekannte Person. Die Gruppe soll erraten, wer das ist.

BEISPIEL

S1: Er hat 2011 einen Oscar gewonnen. Kennt ihr ihn?
S2: Ja, ich kenne ihn. Das ist Colin Firth.

3 Suggestion Remind students that since they are talking about where the squirrels are running to, they will be using the accusative with any two-way prepositions. It may also be useful to quickly review the genders of relevant classroom objects.

7 Im Kleidergeschäft

Spielen Sie mit einem Partner / einer Partnerin die Rollen von Verkäufer / Verkäuferin und Kunden / Kundin (*customer*) im Kleidergeschäft. Der Kunde / Die Kundin sucht Kleider für einen besonderen Anlass. Gebrauchen Sie Wörter aus der Liste.

BEISPIEL

S1: *Kann ich Ihnen helfen?*
S2: *Ja, bitte. Ich suche ein schönes Hemd für eine Party.*

danken	kaufen
glauben	kennen
helfen	passen

8 Das Klassenzimmer

Beschreiben Sie, wo die Gegenstände (*objects*) und Personen in Ihrem Klassenzimmer sind.

BEISPIEL

S1: *Vor der Tafel steht der Professor.*
S2: *Unter dem Tisch...*

Mein Wör|ter|buch

Schreiben Sie noch fünf weitere Wörter in Ihr persönliches Wörterbuch zu den Themen **Feste feiern** und **Kleidung**.

der Bademantel, -¨

Übersetzung
bathrobe

Wortart
ein Substantiv

Gebrauch
Stefanie zieht ihren Bademantel an und geht ins Badezimmer.

Synonyme
Morgenmantel

Antonyme
—

Panorama  Map

Bayern

Bayern in Zahlen

▶ **Fläche:** *70.551 km² (größtes deutsches Bundesland)*

▶ **Bevölkerung:** *12,5 Millionen Menschen (zweite Stelle° hinter Nordrhein-Westfalen)*

▶ **Religion:** *römisch-katholisch 55,1 %, evangelisch-lutherisch 20,8%*

▶ **Städte:** *München (1,3 Mio. Einwohner), Nürnberg (503.000), Augsburg (270.000), Würzburg (135.000) und Regensburg (132.000)*

▶ **Berge:** *die Zugspitze (2.962 m) (höchster Berg Deutschlands), Hochfrottspitze (2.649 m), Großer Arber (1.455 m)*

▶ **Niedrigster Punkt:** *Kahl am Main (100 m)*

▶ **Flüsse:** *die Donau, der Inn*

▶ **Wichtige Industriezweige:** *Automobil, IT, Medien und Verlage°, Tourismus*

▶ **Touristenattraktionen:** *Befreiungshalle (Kelheim), Fuggerei (Augsburg), Marienplatz (München), Schloss Neuschwanstein (Füssen), Steinerne Brücke (Regensburg), Walhalla (Donaustauf)*
Touristen können in Städten wie München, Augsburg und Regensburg viel Kultur genießen. In den Alpen oder dem Bayerischen Wald können sie Berg- und Wintersport treiben. Wirtschaftlich entwickelt sich° Bayern in den letzten Jahrzehnten von einem Agrar- zu einem Technologieland.

QUELLE: Bayerisches Landesportal

Berühmte Bayern

▶ **Adam Ries,** *Mathematiker (1492/93–1559)*

▶ **Levi Strauss,** *Erfinder° der Jeans (1829–1902)*

▶ **Elizabeth „Sisi",** *Kaiserin° von Österreich und Ungarn (1837–1898)*

▶ **Ludwig II.,** *König von Bayern (1845–1886)*

▶ **Lena Christ,** *Autorin (1881–1920)*

▶ **Franz Josef Strauß,** *Politiker (1915–1988)*

▶ **Dirk Nowitzki,** *Basketballspieler (1978–)*

▶ **Magdalena Neuener,** *Biathletin (1987–)*

Stelle *position* **Verlage** *publishing companies* **entwickelt sich** *evolves* **Erfinder** *inventor* **Kaiserin** *empress* **Weltkulturerbe** *World Heritage Site* **herrscht** *exists* **Dialektpfleger** *dialect conservator* **Ortseingängen** *city limit* **Verbotsschilder** *ban signs*

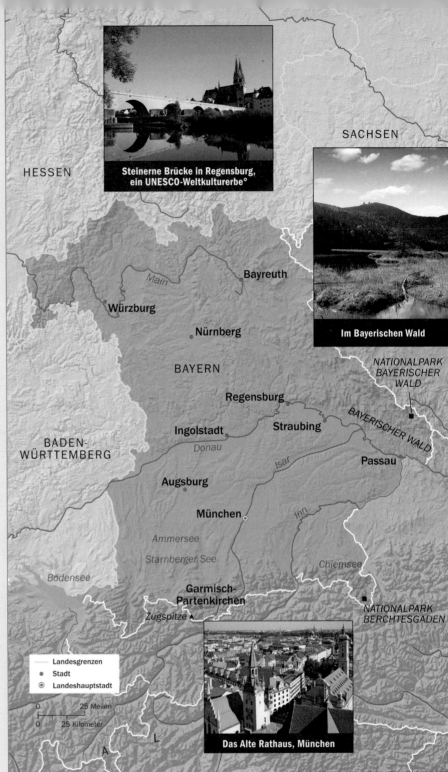

Steinerne Brücke in Regensburg, ein UNESCO-Weltkulturerbe°

Im Bayerischen Wald

Das Alte Rathaus, München

HESSEN

SACHSEN

Main

Bayreuth

Würzburg

Nürnberg

BAYERN

BADEN-WÜRTTEMBERG

Regensburg

Ingolstadt

Straubing

Donau

BAYERISCHER WALD

NATIONALPARK BAYERISCHER WALD

Passau

Isar

Augsburg

München

Inn

Ammersee

Starnberger See

Chiemsee

Bodensee

Garmisch-Partenkirchen

Zugspitze ▲

NATIONALPARK BERCHTESGADEN

— Landesgrenzen
● Stadt
◎ Landeshauptstadt

0   25 Meilen
0   25 Kilometer

Unglaublich, aber wahr!

„Auf Wiedersehen" heißt im bayerischen Dialekt „Servus". In Norddeutschland kann man „Tschüss" (oder „Tschüß") sagen. In dem bayerischen Dorf Gotzing herrscht° ein Tschüss-Verbot oder eine „Tschüss-freie Zone". Hans Triebel, ein Dialektpfleger°, installiert deshalb an den Ortseingängen° „Tschüss"-Verbotsschilder°.

"Tschüß"-freie Zone

Suggestion Before they read the **Kunst** article, play students the beginning of **Ritt der Walküren**. Ask them if they like it, if they've heard it before, and who composed it. Have them find Bayreuth on the map.

Suggestion Tell students that because of "Mad King Ludwig's" extravagant building projects, he ended his life deeply in debt.

Kunst

Bayreuther Festspiele

Die Bayreuther Festspiele heißen auch Richard-Wagner-Festspiele. Sie finden jedes Jahr in der Stadt Bayreuth im Festspielhaus auf dem Grünen Hügel statt. Die Werke von Richard Wagner, einem berühmten deutschen Komponisten°, kann man während diesem weltberühmten Event seit 1876 sehen. Bei den ersten Festspielen inszeniert Richard Wagner seine Oper° „Der Ring des Nibelungen". Jedes Jahr besuchen 58.000 Zuschauer eine von dreißig Aufführungen° in Bayreuth. Allerdings versuchen° jedes Jahr 500.000 Menschen Karten zu kaufen. Deshalb dauert es bis zu zehn Jahre, bis man eine Karte bekommt.

Städte

Die sieben Hügel° von Bamberg

Bamberg ist eine Stadt in Franken, einer Region in Bayern. Seit 1993 ist sie ein UNESCO-Weltkulturerbe wegen des größten unversehrt erhaltenen° historischen Stadtzentrums in Deutschland. Genauso wie° Rom ist Bamberg auf sieben Hügeln gebaut. Deshalb trägt es auch den Namen „das Fränkische Rom". Die sieben Hügel Bambergs sind der Altenburger Berg, der Domberg, der Michaelsberg, der Abtsberg, der Jakobsberg, der Kaulberg und der Stephansberg. Auf dem Domberg kann man den mächtigen°, viertürmigen Dom° aus dem Jahre 1215 finden.

Architektur

Die Schlösser° von Ludwig II.

Ludwig II. ist der bekannteste König Bayerns. Er ist in erster Linie für seine Schlösser weltberühmt. Neben dem bekanntesten Schloss, Schloss Neuschwanstein, ist er auch für das Königshaus am Schachen und Schloss Linderhof verantwortlich°. Auf der Herreninsel im Chiemsee steht der Anfang von Schloss Herrenchiemsee. Dieses Schloss ist aber nicht fertig gebaut. Ludwigs Schlossbauten sind wegen neuer Technologien wichtig°: Stahlbau° und elektrisches Licht° sind integriert. Die Schlösser sind heute die bedeutendsten touristischen Attraktionen Bayerns.

Industrie

Audi

Suggestion Ask students which other German car brands they are familiar with.

Die Autofirma Audi hat ihren Hauptsitz° in Ingolstadt, Oberbayern. Neben VW, Porsche, BMW und Opel ist Audi einer der wichtigsten Autoproduzenten Deutschlands. Audi baut besonders sportliche Autos. Die Audi-Quattro-Modelle zum Beispiel gibt es seit 1980. Diese Modelle haben permanenten Vierradantrieb°. Im Autosport haben Audis das Rennen „24 Stunden von Le Mans" zehn Mal gewonnen. 2010 arbeiten 50.000 Mitarbeiter bei Audi. Die Firma macht 35 Milliarden € Umsatz° und baut 1,15 Millionen Autos.

IM **INTERNET**

1. Wie viele Touristen besuchen jedes Jahr die Schlösser Ludwigs II.? Wo sind die Schlösser?

2. Was bedeutet der Name *Audi*? Warum gibt es vier Ringe im Unternehmenslogo (*company logo*) von Audi?

For more information on this **Panorama**, go to **vhlcentral.com**.

Komponisten *composer* **Oper** *opera* **Aufführungen** *performances* **versuchen** *try* **Hügel** *hills* **unversehrt erhalten** *preserved undamaged* **Genauso wie** *Just like* **mächtigen** *mighty* **viertürmigen Dom** *cathedral with four towers* **Hauptsitz** *headquarters* **Vierradantrieb** *four-wheel drive* **Umsatz** *sales* **Schlösser** *castles* **verantwortlich** *responsible* **wichtig** *important* **Stahlbau** *steel construction* **Licht** *light*

Was haben Sie gelernt? Ergänzen Sie die Sätze.

1. „Auf Wiedersehen" heißt im bayerischen Dialekt „___Servus___".

2. In Gotzing, einem Dorf in Bayern, darf man nicht ___Tschüss/Tschüß___ sagen.

3. Bei den ersten Bayreuther Festspielen inszeniert ___Richard Wagner___ „Der Ring des Nibelungen".

4. Jedes Jahr versuchen ___500.000___ Menschen Karten für die Bayreuther Festspiele zu kaufen.

5. Seit ___1993___ ist Bamberg ein UNESCO-Weltkulturerbe.

6. Genauso wie Rom ist Bamberg auf ___sieben___ Hügeln gebaut.

7. Der Hauptsitz der Firma Audi ist in ___Ingolstadt___.

8. Audis haben ___zehn Mal___ das Rennen „24 Stunden von Le Mans" gewonnen.

9. Das bekannteste Schloss von König Ludwig II. ist ___Schloss Neuschwanstein___.

10. Ludwigs Schlossbauten integrieren neue Technologien wie Stahlbau und ___elektrisches Licht___

Practice more at **vhlcentral.com**.

Lesen

 Reading: Audio

Vor dem Lesen

Untersuchen Sie den Text Lesen Sie den Text schnell. Was ist der Titel des Texts? Wie viele Teile hat der Text? Wie heißen die Teile? Sehen Sie sich jetzt die Fotos an. Was ist das Thema des Texts?

Lehnwörter Sehen Sie sich mit einem Partner / einer Partnerin den Text an und machen Sie eine Liste mit englischen Lehnwörtern (*loanwords*) und Kognaten. Sample answers are provided. Trend, Internet, Web, traditionell, Millionen, Accessoires, hier, Alternative, Probleme, Internetpräsenz, coole

Suchen Sehen Sie sich mit einem Partner / einer Partnerin den Text an. Stehen die Informationen im Text oder nicht? Markieren Sie **ja** oder **nein**.

	ja	nein
1. wo Deutsche Kleider kaufen	☑	☐
2. das Internet	☑	☐
3. Modenschauen	☐	☑
4. Designer	☐	☑
5. Warenhäuser	☑	☐
6. Boutiquen	☐	☑
7. Modeketten	☑	☐
8. Flohmärkte	☑	☐

Deutschland heute

Hauptseite   Politik   Wirtschaft

WO KAUFEN DEUTSCHE JETZT BEKLEIDUNG?

In den letzten Jahren gibt es einen neuen Trend: Deutsche kaufen ihre Kleider immer öfter im Internet. Neben dem Web besuchen Deutsche weiterhin° traditionelle Geschäfte wie Warenhäuser° und Kleidergeschäfte. Nur noch wenige° Deutsche finden ihre Kleidung auf Flohmärkten°.

INTERNET, DAS GROSSE GESCHÄFT

Im Jahr 2011 haben fast fünfzehn Millionen Deutsche Bekleidung und Accessoires im Web gekauft. Vor allem Frauen kaufen hier gerne ein: dreiundvierzig Prozent aller Frauen haben Mode per Internet gekauft. Bei den Männern sind es dagegen° nur siebzehn Prozent.

WARENHÄUSER WERDEN IMMER WENIGER

Warenhäuser wie Karstadt und Galeria Kaufhof sind immer noch eine Alternative für den Kleiderkauf. In den letzten Jahren haben Warenhäuser aber immer größere wirtschaftliche Probleme und viele Warenhäuser schließen°. Alleine im Jahr 2009 hat Kaufhof acht Warenhäuser in Deutschland geschlossen und dieser Trend geht weiter°.

MODEKETTEN° HABEN ERFOLG°

Kleidergeschäfte wie H&M, Zara, Esprit und Orsay kann man heute in allen großen deutschen Städten finden. Diese Ketten sind bei jungen Menschen besonders beliebt. H&M ist der Marktführer° in Deutschland, aber alle Modeketten haben gemeinsam°, dass sie mehr und mehr Internetpräsenz haben.

AUF DEM FLOHMARKT

Es gibt immer noch eine kleine Gruppe Deutscher, die am Samstagmorgen früh aufsteht°, um Flohmärkte zu besuchen. Hier kann man gebrauchte° Kleidung günstig° kaufen. Es gibt sie in jeder Stadt besonders im Sommer. Vor allem coole Klamotten° aus den 60er und 70er Jahren findet man hier für wenig Geld.

weiterhin *still* **Warenhäuser** *department stores* **wenige** *few*
Flohmärkten *flea markets* **dagegen** *in contrast* **schließen** *close*
geht weiter *continues* **Modeketten** *Fashion chains* **Erfolg** *success*
Marktführer *market leader* **gemeinsam** *in common* **aufsteht** *gets up*
gebrauchte *used* **günstig** *inexpensive* **Klamotten** *clothes (colloquial)*

Nach dem Lesen

Was fehlt? Ergänzen Sie die Sätze.

1. Deutsche kaufen Kleider vor allem __im Internet__, in Warenhäusern und in Kleidergeschäften.
2. Fast __15 Millionen__ Deutsche haben 2011 Kleidung im Internet gekauft.
3. Mehr __Frauen__ als Männer kaufen Kleider im Internet.
4. Kaufhof hat 2009 __acht__ Warenhäuser geschlossen.
5. Der Marktführer der Modeketten in Deutschland ist __H&M__.
6. Flohmärkte gibt es besonders im __Sommer__.

Richtig oder falsch? Sind die Aussagen **richtig** oder **falsch**? Korrigieren Sie mit einem Partner / einer Partnerin die falschen Sätze.

Sample answers are provided.

	richtig	falsch
1. Deutsche kaufen Mode immer öfter im Internet.	☑	☐
2. 17 Prozent aller Frauen haben Mode im Internet gekauft.	☐	☑
17 Prozent aller Männer haben Mode im Internet gekauft.		
3. Karstadt und Galeria Kaufhof sind deutsche Warenhäuser.	☑	☐
4. Junge Menschen kaufen nicht gern bei H&M ein.	☐	☑
Diese Kette ist bei jungen Menschen beliebt.		
5. Alle Modeketten verkaufen Kleidung auch im Internet.	☑	☐
6. Auf dem Flohmarkt ist Kleidung teuer.	☐	☑
Auf dem Flohmarkt ist Kleidung günstig.		

Was tragen Sie? Diskutieren Sie in einer Gruppe: Was tragen Sie gern zu verschiedenen Anlässen (*occasions*) (in der Schule, bei einer Party, zu Hause)? Wo kaufen Sie Ihre Kleider?

BEISPIEL

S1: *Zu Hause trage ich gerne Jeans und T-Shirts.*
S2: *Wo kaufst du deine Jeans?*
S1: *Meine Jeans kaufe ich im Internet.*
S3: *Ich trage im Sommer gern Kleider.*

Hören

Strategien

Listening for key words

By listening for key words (**Schlüsselwörter**) or phrases, you can identify the subject and main ideas of what you hear, as well as some of the details.

 To practice this strategy, you will listen to a short radio spot. Jot down the key words that help you identify the subject of the radio spot and its main ideas.

Vorbereitung

Schauen Sie sich das Foto an. Wer ist in dem Foto? Wo sind sie? Was machen sie?

Zuhören

Hören Sie sich an, wie Marion Scholz ihre neue Mode beschreibt. Lesen Sie dann die Liste. Hören Sie sich die Beschreibung ein zweites Mal an. Welche Kleidungsartikel tragen die Models?

1. ___ Mütze
2. _✓_ Anzug
3. _✓_ Hemd
4. _✓_ Kleid
5. ___ Stiefel
6. ___ Jacke
7. ___ Rock
8. _✓_ Gürtel
9. ___ Bluse
10. _✓_ Hut
11. ___ Badehose
12. _✓_ Socken

Verständnis

Lücken Ergänzen Sie die Sätze mit den richtigen Informationen.

| braun | hellblau | lange | Sandalen | Seide |
| Handtasche | kurz | orange | schwarz | weiten |

1. Robert trägt einen ___weiten___ Anzug.
2. Die Farbe des Anzugs ist ___hellblau___.
3. Die Sandalen sind ___schwarz___.
4. Elizabeth trägt ein Kleid aus ___Seide___.
5. Am Arm trägt sie eine ___Handtasche___.
6. Ihre ___Sandalen___ sind braun.
7. Carolas Hose und T-Shirt sind ___kurz___.
8. Ihre Hose und ihr T-Shirt sind ___orange___ und gelb.
9. Thomas trägt ___lange___ Socken zu seiner kurzen Hose.
10. Die Kleidung von Wilfried ist ___braun___.

Ein Star, ein Fest Wählen Sie einen Star und einen besonderen Anlass (*occasion*). Was trägt der Star zu diesem Anlass? Beschreiben Sie den Star einem Partner / einer Partnerin.

Expansion Show students pictures of celebrities at a **Preisverleihung** such as the Grammy Awards. Have students describe what the celebrities are wearing and then have them vote on the best and worst outfits.

Schreiben

Strategien

Using a dictionary

The dictionary is a useful tool that can provide valuable information about vocabulary. However, in order to use the dictionary correctly, you must understand the elements of each entry.

If you glance at an English-German dictionary, you will notice that its format is similar to that of an English dictionary. Most words are listed with several different definitions, organized by part of speech. The most frequently used meanings are usually listed first.

To find the best word for your needs, refer to the abbreviations and explanatory notes that appear next to each entry. For example, imagine that you are writing about fashion. You want to write *The man is wearing a suit*, but you don't know the German word for *suit*. In the dictionary, you might find an entry like this one:

> **suit** *n.* 1. der Anzug, Anzüge; (*woman's*) das Kostüm, -e 2. der Prozess, -e (*Jur*); 3. die Farbe, -n (*Cards*)

The abbreviation key at the front of the dictionary says that *n.* corresponds to **Substantiv** (*noun*). The second translation is **der Prozess** followed by the abbreviation *Jur*, indicating that it's a law term, and thus that **der Prozess** is a *law suit*. The third word is **die Farbe**, followed by the word *Cards*, indicating that **die Farbe** is a *suit* in a card game. Since **der Anzug** is listed first, you can assume that this is the main translation of the word. The first definition also specifies the difference between a suit for a man, **der Anzug**, and a suit for a woman, **das Kostüm**. Since the other two meanings do not apply to clothing, these details tell you that **der Anzug** is the best choice for your needs.

Thema

Beschreiben Sie

Sehen Sie sich das Bild an. Beschreiben Sie dann in einem Absatz (*paragraph*) den Mann oder die Frau für einen Artikel in einem Modejournal.

Beschreiben Sie das Aussehen (*look*) im Detail. Aus welchem Material sind die Kleider? Wie sind die Kleider geschnitten (*cut*)? Welche Muster (*patterns*) und Farben haben die Kleider? Wo kann man diese Kleider tragen? Sagen Sie auch etwas über den Designer und wo man die Kleider kaufen kann. Am Ende schreiben Sie Ihre Meinung über die Kleidung. Geben Sie dem Artikel einen Titel.

Bevor Sie den Artikel schreiben, machen Sie sich Notizen. Suchen Sie Vokabeln, die Sie brauchen, in einem Wörterbuch.

- Material
- Schnitt
- Muster
- Farben
- Wo kann man es tragen?
- Wo kann man es kaufen?

Neueste Mode

Lederjacken sind wieder in. Dieser Mann trägt eine schwarze Lederjacke mit einem weißen Trägerhemd. Der Schnitt ist…

Flashcards
Audio: Vocabulary

Feste

der Ballon, -e	balloon
der Feiertag, -e	holiday
der Gast, -¨e	guest
der Gastgeber, - / die Gastgeberin, -nen	host / hostess
das Geschenk, -e	gift
die Karte, -n	card
die Party, -s	party
die Überraschung, -en	surprise
anstoßen (stößt... an)	to toast
bekommen	to receive
einladen (lädt... ein)	to invite
feiern	to celebrate
eine Party geben	to throw a party
(keinen) Spaß haben	(not) to have fun
lächeln	to smile
lachen	to laugh
schenken	to give (a gift)
überraschen	to surprise
Herzlichen Glückwunsch!	Congratulations!

Essen und Trinken

das Eis	ice cream
der Eiswürfel, -	ice cube
das Gebäck	pastries; baked goods
der Keks, -e	cookie
der Sekt	champagne
die Süßigkeiten (pl.)	candy
die Torte, -n	cake

besondere Anlässe

die Ehe, -n	marriage
der / die Frischvermählte, -n	newlywed
die Geburt, -en	birth
der Geburtstag, -e	birthday
die Hochzeit, -en	wedding
der Jahrestag, -e	anniversary
(das) Silvester	New Year's Eve
(das) Weihnachten	Christmas
in Rente gehen	to retire
einen Abschluss machen	to graduate

Ausdrücke

die Freundschaft, -en	friendship
das Glück	happiness
der Kuss, -¨e	kiss
die Liebe	love

Kleidung

der Anzug, -¨e	suit
der Badeanzug, -¨e	bathing suit
die Bluse, -n	blouse
die Brille, -n	glasses
der Gürtel, -	belt
die Halskette, -n	necklace
der Handschuh, -e	glove
die Handtasche, -n	purse
das Hemd, -en	shirt
die Hose, -n	pants
die kurze Hose (pl. die kurzen Hosen)	shorts
der Hut, -¨e	hat
die Jacke, -n	jacket
die Jeans, -	jeans
das Kleid, -er	dress
die Krawatte, -n	tie
der Mantel, -¨	coat
die Mütze, -n	cap
der Pullover, -	sweater
der Rock, -¨e	skirt
der Schal, -s	scarf
der Schuh, -e	shoe
die Socke, -n	sock
die Sonnenbrille, -n	sunglasses
der Stiefel, -	boot
das Sweatshirt, -s	sweatshirt
das Trägerhemd, -en	tank top
das T-Shirt, -s	T-shirt
der Turnschuh, -e	sneakers
die Unterwäsche	underwear

Einkaufen

die Baumwolle	cotton
die Farbe, -n	color
die Kleidergröße, -n	size
das Leder	leather
die Seide	silk
der Verkäufer, - / die Verkäuferin, -nen	salesperson
die Wolle	wool
im Angebot	on sale
billig	cheap
dunkel	dark
einfarbig	solid colored
eng	tight
gestreift	striped
hell	bright; light
kurzärmlig	short-sleeved
langärmlig	long-sleeved
teuer	expensive
weit	loose; big
anziehen (zieht... an)	to put on
tragen (trägt)	to wear

Farben

blau	blue
braun	brown
gelb	yellow
grau	gray
grün	green
lila	purple
orange	orange
rosa	pink
rot	red
schwarz	black
weiß	white

Past participles with *haben*	See pp. 26–27.
Accusative pronouns	See p. 30.
Dative pronouns	See p. 32.
Past participles with *sein*	See p. 45.
Wissen and *kennen*	See p. 48.
Two-way prepositions	See p. 50.

Communicative Goals

You will learn how to:

- describe your home
- talk about living arrangements

Ressourcen

SAM
WB: pp. 17–18

SAM
LM: p. 12

vhlcentral.com

Zu Hause

S Talking Picture
Audio: Activities

Wortschatz

Zimmer	rooms
das Arbeitszimmer, -	home office
der Dachboden, -¨	attic
das Erdgeschoss, -e	ground floor
das Esszimmer, -	dining room
die Küche, -n	kitchen
der erste/zweite Stock	second/third floor
das Zimmer, -	room
Möbel	**furniture**
das Bild, -er	picture
das Möbelstück, -e	piece of furniture
der Nachttisch, -e	night table
der Schrank, -¨e	cabinet; closet
die Schublade, -n	drawer
die Treppe, -n	stairway
Orte	**places**
das Haus, -¨er	house
die Wohnung, -en	apartment
draußen	outside
nach rechts/links	to the right/left
Ausdrücke	**expressions**
mieten	to rent
umziehen (zieht... um)	to move
wohnen	to live

Suggestion Point out that **das Möbel,-** is a countable noun in German, but that *furniture* is a non-count noun in English. Explain that German speakers typically use **Möbel** to refer to furniture in general and **Möbelstück** to refer to a piece of furniture .

Suggestion Point out that many Germans in big cities live in apartments, not single-family homes.

ACHTUNG

Note that **mieten** means to rent *from* someone, while **vermieten** means to rent *to* someone. **Ich miete eine kleine Wohnung in der Stadt. Die Familie vermietet ein Zimmer in ihrem Haus.**

Expansion Have students play a memory game to internalize the new vocabulary. The first student starts with **In meiner Wohnung gibt es...** and names an item of furniture. The next student repeats the previous item(s) and adds one. If a student can't repeat the entire sequence, he or she is eliminated. Remind students to use the accusative with **Es gibt**.

der Vorhang, -¨e

der Balkon, -e

der Spiegel, -

die Toilette, -n

das Badezimmer, -

das Poster, -

der Flur, -e

die Badewanne, -n

das Sofa, -s

der Teppich, -e

der Sessel, -

die Blume, -n

die Vase, -n

das Wohnzimmer, -

der Keller, -

die Pflanze, -n

Suggestion Point out that what Americans call the "first floor" is the **Erdgeschoss** in Germany, and when Germans say **erster Stock**, they mean the floor above. Ask students to tell you, in German, which floor your classroom is on.

Suggestion Make sure that students understand the difference between **der Stock** and **der Boden**. Point out that **der Dachboden** is a compound of **das Dach** (*roof*) and **der Boden**.

das Bücherregal, -e

die Wand, -̈e

die Lampe, -n

das Bett, -en

die Kommode, -n

das Schlafzimmer, -

der Boden, -̈

die Garage, -n

Suggestion Ask students where they do various activities. Ex.: **Wo schläfst du? Wo isst du? Wo kochst du?**

Expansion Have students create their own **wo**-question using items from the lesson vocabulary. Remind students to use the dative with two-way prepositions since they will be describing location.

Anwendung

1 Expansion Give students a description of a mixed-up apartment and ask them to tell you where things ought to be. Ex.: **Mein Sofa ist in der Garage. Wo sollte es sein? Mein Bett ist in der Küche. Wo sollte es sein? Meine Bücher sind unter dem Bett. Wo sollten sie sein?**

1 Paare finden Welche Objekte assoziieren Sie mit den Zimmern in einem Haus?

_d_	1. die Küche	a. das Bücherregal
_b_	2. das Wohnzimmer	b. das Sofa
_f_	3. das Esszimmer	c. das Auto
_c_	4. die Garage	d. die Lebensmittel
_h_	5. das Badezimmer	e. die Kommode
_e_	6. das Schlafzimmer	f. der Esstisch
_g_	7. der Balkon	g. die Blumen
_a_	8. das Arbeitszimmer	h. die Toilette

2 Expansion Have students compile a list of what they have, don't have, or would like to have in their rooms and share it with the class or a partner. Provide a model to demonstrate correct use of the accusative and of **kein**.

2 Bilder beschriften Wie heißen die verschiedenen Bereiche (*parts*) von einem Haus?

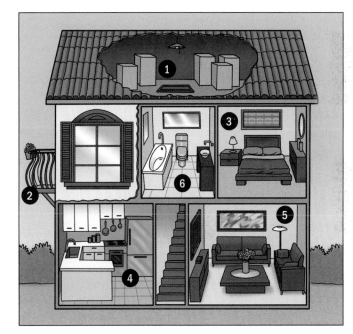

1. _____der Dachboden_____   4. _____die Küche_____
2. _____der Balkon_____   5. _____das Wohnzimmer_____
3. _____das Schlafzimmer_____   6. _____das Badezimmer_____

3 Wählen Sie 🎧 Hören Sie die Definitionen und wählen Sie das Wort, das am besten passt.

1. Flur / (Küche)
2. Wand / (Vorhang)
3. (Badezimmer) / Wohnzimmer
4. (Garage) / Dachboden
5. Rucksack / (Vase)
6. (Poster) / Kommode
7. (Haus) / Esszimmer
8. Bücherregal / (Lampe)

3 Expansion Play a guessing game using vocabulary items not mentioned in the recording. Give students clues and have them guess which word you are thinking of. Ex.: **Ich denke an ein Möbelstück. Da schlafe ich. Was ist das? Das steht in meinem Wohnzimmer. Ich sitze darauf. Was ist das?**

Practice more at **vhlcentral.com**.

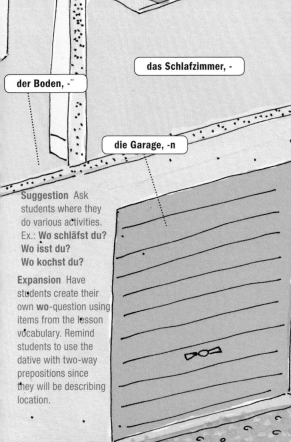

Kommunikation

4 Wo ich wohne

4 **Wo ich wohne** Arbeiten Sie mit einem Partner / einer Partnerin. Benutzen Sie die Wörter aus den drei Spalten und beschreiben Sie Ihr Zimmer, Ihre Wohnung oder Ihr Haus. Answers will vary.

BEISPIEL

S1: *Meine Wohnung ist ziemlich groß und hat einen kleinen Balkon.*
S2: *Mein Zimmer ist klein. Aber alle meine Möbel sind neu.*

A	B	C
		Badezimmer
		Balkon
		Fenster
		Garage
mein Haus	ist (nicht)	Küche
mein Zimmer	hat (kein)	Schlafzimmer
(im Wohnheim (*dorm*))		Schreibtisch
meine Wohnung		groß/klein
		alt/neu
		modern/unmodern

5 **Expansion** After students have put the dialogue in the correct order, have two volunteers read it aloud.

5 Janas Haus

5 **Janas Haus** Claudia besucht Jana in ihrem neuen Haus. Bringen Sie den Dialog in eine logische Reihenfolge (*order*). Wenn Sie fertig sind, vergleichen Sie Ihr Haus / Ihre Wohnung mit Janas Haus.

___4___ **JANA** Sechs Zimmer. Das hier ist das Wohnzimmer und dann hier links die Küche und das Esszimmer.

___1___ **CLAUDIA** Jana, dein neues Haus ist wirklich schön.

___6___ **JANA** Ja, aber so oft kochen wir nicht! So, und hier rechts geht der Flur zu den drei Schlafzimmern und den zwei Badezimmern. Es hat nur den einen Stock.

___3___ **CLAUDIA** Das stimmt. Wie viele Zimmer hat es?

___7___ **CLAUDIA** Ihr braucht ja auch nicht noch mehr Zimmer. Also, ich muss sagen, da habt ihr wirklich einen tollen Fang (*catch*) mit dem Haus gemacht.

___2___ **JANA** Danke schön. Es ist ziemlich groß, und die alte Wohnung in der Stadt ist zu klein geworden für uns seit dem Baby.

___5___ **CLAUDIA** Die Küche ist auch super. Da kann dein Mann leckere Mahlzeiten kochen.

7 **Expansion** Review the differences between **stellen**, **legen**, and **hängen**. Place a classroom eraser horizontally on the desk and say: **Ich lege den Schwamm auf den Tisch.** Then stand the eraser on one end and say: **Ich stelle den Schwamm auf den Tisch.** Finally, tape the **Schwamm** to the wall and say: **Ich hänge den Schwamm an die Wand.**

6 Mein Zimmer

6 **Mein Zimmer** Beschreiben Sie zwei Mitstudenten Ihr Zimmer. Answers will vary.

BEISPIEL

S1: *In meinem Zimmer habe ich ein Bett und einen Schreibtisch.*
S2: *Ich habe auch ein Bett, aber ich habe keinen Schreibtisch.*
S3: *Ich habe in meinem Zimmer einen roten Teppich…*

7 Beim Umziehen

7 **Beim Umziehen** Arbeiten Sie mit einem Partner / einer Partnerin. Ihr Professor / Ihre Professorin gibt Ihnen zwei verschiedene Blätter mit dem Grundriss (*floor plan*) von Ihrer neuen Wohnung. Sagen Sie Ihrem Partner / Ihrer Partnerin, was Sie alles mitgebracht haben. Er/Sie wird Ihnen sagen, in welche Zimmer Sie die Sachen stellen sollen. Answers will vary.

7 **Suggestion** Remind students to use the accusative with two-way prepositions when they tell each other where to place an item.

BEISPIEL

S1: *Ich habe Balkonpflanzen mitgebracht.*
S2: *Stell sie auf den Balkon. Er ist rechts von der Küche. Ich habe…*

Aussprache und Rechtschreibung

Audio: Presentation
Record & Compare Activities

🎧 The letter combination *ch* (Part 2)

To pronounce the soft **ch** after the vowel sounds **i/ie**, **e**, **ä**, **ö**, **ü**, or **ei**, start by placing the tip of your tongue behind your lower teeth. Then pronounce the *h* sound while breathing out forcefully.

Chemie	rechts	Teppich	Küche	leicht

Use the same soft **ch** sound when pronouncing the **g** in the suffix **-ig** at the end of a word. However, when there is an adjective ending after the **-ig**, the **g** is pronounced like the hard *g* in the word *garden*. In the combination **-iglich**, the **g** is pronounced like the *k* in the word *kind*. The soft **ch** is also used in the suffix **-lich**, whether or not there is an ending after it.

dreckig	schmutzig	billige	königlich	freundlichen

When **ch** appears before an **s**, the letter combination is pronounced like the *x* in the word *fox*. Do not confuse **chs** with the combination **sch**, which is pronounced like the *sh* in the word *shade*.

sechs	wachsen	schlafen	waschen	Dachs

When **ch** appears at the beginning of loanwords, its pronunciation varies.

Charakter	Chip	Chef	Charterflug	Chronik

 1 **Sprechen Sie nach** Wiederholen Sie die Wörter, die Sie hören.

1. Bücher
2. freundlich
3. China
4. zwanzig
5. braunhaarige
6. lediglich
7. höchste
8. Achsel
9. Ochse
10. Chaos
11. checken
12. Charme

2 **Artikulieren Sie** Wiederholen Sie die Sätze, die Sie hören.

1. Die königliche Köchin schläft wieder in der Küche.
2. Mein neugieriger Nachbar will täglich mit mir sprechen.
3. Den Rechtsanwalt finden wir freundlich und zuverlässig.
4. Der Chef schickt mich nächstes Jahr nach China.
5. Der Dachs hat einen schlechten Charakter.

2 **Suggestion** Have students take turns reading the sentences aloud. Explain the meaning of any unfamiliar words.

 3 **Sprichwörter** Wiederholen Sie die Sprichwörter, die Sie hören.

Liebe deinen Nächsten wie dich selbst.[1]

Jedem Tierchen sein Pläsierchen.[2]

[1] Love thy neighbor as thyself.
[2] To each his/her own. (lit. For every creature its own pleasure.)

Ressourcen

SAM
LM: p. 13

vhlcentral.com

Fotoroman

Besuch von Max

 Video: *Fotoroman*

Hans' kleiner Bruder Max kommt ihn in Berlin besuchen. Meline ist froh, Max kennen zu lernen. Zu froh, in den Augen von Hans.

Vorbereitung Have students read the title of the episode and discuss in pairs what they expect to happen in the episode.

GEORGE Max!
MAX Hallo, George!
GEORGE Schön, dich wiederzusehen! Wie viele Nächte schläfst du auf unserem Sofa?
MAX Zwei. Ich bin übers Wochenende in Berlin. Doch bis Sonntagabend muss ich wieder in Straubing sein.

HANS Warum lernst du eigentlich nicht an deinem Schreibtisch in deinem Zimmer?
GEORGE Es ist bequemer im Wohnzimmer, denn die Küche ist gleich nebenan. Und es ist schön hell hier.
HANS Da ist was dran.
MAX Wir gehen in den Biergarten. Komm doch mit.

Suggestion Explain to students that **Servus!** means both *Hello!* and *Goodbye!* in Bavaria and Austria.

MAX Wir bleiben bestimmt lange dort.
GEORGE Nach dieser Lektion komme ich herunter.
HANS Alles klar! Okay! Servus!

MAX Das tut mir leid.
MELINE Es ist schon okay. Kein Problem.
HANS Meline, das ist mein kleiner Bruder Max.
MELINE Hallo.
MAX Wir gehen in den Biergarten. Komm doch mit uns.
MELINE Ich muss nur noch schnell die Lebensmittel in die Küche bringen.

MELINE Max, ich kann das Regalbrett nicht erreichen. Kannst du mir das dort oben hinstellen?
MAX Deine Wohnung gefällt mir.
MELINE Ja. Die Lampen und Vorhänge gehören Sabite. Und die ganzen Gemälde.

MAX Du bist aus Wien?
MELINE Ja. Hast du das an meinem Akzent erkannt?
MAX Ja. Als Hans zu Weihnachten nach Hause kam, sprach er übrigens von dir.
MELINE Wirklich? Was hat er gesagt?

---

1 **Wer ist das?** Welche Person(en) beschreiben die folgenden Sätze: George, Hans, Max, Meline oder Sabite?

1. Er/Sie ist übers Wochenende in Berlin. Max
2. Er/Sie lernt im Wohnzimmer, denn die Küche ist gleich nebenan. George
3. Sie wollen in den Biergarten gehen. Hans und Max
4. Nach einer Lektion kommt er/sie herunter. George

5. Er/Sie muss Lebensmittel in die Küche bringen. Meline
6. Die Wohnung gefällt ihm/ihr. Max
7. Ihm/Ihr gehören die Vorhänge, die Lampen und die Gemälde. Sabite
8. Weihnachten sprach er/sie von Meline. Hans
9. Er/Sie war satt und konnte nicht schlafen. George
10. Er/Sie überlegt, ob (*whether*) Hans und Max wirklich Brüder sind. Meline

7

GEORGE Wir hatten Heiligabend ein riesiges Essen.
HANS Es war drei Uhr früh, am Weihnachtsmorgen.
GEORGE Ich war ja noch total satt und konnte nicht einschlafen.
HANS Es war ja noch total dunkel im Haus.

8

GEORGE Ich ging den Gang hinunter und hörte ein Geräusch.
HANS Max, meine Familie und ich, wir schliefen in unseren Zimmern.
GEORGE Ich ging in die Küche, und am Herd stand ihr Großvater.
HANS Opa Otto bereitete die Weihnachtsgans zu. George überraschte ihn und... „Ja! Wo kommst du denn her?"

9

GEORGE Sie war köstlich! Wo ist Sabite heute Abend?
MELINE Mit Torsten weg.
GEORGE Sind sie immer noch zusammen?
MELINE Ja, aber es ist schwierig seit den Feiertagen.

10

MELINE Ich mag Torsten, aber man sagt an Silvester keine Verabredung ab.
HANS So wie Lorenzo?
MELINE Wer?
HANS Na, Lorenzo. Der Italiener.
MELINE Seid ihr wirklich Brüder?

Nützliche Ausdrücke

- **Doch bis Sonntagabend muss ich wieder in Straubing sein.**
  But by Sunday evening I have to be back in Straubing.

- **Da ist was dran.**
  You have a point there.

- **Servus!**
  So long!

- **Ich kann das Regalbrett nicht erreichen.**
  I can't reach the shelf.

- **Kannst du mir das dort oben hinstellen?**
  Can you put this up there for me?

- **das Gemälde**
  painting

- **Hast du das an meinem Akzent erkannt?**
  Could you tell from my accent?

- **riesig** **satt**
  huge *full (of food)*

- **das Geräusch** **der Herd**
  noise *stove*

- **Opa Otto bereitete die Weihnachtsgans zu.**
  Grandpa Otto was preparing the Christmas goose.

2A.1
- **Als Hans zu Weihnachten nach Hause kam, sprach er übrigens von dir.**
  When Hans was home for Christmas, he talked about you, by the way.

2A.2
- **Nach dieser Lektion komme ich herunter.**
  After this lesson, I'll come down.

2A.3
- **Es ist bequemer im Wohnzimmer, denn die Küche ist gleich nebenan.**
  The living room is more convenient, because it's right next to the kitchen.

---

 2 Zum Besprechen George trifft Opa Otto an Heiligabend in der Küche. Schreiben Sie zu zweit einen Dialog von mindestens 10 Zeilen (*lines*) zwischen George und Opa Otto. Präsentieren Sie Ihren Dialog der Klasse. Answers will vary.

Suggestion After each pair has presented their role play, have the class vote on the most interesting, realistic, and convincing performances.

3 Vertiefung Suchen Sie im Internet Informationen über die Weihnachtsgans. Woher kommt diese Tradition? In welchen Ländern isst man Weihnachtsgans? Was isst man als Beilage? Schreiben Sie einen kurzen Absatz mit Ihren Ergebnissen. Answers will vary.

Ressourcen		
SAM VM: p. 3	DVD Folge 3	vhlcentral.com

Fribourg Reading

EIN KLEINER TIPP

The abbreviation **St.** stands for **Sankt**, meaning *Saint*.

Die Architektur Fribourgs bietet° Beispiele vieler historischer Epochen. Die Altstadt im Zentrum bildet eines der größten geschlossenen Ortsbilder° des mittelalterlichen° Europa. Die St.-Niklaus-Kathedrale, gebaut zwischen 1283 und 1490, ist das Symbol Fribourgs. Es ist ein Beispiel gotischer Architektur. Die Stadt hat über 200 gotische Gebäude. Den Renaissancestil kann man im Ratzéhof sehen, gebaut zwischen 1581 und 1585. Heute ist dieses Gebäude die Heimat° des Museums für Kunst und Geschichte. Neben den vielen alten Teilen der Stadt kann man auch neue Gebäude finden wie zum Beispiel die Universität (1889) oder die Villenviertel° im Gembachquartier. Viele Villen sind Jugendstil-Bauten°. Bekannt sind in Fribourg auch die alten Brücken° und seine zwölf historischen Brunnen°.

Fribourg liegt genau an der Grenze° zwischen deutschsprachiger und französischsprachiger Schweiz. Die Saane fließt° durch die Stadt und trennt sie in zwei Teile°. Im westlichen Teil spricht man Französisch und im östlichen Teil Deutsch. Etwa 63% der Bevölkerung spricht Französisch und 21% spricht Deutsch. Studenten können hier in beiden Sprachen studieren und machen einen großen Teil der über 40.000 Einwohner aus. Die Stadt ist sehr alt und existiert bereits seit 1157. Damals war Fribourg noch deutschsprachig.

Wohnen in der Schweiz

Wohnungen: 4,1 Millionen (2010)

durchschnittliche° Größe: zwischen 70 und 79 m² (2010)

durchschnittlicher Kaufpreis für Wohnungen
- Sitten: SFr (Schweizer Franken) 515.000 (2009)
- Zürich: SFr 1,34 Millionen (2009)
- durchschnittlicher Mietpreis: SFr 1.116 (2003)
- Mieteranteil°: 58% (2000)

QUELLEN: Schweizerisches Bundesamt für Statistik

Grenze *border* **fließt** *flows* **Teile** *parts* **bietet** *offers* **geschlossenen Ortsbilder** *complete townscapes* **mittelalterlichen** *medieval* **Heimat** *home* **Villenviertel** *mansion district* **Jugendstil-Bauten** *Art Nouveau buildings* **Brücken** *bridges* **Brunnen** *wells* **durchschnittliche** *average* **Mieteranteil** *percentage of renters*

ÜBUNGEN

1 **Richtig oder falsch?** Sind die Aussagen richtig oder falsch? Korrigieren Sie die falschen Aussagen mit einem Partner / einer Partnerin. Answers will vary.

1. Fribourg liegt an der Grenze zwischen der Schweiz und Frankreich.
   Falsch. Fribourg liegt an der Grenze zwischen deutschsprachiger und französischsprachiger Schweiz.
2. Mehr als 60% der Bevölkerung spricht Französisch. Richtig.
3. In Fribourg kann man auf Deutsch oder Französisch studieren. Richtig.

4. Das Symbol Fribourgs ist der Ratzéhof.
   Falsch. Das Symbol Fribourgs ist die St. Niklaus Kathedrale.
5. Der Ratzéhof ist im gotischen Stil gebaut.
   Falsch. Der Ratzéhof ist im Renaissancestil gebaut.
6. Brücken gibt es in Fribourg nicht.
   Falsch. Die alten Brücken in Fribourg sind bekannt.
7. Eine durchschnittliche Wohnung in Zürich kostet SFr 515.000.
   Falsch. Eine durchschnittliche Wohnung in Zürich kostet SFr 1,34 Millionen.
8. Die teuersten Wohnungen in der Schweiz sind in Zürich. Richtig.

Studentenzimmer

der Gemeinschaftsraum	common room
die Kaution	security deposit
die Miete	rent
die Nebenkosten	additional charges
die Wohngemeinschaft (WG)	apartment share
(un)möbliert	(un)furnished
Zimmer frei	vacancy

Chalets

Chalets sind ein Häusertyp. Es ist ursprünglich ein französisches Wort und bedeutet Sennhütte°. Man kann diese Häuser im Alpenbereich allgemein, insbesondere° aber in der Schweiz finden. Früher haben Hirten° in Chalets gewohnt. Traditionell sind sie aus Holz° gebaut. In den Schweizer Gemeinden° Lenk, Grindelwald, Saanen und Zermatt darf man nur Chalets bauen. Bausünden° wie moderne Architektur will man so in den Alpen verhindern°. Heute nennt man oft auch Ferienhäuser° aus Holz Chalets. Sie müssen nicht in einer Bergregion stehen, und man findet sie überall auf der Welt.

Sennhütte herdsman's hut **insbesondere** especially
Hirten shepherds **Holz** wood **Gemeinden** townships
Bausünden architectural eyesores **verhindern** prevent
Ferienhäuser vacation homes

César Ritz

César Ritz war ein berühmter Schweizer Hotelier. Er wurde am 23. Februar 1850 als dreizehntes Kind einer armen Familie in Niederwald im Goms geboren. Die Schule beendete er nicht. Anfangs arbeitete er als Schuhputzer°, Träger° und Kellner in verschiedenen Hotels. Im Rigi-Kulm-Hotel in der Schweiz wurde er schließlich° Hoteldirektor. 1888 heiratete er die Hotelierstochter Marie-Louise Beck. Er hatte großen Erfolg als Direktor und eröffnete° 1898 das Grandhotel Le Ritz in Paris, 1906 das Hotel Ritz in London und 1910 das Hotel Ritz in Madrid. Alle Hotels gelten° als absolute Luxushotels. Wegen seines großen Erfolgs nannte König Edward VII. César Ritz den „König der Hoteliers und Hotelier der Könige".

Schuhputzer shoeshine boy **Träger** porter **schließlich** eventually **eröffnete** opened **gelten** count

IM INTERNET

Finden Sie ein Zimmer zum Mieten in einer deutsch-sprachigen Stadt. Wie groß ist es? Wie viel kostet es? Was ist im Preis inbegriffen (*included*)?

For more information on this **Kultur**, go to **vhlcentral.com**.

2 Was fehlt? Ergänzen Sie die Sätze.

1. Chalets sind ein Schweizer _____Häusertyp_____.
2. In den Schweizer Alpen sind Chalets aus _____Holz_____ gebaut.
3. In Lenk und Grindelwald, darf man nur _____Chalets_____ bauen.
4. César Ritz ist ein berühmter _____Schweizer_____ Hotelier.
5. Er ist das _____dreizehnte_____ Kind seiner Eltern.
6. Die Ritz-Hotels in Paris und London sind absolute _____Luxushotels_____.

3 Eine gute Wohnung Diskutieren Sie mit einem Partner / einer Partnerin über die Wohnung, in der Sie wohnen möchten. Reden Sie über Größe, Preis, und Lage (*location*).

Ressourcen

vhlcentral.com

The *Präteritum*  Presentation

Startblock In **1A.1**, you learned to use the **Perfekt** to talk about past events. Another tense, the **Präteritum**, is also used to refer to past events.

QUERVERWEIS

The **Präteritum** appears most often in writing. You will learn more about the uses of the **Präteritum** in **2B.1**.

ACHTUNG

The **ich** form and the **er/sie/es** form are always identical in the **Präteritum**.

Suggestion Tell students that the **Präteritum** is also frequently called the "simple past". Point out that whereas the perfect tense has two parts --the auxiliary and the participle--, the **Präteritum** only has one.

Suggestion Give students a series of weak verbs and have them guess the simple past forms, based on the pattern shown. Ex: **tanzen, machen, leben, kaufen, mieten, vermieten.**

- To form the **Präteritum** of weak verbs, add -**te**, -**test**, -**ten**, or -**tet** to the infinitive stem. Add an -**e** before these endings if the stem ends in -**d**, -**t**, or a consonant cluster.

Präteritum of weak verbs			
	sagen	**wohnen**	**arbeiten**
ich	sag**te**	wohn**te**	arbeite**te**
du	sag**test**	wohn**test**	arbeite**test**
er/sie/es	sag**te**	wohn**te**	arbeite**te**
wir	sag**ten**	wohn**ten**	arbeite**ten**
ihr	sag**tet**	wohn**tet**	arbeite**tet**
Sie/sie	sag**ten**	wohn**ten**	arbeite**ten**

Die Kinder **spielten** in ihren Zimmern.
*The children **played** in their rooms.*

Ich **mietete** eine kleine Wohnung.
*I **rented** a small apartment.*

- Modal verbs have the same endings as weak verbs in the **Präteritum**. If the modal stem has an **Umlaut**, the **Umlaut** is dropped.

sollen		**dürfen**	
ich soll**te**	wir soll**ten**	ich durf**te**	wir durf**ten**
du soll**test**	ihr soll**tet**	du durf**test**	ihr durf**tet**
er/sie/es soll**te**	Sie/sie soll**ten**	er/sie/es durf**te**	Sie/sie durf**ten**

Warum **wolltet** ihr einen neuen Teppich kaufen?
*Why **did** you **want** to buy a new rug?*

Bianca **musste** ihre Großeltern besuchen.
*Bianca **had** to visit her grandparents.*

QUERVERWEIS

See **1A.1** to review mixed verbs in the **Perfekt**.

You might want to use **Vol. 1, 4A.1** to review the uses of **mögen**.

- The modal **mögen** has an additional stem change in the **Präteritum**. Be careful not to confuse the **Präteritum** form **mochte** with the polite form **möchte**.

Anna **möchte** eine neue Lampe für ihr Schlafzimmer.
*Anna **would like** a new lamp for her bedroom.*

Als Junge **mochte** Peter das Zimmer auf dem Dachboden.
*As a boy, Peter **liked** the room in the attic.*

- The **Präteritum** stem of a mixed verb is the same as the stem of its past participle.

Suggestion Emphasize to students that the past tense forms of mixed and strong verbs must be memorized on a verb-by-verb basis.

Perfekt and *Präteritum* of mixed verbs		
Infinitiv	**Perfekt**	**Präteritum**
bringen	er hat ge**brach**t	er **brach**te
denken	er hat ge**dach**t	er **dach**te
kennen	er hat ge**kann**t	er **kann**te
wissen	er hat ge**wuss**t	er **wuss**te

Wir **brachten** die Tischlampe ins Arbeitszimmer.
*We **brought** the desk lamp into the office.*

Wusste Daniel Emmas Adresse?
*Did Daniel **know** Emma's address?*

- Strong verbs in the **Präteritum** have irregular stems and add different endings from those of weak verbs.

beginnen	gefallen	liegen
ich begann	ich gefiel	ich lag
du begannst	du gefielst	du lagst
er/sie/es begann	er/sie/es gefiel	er/sie/es lag
wir begannen	wir gefielen	wir lagen
ihr begannt	ihr gefielt	ihr lagt
Sie/sie begannen	Sie/sie gefielen	Sie/sie lagen

irregular verb stems in the *Präteritum*					
bleiben	blieb	helfen	half	sehen	sah
essen	aß	kommen	kam	sprechen	sprach
fahren	fuhr	lesen	las	sterben	starb
finden	fand	nehmen	nahm	tragen	trug
geben	gab	schlafen	schlief	trinken	trank
gehen	ging	schreiben	schrieb	verstehen	verstand

Wir **blieben** gestern zu Hause.
*We **stayed** home yesterday.*

Er **sah** mir in die Augen.
*He **looked** me in the eyes.*

Ich **aß** ein kleines Stück Kuchen.
*I **ate** a little piece of cake.*

Sie **fuhren** nach Frankfurt.
*They **drove** to Frankfurt.*

- The verbs **sein**, **haben**, and **werden** do not follow the pattern of other irregular verbs.

Suggestion Some students may incorrectly add the **-te** ending to the preterite form of strong verbs, creating nonsense forms such as **begannte** or **gefielte**. Explain that adding -te to a strong verb in its simple past form is like adding the -ed ending to an irregular verb like *sang* or *swam* in English.

sein	haben	werden
ich war	ich hatte	ich wurde
du warst	du hattest	du wurdest
er/sie/es war	er/sie/es hatte	er/sie/es wurde
wir waren	wir hatten	wir wurden
ihr wart	ihr hattet	ihr wurdet
Sie/sie waren	Sie/sie hatten	Sie/sie wurden

Es **wurde** schnell dunkel.
*It **got** dark quickly.*

Als Kinder **hatten** wir viele Haustiere.
*We **had** a lot of pets when we were kids.*

Suggestion Have students review the meanings of these verbs before having them practice the simple past forms. Emphasize the vowel change from **bleiben** to **blieb** and **schreiben** to **schrieb**. It may be helpful to remind them that "E-I" says "I" and "I-E" says "E."

ACHTUNG

Note that unlike weak and mixed verbs, strong verbs do not add a **-t-** before their **Präteritum** endings. Also note that the **ich** and **er/sie/es** forms do not add endings.

QUERVERWEIS

See **Appendix A** for a complete list of strong verbs and their **Präteritum** forms.

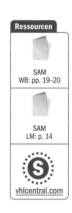

Ressourcen

SAM
WB: pp. 19–20

SAM
LM: p. 14

S
vhlcentral.com

Jetzt sind Sie dran! Ergänzen Sie die Sätze mit den richtigen Formen der Verben im **Präteritum.**

1. Wir _____machten_____ (machen) zusammen unsere Hausaufgaben.
2. Die alten Möbel _____waren_____ (sein) hässlich.
3. Mein Bruder _____wollte_____ (wollen) ein Motorrad zu Weihnachten.
4. Das Mathebuch _____lag_____ (liegen) auf dem Schreibtisch.
5. _____Hattet_____ (Haben) ihr als Kinder einen Hund?
6. Wolfgang _____trank_____ (trinken) Tee zum Frühstück.
7. In der 8. Klasse _____schrieben_____ (schreiben) wir jede Woche eine Prüfung.
8. Jan _____kaufte_____ (kaufen) die Bluse für seine Freundin.
9. _____Musstest_____ (Müssen) du am Donnerstag lange arbeiten?
10. Unsere Eltern _____fuhren_____ (fahren) ohne uns in die Türkei.
11. Gestern _____gab_____ (geben) es Knödel in der Mensa.
12. Ich _____fand_____ (finden) diese Präsentation interessant.

Anwendung

1 Zeitformen Wählen Sie für jeden Satz die richtige Zeitform (*tense*).

	Präsens	Perfekt	Präteritum
1. Er ist nach Berlin gereist.	☐	☑	☐
2. Sie arbeitete mit seiner Freundin.	☐	☐	☑
3. Mietet ihr ein Haus am Strand?	☑	☐	☐
4. Hast du schon zu Abend gegessen?	☐	☑	☐
5. Sie hatten viel Spaß auf der Party.	☐	☐	☑
6. Wir kaufen die Möbel bei Ikea.	☑	☐	☐
7. Wie fandest du den Film?	☐	☐	☑
8. Ich konnte gestern nicht kommen.	☐	☐	☑

2 Sätze umformen Formen Sie die Sätze vom Präsens ins Präteritum um.

BEISPIEL Der Fußballspieler geht nach Europa.
Der Fußballspieler ging nach Europa.

1. Die Studentin wohnt bei ihren Eltern.
   Die Studentin wohnte bei ihren Eltern.
2. Seid ihr verheiratet?
   Wart ihr verheiratet?
3. Ich bringe ihnen eine Zimmerpflanze.
   Ich brachte ihnen eine Zimmerpflanze.
4. Die Kinder bauen Legohäuser.
   Die Kinder bauten Legohäuser.
5. Du gibst ihr ein Hochzeitsgeschenk.
   Du gabst ihr ein Hochzeitsgeschenk.
6. Das Haus hat keinen Keller.
   Das Haus hatte keinen Keller.
7. Wir ziehen nach Hamburg um.
   Wir zogen nach Hamburg um.
8. Sie bleiben eine Woche in Paris.
   Sie blieben eine Woche in Paris.

3 Der gestrige Tag Erzählen Sie, was gestern alles passierte. Benutzen Sie das Präteritum.

BEISPIEL ich / wollen / ins Feinkostgeschäft gehen
Ich wollte ins Feinkostgeschäft gehen.

1. die Kinder / dürfen / auf die Geburtstagsfeier gehen Die Kinder durften auf die Geburtstagsfeier gehen.

2. wir / müssen / neue Möbel für das Wohnzimmer kaufen Wir mussten neue Möbel für das Wohnzimmer kaufen.

3. Papa / sollen / seine Hemden in die Schublade legen Papa sollte seine Hemden in die Schublade legen.

4. du / wollen / Blumen für den Balkon kaufen Du wolltest Blumen für den Balkon kaufen.

5. ihr / können / leider nicht lange bei uns bleiben Ihr konntet leider nicht lange bei uns bleiben.

6. Sabine / mögen / die Gemüsesuppe nicht Sabine mochte die Gemüsesuppe nicht.

4 Ein Märchen Ergänzen Sie die Sätze mit den richtigen Präteritumsformen.

Es (1) ___war___ (sein) einmal ein kleines Mädchen. Ihr Name war Aschenputtel. Ihre Mutter (2) ___starb___ (sterben), als sie jung war. Ihr Vater (3) ___fand___ (finden) bald eine neue Frau. Seine neue Frau (4) ___hatte___ (haben) zwei hässliche Töchter. Die Stiefschwestern und die Stiefmutter (5) ___mochten___ (mögen) Aschenputtel nicht. Aschenputtel (6) ___musste___ (müssen) den Boden wischen, die Wäsche waschen und alle Betten machen. Die bösen Stiefschwestern (7) ___trugen___ (tragen) selber schöne Kleider, aber sie (8) ___gaben___ (geben) Aschenputtel dreckige Lumpen (*rags*). Eines Tages (*One day*) (9) ___besuchte___ (besuchen) Aschenputtel das Grab (*grave*) ihrer Mutter. Sie (10) ___sprach___ (sprechen) über ihr Unglück (*misfortune*)...

 Practice more at **vhlcentral.com.**

Kommunikation

5 **Meine Familie** Schreiben Sie eine Geschichte (*story*) über Ihre Familie und Ihre Kindheit (*childhood*). Benutzen Sie das Präteritum. Vergleichen Sie Ihre Geschichte mit der Geschichte eines Partners / einer Partnerin. Answers will vary.

▶ **BEISPIEL**

Meine Familie wohnte in New York. Mein Vater war Musiker. Er arbeitete auch in einer Bibliothek. Wir gingen oft am Wochenende zu meinen Großeltern...

6 **Das Leben vor hundert Jahren** Wie war das Leben vor hundert Jahren? Arbeiten Sie mit einem Partner / einer Partnerin und bilden Sie logische Sätze mit Wörtern aus jeder Spalte. Answers will vary.

BEISPIEL

S1: *Jungen konnten allein in den Wald gehen.*
S2: *Frauen konnten nicht an einer Universität studieren.*

Frauen	dürfen	im Garten schlafen
Hunde	können	nicht so viele Prüfungen korrigieren
Jungen	müssen	an einer Universität studieren
Kinder	sollen	allein in den Wald gehen
Mädchen	wollen	viel arbeiten
Männer		in einem großen Kaufhaus einkaufen
Professoren		Brot backen
Studenten		mit dem Auto fahren

7 **Mein schönster Tag** Erzählen Sie Ihrem Partner / Ihrer Partnerin von dem schönsten (*nicest*) Tag in Ihrem Leben. Benutzen Sie das Präteritum. Answers will vary.

BEISPIEL

S1: *Es war ein Samstag. Das Wetter war schön und ich hatte keine Hausaufgaben. Ich ging in die Stadt...*
S2: *Mein schönster Tag war mein 16. Geburtstag. Meine Eltern hatten ein großes Geschenk für mich und es stand vor der Haustür...*

8 **Was für ein trauriger Tag** Gestern war ein sehr trauriger Tag für Erik. Schreiben Sie mit zwei Mitstudenten zusammen eine Geschichte über Eriks Tag. Benutzen Sie das Präteritum. Answers will vary.

▶ **BEISPIEL**

Erik ging in die Küche. Er fand ein Blatt Papier. Es war von seiner Freundin...

8 **Expansion** Collect the stories, read them out loud, and have the class guess which group wrote which story. You may want to have students vote for their favorite.

7 **Suggestion** Before having students work with a partner, give them time to take notes and prepare. You might want to give them a list of verbs in the simple past. Ex.: **aß, gab, bekam, ging, fand, trank, machte, sagte, arbeitete, besuchte, spielte, schlief, lag, hatte, war, wohnte, kaufte, verlor.**

da-, wo-, hin-, and her- compounds

S Presentation

Startblock In German, personal pronouns following a preposition can only refer to people. Special forms are used when the object of the preposition refers to a thing or an idea.

> Als Hans zu Weihnachten nach Hause kam, sprach er übrigens **von dir**.

> **Davon** nehme ich einen Teller, bitte.

QUERVERWEIS

See **1B.3** to review two-way prepositions.

Many German verbs are used idiomatically with certain prepositions. You will learn more about these verbs in **3A.2**.

You might want to use **Vol. 1, 3B.2** to review accusative prepositions; **4B.2** to review dative prepositions; and **4B.1** to review the use of **wen** and **wem**.

- In **1A.2** and **1A.3**, you learned to use personal pronouns to refer to the object of a preposition. When the object is a thing or an idea, use a **da**-compound instead.

> Kennst du Alex? Wir sind am Samstag **mit ihm** essen gegangen.
> *Do you know Alex? We went out to eat* ***with him*** *on Saturday.*

> Wo ist der Teddybär? Das Baby will **damit** spielen.
> *Where's the teddy bear? The baby wants to play* ***with it***.

- Form a **da**-compound by adding **da**- to a preposition. If the preposition begins with a vowel, insert an -**r**- after **da**-.

common **da**-compounds	
dafür davon davor	daran darauf darin

> Wo ist der Bus? Wir warten seit einer halben Stunde **darauf**.
> *Where's the bus? We've been waiting* ***for it*** *for half an hour.*

> —Hat Max dir ein Geschenk gegeben?
> —Ja, und ich habe ihm **dafür** gedankt.
> *Did Max give you a present?*
> —*Yes, and I thanked him* ***for it***.

- German speakers often drop the -**a**- in **da**-compounds that begin with **dar**-.

> Wer ist da **drin**?
> *Who's* ***in*** *there?*

> Denk mal **drüber** nach.
> *Think it* ***over***.

- Use **wen** or **wem** to ask about the object of a preposition when it refers to a person. When you ask about a thing or idea, use a **wo**-compound.

> **Mit wem** seid ihr ins Restaurant gegangen?
> ***Who*** *did you go to the restaurant* ***with***?

> **Womit** spielen die Kinder?
> ***What*** *are the children playing* ***with***?

- Form a **wo**-compound by combining **wo(r)**- with a preposition.

common **wo**-compounds	
wofür wovon wovor	woran worauf worin

> **Wofür** braucht sie den Spiegel?
> ***What*** *does she need the mirror* ***for***?

> **Woran** denkst du jetzt?
> ***What*** *are you thinking* ***about*** *now?*

> **Worüber** sprecht ihr?
> ***What*** *are you talking* ***about***?

- In **5B.3**, you learned to use the question word **wohin** to ask *where to?* Use the question word **woher** to ask *from where?*

  Wohin soll ich den Spiegel hängen?
  Where should I hang the mirror?

  Woher hast du diese Möbel bekommen?
  Where did you get this furniture?

- In conversation, **hin** and **her** can be separated from **wo**, moving to the end of the sentence.

  Wo gehst du jetzt **hin**?
  Where are you going to now?

  Wo kommst du **her**?
  Where are you from?

- Use the adverb **dahin** or **daher** to replace a prepositional phrase expressing motion.

  Reist ihr **in die Schweiz**?
  Are you going to Switzerland?

  Ja, wir reisen **dahin**.
  Yes, we're going there.

- **Hin** or **her** can also be combined with the prefix of a separable prefix verb, to indicate motion. Note that **hin** generally indicates motion *away* from the speaker, while **her** indicates motion *toward* the speaker.

  Birgit **geht** die Treppe **hinauf**.
  Birgit is going up the stairs.

  Paul **kommt** die Treppe **herunter**.
  Paul is coming down the stairs.

  Komm **herein** oder geh **hinaus**!
  Either come in or go out!

  Rapunzel, lass dein Haar **herunter**!
  Rapunzel, let down your hair!

Suggestion The **Jetzt sind Sie dran!** activity helps to underscore the fact that **da-** and **wo-**compounds are not used when the pronoun refers to a person. Go over the answers as a class, and emphasize that since items 2, 4, and 7 refer to people, they must use the preposition with a personal pronoun.

- Compound prefixes like **herauf-**, **herein-**, **herunter-**, or **heraus-** are often shortened in spoken German to **rauf-**, **rein-**, **runter-**, **raus-**, and so on.

  Lässt du mich bitte ins Badezimmer **rein**?
  Will you please let me into the bathroom?

  Papa soll die alte Kommode in den Keller **runterbringen**.
  Dad is supposed to bring the old dresser down to the basement.

QUERVERWEIS

See **1B.3** to review the difference between **wo** and **wohin**.

ACHTUNG

The phrase **hin und her** means *back and forth:* **Warum laufen die Kinder hin und her?**

Ressourcen

SAM
WB: pp. 21–22

SAM
LM: p. 15

S

vhlcentral.com

Jetzt sind Sie dran!   Wählen Sie die richtigen Formen.

1. (**Woher** / Wohin) kommt der Spruch (*saying*): Zeit ist Geld?
2. (Womit / **Mit wem**) hast du auf der Party getanzt?
3. (**Womit** / Mit wem) sollen wir die Pflanzen gießen (*water*)?
4. Hast du Herrn Schulz gesehen? Ich denke oft (**an ihn** / daran).
5. (**Wohin** / Woher) soll ich die Lampe stellen?
6. (**Wofür** / Für wen) brauchst du so viele Bleistifte?
7. Dorle ist wirklich unangenehm. Ich will nicht (damit / **mit ihr**) sprechen.
8. So eine schöne Vase! Wir danken euch sehr (für sie / **dafür**).
9. Die neue Wohnung ist wunderschön! Paul und Torsten haben viel (über sie / **darüber**) geredet.
10. (**Woher** / Wohin) bekomme ich das Geld für die Miete?

Anwendung

1 Ersetzen Sie Ersetzen Sie die Satzteile mit den entsprechenden **wo-** oder **da-**Komposita.

1. **wo-:** vor dem Kaufhaus ___wovor___
2. **wo-:** unter dem Teppich ___worunter___
3. **da-:** über das Buch ___darüber___
4. **da-:** gegen die Wand ___dagegen___
5. **wo-:** aus Baumwolle ___woraus___
6. **da-:** für das Geschenk ___dafür___
7. **wo-:** mit dem Fahrrad ___womit___
8. **da-:** hinter der Schule ___dahinter___

2 Suggestion Before they complete the activity, have students identify which noun is being replaced in each sentence.

2 Wählen Sie Wählen Sie die passenden Präposition + Pronomen-Verbindungen oder die passenden **da-**Komposita.

1. Mias Cousinen wohnen in Wels. Letzten Sommer hat sie (bei ihnen / dabei) gewohnt.
2. Laura gab mir ein Geburtstagsgeschenk und ich dankte ihr (für es / dafür).
3. Frank ist gegen diese Idee und seine Freunde sind auch alle (gegen ihn / dagegen).
4. Meine große Schwester hat mir immer bei den Hausaufgaben geholfen. Ich habe sie jeden Tag (*every day*) (mit ihr / damit) zusammen gemacht.
5. Simon spricht selten über Politik. Seine Freundin diskutiert aber gern (über sie / darüber).

3 Ergänzen Sie Ergänzen Sie die Sätze mit den passenden Wörtern. Bilden Sie Kombinationen mit **hin** oder **her**.

▶ **BEISPIEL**

Stefanie ___geht___ die Treppe ___hinauf___ (hinaufgehen).

1. Der Junge ___klettert___ den Baum (*tree*) ___hinauf___ (hinaufklettern).

2. Der Kellner ___kommt___ mit der Speisekarte ___heraus___ (herauskommen).

3. Herr Scholz ___geht___ in die Metzgerei ___hinein___ (hineingehen).

4. Die Blätter (*leaves*) ___fallen___ von den Bäumen ___herunter___ (herunterfallen).

4 Fragen bilden Was sind die Fragen zu den Antworten?

BEISPIEL Zur Schule fahre ich mit dem Bus.
Womit fährst du zur Schule?

1. Lukas geht mit seiner Schwester ins Theater. Mit wem geht Lukas ins Theater?
2. Stefanie ist gegen die Gartentür gefahren. Wogegen ist Stefanie gefahren?
3. Das neue Sofa ist aus Leder gemacht. Woraus ist das neue Sofa gemacht?
4. Die Vorlesung war über Neurobiologie. Worüber war die Vorlesung?

 Practice more at **vhlcentral.com.**

Kommunikation

5 **Hin oder her?** Entscheiden Sie mit Ihrem Partner / Ihrer Partnerin, welches Verb zu jedem Bild passt und beantworten Sie die Fragen. Sample answers are provided.

> herauskommen | hinausgehen | hineingehen | hinfallen | hinstellen

▶ **BEISPIEL** Was macht der Kellner?
Er stellt das Essen hin.

1. Was ist der Frau passiert?
Sie ist hingefallen.

2. Papa kommt gerade von der Arbeit. Was macht er? Er geht hinein.

3. Was will das Kind machen?
Es will hinausgehen.

4. Herr und Frau Koch waren im Konzert. Was machen sie jetzt?
Sie kommen heraus.

6 **So bin ich** Stellen Sie Ihrem Partner / Ihrer Partnerin die Fragen. Answers will vary.

BEISPIEL Worüber lachst du oft?
Ich lache oft über meine Katze. Sie ist immer so lustig.

1. Woher kommt deine Familie?
2. Worüber sprichst du gern?
3. Wohin gehst du gern?
4. An wen denkst du oft?

7 **Mein bester Freund** Wie ist der beste Freund / die beste Freundin von Ihrem Partner / Ihrer Partnerin? Stellen Sie Fragen und benutzen Sie **wo**-Komposita oder Präposition + **wen/wem**. Answers will vary.

BEISPIEL sehr viel wissen / über

S1: Worüber weiß dein bester Freund sehr viel?
S2: Er weiß sehr viel über Rockmusik.

1. oft denken / an
2. selten Probleme haben / mit
3. gern ausgehen / mit
4. mit dir sprechen / über

8 **Mein Zimmer** Beschreiben Sie Ihr Zimmer. Benutzen Sie **da**-Komposita. Ihr Partner / Ihre Partnerin versucht dann, eine Skizze (*sketch*) von Ihrem Zimmer zu machen. Dann tauschen Sie die Rollen. Answers will vary.

BEISPIEL Da ist mein Bett. Darauf liegt eine Bettdecke von meiner Oma, und darüber hängt ein Poster. Mein Nachttisch steht neben dem Bett. Darauf liegt...

in der Ecke (*in the corner*)	zwischen	hängen	über	hinter
links davon	stehen	auf	unter	vor
rechts davon	liegen	in	neben	

---

5 **Expansion** TPR (total physical response) exercises can be useful for demonstrating the difference between **hin** and **her**. Give students a list of commands and have them take turns giving and following the commands Ex.: **Geh zur Tür hin. Komm wieder zu mir her! Geh aus dem Klassenzimmer hinaus! Komm herauf zu mir. Gehen wir beide die Treppe hinunter.**

6 **Suggestion** Have students ask you the questions, so that they can hear more sample answers. Remind them that they can give creative or humorous responses when answering the questions.

7 **Suggestion** Introduce the activity by bringing a picture of your own best friend and modeling questions and answers. Ex.: **Das ist ein guter Freund von mir, Todd. Worüber spricht er mit mir? Er spricht gern über sein Hobby, Radfahren. An wen denkt er oft? Er denkt oft an seine Freundin, Mary.**

Coordinating conjunctions  Presentation

Startblock Use coordinating conjunctions to combine two related sentences, words, or phrases into a single sentence.

> Ich ging in die Küche, **und** am Herd stand ihr Großvater.

> Es ist bequemer hier, **denn** die Küche ist gleich nebenan.

- The most common coordinating conjunctions are **aber** (*but*), **denn** (*for, because*), **oder** (*or*), **sondern** (*but rather/instead*), and **und** (*and*).

  Ich habe eine Wohnung mit großer Küche gemietet, **denn** ich koche gern.
  *I rented an apartment with a big kitchen, **because** I like to cook.*

  Lola braucht einen Schrank **oder** eine Kommode für ihre Kleider.
  *Lola needs a closet **or** a dresser for her clothes.*

- Both **aber** and **sondern** correspond to the English word *but*. **Sondern** is used after a negated clause and indicates that the two ideas being coordinated are mutually exclusive.

  Erik hat ein großes Sofa, **aber** er sitzt gern auf dem Boden.
  *Erik has a big sofa, **but** he likes to sit on the floor.*

  Meine Wohnung ist nicht im Erdgeschoss, **sondern** im ersten Stock.
  *My apartment is not on the ground floor, **but rather** on the second floor.*

- When two clauses are connected by a coordinating conjunction, both follow normal subject-verb word order. Always use a comma before **aber, denn**, and **sondern**.

  Die Katze sitzt auf dem Balkon **und der Hund liegt** auf dem Teppich.
  *The cat is sitting on the balcony **and the dog is lying** on the carpet.*

  Ihr esst immer im Esszimmer, **aber wir essen** gern in der Küche.
  *You always eat in the dining room, **but we** like to **eat** in the kitchen.*

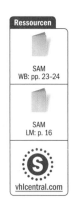
Jetzt sind Sie dran! **Wählen Sie die passende Konjunktion.**

1. Seine Schwester hat einen braunen Sessel (und / sondern) ein blaues Sofa im Wohnzimmer.
2. Im Keller ist es nicht warm, (sondern / aber) kalt.
3. Wir haben ein Haus mit einer großen Garage gekauft, (und / denn) wir haben zwei Autos.
4. Ich liebe Schokolade, (denn / aber) ich bin leider auf Diät.
5. Sabine kauft gern Pflanzen für ihr Arbeitszimmer, (aber / denn) sie liebt die Natur.
6. Die Kinder wollen spielen, (sondern / aber) sie müssen zuerst (*first*) ihre Hausaufgaben machen.
7. Wohnst du in einem Haus (oder / sondern) mietest du eine Wohnung?
8. Auf meinem Schreibtisch habe ich eine Lampe (und / denn) ein hübsches Bild von meiner Freundin.
9. Ich parke mein Auto nicht auf der Straße (*street*), (sondern / aber) in der Garage.
10. Zieht ihr im Januar (denn / oder) im Februar um?

Anwendung und Kommunikation

1 **Aber oder sondern?** Ergänzen Sie die Sätze mit **aber** oder **sondern**.

 1. Klaus ist intelligent, ____aber____ nicht sehr dynamisch.

2. Er und seine Frau wohnen in Deutschland, ____aber____ sie kommen aus den USA.

3. Kerstin studiert nicht mehr an der Universität, ____sondern____ arbeitet jetzt als Architektin.

4. Sie wollten letztes Jahr in ein neues Haus umziehen, ____aber____ es war zu teuer.

5. Ihre Kinder sind nicht in der Schule, ____sondern____ im Kindergarten.

2 **Was und warum** Bilden Sie logische Sätze aus Spalte A und B und verbinden Sie sie mit **aber, oder, denn, und** oder **sondern.** Sample answers are provided.

> **BEISPIEL**
>
> Ich arbeitete gerne mit Claudia, denn sie war zuverlässig (*dependable*).

A	B
Ich arbeitete immer gerne mit Claudia.	Sie fanden dort einen billigen Kleiderschrank.
Sie waren beim Möbelhaus Fischer.	Sie war zuverlässig.
Hannes wollte das gestreifte Hemd kaufen.	Er wollte nicht im Erdgeschoss wohnen.
Sie kauften kein zweites Auto.	Sie kauften ein Fahrrad.
Er wollte ein Zimmer bei einer Familie mieten.	Es war zu eng.
Ich bin heute Abend zu Hause geblieben.	Ich war sehr müde.

3 **Karen und ihre Familie** Erfinden Sie einen passenden Satz zu jedem Bild, und benutzen Sie dabei die angegebenen Konjunktionen. Answers will vary.

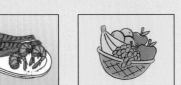 

> **BEISPIEL** sondern
>
> Karen hat keinen Hund, sondern eine Katze.

1. oder   2. und

3. und   4. oder

1 **Suggestion** Remind students that **sondern** follows negative statements, so if the first clause contains the word **nicht**, the correct "but" will be probably be **sondern**.

2 Sie waren beim Möbelhaus Fischer und sie fanden dort einen billigen Kleiderschrank. / Hannes wollte das gestreifte Hemd kaufen, aber es war zu eng. / Sie kauften kein zweites Auto, sondern ein Fahrrad. / Er wollte ein Zimmer bei einer Familie mieten, aber er wollte nicht im Erdgeschoss wohnen. / Ich bin heute Abend zu Hause geblieben, denn ich war sehr müde.

3 **Expansion** Invite students to draw their own simple pictures. Then have them share their pictures in small groups and generate captions together using coordinating conjunctions.

Wiederholung

1 Umzug Lena reist viel. Sprechen Sie mit einem Partner / einer Partner darüber, wo Lena war und was sie machte. Sample answers are provided.

> **BEISPIEL** München / Oktoberfest besuchen
>
> **S1:** In München besuchte Lena das Oktoberfest.
> **S2:** In Berlin...

1. Berlin / das Brandenburger Tor sehen — In Berlin sah sie das Brandenburger Tor.
2. Hamburg / ein Konzert hören — In Hamburg hörte sie ein Konzert.
3. Düsseldorf / in der Königsallee wohnen — In Düsseldorf wohnte sie in der Königsallee.
4. Köln / ein Fahrrad kaufen — In Köln kaufte sie ein Fahrrad.
5. Heidelberg / Chemie studieren — In Heidelberg studierte sie Chemie.

2 Eine laute Party Sie sind auf einer Party, aber die Musik ist sehr laut, und Sie können nicht gut hören. Fragen Sie Ihren Partner / Ihre Partnerin, was er/sie gesagt hat. Answers may vary. Sample answers are provided.

> **BEISPIEL** Am Montag / ins Musikgeschäft gehen möchten
>
> **S1:** Am Montag möchte ich ins Musikgeschäft gehen.
> **S2:** Wie bitte? Wohin möchtest du gehen?

1. am Dienstag / in der Mensa essen wollen — Wo willst du essen?
2. im Sommer / nach Österreich reisen möchten — Wohin möchtest du reisen?
3. am Freitag / im Schwimmbad schwimmen können — Wo kannst du schwimmen?
4. am Wochenende / für die Physikprüfung lernen sollen — Wofür sollst du lernen?
5. nächste Woche / einen Essay über München schreiben müssen — Worüber musst du schreiben?
6. morgen Abend / mit den Eltern im Restaurant essen können — Mit wem kannst du essen?/Wo kannst du essen?
7. morgen Nachmittag / lange in der Bibliothek bleiben müssen — Wo musst du lange bleiben?
8. im Winter / in den Alpen Ski fahren wollen — Wo willst du Ski fahren?

> **3 Expansion** Before beginning the info-gap activity, show students a picture of a room and ask true or false questions about the picture using da-compounds. Ex.: **Richtig oder falsch? Das Zimmer hat keine Lampe. Es gibt ein Bett. Daneben ist ein Nachttisch. Darauf liegt ein Buch. Darüber hängt ein Poster.**

3 Sieben Unterschiede Sie und Ihr Partner / Ihre Partnerin bekommen zwei Blätter mit verschiedenen Bildern. Vergleichen Sie die Bilder, und machen Sie eine Liste mit den sieben Unterschieden auf den Bildern. Answers may vary.

> **BEISPIEL**
>
> **S1:** Es gibt nur ein Bett und eine Lampe rechts daneben, vor dem Fenster.
> **S2:** Ich habe auch ein Bett, aber ich habe keine Lampe, ...

4 Im Stadtzentrum Erzählen Sie Ihrem Partner / Ihrer Partnerin, was Sie am Dienstag im Stadtzentrum machten. Wählen Sie ein Wort aus jeder Spalte und bilden Sie logische Sätze. Answers will vary.

> **BEISPIEL**
>
> **S1:** Am Dienstag lasen wir Bücher in der Bibliothek.
> **S2:** An der Uni sprach ich mit...

A	B	C
Bücher	mit Freunden	essen
Meeresfrüchte	Kaffee	fahren
an der Uni	Kleider	finden
im Café	Steak	kaufen
im Modegeschäft	auf dem Markt	kommen
im Restaurant „Tivoli"	durch die Stadt	lesen
mit dem Fahrrad	in der Bibliothek	spazieren
langsam	in die Stadt	sprechen
spät	nach Hause	trinken

5 Gern machen Fragen Sie Ihre Klassenkameraden, ob Sie die Aktivitäten in der Liste gern machen. Finden Sie eine Person für jede Aktivität. Answers will vary.

> **BEISPIEL**
>
> **S1:** Fährst du gern mit dem Fahrrad?
> **S2:** Ja, ich fahre gern damit.

6 Das Wochenende Erzählen Sie Ihrem Partner / Ihrer Partnerin sechs Aktivitäten, die Sie am Wochenende machten. Sagen Sie auch, warum Sie das machten. Hören Sie auch, was Ihr Partner / Ihre Partnerin machte. Answers will vary.

> **BEISPIEL**
>
> **S1:** Am Samstagmorgen war ich drei Stunden in der Bibliothek, denn ich musste einen Essay für mein Literaturseminar schreiben.
> **S2:** Am Samstagmorgen war ich nicht in der Bibliothek, sondern ich sollte mit meiner Mannschaft Fußball spielen...

Zapping

(S) Video: TV Clip

Hausarbeit

Das Schweizer Fernsehen° produziert deutschsprachige Fernsehsendungen für das Schweizer Publikum. Die Sendung „Tagesschau" ist das Programm, das täglich die meisten Zuschauer hat. Die folgende TV Reportage aus der Tagesschau berichtet, wie viel Hausarbeit Schweizer Männer heute zu Hause machen. Die Reportage basiert auf einer Studie der Schweizer Regierung°. Die Arbeit, die Männer und Frauen zu Hause machen, ist unterschiedlich° und orientiert sich am Geschlecht°.

Immer mehr Frauen mit Kindern sind berufstätig°.

Väter mit kleinen Kindern helfen mehr im Haushalt.

Dass beide Geschlechter zu Hause gleich viel° arbeiten, davon sind wir noch weit weg°.

Fernsehen *television* **Regierung** *government* **unterschiedlich** *different* **Geschlecht** *gender* **berufstätig** *working* **gleich viel** *the same amount* **weit weg** *far away*

 Verständnis Beantworten Sie die Fragen mit den Informationen aus dem Video.

1. Laut (*according to*) des Videos, welche Aktivität machen normalerweise die Männer zu Hause?
   a. Putzen　b. Gartenarbeit　c. Bügeln

2. Welche Aktivität machen Frauen *und* Männer?
   a. Aufräumen　b. Waschen　c. Kochen

 Diskussion. Diskutieren Sie die folgenden Fragen mit einem Partner / einer Partnerin. Answers will vary.

1. Wer macht was in Ihrem Haushalt? Arbeiten die Männer und die Frauen in Ihre Familie gleich viel zu Hause?

2. Rollenspiel. Schreiben Sie eine kurze Szene über ein berufstätiges Paar. Die beiden Partner streiten sich darüber (*argue about*), wie die Hausarbeit aufgeteilt sein soll.

Communicative Goals

You will learn how to:

- talk about household chores
- talk about appliances

Wortschatz

die Hausarbeit	*housework*
den Tisch decken	*to set the table*
staubsaugen	*to vacuum*
Wäsche waschen	*to do laundry*
Haushaltsartikel	*household items*
die Decke, -n	*blanket*
der Herd, -e	*stove*
die Kaffeemaschine, -n	*coffeemaker*
die Pfanne, -n	*pan*
die Spülmaschine, -n	*dishwasher*
der Staubsauger, -	*vacuum cleaner*
der Toaster, -	*toaster*
der Wäschetrockner, -	*dryer*
die Waschmaschine, -n	*washing machine*
zum Beschreiben	*to describe*
dreckig	*filthy*
ordentlich	*tidy*
sauber	*clean*
schmutzig	*dirty*
Es ist ein Saustall!	*It's a pigsty!*
Verben	*verbs*
aufräumen (räumt... auf)	*to clean up*
putzen	*to clean*
waschen	*to wash*
wischen	*to wipe; to mop*

ACHTUNG

German speakers often shorten a compound when the context is clear:

Anja wirft die Wäsche in den Trockner.
But: **Der Wäschetrockner ist kaputt.**

Suggestion Ask students to describe their house, apartment, or dorm room using three adjectives, including at least one from the **zum Beschreiben** list.

Hausarbeit Ⓢ Talking Picture Audio: Activities

Expansion Play "vocabulary bingo" with your students. Give students a list of 16 words from **6A** and **6B** and have them fill in a 4 X 4 grid with the words in mixed-up order. Then given an oral definition for each word. Ex: **Das ist grün. Es lebt. Es ist in einem Topf in meinem Wohnzimmer. (Die Pflanze.) Das ist wie ein Besen mit einem Motor. Damit mache ich meine Teppiche sauber. (Der Staubsauger)** As you define a word, students call out the answer and everyone gets to put an `X' in the corresponding box. The first student to complete a row or column calls out **Ich gewinne**.

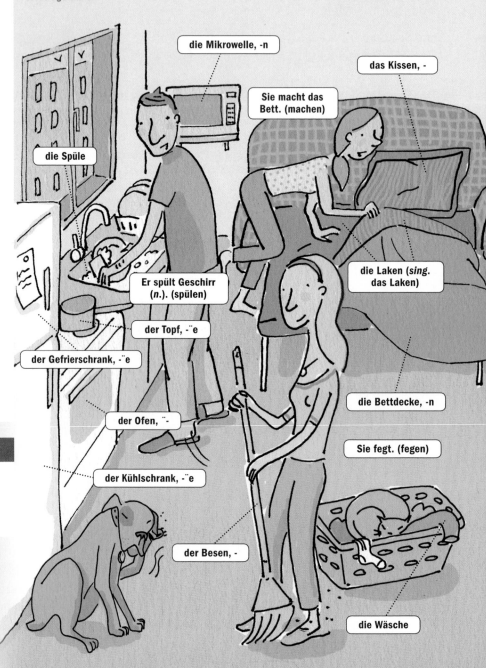

die Mikrowelle, -n

das Kissen, -

Sie macht das Bett. (machen)

die Spüle

Er spült Geschirr (*n.*). (spülen)

die Laken (*sing.* das Laken)

der Topf, -¨e

der Gefrierschrank, -¨e

die Bettdecke, -n

der Ofen, ¨-

Sie fegt. (fegen)

der Kühlschrank, -¨e

der Besen, -

die Wäsche

Expansion Have students write **wo**-compound questions related to the lesson vocabulary and share them with the class. **Womit mache ich mir einen Toast? Womit fegt man den Boden?**

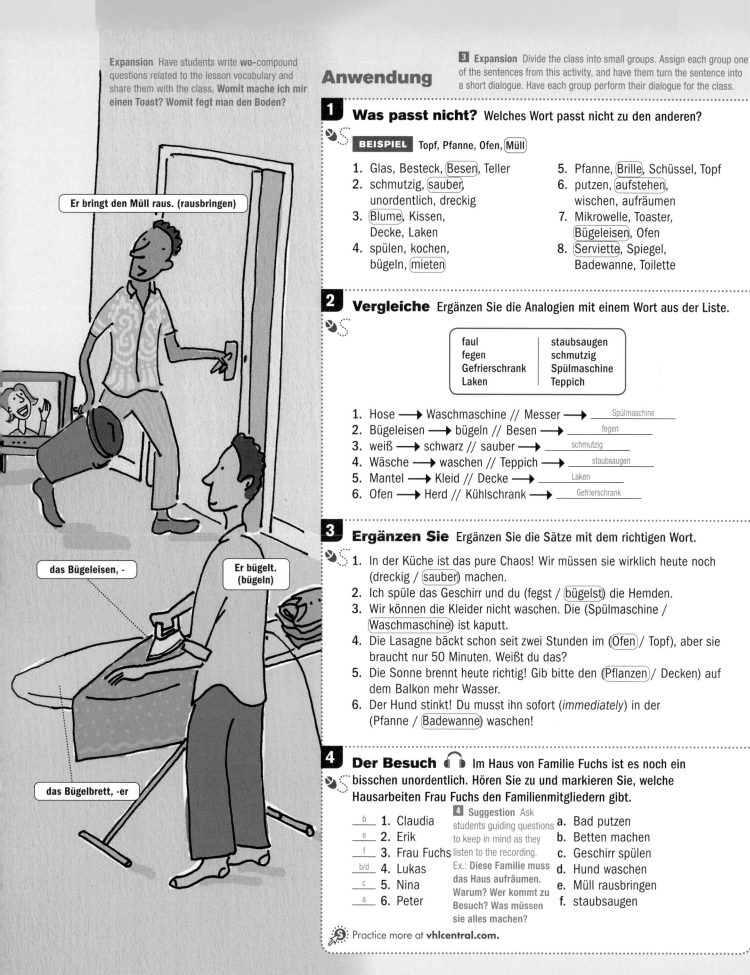

Er bringt den Müll raus. (rausbringen)

das Bügeleisen, -

Er bügelt. (bügeln)

das Bügelbrett, -er

Anwendung

3 Expansion Divide the class into small groups. Assign each group one of the sentences from this activity, and have them turn the sentence into a short dialogue. Have each group perform their dialogue for the class.

1 Was passt nicht? Welches Wort passt nicht zu den anderen?

BEISPIEL Topf, Pfanne, Ofen, Müll

1. Glas, Besteck, Besen, Teller
2. schmutzig, sauber, unordentlich, dreckig
3. Blume, Kissen, Decke, Laken
4. spülen, kochen, bügeln, mieten
5. Pfanne, Brille, Schüssel, Topf
6. putzen, aufstehen, wischen, aufräumen
7. Mikrowelle, Toaster, Bügeleisen, Ofen
8. Serviette, Spiegel, Badewanne, Toilette

2 Vergleiche Ergänzen Sie die Analogien mit einem Wort aus der Liste.

faul	staubsaugen
fegen	schmutzig
Gefrierschrank	Spülmaschine
Laken	Teppich

1. Hose ⟶ Waschmaschine // Messer ⟶ _____Spülmaschine_____
2. Bügeleisen ⟶ bügeln // Besen ⟶ _____fegen_____
3. weiß ⟶ schwarz // sauber ⟶ _____schmutzig_____
4. Wäsche ⟶ waschen // Teppich ⟶ _____staubsaugen_____
5. Mantel ⟶ Kleid // Decke ⟶ _____Laken_____
6. Ofen ⟶ Herd // Kühlschrank ⟶ _____Gefrierschrank_____

3 Ergänzen Sie Ergänzen Sie die Sätze mit dem richtigen Wort.

1. In der Küche ist das pure Chaos! Wir müssen sie wirklich heute noch (dreckig / sauber) machen.
2. Ich spüle das Geschirr und du (fegst / bügelst) die Hemden.
3. Wir können die Kleider nicht waschen. Die (Spülmaschine / Waschmaschine) ist kaputt.
4. Die Lasagne bäckt schon seit zwei Stunden im (Ofen / Topf), aber sie braucht nur 50 Minuten. Weißt du das?
5. Die Sonne brennt heute richtig! Gib bitte den (Pflanzen / Decken) auf dem Balkon mehr Wasser.
6. Der Hund stinkt! Du musst ihn sofort (*immediately*) in der (Pfanne / Badewanne) waschen!

4 Der Besuch 🎧 Im Haus von Familie Fuchs ist es noch ein bisschen unordentlich. Hören Sie zu und markieren Sie, welche Hausarbeiten Frau Fuchs den Familienmitgliedern gibt.

4 Suggestion Ask students guiding questions to keep in mind as they listen to the recording. Ex.: **Diese Familie muss das Haus aufräumen. Warum? Wer kommt zu Besuch? Was müssen sie alles machen?**

__b__ 1. Claudia
__e__ 2. Erik
__f__ 3. Frau Fuchs
__b/d__ 4. Lukas
__c__ 5. Nina
__a__ 6. Peter

a. Bad putzen
b. Betten machen
c. Geschirr spülen
d. Hund waschen
e. Müll rausbringen
f. staubsaugen

Practice more at **vhlcentral.com**.

Kommunikation

5 **Räumen wir auf!** Die Wohnung ist mal wieder ein Saustall! Diskutieren Sie mit zwei Mitstudenten, welche Hausarbeiten jeder von Ihnen heute noch macht. Machen Sie dann auch einen Wochenplan, worin steht, wer in der Woche was machen muss, damit (*so that*) die Wohnung sauber bleibt. Answers will vary.

BEISPIEL

S1: *Wer spült das Geschirr?*
S2: *Ich spüle das Geschirr. Und wer...?*

6 **Expansion** After students have completed their partner conversations, ask them whether they think the housework is divided up fairly in their own families.

6 **Hausarbeiten** Besprechen Sie mit Ihrem Partner / Ihrer Partnerin, wer in Ihrer Familie die angegebenen (*indicated*) Hausarbeiten macht. Answers will vary.

BEISPIEL

Betten machen
S1: *Bei uns in der Familie macht meine Mutter die Betten.*
S2: *Ich mache mein Bett jeden Morgen.*

1. Geschirr spülen
2. Kleider bügeln
3. Müll rausbringen
4. Staub wischen
5. Toilette putzen
6. Wäsche waschen

7 **Expansion** Have students write about their own experiences from the day before, using modals in the simple past: What did they have to do yesterday? (**Ich musste...**) What did they want to do? (**Ich wollte...**) What could they or could they not do? (**Ich konnte...**) What did they enjoy doing? (**Ich mochte...**)

7 **Angelikas Tag** Arbeiten Sie mit einem Partner / einer Partnerin. Ihr Professor / Ihre Professorin gibt Ihnen zwei verschiedene Blätter mit Informationen über Angelikas gestrigen Tag. Erzählen Sie, was Angelika alles machen wollte. Schreiben Sie dann einen kurzen Absatz über Angelikas Tag gestern.

BEISPIEL

S1: *Angelika wollte gestern ihre Wäsche waschen.*
S2: *Ja, aber sie konnte die Waschmaschine und den Trockner nicht anmachen (turn on).*

8 **Mein Traumhaus** Beschreiben Sie Ihrem Partner / Ihrer Partnerin Ihr Traumhaus: wo ist es, wie groß ist es, wie viele Stockwerke und Zimmer hat es, welche Möbel und Haushaltsartikel haben Sie, und wer macht die diversen Hausarbeiten?

BEISPIEL

S1: *Mein Traumhaus ist am Strand und es hat fünf Schlafzimmer, vier Badezimmer, ein Studierzimmer und auch eine große Garage für drei Autos. Im Garten ist ein Schwimmbad und ein zweites, kleines Haus für meine acht Hunde.*
S2: *Mein Traumhaus ist in der Stadt. Es hat...*

8 **Suggestion** Give students a few minutes to make notes about their dream house before they work with a partner. Encourage them to be creative and to include lots of detail.

Aussprache und Rechtschreibung

(S) Audio: Presentation
Record & Compare Activities

NATIONAL STANDARDS comparisons

🎧 The German *k* sound

The German **k** is pronounced like the *k* in the English word *kind*. At the end of a syllable, this sound may be written as **ck**.

Kaffee	Laken	Decke	Frack	Kreide

In a few loanwords, the **c** at the beginning of a word is pronounced like a **k**. In other loanwords, the initial **c** may be pronounced similarly to the *ts* in *cats* or the *c* in *cello*.

Computer	Caravan	Couch	Celsius	Cello

When the consonant combination **kn** appears at the beginning of a word, both letters are pronounced. In the combination **nk**, the sound is very similar to the *nk* in the English word *thank*.

Knie	knusprig	Knödel	danken	Schrank

Remember that the **ch** sound and the **k/ck** sound are pronounced differently.

di**ch**	di**ck**	Ba**ch**	Ba**ck**

Suggestion Tell students that a distinctive feature of Swiss German is the pronunciation of the initial **k** sound, as in the word **Kirche**. It is pronounced as a **k** immediately followed by the back **ch** sound (IPA [*kx*]).

1 **Sprechen Sie nach** Wiederholen Sie die Wörter, die Sie hören.

1. Keller
2. Keramik
3. Stock
4. Container
5. Cola
6. Celsius
7. knackig
8. Knallfrosch
9. Bank
10. Hockey
11. lach
12. Lack

2 **Artikulieren Sie** Wiederholen Sie die Sätze, die Sie hören.

1. In der Küche bäckt man Kekse.
2. Deine Kleider hängen im Kleiderschrank.
3. In Frankfurt essen glückliche Kinder knackige Bockwürste.
4. Mein Lieblingsmöbelstück ist diese knallrote Couch.
5. Wir kaufen das Cabriolet in Köln.
6. Kann Klaus Knödel kochen?

3 **Sprichwörter** Wiederholen Sie die Sprichwörter, die Sie hören.

Klappern gehört zum Handwerk.[1]

Kommt Zeit, kommt Rat.[2]

[1] Talking it up is part of the trade. (lit. *Rattling is part of the trade.*)

[2] We'll figure it out with time. (lit. *With time comes counsel.*)

Ressourcen

SAM
LM: p. 18

(S) vhlcentral.com

Ich putze gern! 🅢 Video: *Fotoroman*

Meline und Sabite wollen die Wohnung aufräumen, doch plötzlich hat Meline eine wichtige Verabredung. Muss Sabite jetzt alleine putzen?

Vorbereitung In preparation for this episode, have students list in German all the chores they typically do around the house.

NATIONAL communication cultures STANDARDS

MELINE Super. Ich treffe dich dann dort in einer halben Stunde.
SABITE Wohin gehst du?
MELINE Meine Freundin Beatrice besucht ihre Großmutter in Wilmersdorf und sie haben mich zum Tee zu sich eingeladen.
SABITE Wir haben darüber gesprochen, die Wohnung zu putzen. Sie ist ein Saustall.

MELINE Das können wir doch später machen.
SABITE Meline, seit wir hier eingezogen sind, hast du nicht ein Mal bei der Hausarbeit geholfen. Du hast kein Geschirr gewaschen, den Boden nicht gefegt und auch die Möbel nicht abgestaubt.

GEORGE Ich wusste nicht, dass Mädchen so...
SABITE Unordentlich sein können?
GEORGE Letzte Woche sah es hier tadellos aus. Was ist passiert?
SABITE Es ist so stressig an der Uni. Wir haben keine Zeit zum Putzen. Und Meline macht keine Hausarbeiten.

MELINE Beatrice und ich sind schon sehr lange Freundinnen und ihre Großmutter ist sehr alt. Man kann doch Staubsaugen nicht mit der Zeit vergleichen, die man mit der Familie verbringt.
SABITE Warte. Nimm den Abfall mit raus.

SABITE Das kann ich von dir nicht verlangen. Es ist schmutzig hier drin.
GEORGE Ich hatte als Kind ein Zimmer mit meinem Bruder zusammen. Er war superfaul. Ich habe die Betten gemacht und die Wäsche gewaschen.

GEORGE Danke. Geht's dir gut?
SABITE Oh, mir geht es gut! Meline und ich hatten vor, heute die Wohnung aufzuräumen, aber sie hat sich aus dem Staub gemacht.
GEORGE Ich helfe dir.

Suggestion Have students do this activity with their books closed. Divide the class into groups and see how many questions each group can answer correctly.

ÜBUNGEN

1 Richtig oder falsch? Entscheiden Sie, ob die folgenden Sätze richtig oder falsch sind.

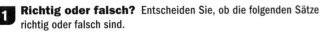

1. Meline besucht eine Freundin in Wilmersdorf. Richtig.

2. Sabite und Meline wollten die Wohnung putzen. Richtig.

3. Meline hilft oft bei der Hausarbeit. Falsch.

4. Meline muss den Abfall mit rausnehmen. Richtig.

5. Sabite ist glücklich darüber, dass Meline nicht hilft. Falsch.

6. George hatte als Kind ein Zimmer allein. Falsch.

7. Er hat die Betten gemacht und die Wäsche gewaschen. Richtig.

8. Sabite und Meline haben keine Zeit zum Putzen. Richtig.

9. George und Sabite haben Melines Wäsche gefaltet. Falsch.

10. Meline muss ihre Bluse bügeln. Falsch.

7

Suggestion Explain to students that although there is no official progressive verb form in German, the so-called **am-Progressiv** (or **Rheinische Verlaufsform**) is increasingly common in standard German: **Da du gerade am Bügeln bist...** (*Since you're ironing...*).

SABITE Vielen Dank für deine Hilfe, George.
GEORGE Ich putze gern. Aber sag das bitte nicht Hans.
MELINE Oh, George. Ich dachte, dass du Torsten bist. Beatrices Großmutter hat einen Mandelkuchen gebacken. Das wird euch aufheitern.

Suggestion Tell students that the expression **sich aus dem Staub machen** originally referred to soldiers who, wanting to escape from their compulsory military service, would take advantage of the large amounts of dust kicked up during battles to sneak away without being detected.

8

SABITE Wir haben die Böden gefegt, das Geschirr gewaschen, den Herd geputzt, Staub gesaugt und abgestaubt.
GEORGE Wir haben die Töpfe und Pfannen weggeräumt und eklige Dinge aus dem Kühlschrank und dem Spülbecken entfernt.

9

SABITE Deine Wäsche haben wir *nicht* gefaltet.

10

MELINE Ach, dieses Kleid möchte ich heute Abend anziehen. Jetzt muss ich bügeln.
SABITE Oh, Meline, da du gerade am Bügeln bist... Danke!

Nützliche Ausdrücke

- **Sie haben mich zum Tee zu sich eingeladen.**
  They invited me over for tea.

- **einziehen**
  to move in

- **nicht ein Mal**
  not even once

- **Man kann doch Staubsaugen nicht mit der Zeit vergleichen, die man mit der Familie verbringt.**
  You can't compare vacuuming to spending time with family.

- **Sie hat sich aus dem Staub gemacht.**
  She ran away.

- **tadellos**   • **der Mandelkuchen**
  spotless   *almond cake*

- **aufheitern**   • **eklig**
  to cheer up   *disgusting*

- **Da du gerade am Bügeln bist...**
  Since you're ironing...

2B.1

- **Ich habe die Betten gemacht und die Wäsche gewaschen.**
  I made the beds and did the laundry.

- **Ich hatte als Kind ein Zimmer mit meinem Bruder zusammen.**
  I shared a bedroom with my brother when I was a kid.

2B.2

- **Wir haben die Töpfe und Pfannen weggeräumt und eklige Dinge aus dem Kühlschrank und dem Spülbecken entfernt.**
  We put away all the pots and pans, and got rid of disgusting things from the refrigerator and the kitchen sink.

---

2 **Zum Besprechen** Stellen Sie sich vor (*Imagine*), Ihre Wohnung ist so ein „Saustall" wie die von Sabite und Meline. Machen Sie zu dritt einen Plan, um die Wohnung aufzuräumen. Wer macht was? Arbeiten Sie zusammen oder alleine? Was machen Sie zuerst? Answers will vary.

3 **Vertiefung** Sabites Professor hat das Gedicht „Kenner und Enthusiast" von Goethe zitiert, um ihr Kunstprojekt zu kommentieren. Suchen Sie das Gedicht im Internet. Finden Sie heraus, wie die Strophe (*stanza*) weitergeht. Um ihn versammelten Männer sich, Die ihn einen Kenner nannten.

3 **Expansion** In class, discuss the meaning of the Goethe poem „**Kenner und Enthusiast**". As homework, have students find out more about Goethe and prepare a brief report to present to the class.

Ressourcen

SAM
VM: p. 4

DVD
Folge 4

vhlcentral.com

Haushaltsgeräte°

 Reading

Suggestion Before they read the text, ask students which appliances they have in their home or dorm and which ones they use the most. Ex.: Hast du einen Kühlschrank? Eine Mikrowelle? Eine Kaffeemaschine? Welche von diesen Geräten gebrauchst du jeden Tag?

EINIGE WICHTIGE HAUSHALTSGERÄTE wurden von Technikern deutschsprachiger Länder erfunden°.

Thermoskannen

In einer Thermoskanne bleiben Getränke länger warm. Der Chemnitzer Professor Adolf Ferdinand Weinhold entdeckte° 1881 ein Prinzip, damit Glasgefäße° weniger Wärme verlieren. Reinhold Burger, ein anderer Deutscher, forschte° in Deutschland an einer Nutzung° dieses Prinzips.

1903 registrierte er sein Patent. Die Flaschen hatten eine Silberbeschichtung° und ein schützendes Metallgehäuse°. 1909 verkaufte Burger sein Patent an die Charlottenburger Thermos AG. Deshalb heißen diese Flaschen heute Thermosflaschen. Die erste Serienproduktion fand 1920 statt.

Kaffeefilter

Für das Kaffeekochen braucht man Kaffeefilter. Ein sehr bekannter Name bei Kaffeefiltern ist Melitta. Der

Firmenname geht zurück auf Melitta Bentz aus Dresden. 1908 revolutionierte sie das Kaffeekochen. Sie verwendete° ein Stück Filterpapier und einen durchlöchterten Messingtopf°. Damit filterte sie den bitteren Kaffeesatz°. Aus dieser Idee entstand das Kaffeefiltern mit Kaffeefilter und Filterpapier. Das Patent erhielt Melitta Bentz am 20. Juni 1908 vom Kaiserlichen Patentamt in Berlin.

Nähmaschinen°

Eine Nähmaschine ist eine Maschine für die Kleiderproduktion. Die erste Nähmaschinenfirma, Bernina International AG, wurde von Karl Friedrich Gegauf gegründet°. Gegauf wusste, dass Nähen kompliziert und arbeitsaufwendig° sein kann. 1893 erfand er die erste Hohlsaum°-Nähmaschine der Welt. Damit konnte man 100 Stiche pro Minute nähen. 1885 zerstörte ein Großbrand° die Werkstatt der Gebrüder Gegauf komplett; lediglich der Prototyp der Hohlsaum-Nähmaschine konnte gerettet werden°. Heute ist Bernina eine sehr erfolgreiche Firma in der Schweiz.

Haushaltsgeräte appliances **wurden... erfunden** were invented **entdeckte** discovered **Glasgefäße** glass containers **forschte** researched **Nutzung** use **Silberbeschichtung** silver coating **schützendes Metallgehäuse** protective metal casing **verwendete** used **durchlöchterten Messingtopf** perforated brass pot **Kaffeesatz** coffee grounds **Nähmaschinen** sewing machines **wurde... gegründet** was founded **arbeitsaufwendig** labor-intensive **Hohlsaum** hemstitch seam **Großbrand** large fire **gerettet werden** be saved **Gefriertruhen** freezers

Haushaltsgerätehersteller in Deutschland	
Bauknecht: Küchengeräte	1.917 Mitarbeiter in Deutschland
Bosch/Siemens: Haushaltsgeräte	14.196 Mitarbeiter in Deutschland
Liebherr: Kühlschränke und Gefriertruhen°	1.775 Mitarbeiter in Deutschland
Miele: Elektro-Haushaltsgeräte	11.000 Mitarbeiter in Deutschland
Rowenta: Küchen- und Haushaltsgeräte	1.100 Mitarbeiter in Deutschland

QUELLE: Statistisches Bundesamt Deutschland

Suggestion Remind students that they don't have to understand every word and should focus instead on key words and main themes. Give them targeted pre-reading questions to help them pick out key information. Ex.: **Seit wann gibt es Kühlschränke? Was braucht man für das Kaffeekochen? Wer erfand die erste Hohlsaum-Nähmaschine?**

ÜBUNGEN

1 **Richtig oder falsch?** Sind die Aussagen richtig oder falsch? Korrigieren Sie die falschen Aussagen mit einem Partner / einer Partnerin. Answers will vary.

1. In Thermoskannen bleiben Getränke länger warm. Richtig.

2. Adolf Ferdinand Weinhold registrierte 1903 ein Patent für Thermoskannen. Falsch. Reinhold Burger registrierte das Patent für Thermoskannen.

3. Melitta ist ein bekannter Name bei Kaffeefiltern. Richtig.

4. 1904 revolutionierte Melitta Bentz das Kaffeekochen. Falsch. 1908 revolutionierte Melitta Bentz das Kaffeekochen.

5. Melitta Bentz kommt aus Österreich. Falsch. Melitta Bentz kommt aus Deutschland.

6. Karl Friedrich Gegauf erfand in der Schweiz eine Nähmaschine. Richtig.

7. Seine Nähmaschine nähte 50 Stiche pro Minute. Falsch. Seine Nähmaschine nähte 100 Stiche pro Minute.

8. Der Prototyp der Hohlsaum-Nähmaschine wurde 1885 von einem Großbrand zerstört. Falsch. Der Großbrand zerstörte die Werkstatt der Gebrüder Gegauf, aber nicht den Prototyp der Hohlsaum-Nähmaschine.

9. Miele produziert Elektro-Haushaltsgeräte und hat in Deutschland 11.000 Mitarbeiter. Richtig.

10. Rowenta produziert nur Küchengeräte. Falsch. Rowenta produziert Küchen- und Haushaltsgeräte.

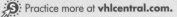 Practice more at **vhlcentral.com**.

Materialien

die Fliesen (*pl.*)	tiles
der Granit	granite
das Holz	wood
die Keramik	ceramic
der Kunststoff	plastic
das Leder	leather
der Marmor	marble
der Stahl	steel

Fachleute Hauswirtschaft°

Ein offizieller Beruf in der Schweiz ist Fachmann/Fachfrau Hauswirtschaft. Personen mit diesem Beruf sind Experten für Hausarbeit. Das Berufsziel°: Menschen fühlen sich in ihrer Wohnung wohl°. Deshalb putzen sie Zimmer schnell, gründlich° und umweltschonend°. Bei Schäden° in Zimmern reparieren sie diese Schäden. Fachleute Hauswirtschaft arbeiten in Heimen°, Krankenhäusern°, Hotels und Restaurants. Die Ausbildung° dauert drei Jahre. Man muss in einem Betrieb° arbeiten, jede Woche einen Tag in die Schule gehen und am Ende Prüfungen machen.

Fachleute Hauswirtschaft home economics specialists **Berufsziel** professional aim **fühlen sich... wohl** feel comfortable **gründlich** thoroughly **umweltschonend** environmentally friendly **Schäden** damages **Heimen** (nursing) homes **Krankenhäusern** hospitals **Ausbildung** training **Betrieb** firm

Johanna Spyri

Johanna Spyri (1827-1901), geborene Heusser, war eine sehr erfolgreiche° Schweizer Autorin. Sie war das vierte von sechs Kindern. Bis sie 25 Jahre alt war, unterrichtete sie ihre jüngeren Geschwister und half ihrer Mutter im Haushalt. 1852 heiratete sie den Rechtsberater Johann Bernhard Spyri. Ihr Mann war nicht oft zu Hause und Johanna Spyri mochte Hausarbeit nicht. Deshalb animierte° sie ein Freund, der Pastor Cornelius Rudolph Vietor, zum Schreiben. 1871 veröffentlichte° sie ihre erste Geschichte „Ein Blatt auf Vrony's Grab". Es war ein großer Erfolg. Später schrieb sie ihr berühmtestes Buch „Heidis Lehr- und Wanderjahre" über das Waisenmädchen° Heidi. Es ist ein Roman° über die romantische Idylle der Schweizer Alpen. Dieser Roman alleine existiert in mehr als 50 Sprachen. Insgesammt schrieb Spyri 31 Bücher, 27 Erzählbände° und 48 Erzählungen°.

erfolgreich successful **animierte** encouraged **veröffentlichte** published **Waisenmädchen** orphan girl **Roman** novel **Erzählbände** anthologies **Erzählungen** stories

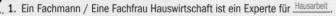

IM INTERNET

Suchen Sie Stellenangebote als Fachmann/frau Hauswirtschaft in der Schweiz. Was muss man machen? Schreiben Sie Beispiele auf.

For more information on this **Kultur**, go to **vhlcentral.com**.

Suggestion Before they read the article on Johanna Spyri, have students scan the text and underline all the **Präteritum** forms they can find.

---

2 **Was fehlt?** Ergänzen Sie die Sätze.

1. Ein Fachmann / Eine Fachfrau Hauswirtschaft ist ein Experte für <u>Hausarbeit</u>.

2. Fachleute Hauswirtschaft reparieren <u>Schäden</u> in Zimmern.

3. Die Ausbildung für Fachleute Hauswirtschaft dauert <u>3 Jahre</u>.

4. Johanna Spyri fing mit dem Schreiben an, denn sie mochte <u>Hausarbeit</u> nicht.

5. Das bekannteste Buch Spyris ist über das Waisenmädchen <u>Heidi</u>.

6. Dieses Buch existiert in mehr als 50 <u>Sprachen</u>.

3 **Ihre Traumküche** Diskutieren Sie mit einem Partner / einer Partnerin Ihre Traumküche. Welche Geräte sind in der Küche? Aus welchen Materialien ist die Küche? Ist die Traumküche klein, groß, hell, etc.? Wie sieht die Küche Ihres Partners aus?

3 **Suggestion** Before students work in pairs, have them review the vocabulary in the **Deutsch im Alltag**, and explain the use of the forms **aus Holz, aus Marmor, aus Plastik**, etc. You may want to bring in pictures of kitchens from home-decorating magazines as a visual aid.

Ressourcen

vhlcentral.com

Perfekt versus *Präteritum* (S) **Presentation**

Startblock You have learned to use both the **Perfekt** and the **Präteritum** to talk about past events. However, these two tenses are not used interchangeably.

Ich **habe** es nicht **verstanden**, aber es **hat** mir **gefallen**.

„Da **warf** ich in ein Eckchen mich, die Eingeweide **brannten**."

- The **Perfekt** tense is most often used in conversation and in informal writing, such as e-mails, blog entries, personal letters, or diaries.

  Habt ihr den Tisch **gedeckt**?
  Did you set the table?

  Nein, aber wir **haben** den Boden **gewischt**.
  No, but we mopped the floor.

- The **Präteritum** is generally used in formal or literary writing, such as novels or newspaper articles, or in other formal contexts, such as news reports or speeches. It is sometimes called the *narrative past*, since it is often used to narrate a series of related past events.

  Es **war** einmal eine junge Frau mit dem Namen Aschenputtel.
  Once upon a time, there was a young woman named Cinderella.

  Jeden Tag **fegte** sie den Boden, **machte** sie die Betten und **spülte** sie das Geschirr.
  Every day, she swept the floors, made the beds, and washed the dishes.

- A few specific verbs are commonly used in the **Präteritum**, even in informal contexts. In conversation, most Germans use the **Präteritum** of **sein**, **haben**, and modal verbs, rather than the **Perfekt**.

  Hattet ihr am Mittwoch keine Hausaufgaben?
  Didn't you have any homework on Wednesday?

  Meine alte Wohnung **war** ein Saustall.
  My old apartment was a pigsty.

  Die Kinder **wollten** das Gemüse nicht essen.
  The kids didn't want to eat their vegetables.

  Solltet ihr gestern nicht staubsaugen?
  Weren't you supposed to vacuum yesterday?

- The **Präteritum** is also preferred by most speakers after the subordinating conjunction **als**.

  Als wir Kinder **waren**, haben wir viel Hausarbeit gemacht.
  When we were kids, we did a lot of housework.

  Als ich die Garage **aufräumte**, habe ich viele alte Bücher gefunden.
  When I cleaned up the garage, I found lots of old books.

- German verbs are usually listed in dictionaries and vocabulary lists by their *principal parts* (**Stammformen**): the infinitive, the third-person singular form of the **Präteritum**, and the past participle. For verbs with stem changes in the **Präsens**, the third-person singular form is given in parentheses. For completely regular verbs, only the infinitive is listed.

  geben (gibt)
  to give (gives)

  gab
  gave

  gegeben
  given

- Knowing the principal parts of a verb allows you to produce all of its conjugations in any tense. Here are the principal parts of some of the verbs you've learned so far.

infinitive	*Präteritum*	past participle
bringen	brachte	gebracht
denken	dachte	gedacht
essen (isst)	aß	gegessen
helfen (hilft)	half	geholfen
laufen (läuft)	lief	ist gelaufen
nehmen (nimmt)	nahm	genommen
schlafen (schläft)	schlief	geschlafen
sehen (sieht)	sah	gesehen
sitzen	saß	gesessen
verstehen	verstand	verstanden
waschen (wäscht)	wusch	gewaschen
wissen (weiß)	wusste	gewusst

Er **nahm** einen Besen und **gab** seiner
Schwester den Staubsauger.
*He **took** a broom and **gave** his sister
the vacuum cleaner.*

Ich **habe** nur einen Keks **genommen** und
habe Peter die anderen **gegeben**.
*I only **took** one cookie and **gave** the rest
to Peter.*

Suggestion Go over the verbs in this list and make sure students remember their meanings. Then have them close their books and quiz them on the past tense forms. Give them infinitives from the list and have them call out the preterite and perfect forms.

Expansion Give students the first sentence of a story using the preterite. One at a time, have students add a sentence to the story, on a piece of paper folded so that only the previous sentence is visible. When everyone has contributed, unfold the paper and share the story with the class.

QUERVERWEIS

See **Appendix A** for a complete list of strong verbs with their principal parts.

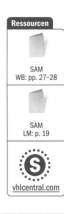

Ressourcen

SAM
WB: pp. 27–28

SAM
LM: p. 19

vhlcentral.com

Jetzt sind Sie dran! Wählen Sie die richtige Zeitform (*tense*) für die folgenden Sätze.

1. Es war einmal ein Mädchen mit dem Namen Rapunzel.
   (Perfekt / Präteritum)

2. Jeden Tag saß sie allein in ihrem Turm (*tower*).
   (Perfekt / Präteritum)

3. Donnerstags wusch ich die Wäsche.
   (Perfekt / Präteritum)

4. Was hast du an der Universität studiert?
   (Perfekt / Präteritum)

5. Meine Eltern haben ein Haus in München gemietet.
   (Perfekt / Präteritum)

6. Sie wollten schon immer in Bayern wohnen.
   (Perfekt / Präteritum)

7. Hast du schon den Balkon gefegt?
   (Perfekt / Präteritum)

8. Heute Morgen war die Mikrowelle noch sauber.
   (Perfekt / Präteritum)

9. In meiner alten Wohnung hatte ich eine Spülmaschine. (Perfekt / Präteritum)

10. Die ganze Familie hat Bernd bei seinem Umzug geholfen. (Perfekt / Präteritum)

11. In seiner neuen Wohnung konnte er sehr gut schlafen. (Perfekt / Präteritum)

12. Sie ist gar nicht teuer. Er hat wirklich Glück gehabt.
    (Perfekt / Präteritum)

Anwendung

1 Suggestion Remind students that postcards, although written, tend to be informal and chatty and reflect spoken language.

1 Perfekt oder Präteritum? Welche Zeitform benutzt man gewöhnlich (*generally*) in diesen Situationen?

▶ **BEISPIEL** *Perfekt*

1. _____ Präteritum

2. _____ Perfekt

3. _____ Perfekt

4. _____ Präteritum

2 Ergänzen Sie Ergänzen Sie die Tabelle mit den fehlenden Informationen.

	Infinitiv	Präteritum	Perfekt
1.	dürfen	*durfte*	hat gedurft
2.	gehen	ging	*ist gegangen*
3.	*fahren*	fuhr	ist gefahren
4.	nehmen	*nahm*	hat genommen
5.	kommen	kam	*ist gekommen*
6.	*sehen*	sah	hat gesehen
7.	bringen	brachte	*hat gebracht*
8.	*mögen*	mochte	hat gemocht

3 Suggestion Use this activity to verify that students understand the basic guidelines regarding when to use the **Präteritum** as opposed to the **Perfekt**.

3 Ein kurzes Gespräch Ergänzen Sie die Sätze mit den fehlenden Verbformen im Perfekt oder im Präteritum.

BEISPIEL **SUSI** Was __hast__ du gestern Abend (*last night*) __gemacht__? (*machen*)

ANDREA Ich (1) __sollte__ in die Bibliothek gehen, aber Michael (2) __wollte__ mit mir spazieren gehen. Es (3) __war__ langweilig. (sollen, wollen, sein)

SUSI Ach ja? (4) __Hatte__ er nicht eine Verabredung (*date*) mit Mira? (haben)

ANDREA Mira (5) __konnte__ nicht, denn ihre Eltern (6) __sind__ zum Abendessen (7) __gekommen__. (können, kommen)

SUSI Haha! Das (8) __hat__ sie bestimmt toll (9) __gefunden__. (finden)

ANDREA Das weiß ich nicht. Ich (10) __habe__ heute nicht mit ihr (11) __gesprochen__. (sprechen)

Kommunikation

4 **Ein bisschen Geschichte** Erraten Sie zusammen mit Ihrem Partner /
Ihrer Partnerin, welches Ereignis (*event*) zu welchem historischen Datum passt.

BEISPIEL

S1: *Was ist im Jahr 2005 passiert?*
S2: *2005 ist Angela Merkel als erste Frau Bundeskanzlerin von Deutschland geworden.*

Historisches Datum	Ereignis
_b_ **1.** 1295	a. Die Berliner Mauer fiel.
_d_ **2.** 1492	b. Marco Polo brachte chinesische Nudeln nach Italien.
_c_ **3.** 1824	c. Ludwig van Beethoven komponierte seine 9. Sinfonie.
_e_ **4.** 1918	d. Christoph Kolumbus reiste nach Amerika.
_a_ **5.** 1989	e. Deutschland verlor den Ersten Weltkrieg (*World War*).
_f_ **6.** 2005	f. Angela Merkel wurde als erste Frau Bundeskanzlerin von Deutschland.

5 **Julians Kalender** Erzählen Sie zusammen mit Ihrem Partner / Ihrer
Partnerin, was Julian im April alles gemacht hat. Benutzen Sie das Perfekt
und/oder Präteritum. Sample answers are provided.

BEISPIEL

S1: *Am 6. April hat er
einen Film gesehen.*
S2: *Und am 7. April war
er beim Friseur.*

Am 2. April hat er ein
Basketballspiel gehabt. / Am
4. April musste er ein Geschenk
kaufen. / Am 6. April ist er ins
Kino gegangen. / Am 11. April
hatte seine Mutter Geburtstag. /
Am 15. April ist er auf die Party
bei Tom gegangen. / Am 19. April
war er auf dem Coldplay-Konzert.
/ Am 23. April ist er mit Lara im
Restaurant gewesen. / Am 27.
April hatte er einen Deutschtest.

APRIL

MO	DI	MI	DO	FR	SA	SO
						Basketballspiel 2
					1	
3	Geschenk kaufen 4	5	Film "Sophie Scholl" 6	Friseur 7	8	9
10	Mama Geburtstag 11	12	13	14	Party bei Tom 15	16
17	18	Coldplay-Konzert 19	20	21	22	Essen mit Lara 23
24	25	26	Deutsch-test 27	28	29	30

6 **Ein Märchen** Schreiben Sie mit Ihrem Partner / Ihrer Partnerin das
Märchen zu Ende. Sie dürfen auch Ihr eigenes Märchen erfinden (*make up*).
Schreiben Sie sechs bis acht Sätze im Präteritum. Answers will vary.

1. Es war einmal
   ein junges Mädchen.
   Sie hatte einen
   gemeinen Stiefbruder.
   Eines Tages...

2. Es waren einmal ein
   Hund, eine Katze, ein
   Hamster und ein Vogel.
   Sie wohnten alle bei
   einer alten Frau.
   Eines Tages...

3. Es war einmal ein
   kleiner Hund. Er wohnte
   allein im Wald und
   wollte so gern eine
   Familie haben.
   Eines Tages...

5 **Suggestion** Verify that
students remember how to read
dates out loud. Ex.: **am zweiten
April, am fünften April, am
siebten April.**

5 **Expansion** Have students
create their own calendar (real
or fictional) for the last month
and have them share their
activities with the class, using
complete sentences in the
present perfect.

Suggestion Tell students that
Es war einmal... is a standard
fairy tale beginning in German.
Provide them with a standard
ending that they can use for
their fairy tales, such as: **Und
wenn sie nicht gestorben
sind, dann leben sie noch
heute.**

Separable and inseparable prefix verbs in the *Perfekt*

(S) Presentation

Students learned about the separable and inseparable prefix verbs in the present in **Vol. 1, 4A.3**.

Startblock You learned about separable and inseparable prefix verbs in the present tense. In the **Perfekt**, the past participles of verbs with prefixes are formed slightly differently than those of other verbs.

Suggestion For these two examples, have students provide the present tense forms of the verbs in the **Perfekt**. Then have them identify which verb has no prefix (**fegen**), which verbs have separable prefixes (**abstauben** and **wegräumen**) and which verb has an inseparable prefix (**entfernen**).

Du **hast** den Boden nicht gefegt und auch die Möbel nicht **abgestaubt**.

Wir **haben** die Töpfe **weggeräumt** und eklige Dinge aus dem Kühlschrank **entfernt**.

- Verbs with prefixes can be either strong, weak, or mixed.

Ihr **habt** das Zimmer **aufgeräumt**.
*You **cleaned up** the room.*

Wir **haben** Kuchen **mitgebracht**.
*We **brought** cake.*

Sie **sind** nach Berlin **umgezogen**.
*They **moved** to Berlin.*

- To form the past participle of a separable prefix verb, add the separable prefix to the past participle of the root verb, before the -**ge**- prefix.

infinitive	participle	infinitive	participle
anrufen	**an**gerufen	rausbringen	**raus**gebracht
aufräumen	**auf**geräumt	umtauschen	**um**getauscht
ausgehen	(ist) **aus**gegangen	umziehen	(ist) **um**gezogen
einkaufen	**ein**gekauft	vorstellen	**vor**gestellt
mitbringen	**mit**gebracht	wegräumen	**weg**geräumt

Suggestion Explain that the expressions **Staub saugen** and **staubsaugen** are equivalent in meaning. Point out that, when written as a single word, **staubsaugen** has the past participle form **gestaubsaugt**.

Sie **haben** mich zum Tee zu sich **eingeladen**.

Wir **haben** Staub gesaugt und **abgestaubt**.

Wir **haben** das Geschirr **weggeräumt**.
*We **put away** the dishes.*

Ich **habe** den kaputten Staubsauger **umgetauscht**.
*I **exchanged** the broken vacuum cleaner.*

- The past participles of inseparable prefix verbs are formed like those of separable prefix verbs, but without the **-ge-** prefix.

infinitive	participle	infinitive	participle
bedeuten	**bedeutet**	erklären	**erklärt**
beginnen	**begonnen**	gehören	**gehört**
besuchen	**besucht**	verkaufen	**verkauft**
bezahlen	**bezahlt**	verschmutzen	**verschmutzt**
entdecken	**ent**deckt	verstehen	**verstanden**

Herr Koch **hat** uns einen neuen
  Gefrierschrank **verkauft**.
*Mr. Koch **sold** us a new freezer.*

Sarahs Bruder **hat** uns einmal **besucht**.
*Sarah's brother **came to visit** us once.*

Der Vermieter **hat** das Loch in der Wand
  entdeckt.
*The landlord **discovered** the hole in the wall.*

Ich **habe** die Frage nicht **verstanden**.
*I **didn't understand** the question.*

- Remember that the prefixes of inseparable prefix verbs are never stressed, while the prefixes of separable prefix verbs are always stressed.

Wie viel hast du für den
  Toaster be**zahlt**?
How much did you pay for the toaster?

Wir haben viele
  Gäste **ein**geladen.
We invited a lot of guests.

- Most separable and inseparable prefix verbs are conjugated with **haben**. However, prefixed verbs that indicate a change in condition or location and do not take a direct object are conjugated with **sein**.

Der Hund **hat** den sauberen
  Boden **verschmutzt**.
*The dog **got** the clean floor **dirty**.*

Du **hast** den dreckigen Teppich **rausgebracht**.
*You **took out** the dirty rug.*

Wir **sind** mit unseren Großeltern in die
  Schweiz **mitgefahren**.
*We **went** to Switzerland with our grandparents.*

Wolfgang **ist** gestern Abend **ausgegangen**.
*Wolfgang **went out** last night.*

- Since prefixes change the meaning of a verb, in some cases a prefixed verb is conjugated with **sein**, while its base form is conjugated with **haben**.

Sie **sind** vor einem Jahr **umgezogen**.
*They **moved** a year ago.*

Die Hunde **haben** den Schlitten **gezogen**.
*The dogs **pulled** the sled.*

Expansion Have students write a fictional journal entry using the following verbs in the present perfect tense: **aufräumen, verkaufen, einkaufen, anrufen, bekommen, bestellen, verlieren, vergessen.**

QUERVERWEIS

See **1B.1** to review the formation of the **Perfekt** with **sein**.

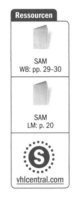

Ressourcen

SAM
WB: pp. 29–30

SAM
LM: p. 20

(S)

vhlcentral.com

Jetzt sind Sie dran!   **Ergänzen Sie die Sätze mit den richtigen Formen der Verben im Perfekt.**

Suggestion Before they begin this **Jetzt sind Sie dran!** activity, have students identify the verbs with inseparable prefixes.

1. Peter ____hat____ den Müll nicht _rausgebracht_. (rausbringen)
2. Liebe Kinder, ___habt___ ihr eure Zimmer schon ___aufgeräumt___? (aufräumen)
3. Frau Schulz ___hat___ den Wäschetrockner ___verkauft___. (verkaufen)
4. Dieter ___hat___ seine Freundin ___angerufen___. (anrufen)
5. Anke, ___habe___ ich dir meinen neuen Freund ___vorgestellt___? (vorstellen)
6. Mama ___hat___ eine schöne Vase zu Weihnachten ___bekommen___. (bekommen)
7. Du ___hast___ den Ring in der Waschmaschine ___entdeckt___. (entdeckt)
8. Ich ___bin___ mit meinem Freund ___ausgegangen___. (ausgehen)
9. Wir ___haben___ eine Kaffeemaschine im Internet ___bestellt___. (bestellen)
10. Wie viel ___habt___ ihr für den Wäschetrockner ___bezahlt___? (bezahlen)
11. Martha, ___hast___ du das Geschirr ___weggeräumt___? (wegräumen)
12. Ich ___habe___ meinen Schlüssel (key) zu Hause ___vergessen___. (vergessen)

Anwendung

1 Perfektformen
Formen Sie die Sätze vom Präsens ins Perfekt um.

 BEISPIEL Er ruft seine Schwester an.
Er hat seine Schwester angerufen.

1. Mein Bruder kommt mit.
   Mein Bruder ist mitgekommen.
2. Ich stelle meine Eltern vor.
   Ich habe meine Eltern vorgestellt.
3. Georg kommt in Zürich an.
   Georg ist in Zürich angekommen.
4. Du besuchst das Museum.
   Du hast das Museum besucht.

5. Wir bringen ein Geschenk mit.
   Wir haben ein Geschenk mitgebracht.
6. Sara vergisst ihre Handtasche.
   Sara hat ihre Handtasche vergessen.
7. Der Professor wiederholt die Grammatik.
   Der Professor hat die Grammatik wiederholt.
8. Ihr schaut bei dem Fußballmatch zu.
   Ihr habt bei dem Fußballmatch zugeschaut.

2 Letzten Freitag
Was haben diese Leute letzten Freitag gemacht? Bilden Sie Sätze im Perfekt.

▶ **BEISPIEL** Paula / ihre Schwester anrufen
Paula hat ihre Schwester angerufen.

1. Karin / nicht früh aufstehen
   Karin ist nicht früh aufgestanden.

2. Moritz / sein Fahrrad verkaufen
   Moritz hat sein Fahrrad verkauft.

3. Herr Huber / neue Schuhe anziehen
   Herr Huber hat neue Schuhe angezogen.

4. Ali / sein Zimmer aufräumen
   Ali hat sein Zimmer aufgeräumt.

5. Marion und ihre Freundin / ausgehen
   Marion und ihre Freundin sind ausgegangen.

3 Das war früher anders
Sarah ist heutzutage (*nowadays*) sehr fleißig und nett, aber das war nicht immer so. Erzählen Sie, was Sarah alles gemacht hat, als sie jünger war. Answers will vary. Sample answers are provided.

BEISPIEL Heutzutage ruft sie ihre Mutter oft an.
Früher (Before) hat sie ihre Mutter niemals (never) angerufen.

1. Heutzutage steht sie immer früh auf.
   Früher ist sie immer spät aufgestanden.
2. Heutzutage kauft sie zweimal (*twice*) pro Woche ein.
   Früher ist sie selten einkaufen gegangen.
3. Heutzutage bereitet sie jeden (*every*) Tag Essen vor.
   Früher hat sie nur einmal pro Woche Essen vorbereitet.

4. Heutzutage bringt sie jeden Abend den Müll raus.
   Früher hat sie niemals den Müll rausgebracht.
5. Heutzutage geht sie nur einmal (*once*) pro Woche aus.
   Früher ist sie jeden Abend ausgegangen.
6. Heutzutage schläft sie immer früh ein.
   Früher ist sie niemals früh eingeschlafen.

4 Was ist passiert?
Was hat Georg letztes Wochenende in Zürich gemacht? Schreiben Sie acht Sätze im Perfekt. Answers will vary.

BEISPIEL *Georg ist am Flughafen (airport) in Zürich angekommen.*

ankommen	ausgehen	bezahlen	mitkommen
anrufen	bekommen	einkaufen	vergessen
aufstehen	besuchen	mitbringen	zurückkommen

 Practice more at **vhlcentral.com**.

Kommunikation

5 **Kindheitserinnerungen** Stellen Sie Ihrem Partner / Ihrer Partnerin acht logische Fragen über seine/ihre Kindheit. Benutzen Sie das Perfekt und verwenden Sie Wörter aus jeder Spalte. Sie dürfen auch andere Elemente hinzufügen (*add*). Answers will vary.

5 **Suggestion** Before students begin writing, have them review the past participle of each verb and identify which ones will have **sein** as the auxiliary.

BEISPIEL

S1: *Wie oft hast du dein Zimmer aufgeräumt?*
S2: *Ich habe es einmal in der Woche aufgeräumt.*

A	B	C
Mit wem?	einmal in der Woche	aufhängen
Wen?	immer sehr spät	aufräumen
Wann?	in ein neues Haus	aufstehen
Was?	Poster von Rockstars	ausgehen
Wie oft?	deine Verwandten	bekommen
Wer?	mit Freunden	besuchen
deine Eltern	immer dein Zimmer	einschlafen
deine Geschwister	im Unterricht	umziehen
du	zum Geburtstag	vorbereiten

6 **Nicht nur Hausarbeiten** Was haben diese Personen am Wochenende gemacht? Schreiben Sie mit Ihrem Partner / Ihrer Partnerin zu jedem Bild einen Satz im Perfekt. Sample answers are provided.

▶ **BEISPIEL** Greta und Jan
Greta und Jan sind ausgegangen.

1. Martin
Martin hat seine Schwester angerufen.

2. Holger
Holger ist spät aufgestanden.

3. Klaus und Max
Klaus und Max haben den Müll rausgebracht.

4. Frau Lange
Frau Lange hat das Wohnzimmer aufgeräumt.

5. Yusuf
Yusuf hat seine Freundin besucht.

7 **Die neugierige Oma** Ihre Oma will wissen, was Sie dieses Semester schon alles gemacht haben. Spielen Sie mit Ihrem Partner / Ihrer Partnerin einen Dialog und benutzen Sie die Perfektformen. Answers will vary.

BEISPIEL

Kaffee trinken
S1: *Hast du viel Kaffee getrunken?*
S2: *Ja, Oma, ich habe viel Kaffee getrunken.*

oft die Eltern anrufen	immer das Bett machen
früh aufstehen	die Badewanne putzen
oft ausgehen	den Müll rausbringen
oft Freunde einladen	die Hausaufgaben vorbereiten
fleißig lernen	die Kleider waschen

8 **Die Haushaltsführung** Schreiben Sie zu zweit einen Dialog. Ein Hotelbesitzer / Eine Hotelbesitzerin spricht mit einem Fachmann / einer Fachfrau Hauswirtschaft über die Haushaltsführung (*housekeeping*). Answers will vary.

BEISPIEL **S1:** *Haben Sie den Dachboden aufgeräumt?*
S2: *Ja, ich habe ihn aufgeräumt und habe auch die Wäsche gewaschen.*

Wiederholung

1 **Expansion** Take survey of the class, based on this activity.
Ex.: **Haben wir saubere Zimmer? Wie viele von uns haben diese Woche Staub gewischt? Wer hat gestaubsaugt?**, etc.

1 Hausarbeit Fragen Sie Ihren Partner / Ihre Partnerin, was für Hausarbeit er/sie diese Woche gemacht hat.

1 **Suggestion** Before they begin the activity, have students review the past participles of the verbs listed.

BEISPIEL

S1: Hast du diese Woche den Boden gewischt?
S2: Ja, ich habe den Boden gewischt. Du auch?

Kleider bügeln	den Müll rausbringen
den Tisch decken	Geschirr spülen
die Küche fegen	staubsaugen
das Bett machen	Wäsche waschen
Hausarbeit machen	den Boden wischen

2 Eine Umfrage Sie bekommen von Ihrem Professor / Ihrer Professorin eine Liste mit Aktivitäten. Fragen Sie Ihre Klassenkameraden, ob sie die Aktivitäten letzten Monat gemacht haben. Finden Sie mindestens (*at least*) eine Person für jede Aktivität.

BEISPIEL

S1: Hast du letzten Monat die Eltern angerufen?
S2: Ja, ich habe sie angerufen.

3 Die neue Küche Machen Sie zu dritt ein Rollenspiel. Eine Person spielt einen Hausbesitzer / eine Hausbesitzerin. Die anderen zwei spielen Lieferanten (*delivery people*) von Haushaltgeräten. Die Lieferanten fragen, wohin sie die Geräte stellen sollen.

BEISPIEL

S1: Wohin sollen wir die Waschmaschine stellen?
S2: Stellen Sie sie links neben die Tür.
S3: Und die Kaffeemaschine?

der Gefrierschrank	die Mikrowelle
der Herd	der Ofen
die Kaffeemaschine	die Spülmaschine
der Kühlschrank	der Wäschetrockner

4 Alexandras Tag Sie und Ihr Partner / Ihre Partnerin bekommen zwei verschiedene Blätter mit Alexandras Aktivitäten. Ergänzen Sie Alexandras Tageslauf. Schreiben Sie dann eine Erzählung darüber.

BEISPIEL

S1: Um halb fünf ist Alexandra im Park gelaufen.
S2: Danach, um fünf Uhr…

5 Ein Luxushotel Erstellen Sie (*Create*) mit einem Partner / einer Partnerin einen Text für die Website von einem Luxushotel in der Schweiz. Beschreiben Sie das Hotel, die Zimmer und Aktivitäten im Hotel und in der Gegend (*area*).

2 **Suggestion** Have students compete to see who can be the first to get a positive answer for all eight questions. Circulate around the classroom, monitoring production and keeping students on task.

BEISPIEL

DAS HOTEL
Schweiz   HOME | ROOMS & SUITES | RESTAURANT

Kommen Sie zu Besuch!

Genießen Sie (*Enjoy*) unsere wunderschönen Zimmer mit Kühlschrank, Mikrowelle und Kaffeemaschine.

6 Die Mitbewohner Schreiben Sie mit Ihrem Partner / Ihrer Partnerin eine Geschichte (*story*) über zwei Mitbewohner. Ein Mitbewohner ist sehr fleißig, aber der andere ist ganz anders (*completely different*). Benutzen Sie das Präteritum.

BEISPIEL

Es waren einmal zwei Mitbewohner, Dieter und Fabian.
Dieter war sehr fleißig. Er lernte viel, machte jeden Abend seine Hausaufgaben, und machte jedes Wochenende die Hausarbeit. Aber Fabian…

7 **Ein Festessen** Die Studenten im Studentenwohnheim (*dormitory*) wollen Gäste zum Essen einladen. Besprechen Sie mit zwei Partnern/Partnerinnen die Vorbereitungen für den Abend. Schreiben Sie auf, wer was macht.

S1: Zuerst müssen wir das Wohnzimmer putzen. Wer will staubsaugen?
S2: Ich kann staubsaugen. Und du? Kannst du...

8 **Was ist passiert?** Fragen Sie Ihren Partner / Ihre Partnerin, was er/sie letzte Woche gemacht hat. Schreiben Sie dann einen Bericht (*report*) über seine/ihre Aktivitäten. Benutzen Sie das Präteritum. Answers will vary.

S1: Hast du letzte Woche den Boden gefegt?
S2: Nein, aber ich habe mein Bett gemacht.
S1: (*Schreibt*) Sie fegte den Boden nicht, aber sie machte ihr Bett.

9 **Eine Lebensgeschichte** Wählen Sie eine berühmte Person, und schreiben Sie mit einem Partner / einer Partnerin eine kurze Biographie über diese Person. Sie dürfen auch eine Person erfinden (*invent*).

Brad Pitt (1963–)

Mit zwei musste er mit seiner Familie nach Springfield Missouri umziehen, denn sein Vater hatte da einen Job. Im Gymnasium hat er...

Mein Wör|ter|buch

Schreiben Sie noch fünf weitere Wörter in Ihr persönliches Wörterbuch zu den Themen **zu Hause** und **Hausarbeit**.

der Staub

Übersetzung
dust

Wortart
Substantiv

Gebrauch
Ich putze mein Zimmer, denn es liegt zu viel Staub unterm Bett.

Synonyme
—

Antonyme
—

Panorama Map

Die Schweiz und Liechtenstein

Die Schweiz in Zahlen

▶ **Fläche:** *41,285 km²*

▶ **Offizielle Sprachen:** *Deutsch (63,7%), Französisch (20,4%), Italienisch (6,5%), Rätoromanisch° (0,5%)*

▶ **Bevölkerung:** *7,8 Millionen*

▶ **Religion:** *römisch-katholisch 41%, evangelisch 40%*

▶ **Hauptstadt:** *Bern*

▶ **Städte:** *Zürich (390.000 Einwohner), Genf (192.000), Basel (170.000) und Bern (133.000)*

▶ **Berge:** *Hohe Dufourspitze (4.634 m), Dom (4.545 m), Matterhorn (4.478 m)*

▶ **Flüsse:** *der Rhein, die Aare, die Rhone*

▶ **Wichtige Industriezweige:** *Uhrenindustrie°, Maschinenbau, Banken und Versicherungen°*

▶ **Touristenattraktionen:** *St.-Gotthard-Pass, Burgen von Bellinzona, Schweizerischer Nationalpark, Jungfraujoch bei Grindelwald.*

QUELLE: Offizielles Informationsportal der Schweiz

Liechtenstein in Zahlen

▶ **Offizieller Name:** *Fürstentum° Liechtenstein*

▶ **Fläche:** *160 km²*

▶ **Bevölkerung:** *36.149*

▶ **Religion:** *römisch-katholisch 78%, evangelisch 11%*

▶ **Hauptstadt:** *Vaduz (5.207 Einwohner)*

▶ **Berge:** *Vorderer Grauspitz (2.599 m), Naafkopf (2.570 m)*

▶ **Niedrigster Punkt:** *Ruggeller Riet (430 m)*

▶ **Flüsse:** *der Rhein, die Samina*

▶ **Wichtige Industriezweige:** *Maschinenbau, Nahrungsmittel°*

▶ **Touristenattraktionen:** *Schloss Vaduz, Kathedrale St. Florin, Kunstmuseum Liechtenstein.*

QUELLE: Portal des Fürstentums Liechtenstein

Expansion For homework, have students find online pictures of the people and places mentioned on this page. Depending on the size of your class, each student could be responsible for one or two pictures.

Rätoromanisch Romansch **Uhrenindustrie** clock and watch industry
Versicherungen insurance companies **Fürstentum** principality
Nahrungsmittel food products **Kriminalitätsrate** crime rate **niedrig** low
Gefängnissen prisons **Häftlinge** inmates **Haftstrafen** sentences

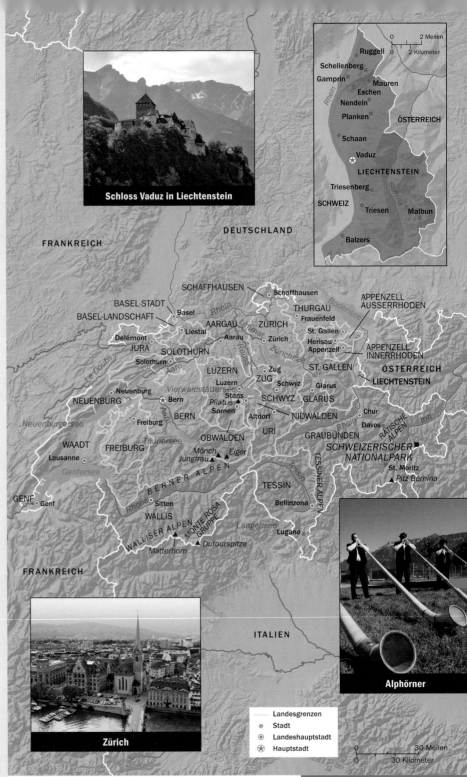

Schloss Vaduz in Liechtenstein

Zürich

Alphörner

Landesgrenzen
Stadt
Landeshauptstadt
Hauptstadt

Unglaublich, aber wahr!

In Liechtenstein ist die Kriminalitätsrate° extrem niedrig°. In den Gefängnissen° sitzen nur wenige Häftlinge°. Die Kollaboration zwischen Liechtenstein, Österreich und der Schweiz ist sehr eng. Zum Beispiel kommen alle Liechtensteiner Häftlinge mit Haftstrafen° über zwei Jahren in österreichische Gefängnisse.

Politik
Fürstentum Liechtenstein

Suggestion Tell students that **Schweizerdeutsch** can be difficult for Germans to understand, so much so that when Swiss speakers are interviewed for German news, subtitles are often added.

Liechtenstein ist ein Binnenland° in Mitteleuropa. Es liegt in den Alpen zwischen Österreich und der Schweiz. Unabhängig° ist das Land seit 1806. Liechtenstein ist ein Fürstentum. Fürst Hans-Adam II. von und zu Liechtenstein ist das Staatsoberhaupt°, aber Klaus Tschütscher ist seit 2009 der demokratisch gewählte Regierungschef°. Das Land hat keine Armee. Liechtenstein ist das kleinste deutschsprachige Land. Allerdings ist Deutsch nur in Liechtenstein die alleinige Amts- und Landessprache°.

Industrie
Präzisionszeitmessgeräte°

In der Schweiz gibt es eine sehr lange Tradition für die Produktion von Präzisionszeitmessgeräten. Ein Beispiel ist das Marinechronometer. Auf einem Schiff° kann man mit diesem Gerät Längengrade bestimmen° und es für astronomische Ortsbestimmungen benutzen. Der Schweizer Uhrmacher° Louis Berthoud (1753–1813) stellte ein Präzisions-Taschenchronometer her°, das Alexander von Humboldt 1799 auf seinen Schiffsreisen testete. Heute müssen Chronometer extrem exakt sein. Nur eine Organisation weltweit, das unabhängige Schweizer Observatorium *Contrôle officiel suisse des chronomètres* (COSC) darf die Präzision von Chronometern prüfen° und zertifizieren.

Menschen
Roger Federer

Roger Federer ist ein Schweizer Tennisspieler. Viele Experten halten° ihn für den besten Tennisspieler aller Zeiten. Er gewann 17 Grand-Slam-Turniere (Australian Open, French Open, Wimbledon, US Open) und stand 237 Wochen lang auf Platz 1 der Tennisweltrangliste. Er ist einer von sieben Spielern, die in ihrer Karriere alle Grand-Slam-Turniere gewannen. 2008 gewann er zusammen mit Stanislas Wawrinka in Beijing eine olympische Goldmedaille im Doppel. In den Jahren 2005–2008 war er Weltsportler des Jahres.

Kultur
Vier Amtssprachen

In der Schweiz gibt es vier offizielle Sprachen: Deutsch, Französisch, Italienisch und Rätoromanisch. Kantone haben aber meistens nur eine Amtssprache. Im Westen, an der Grenze zu Frankreich, dominiert Französisch und im Südosten, an der Grenze zu Italien, Italienisch. Im Norden, Zentrum und Osten dominiert Deutsch. Nur im Kanton Graubünden gibt es drei Amtssprachen: Deutsch, Rätoromanisch und Italienisch. Die meisten Schweizer sprechen nur eine Sprache als Muttersprache. Dafür lernen viele Schweizer mindestens eine weitere° Sprache. Einige sind auch dreisprachig.

IM INTERNET

🔍 1. Suchen Sie Informationen über andere berühmte Schweizer Sportler. Welchen Sport machen sie? Was haben sie gewonnen?

🔍 2. Suchen Sie weitere Informationen über Schweizer Uhren: Was können Sie über die Uhrenproduktion in der Schweiz finden? Was sind bekannte Marken? Warum sind sie bekannt?

For more information on this **Panorama**, go to **vhlcentral.com**.

Binnenland *land-locked country* **unabhängig** *independent* **Staatsoberhaupt** *head of state* **Regierungschef** *head of government* **Amts- und Landessprache** *official and national language* **halten** *consider* **weitere** *more* **Präzisionszeitmessgeräte** *precision time measuring instruments* **Schiff** *ship* **Längengrade bestimmen** *determine longitude* **Uhrmacher** *watchmaker* **stellte... her** *produced* **prüfen** *test*

Expansion Teach students a few Swiss German phrases, such as **Uf Widerleuge** (Auf Wiedersehen) or **Merci villmool** (vielen Dank).

🔍 **Was haben Sie gelernt?** Ergänzen Sie die Sätze.

1. In Liechtenstein ist die Kriminalitätsrate extrem __niedrig__.

2. Ein Häftling mit über zwei Jahren Haft sitzt in __Österreich__ im Gefängnis.

3. Liechtenstein liegt zwischen Österreich und __der Schweiz__.

4. Liechtenstein hat ein Staatsoberhaupt sowie einen __Regierungschef__.

5. Roger Federer stand __237__ Wochen lang an der Spitze der Tennisweltrangliste.

6. In den Jahren 2005–2008 war Federer __Weltsportler__ des Jahres.

7. Die vier Amtssprachen der Schweiz sind Deutsch, __Französisch__, Italienisch und Rätoromanisch.

8. Die meisten Schweizer sprechen eine Sprache als __Muttersprache__.

9. Alexander von Humboldt testete __1799__ ein Schweizer Präzisions-Taschenchronometer auf seinen Schiffsreisen.

10. Nur eine __Organisation__ weltweit darf Chronometer prüfen.

 Practice more at **vhlcentral.com**.

Lesen  Reading: Audio

Vor dem Lesen

Strategien

Recognizing word families

Recognizing related words can help you
guess the meaning of words in context.
Using this strategy will improve your
reading comprehension and enrich
your German vocabulary.

Text untersuchen

Suchen Sie im Text ein anderes Wort aus der
gleichen Wortfamilie. Answers will vary. Sample answers are provided.

BEISPIEL

Wohnung   Zweizimmerwohnung

1. Möbel — Möblierung
2. Küche — Einbauküche
3. Monat — monatlich
4. Garage — Tiefgarage
5. Miete — Kaltmiete
6. Wohnung — Luxuswohnung
7. Internet — Internetanschluss
8. Bett — Bettwäsche

Präfixe

Suchen Sie mit einem Partner / einer Partnerin
im Text ein neues Verb für jede Wortfamilie.

1. mieten — vermieten — untermieten
2. kaufen — verkaufen — einkaufen
3. fangen — anfangen — verfangen
4. stehen — aufstehen — verstehen
5. lassen — verlassen — entlassen
6. bieten — anbieten — verbieten

Suggestion Learning to break down
long compound words and identify their
roots is an important reading strategy.
For homework, have students find long
German words online or in a dictionary.
Have students write their words on the
board, then break them down together
into their component words.

IEN +41 56 5559990 SCHWEIZER IMMOBILIEN +41 56 5559990 SCHW

Wohnung im historischen Fribourg

SIE SUCHEN eine kuschelige° Wohnung für zwei? Sie möchten das Leben in der historischen Innenstadt Fribourgs nicht verlassen°? Dann ist diese Zweizimmerwohnung ideal!

Die Schlafzimmer sind mit Einbauschränken ausgestattet°. Die Wohnung hat eine moderne Einbauküche mit Gasherd und Backofen. Sie bietet ein modernes Bad, ein großes Wohn- und Esszimmer mit direktem Zugang° zur Küche. Einkaufen können Sie natürlich bequem° in einem Umkreis von fünf Minuten. Sie haben ein Auto? Kein Problem! Sie können Ihr Auto für monatlich SFr 75 auf einen Parkplatz in der Tiefgarage stellen. Zu vermieten ab Juli für SFr 1.100 Kaltmiete.

SIE SUCHEN FÜR IHRE FAMILIE ein neues Zuhause im Kanton Tessin? Ihnen gefällt die Kombination von Kultur und Natur? Sie lieben traditionelle Architektur, viel Holz und warmes Wetter? Dann ist dieses Einfamilienhaus perfekt!

Das Chalet liegt direkt am Lago Maggiore in der Nähe° von Locarno. Es ist als typisches Chalet mit Holzfassaden gebaut. Für eine Familie bieten° Esszimmer, Wohnzimmer, zwei Badezimmer plus drei Schlafzimmer viel Platz. Die Küche mit Einbauküche und Frühstücksecke° ist familienfreundlich. Im Keller stehen Waschmaschine und Trockner. Im Garten können Kinder spielen, Hunde herumlaufen und Eltern Grillpartys feiern. Das Haus liegt fünf Minuten entfernt von Locarnos Innenstadt und in 20 Minuten ist man in den Bergen. Zu vermieten ab August. Die Miete beträgt monatlich SFr 2.000 ohne Nebenkosten°.

Expansion Give students a fictional profile of someone looking for an apartment and have them decide which of the three dwellings would be best for that person. Ex: **Bettina: ledig, ist eine 29-jährige Rechtsberaterin, die von Fribourg nach Zürich umziehen möchte. Sie ist ambitiös und perfektionistisch. Am liebsten mag sie alles schlicht und modern. Sie arbeitet viel und hat keine Zeit zu putzen. Welche Wohnung ist am besten für sie?**

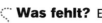

Hochmoderne Luxuswohnung in Zürich

SIE LEBEN ALLEIN? Nur das Beste ist gut genug? Sie arbeiten in Zürich bei einer Bank oder einer Versicherung? Dann ist diese Luxuswohnung genau das Richtige!
Top gestylte, neu renovierte Zweizimmerwohnung in der Nähe des Züricher Bankenviertels ab sofort zu vermieten. Moderne Möblie-rung. Nur das Beste! Küche mit Espressomaschine und Mikrowelle vorhanden. Im Wohnzimmer stehen ein Fernseher und eine Bar. Internetanschluss in allen Zimmern.

Die wöchentliche Apartmentreinigung und das Wechseln° der Bettwäsche sind im Mietpreis inklusive. Mietverträge° können sofort anfangen. Die Miete beträgt SFr 2.100 pro Monat.

Chalet im Tessin

Nach dem Lesen

Was fehlt? Ergänzen Sie die Sätze.

1. Die Wohnung in Fribourg hat eine Einbauküche mit __Gasherd und Backofen__.
2. Im __Schlafzimmer__ gibt es Einbauschränke.
3. Die Miete für die Wohnung in Fribourg kostet __SFr 1.100__ inklusive Parkplatz.
4. __Das Chalet__ liegt im Tessin.
5. Im Chalet stehen im Keller __Waschmaschine und Trockner__.
6. Beim Chalet können Kinder __im Garten__ spielen.
7. In der Wohnung in Zürich stehen __ein Fernseher und eine Bar__ im Wohnzimmer.
8. Die Miete der Züricher Wohnung beträgt __SFr 2.100__ pro Monat.

Richtig oder falsch Sind die Sätze richtig oder falsch? Korrigieren Sie die falschen Sätze.

Sample answers are provided.

	richtig	falsch
1. Die Wohnung in Fribourg ist ideal für eine Familie. Falsch. Die Wohnung ist ideal für zwei Personen.	☐	☑
2. Einkaufen ist in der Nähe der Fribourger Wohnung sehr schwierig. Falsch. Man kann hier bequem einkaufen.	☐	☑
3. Das Chalet ist ein sehr modernes Haus. Falsch. Das Chalet hat traditionelle Architektur.	☐	☑
4. Die Tessiner Wohnung hat viel Platz.	☑	☐
5. Natur und Stadtleben sind dem Chalet sehr nah.	☑	☐
6. Die Züricher Zweizimmerwohnung ist altmodisch (old-fashioned). Falsch. Sie ist top gestylt und neu renoviert.	☐	☑
7. In allen Zimmern der Züricher Wohnung ist ein Internetanschluss.	☑	☐
8. Die Wohnung in Zürich reinigt (cleans) man jede Woche.	☑	☐

Die beste Wohnung Diskutieren Sie in einer kleinen Gruppe: Welche ist die beste Wohnung? Answers will vary.

BEISPIEL

S1: *Die Zweizimmerwohnung in Zürich ist klein, aber sie liegt in der Innenstadt. Man braucht kein Auto.*
S2: *Leider ist sie auch sehr teuer! Ich mag das Haus im Tessin.*
S3: *Ja, es ist ideal für eine Familie!*

---

kuschelig cozy **verlassen** leave **mit Einbauschränken ausgestattet** equipped with built-in cabinets
Zugang access **bequem** conveniently **in der Nähe** in the vicinity **bieten** offer **Frühstücksecke** breakfast
nook **Nebenkosten** additional charges **Wechseln** changing **Mietverträge** rental agreements

Hören

Strategien

Using background knowledge

If you know the topic being discussed, using knowledge you already have about the topic can help you to predict the kind of information you might hear.

 To help you practice this strategy, you will listen to a commercial for a cleaning product. Before you listen, jot down some key words related to the topic of cleaning that you might expect to hear in the commercial.

Vorbereitung

Sehen Sie sich das Foto an. Wer sind die Menschen auf dem Foto? Was machen sie? Könnte das eine Werbung (*advertisement*) sein?

Zuhören

Hören Sie der Sprecherin der Firma *Zauber bis sauber* zu. Hören Sie die Werbung ein zweites Mal und wählen Sie die Dienstleistungen (*services*), die die Firma anbietet (*offers*).

1. (staubsaugen)
2. Wäsche waschen
3. bügeln
4. die Spülmaschine ausräumen (*unload*)
5. (Teppiche ausklopfen (*beat*))
6. Gardinen waschen
7. (Böden (*floors*) putzen)
8. (Fenster putzen)

Suggestion Before students listen to the recording, teach them the words **reinigen** and **Zauber**. Have students practice pronouncing **sauber** and **Zauber**, and make sure they can hear the difference.

Verständnis

Was fehlt? Welche Wörter oder Ausdrücke fehlen?

Anfang	Fenster	putzen
arbeiten	kostenloses	Reinigungsfirma
Bad	Kühlschränke	sauber
erstellen	neu	schnell

1. Die Sprecherin arbeitet für eine Reinigungsfirma (*cleaning company*) namens Zauber (*Magic*) bis ___sauber___.
2. Manche Kunden (*clients*) ___arbeiten___ viel.
3. Andere Kunden ___putzen___ überhaupt nicht gern.
4. Die Reinigungsfirma ist Experte für Küche, ___Bad___ und Wohnzimmer.
5. Sie reinigen ___Kühlschränke___, Gefriertruhen und Herde.
6. Die Leute der Reinigungsfirma sind ___schnell___ und gründlich (*thorough*).
7. Die Zimmer sehen am Ende immer wie ___neu___ aus.
8. Am ___Anfang___ kommt die Firma für einen Besichtigungstermin.
9. Die Reinigungsfirma gibt Kunden ein ___kostenloses___ Angebot (*offer*).
10. Der Werbung nach (*According to the ad*) muss man Zauber bis sauber als ___Reinigungsfirma___ wählen.

Die Reinigungsfirma Machen Sie mit zwei Mitstudenten eine Werbung für ein neues Produkt oder eine Dienstleistung.

BEISPIEL

S1: Mit *Sauberküche* können Sie Ihre Küche einfach reinigen!
S2: Sie brauchen keine anderen Produkte! Mit *Sauberküche* können Sie putzen, waschen, wischen…

Schreiben

Strategien

Reporting on an interview

When you transcribe a conversation in German, you should pay careful attention to format and punctuation. You can indicate a dialogue format by including the names of the speakers, or by using a dash (**der Gedankenstrich**) to indicate a new speaker. Compare these two formats.

> **MONIKA** *Sabine, was hast du gestern Abend gemacht?*
> **SABINE** *Ich war zu Hause.*
> **MONIKA** *Oh, schade! Wolltest du nicht zu Davids Party?*
> **SABINE** *Ja, aber ich musste noch putzen.*

> *—Hallo, Jörg!*
> *—Hallo, Steffi!*
> *—Wie geht's?*
> *—Gut. Und dir?*

Whichever format you choose, your interview should begin with a brief introduction of the person you're interviewing, answering the six W-questions (**Wer?**, **Was?**, **Wann?**, **Wo?**, **Warum?**, and **Wie?**) about the topic of the interview.

Thema

Schreiben Sie ein Interview

Anton Krüger ist Architekt. Er hat ein neues Buch über energiesparendes (*energy-efficient*) Wohnen für jede Einkommensgruppe (*income bracket*) geschrieben. Diese Woche gibt er an der Universität einen Vortrag (*lecture*). Sie arbeiten für die Studentenzeitung (*student newspaper*) und interviewen Herrn Krüger.

● Schreiben Sie zuerst 2-3 Sätze über der Autor.

● Schreiben Sie ein erfundenes Gespräch (etwa 10-12 Zeilen) zwischen Ihnen und Anton Krüger. Geben Sie mit einem Gedankenstrich oder mit dem Namen der Person an, wer spricht.

BEISPIEL

> *Anton Krügers Buch kann man in Buchläden und im Internet kaufen. Er hielt diese Woche einen Vortrag…*
>
> **Journalist** Guten Tag Herr Krüger. Herzlichen Glückwunsch! Ihr neues Buch ist ein großer Erfolg.
>
> **Krüger** Vielen Dank!
>
> **Journalist** Unsere Leser interessiert: Warum haben Sie dieses Buch geschrieben?

Flashcards
Audio: Vocabulary

Orte

das Haus, -¨er	house
die Wohnung, -en	apartment
draußen	outside
nach rechts/links	to the right/left

die Hausarbeit

den Tisch decken	to set the table
das Bett machen	to make the bed
den Müll rausbringen	to take out the trash
Geschirr (n.) spülen	to do the dishes
staubsaugen	to vacuum
Wäsche waschen	to do laundry

Haushaltsartikel

der Besen, -	broom
die Bettdecke, - n	duvet
das Bügelbrett, -er	ironing board
das Bügeleisen, -	iron
die Decke, -n	blanket
der Gefrierschrank, -¨e	freezer
der Herd, -e	stove
die Kaffeemaschine, -n	coffeemaker
das Kissen, -	pillow
der Kühlschrank, -¨e	refrigerator
das Laken, -	sheet
die Mikrowelle, -n	microwave
der Ofen, -¨	oven
die Pfanne, -n	pan
die Spüle, -n	kitchen sink
die Spülmaschine, -n	dishwasher
der Staubsauger, -	vacuum cleaner
der Toaster, -	toaster
der Topf, -¨e	pot
die Wäsche	laundry
der Wäschetrockner, -	dryer
die Waschmaschine, -n	washing machine

Zimmer

das Arbeitszimmer, -	home office
das Badezimmer, -	bathroom
der Balkon, - e	balcony
der Dachboden, -¨	attic
das Erdgeschoss, -e	ground floor
das Esszimmer, -	dining room
der Flur, -e	hall
die Garage, -n	garage
der Keller, -	cellar
die Küche, -n	kitchen
das Schlafzimmer, -	bedroom
der erste/ zweite Stock	second/third floor
die Toilette, -n	toilet
das Wohnzimmer, -	living room
das Zimmer, -	room

Möbel

die Badewanne, -n	bathtub
das Bett, -en	bed
das Bild, -er	picture
die Blume, -n	flower
der Boden, -¨	floor
das Bücherregal, -e	bookshelf
die Kommode, -n	dresser
die Lampe, -n	lamp
das Möbelstück, -e	piece of furniture
der Nachttisch, -e	night table
die Pflanze, -n	plant
das Poster, -	poster
der Schrank, -¨e	cabinet; closet
die Schublade, -n	drawer
der Sessel, -	armchair
das Sofa, -s	sofa
der Spiegel, -	mirror
der Teppich, -e	rug
die Treppe, -n	stairway
die Vase, -n	vase
der Vorhang, -¨e	curtain
die Wand, -¨e	wall

zum Beschreiben

dreckig	filthy
ordentlich	tidy
sauber	clean
schmutzig	dirty
Es ist ein Saustall!	It's a pigsty!

Verben

aufräumen (räumt... auf)	to clean up
bügeln	to iron
fegen	to sweep
mieten	to rent
putzen	to clean
umziehen (zieht... um)	to move
waschen	to wash
wischen	to wipe; to mop
wohnen	to live

The *Präteritum*	See pp. 72-73.
Da-, *wo-*, *hin-*, and *her-* compounds	See pp. 76-77.
Coordinating conjunctions	See p. 80.
Principal parts of verbs	See p. 93.
Perfekt of verbs with prefixes	See pp. 96-97.

Suggestion Ask students if they recognize the monument in the photo. (**Das Brandenburger Tor**)

Communicative Goals

You will learn how to:

- discuss the weather and seasons
- talk about the months of the year

Wortschatz

das Datum	*date*
das Jahr, -e	*year*
die Jahreszeit, -en	*season*
der Monat, -e	*month*
der Tag, -e	*day*
die Woche, -n	*week*
Wann hast du Geburtstag?	*When is your birthday?*
Am 23. Mai.	*May 23rd.*
das Wetter	***weather***
Wie ist das Wetter?	*What's the weather like?*
Es ist schön draußen.	*It's nice out.*
Das Wetter ist gut/ schlecht.	*The weather is nice/bad.*
Das Wetter ist furchtbar.	*The weather is awful.*
Wie warm/kalt ist es?	*How warm/cold is it?*
Es sind 18 Grad draußen.	*It's 18 degrees out.*
der Blitz, -e	*lightning*
der Donner, -	*thunder*
der Hagel	*hail*
der Nebel, -	*fog; mist*
der Regen	*rain*
der Schnee	*snow*
der Sturm, -̈e	*storm*
die Wolke, -n	*cloud*

Suggestion Ask students to describe today's weather, using vocabulary from this section.

ACHTUNG

You have already learned to ask **Der Wievielte ist heute?** to find out the date. You can also use the question **Was ist heute?** to ask about the date or the day of the week.

Suggestion Have students review the use of ordinal numbers, taught in **Vol. 1, 2A.3**.

Suggestion Teach students the song **Immse wimmse Spinne** (the German version of "Eensy Weensy Spider"), which includes references to rain and sun. Lyrics can be found online.

Ressourcen

SAM WB: pp. 31–32

SAM LM: p. 21

vhlcentral.com

Jahreszeiten

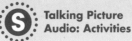

Talking Picture Audio: Activities

Suggestion Point out that all months and seasons are masculine. Remind students to use **im** to talk about what happens during specific months and seasons. Ex., **im Winter**, **im März**, etc.

Expansion Mime various weather conditions, (ex., fanning yourself to indicate **Es ist heiß.**), and ask students: **Wie ist das Wetter?**

der Winter: Dezember, Januar, Februar

der Sommer: Juni, Juli, August

Es regnet. (regnen)

der Regenschirm, -e

der Regenmantel, -¨

der Frühling: März, April, Mai

Es ist kühl.

Es ist wolkig.

Es ist windig.

der Herbst: September, Oktober, November

Anwendung

1 Ergänzen Sie Ergänzen Sie die Sätze.

regnet	warm
schneit	windig
Sturm	wolkig

BEISPIEL **Nürnberg: 25°C** In Nürnberg ist es sehr warm und __sonnig__

1. **Wien: 8°C** In Wien ist es kühl und __wolkig__.
2. **Genf: 17°C** In Genf ist es __windig__,
3. **Konstanz: 32°C** In Konstanz kommt am Abend ein __Sturm__.
4. **Innsbruck -5°C** In Innsbruck ist es kalt und es __schneit__.
5. **Basel: 12°C** In Basel ist es wolkig und es __regnet__.
6. **Hamburg: 21°C** In Hamburg ist es windig aber __warm__.

2 Wählen Sie Entscheiden Sie, welche Aussage zu welchem Bild passt.

a. Es ist heute wieder furchtbar heiß!
b. Wenn es regnet, braucht man einen Regenschirm.
c. Es kommt ein starker Sturm!
d. Auf dicke Wolken folgt schlechtes Wetter.

1. __c__

2. __a__

3. __b__

4. __d__

3 Der Wetterbericht 🎧 Hören Sie den Wetterbericht (*weather report*) an und entscheiden Sie danach, ob (*whether*) die Aussagen richtig oder falsch sind.

	richtig	falsch
1. Der Wetterbericht ist für die ganze Woche.	☐	☑
2. Am Freitag beginnt der Winter.	☑	☐
3. Im Norden ist es sonnig.	☐	☑
4. Die Wetterfront im Norden kommt aus Skandinavien.	☑	☐
5. In Stuttgart schneit es am Freitag.	☐	☑
6. Ein Orkan (*hurricane*) bringt Regen nach Bayern.	☐	☑

Practice more at **vhlcentral.com.**

Kommunikation

4 Suggestion To get students started, find the first statement for each dialogue together as a class.

4 Vom Wetter und den Jahreszeiten

Arbeiten Sie mit einem Partner / einer Partnerin und bringen Sie die Sätze in jedem Dialog in eine logische Reihenfolge (*order*).

4 Expansion After the dialogues have been put in order, have volunteers read them out loud to the class.

Dialog 1

__2__ Schön. Die Sonne scheint und es ist ziemlich warm für die Jahreszeit.

__4__ Es regnet oft und die Sonne kommt selten durch die Wolkendecke hervor.

__1__ Paul, wie ist das Wetter heute in Köln?

__3__ Ja? Wie ist das typische Herbstwetter?

Dialog 2

__3__ April? Da ist es noch kühl und Schnee gibt es auch oft.

__2__ Der Monat von meinem Geburtstag. Der April.

__1__ Was ist dein Lieblingsmonat?

__4__ Ja, aber die Natur ist grün, die Vögel singen, alles beginnt neu.

5 Gute Ratschläge

Schreiben Sie mit einem Partner / einer Partnerin eine E-Mail an eine Studentin in Deutschland. Sie will ab Herbst an Ihrer Universität studieren und möchte etwas über das Wetter und passende (*appropriate*) Kleidung wissen. Answers will vary.

5 Suggestion Have students peer-edit each other's e-mails.

> **BEISPIEL**
>
> ### Wetter und Kleidung
>
> **Von:** Anna Webber [anna.webber@students.uni.edu]
> **An:** Jasmin Peters [peterchen@gigglepost.de]
> **Datum:** 26. Juni
> **Betreff:** Wetter und Kleidung
>
> Hallo Jasmin,
> wie geht es dir? Wie läuft es mit deinen Prüfungen?
> Du hast geschrieben, du möchtest wissen, wie das Wetter hier in Atlanta ist und welche Kleidung du mitbringen sollst. Du kommst im August an und da ist es hier einfach nur heiß und extrem schwül (*humid*)! Ab Mitte September...

7 Expansion Encourage students to choose a German-speaking city and use the Internet to find an actual weather report (in German) for that city.

6 Geburtstage

Fragen Sie acht Personen in der Gruppe, wann sie Geburtstag haben, und schreiben Sie das Datum auf.

> **BEISPIEL**
>
> **S1:** *Wann hast du Geburtstag?*
> **S2:** *Mein Geburtstag ist am achten April.*

6 Suggestion Before they start the activity, give students a moment to write down their birthdays and to practice pronouncing the date. Provide a model by writing your own birthday on the board.

Alles Gute zum Geburtstag!!!

6 Expansion Teach your class a short and simple birthday song, such as **Hoch soll er/sie leben** or **Zum Geburtstag viel Glück**. Lyrics can be found online.

7 Ein Wetterbericht

Schreiben Sie mit einem Partner / einer Partnerin einen Wetterbericht (*weather report*).

- Sagen Sie, welches Datum und welche Jahreszeit es ist.
- Berichten Sie über das Wetter für die nächsten sieben Tage.
- Illustrieren Sie Ihren Wetterbericht mit Hilfe von einem Poster.
- Sagen Sie, was man an den einzelnen (*individual*) Tagen machen kann oder soll.

Der Wetterbericht für Juli: Hamburg

Mittwoch, der 14. Juli	Donnerstag, der 15. Juli	Freitag, der 16. Juli
25°C	32°C	30°C
☀	☁	⛈
sonnig	sehr wolkig	stürmisch

Heute ist Mittwoch, der 14. Juli. Der Sommer zeigt seine schöne Seite. Die Sonne scheint den ganzen Tag und es ist das perfekte Wetter für das Schwimmbad...

7 Expansion Have students create short videos of their own **Wetterbericht**.

Aussprache und Rechtschreibung

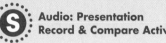

🎧 Long and short vowels

German vowels can be either long or short. Long vowels are longer in duration and typically occur before a single consonant, before the letter **h**, or when the vowel is doubled. Short vowels are shorter in duration and usually occur before two consonants.

Me**ter** **m**e**hr** **M**ee**r** **M**e**sser** **m**e**lden**

The long **a** is pronounced like the *a* in the English word *calm*, but with the mouth wide open. The short **a** sounds almost like the long **a**, but it is held for a shorter period of time and pronounced with the mouth more closed.

ma**hnen** **M**a**nn** **l**a**sen** **l**a**ssen**

The long **e** sounds like the *a* in the English word *late*. The short **e** sounds like the *e* in *pet*. The long **i** may be written as **i** or **ie**. It is pronounced like the *e* in *be*. The short **i** is pronounced like the *i* in *mitt*.

we**n** **w**e**nn** **V**i**sum** **fl**ie**gen** **Z**i**mmer**

The long **o** is pronounced like the *o* in *hope*, but with the lips firmly rounded. The short **o** is pronounced like the *o* in *moth*, but with the lips rounded. The long **u** is pronounced like the *u* in *tuna*, but with the lips firmly rounded. The short **u** is pronounced like the *u* in *put*, but with the lips rounded.

Zoo **Z**o**ll** **Fl**u**g** **H**u**nd**

Suggestion Model the mouth position needed to produce the **o** and **u** sounds, with lips rounded and pushed forward.

---

1 Sprechen Sie nach Wiederholen Sie die Wörter, die Sie hören.

1. Haken / hacken
2. den / denn
3. Bienen / binnen
4. Sohn / Sonne
5. buchen / Bucht
6. Nase / nass
7. fehl / Fell
8. Miete / Mitte
9. wohne / Wonne
10. Humor / Hummer
11. Wagen / Wangen
12. Zehner / Zentner
13. Linie / Linde
14. Lot / Lotto
15. Mus / muss

1 Expansion Conduct a dictation based on these word pairs. For each pair, read only one of the words out loud and tell students to circle the word they hear.

2 Artikulieren Sie Wiederholen Sie die Sätze, die Sie hören.

1. Viele machen im Sommer Urlaub am Strand.
2. Wolf und Monika wollen den ganzen Tag in der Sonne liegen.
3. Sabine und Michael schwimmen lieber im Meer.
4. Alle sieben Studenten übernachten in einer Jugendherberge.
5. Hast du den Flug schon gebucht?
6. Wenn das Wetter schlecht ist, gehen wir ins Museum.

Ende gut, alles gut.[2]

Montag   Dienstag

3 Sprichwörter Wiederholen Sie die Sprichwörter, die Sie hören.

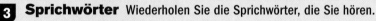

Liebe geht durch den Magen.[1]

[1] The way to the heart is through the stomach. (lit. *Love goes through the stomach.*)

[2] All's well that ends well.

Ressourcen

SAM
LM: p. 22

vhlcentral.com

Berlin von oben

 Video: *Fotoroman*

Sabites Kunst gefällt Meline nicht, aber sie sind trotzdem Freundinnen. George und Hans sprechen über ihre Nachbarinnen und wollen hoch hinaus.

Vorbereitung Have students look closely at scenes 1, 2, 9, and 10 and describe the weather in each one.

1

SABITE Meline! Hallo.
MELINE Hallo.
SABITE Wie findest du es? Gut, es gefällt dir nicht.
MELINE Wie bitte?
SABITE Ich weiß, dass dir meine Kunst nicht gefällt. Ich mag VWL auch nicht, aber wir sind dennoch Freundinnen.

2

GEORGE Es ist schön draußen. Ich liebe diese Jahreszeit. Es ist kalt, aber nicht zu windig.
HANS Wie ist das Wetter gerade in Wisconsin?
GEORGE Milwaukee liegt am Lake Michigan. Er beeinflusst das Klima. Ich habe gestern mit meiner Mutter gesprochen. Dort liegen etwa zwei Fuß Schnee, etwa 60 cm.

3

HANS Wie ist das Wetter im Sommer?
GEORGE Im August ist es heiß und feucht. Es regnet, donnert und hagelt. Ich mag alle vier Jahreszeiten, aber der Frühling ist meine Lieblingsjahreszeit.
HANS Warum?
GEORGE Mein Geburtstag ist am 26. April. Und deiner?
HANS Am 17. Juli.

4

GEORGE Hey, was meinst du zu dieser Krawatte?
HANS Sie ist ganz okay. Warum?
GEORGE Ich habe mit Meline eingekauft. Sie hat sie ausgewählt. Ich war „zu amerikanisch" angezogen, also probiere ich neue Kleidung aus.

5

HANS Meline. Magst du sie?
GEORGE Ja. Nein, also nicht auf diese Weise. Zu Hause bin ich nicht mit Frauen befreundet. Wir haben Spaß zusammen. Ich habe gesehen, wie du mit ihr gelacht hast, also magst du sie doch.

SABITE Istanbul ist nicht weit von Berlin. Etwa 2.200 Kilometer. George ist 8.000 Kilometer von zu Hause entfernt.
MELINE George hat auch keine Freundin. Wann hast du zum ersten Mal über die Idee gesprochen?

6

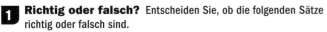

ÜBUNGEN

1 **Richtig oder falsch?** Entscheiden Sie, ob die folgenden Sätze richtig oder falsch sind.

1. Meline und Sabite mögen die gleiche (*same*) Kunst. Falsch.
2. In Milwaukee gibt es keinen Schnee. Falsch.
3. Im August ist es dort heiß und feucht. Richtig.
4. Der Frühling ist Georges Lieblingsjahreszeit. Richtig.
5. Hans' Geburtstag ist im Herbst. Falsch.

6. Hans findet Georges Krawatte hässlich. Falsch.
7. Istanbul ist etwa 8.000 Kilometer von Berlin entfernt. Falsch.
8. Sabite hat mit Lorenzo über Istanbul gesprochen. Richtig.
9. Der Berliner Fernsehturm ist das höchste Gebäude in Deutschland. Richtig.
10. Von dort kann man den Reichstag und das Brandenburger Tor sehen. Richtig.

7

SABITE An dem Abend, als wir dich und Lorenzo im Restaurant gesehen haben. Ich stand auf, ging Richtung Toilette und kam an deinem Tisch vorbei.
MELINE Torsten war also überrascht?
SABITE Ja.
MELINE Das ist das Problem! Du hast es ihm nicht zuerst gesagt.

8

SABITE Das ist doch dumm.
MELINE Sabite. Männer können manchmal dumm sein. Liebst du ihn? Sabite?
SABITE Ich weiß nicht.

GEORGE Der Fernsehturm ist 365 Meter hoch! Von dort kann man den Reichstag und das Brandenburger Tor sehen! Hans, ist alles in Ordnung?
HANS Ja. Mir geht's gut.
GEORGE Dies ist das höchste Gebäude in ganz Deutschland.
HANS Ich weiß.

9

10

HANS Mir geht's gut. Genieß den Ausblick. Ich bleibe solange hier stehen. Weit weg vom Rand.
GEORGE Hey, ist das Sabite?
HANS Wo?
GEORGE Fühlst du dich besser, Kumpel? Lass uns auf den Turm gehen und von dort oben Berlin sehen.
HANS Wow.

Nützliche Ausdrücke

- **Wie bitte?**
  Excuse me?
- **dennoch**
  nevertheless
- **beeinflussen**
  to influence
- **feucht**
  moist
- **auswählen**
  to choose
- **ausprobieren**
  to try
- **Nein, also nicht auf diese Weise.**
  No, not like that.
- **weit**
  far
- **Du hast es ihm nicht zuerst gesagt.**
  You didn't tell him first.
- **Dies ist das höchste Gebäude in ganz Deutschland.**
  This is the tallest building in all of Germany.
- **genießen**
  to enjoy
- **Fühlst du dich besser, Kumpel?**
  Are you feeling better, buddy?

3A.1
- **Ich stand auf, ging Richtung Toilette und kam an deinem Tisch vorbei.**
  I got up, went towards the restroom, and stopped by your table.

3A.2
- **Milwaukee liegt am Lake Michigan.**
  Milwaukee is on Lake Michigan.
- **Wann hast du zum ersten Mal über die Idee gesprochen?**
  When was the first time you mentioned the idea?

---

2 **Zum Besprechen** Sprechen Sie mit Ihren Klassenkameraden und finden Sie heraus, wer im gleichen Monat Geburtstag hat. Wie ist das Wetter in diesem Monat? Besprechen Sie es mit einem Partner.
Answers will vary.

Suggestion Tell students that in 1961, West Germany and Turkey signed a labor recruitment agreement which allowed Turkish citizens to move to Germany as guest workers (**Gastarbeiter**). Today, there are approximately 3 million people of Turkish descent living in Germany.

3 **Vertiefung** Sabite möchte ein Semester lang in Istanbul studieren. Es ist das Heimatland (*country of origin*) von Faik, Sabites Vater. Finden Sie Informationen über Türken in Deutschland. Wie viele Türken leben in Deutschland? Wann sind sie nach Deutschland gekommen? Answers may vary.

Expansion Tell students that Berlin is home to the largest Turkish community outside of Turkey. There are some 300,000 people with Turkish roots living in Berlin.

Windenergie  Reading

SCHLESWIG-HOLSTEIN LIEGT ZWISCHEN zwei Meeren, der Nordsee und der Ostsee. Dieses Bundesland ist relativ flach° und wegen der Nähe° zum Meer gibt es viel Wind. Schon seit 1982 investiert man hier immer mehr Geld in diese erneuerbare Energiequelle°.

Am Anfang waren es noch fünfzehn Windturbinen in einem Windpark in Braderup. Dreiunddreißig Privatbürger° finanzierten das Projekt mit einem Darlehen° von 12 Millionen DM (etwa 6 Millionen Euro).

Heute gibt es in Schleswig-Holstein über 2.400 Windturbinen. Bis zu ein Drittel des Strombedarfs° produziert man durch Windenergie in dem Bundesland. Aber Windturbinen stehen nicht nur auf dem Land. Seit 2009 kann man die Turbinen auch im Meer° finden. Hier, wo der Wind sehr stark bläst°, installiert man Turbinen in 30 Meter tiefem Wasser. Zwölf Turbinen produzieren bereits den Strom für etwa 50.000 Haushalte.

In Deutschland will man bis im Jahr 2025 mit Windenergie 25% des Strombedarfs produzieren. 2009 gab es bereits 21.164 Windkraftanlagen in ganz Deutschland. Die Produktion von Strom mit Wind – aber auch mit Sonne, Wasser, Geothermie und Bioenergie – produziert weniger Stickstoff° im Vergleich° mit Atom-, Kohle- und Gaskraftwerken. Man braucht weniger Öl aus anderen Ländern. Und es gibt neue Arbeitsplätze° in Regionen wie Schleswig-Holstein.

Windenergie			
	Deutschland	**Österreich**	**Schweiz**
Windkraftanlagen°:	21.164	625	35
Stromproduktion:	48 Billionen kWh (Kilowattstunde)	2,1 Milliarden kWh	70 Millionen kWh
Anteil am Strombedarf:	7,8%	4%	1%

QUELLE: Bundesverband WindEnergie, IG Windkraft, Suisse Eole

flach *flat* **wegen der Nähe** *due to its closeness*
erneuerbare Energiequelle *renewable energy source*
Privatbürger *private citizens* **Darlehen** *loan* **ein Drittel des Strombedarfs** *one third of electricity requirements*
im Meer *at sea* **bläst** *blows* **Stickstoff** *nitrogen*
Vergleich *comparison* **Arbeitsplätze** *jobs*
Windkraftanlagen *wind power plants*

ÜBUNGEN

1 **Richtig oder falsch?** Sind die Aussagen **richtig** oder **falsch**? Korrigieren Sie die falschen Aussagen mit einem Partner / einer Partnerin.

1. Schleswig-Holstein liegt zwischen der Nord- und Ostsee. Richtig.

2. Seit 1982 investiert man in Schleswig-Holstein in Windenergie. Richtig.

3. Der Staat baute in Braderup 15 Windturbinen.
Falsch. 33 Privatbürger bauten die Windturbinen.

4. In Schleswig-Holstein gibt es 21.164 Windturbinen.
Falsch. In ganz Deutschland gibt es 21.164 Windturbinen.

5. Seit 2009 gibt es auch Windturbinen im Meer. Richtig.

6. Diese Turbinen sind in 30 Meter tiefem Wasser installiert. Richtig.

7. In Deutschland will man mit Windenergie ein Viertel des Stroms produzieren. Richtig.

8. In Schleswig-Holstein gibt es wegen der Windturbinen mehr Arbeit. Richtig.

9. In Österreich ist der Windenergie-Anteil am Strombedarf weniger als 1%.
Falsch. In der Schweiz ist der Windenergie-Anteil am Strombedarf 1%.

10. In der Schweiz gibt es nur 35 Windkraftanlagen. Richtig.

 Practice more at **vhlcentral.com**.

DEUTSCH IM ALLTAG

Wetterausdrücke

Hundewetter	*terrible weather*
Kaiserwetter	*beautiful, sunny weather*
Schmuddelwetter	*dreary, wet weather*
Es schüttet wie aus Eimern!	*It's raining cats and dogs!*
Petrus meint es gut!	*The weather's great!*

DIE DEUTSCHSPRACHIGE WELT

Planten un Blomen

Im Sommer kann man im Zentrum Hamburgs den berühmten Park Planten un Blomen besuchen. Hier gibt es einen alten Botanischen Garten. Außerdem finden Besucher den größten Japanischen Garten Europas in dem Park. Die einzelnen Gärten haben verschiedene Themen: der Rosengarten, der Apothekergarten° und die Tropengewächshäuser°. Im Musikpavillon finden im Sommer Konzerte statt° und man kann Wasserlichtkonzerte bewundern°. Kinder können auf Spielplätzen oder der Trampolinanlage spielen und auf Ponys reiten.

Suggestion Point out that the name of the park, **Planten un Blomen**, is **Plattdeutsch**. Have students translate the phrase into **Hochdeutsch**.

Apothekergarten *apothecary's garden*
Tropengewächshäuser *tropical greenhouses*
finden... statt *take place* **bewundern** *admire*

PORTRÄT

Klima in Deutschland

Das Wetter in Deutschland ist gemäßigt°: Im Winter ist es nicht sehr kalt und im Sommer nicht sehr warm. Im Durchschnitt° ist die Jahrestemperatur 8,2 °C. Im Januar liegt die Durchschnittstemperatur bei -0,5 °C und im Juli bei 16,9 °C. Im Jahr fallen etwa 790 Millimeter Regen, besonders viel fällt im Juni. Die absolute Höchsttemperatur gab es 2003 in Karlsruhe und in Freiburg: 40,2 °C. Freiburg liegt im Schwarzwald und gilt als° wärmste und sonnigste Stadt Deutschlands. Man kann hier jedes Jahr 1650 Sonnenstunden genießen. Die absolute Tiefsttemperatur gab es 2001 am Funtensee in den Bayrischen Alpen: -45,9°C.

Suggestion Point out that the German annual average of **8,2°C** is equivalent to 46.76° F, while the extreme temperatures of **-45,9°C** and **40,2°C** correspond to -50.62° F and 104.36°F, respectively.

gemäßigt *moderate* **Durchschnitt** *average* **gilt als** *is regarded as*

IM INTERNET

 Finden Sie einen Plan von Planten un Blomen in Hamburg. Welche Gärten möchten Sie besuchen? Machen Sie eine Liste und planen Sie eine Tour.

For more information on this **Kultur**, go to **vhlcentral.com**.

---

2 **Was fehlt?** Ergänzen Sie die Sätze.

1. Der Park Planten un Blomen liegt ___im Zentrum___ Hamburgs.

2. Besucher finden hier den größten ___Japanischen Garten___ Europas.

3. Es gibt einzelne Gärten wie zum Beispiel den Apothekergarten, ___den Rosengarten___ und die Tropengewächshäuser.

4. Der Winter in Deutschland ist nicht ___sehr kalt___.

5. In ___Freiburg___ kann man viel Sonne genießen.

3 **Lieblingsjahreszeit** Diskutieren Sie mit einem Partner / einer Partnerin Ihre Lieblingsjahreszeit. Warum lieben Sie diese Jahreszeit? Was machen Sie in der Jahreszeit? Welche Kleidung tragen Sie?

Ressourcen

vhlcentral.com

Separable and inseparable prefix verbs (*Präteritum*)

Presentation

QUERVERWEIS

See **2B.2** to review the **Perfekt** of verbs with prefixes. To review the difference between **Perfekt** and **Präteritum**, see **2B.1**.

Startblock Both separable and inseparable prefix verbs can be used in the **Präteritum** to describe past events.

Ich **stand auf**, ging Richtung Toilette und **kam** an deinem Tisch **vorbei**.

Opa Otto **bereitete** die Weihnachtsgans **zu**. George **überraschte** ihn und...

Suggestion Have students review the **Präsens** of separable and inseparable prefix verbs, taught in **Vol. 1, 4A.3**.

Suggestion Have students brainstorm a list of separable and inseparable prefix verbs they've already learned. Have them write sentences to demonstrate how each type of verb functions in the present and perfect tenses.

- In the **Präteritum**, just like the **Präsens**, some prefixes are always attached to the verb, and others can be separated from it. When using a separable prefix verb in the **Präteritum**, move the prefix to the end of the sentence or clause.

Jan **verbrachte** den Sommer in der Schweiz.
*Jan **spent** the summer in Switzerland.*

Der Lehrer **erklärte** die Aufgabe.
*The teacher **explained** the assignment.*

Einmal **brachten** wir unseren Hund zur Schule **mit**.
*Once we **brought** our dog to school.*

Jans Schwester **rief** ihn zu seinem Geburtstag **an**.
*Jan's sister **called** him on his birthday.*

QUERVERWEIS

To review the formation of the **Präteritum**, see **2A.1**. See **Appendix A** for a complete list of strong verbs with their principal parts.

- You learned in **2B.2** that verbs with prefixes can be either strong, weak, or mixed. The **Präteritum** of a verb with a prefix is the same as the **Präteritum** of its base verb, but with the prefix added to the front of the conjugated verb, if it is inseparable, or to the end of the clause, if it is separable.

Suggestion Review the meaning of these verbs, making sure students recall which prefixes are separable and which are not.

Präteritum of separable and inseparable prefix verbs			
weak verbs			
kaufen	→ kaufte	verkaufen	→ verkaufte
schauen (*to look*)	→ schaute	anschauen (*to watch, look at*)	→ schaute an
strong verbs			
finden	→ fand	erfinden (*to invent*)	→ erfand
sprechen	→ sprach	besprechen (*to discuss*)	→ besprach
sehen	→ sah	fernsehen (*to watch TV*)	→ sah fern
mixed verbs			
bringen	→ brachte	mitbringen	→ brachte mit
		verbringen (*to spend (time)*)	→ verbrachte
kennen	→ kannte	erkennen (*to recognize*)	→ erkannte

Ich **erkannte** meine Tante nicht auf
dem alten Foto.
*I didn't **recognize** my aunt in
the old photo.*

Wir **sahen** als Kinder immer am
Samstagmorgen **fern**.
*When we were kids, we always **watched TV**
on Saturday mornings.*

Wer **erfand** das Internet?
*Who **invented** the Internet?*

Die Lehrerin **schaute** das Kind **an**.
*The teacher **looked at** the child.*

- Remember that the prefix of a separable prefix verb is always stressed, while the prefix
  of an inseparable prefix verb is never stressed.

Als wir am Freitag **ausgingen**, regnete es
noch nicht.
*When we **went out** on Friday, it wasn't
raining yet.*

Wir **bestellten** zwei Pizzas zum
Abendessen.
*We **ordered** two pizzas
for dinner.*

- In a negative sentence, put **nicht** before the separable prefix.

Ute **rief** mich gestern **nicht an**.
*Ute **didn't** call me yesterday.*

Die Kinder **räumten** ihre Sachen **nicht auf**.
*The kids **didn't** pick up their things.*

- When you talk about past events using a modal and a verb with a prefix, put the
  modal verb in the **Präteritum**. The prefixed verb goes at the end of the sentence in the
  infinitive form.

Frau Müller **musste** den kaputten
Regenschirm **umtauschen**.
*Mrs. Müller **had to exchange** the
broken umbrella.*

Frank **wollte** sein altes
Fahrrad **verkaufen**.
*Frank **wanted to sell** his
old bicycle.*

Suggestion Before they begin the **Jetzt sind Sie dran!** activity, verify that
students know the meanings of each of the verbs, and have them identify which
verbs have separable prefixes and which do not. Do the first few items as a class.

Ressourcen

SAM
WB: pp. 33–34

SAM
LM: p. 23

vhlcentral.com

Jetzt sind Sie dran!   **Ergänzen Sie die Tabelle mit den Verben im Präteritum.**

Infinitiv	Präteritum		Infinitiv	Präteritum
1. bedeuten	*bedeutete*		7. wegräumen	räumte weg
2. einschlafen	schlief ein		8. wiederholen	wiederholte
3. beschreiben	beschrieb		9. besuchen	besuchte
4. zurückkommen	kam zurück		10. entdecken	entdeckte
5. umziehen	zog um		11. mitbringen	brachte mit
6. erkennen	erkannte		12. verstehen	verstand

Anwendung

1 **Ergänzen Sie** Ergänzen Sie die Sätze mit den richtigen Formen der Verben im Präteritum.

> **BEISPIEL** Frau Behrens ___rief___ ihre Tochter jeden Tag ___an___. (anrufen)

1. Im Sand ___entdeckten___ die Kinder einen Schatz (*treasure*). (entdecken)

2. Wann ___fing___ der Regen ___an___? (anfangen)

3. Ich ___verkaufte___ vor einem Monat mein Auto. (verkaufen)

4. Meine Großeltern ___sahen___ immer nach dem Essen ___fern___. (fernsehen)

5. Wir ___besuchten___ unsere Cousinen oft im Sommer. (besuchen)

6. Markus ___verstand___ als Schüler nichts von Mathematik. (verstehen)

2 **Was für ein Tag** Ergänzen Sie die Sätze mit den richtigen Verben aus der Liste im Präteritum.

> aufräumen | besuchen | erklären
> aufwachen | einkaufen | verkaufen

> ▶ **BEISPIEL** Tobias ___wachte___ um acht Uhr ___auf___.

1. Dominick ___kaufte___ fürs Abendessen ___ein___.

2. Am Samstag ___besuchte___ Markus seine Schwester in Heidelberg.

3. Frau Hölzel ___erklärte___ den Schülern die Aufgabe.

4. Ich ___räumte___ mein Zimmer ___auf___.

5. Wir ___verkauften___ gestern viel Currywurst.

3 **Noch einmal** Schreiben Sie die Sätze im Präteritum noch einmal (*again*). Benutzen Sie dabei das Modalverb in Klammern.

> **BEISPIEL** Wir tauschten unser Geld auf der Bank um. (wollen)
> *Wir wollten unser Geld auf der Bank umtauschen.*

1. Thomas sah den ganzen Morgen (*all morning*) fern. (wollen)
   Thomas wollte den ganzen Morgen fernsehen.

2. Wir bereiteten ein schönes Essen vor. (wollen) Wir wollten ein schönes Essen vorbereiten.

3. Erik rief seine Freundin nicht an. (dürfen)
   Erik durfte seine Freundin nicht anrufen.

4. Herr Roth verkaufte sein Auto nicht. (können) Herr Roth konnte sein Auto nicht verkaufen.

5. Die Lehrerin wiederholte den Satz. (müssen)
   Die Lehrerin musste den Satz wiederholen.

6. Ich brachte meinen Computer in den Urlaub mit. (dürfen)
   Ich durfte meinen Computer in den Urlaub mitbringen.

Practice more at **vhlcentral.com**.

Kommunikation

4 **Eine Überraschungsfeier** Sven und Lena planten letzten Herbst eine Überraschungsfeier für ihre Eltern. Bilden Sie mit einem Partner / einer Partnerin zu jedem Bild einen Satz im Präteritum. Answers may vary.

▶ **BEISPIEL** Sven und Lena *bereiteten eine Überraschungsfeier für ihre Eltern vor.*

1. Sven und Lena kauften Sachen für die Feier ein.

2. Lena lud viele Verwandte und Freunde ein.

3. Die Gäste kamen am Nachmittag an.

4. Frau Braun brachte eine Schokoladentorte mit.

5. Die Großeltern überraschten Svens und Lenas Eltern mit einer Reise nach Amerika.

5 **Historische Personen** Bilden Sie mit einem Partner / einer Partnerin logische Fragen im Präteritum. Wechseln Sie sich bei den Fragen und Antworten ab.

BEISPIEL

S1: *Wer entdeckte die Stadt Troja?*
S2: *Heinrich Schliemann.*

Wer...

entdecken / die Allgemeine (*General*) Relativitätstheorie

erklären / die genetischen Regeln (*rules*)

erfinden / den Buchdruck (*printing press*)

bekommen / einen Nobelpreis für Literatur

> Gregor Johann Mendel
> Günter Grass
> Heinrich Schliemann
> Albert Einstein
> Johannes Gutenberg

Sample answers:
Wer entdeckte die Allgemeine Relativitätstheorie?
Albert Einstein
Wer erklärte die genetischen Regeln? Gregor Johann Mendel
Wer erfand den Buchdruck? Johannes Gutenberg
Wer bekam einen Nobelpreis für Literatur? Günter Grass

6 **Eine spannende Geschichte** Schreiben Sie mit einem Partner / einer Partnerin eine Geschichte. Benutzen Sie das Präteritum und mindestens (*at least*) drei Elemente aus der Liste. Answers will vary.

BEISPIEL Es war eine dunkle und stürmische Nacht.
Ich schlief schlecht und stand um drei Uhr nachts wieder auf.
Ich sah aus dem Fenster hinaus...

> den Regenmantel anziehen | hinausgehen
> aufräumen | weggehen
> aufstehen | das Handy vergessen
> Angst bekommen | die Orientierung verlieren
> wieder einschlafen | (nicht) verstehen

Prepositions of location
Prepositions in set phrases

Startblock When describing locations, and in certain fixed expressions, many German prepositions are used in ways that differ from their English counterparts.

Milwaukee liegt **am Lake Michigan**.

Hat Sabite **über mich** gesprochen?

Prepositions of location

QUERVERWEIS

See **1B.3** to review two-way prepositions.

Suggestion English speakers may find phrases like **auf der Post**, **auf der Bank**, and **auf dem Markt** counter-intuitive. Encourage students to simply memorize these phrases as "sound bites."

Suggestion Remind students that the expression **zu Hause**, which they learned in **Vol. 1, 4B.2**, is an exception to the general rule of using **in** with enclosed spaces.

ACHTUNG

Note that the idea of an enclosed space includes the radio, television, or Internet: **Das habe ich im Radio gehört; Das können wir im Internet finden**.

Suggestion Remind students that they have already seen the phrase **Im Internet** in the activity boxes at the end of each **Kultur** section.

Students will learn more about using prepositions with geographical locations in **Vol. 3, 2B.1**.

- In **1B.3** you learned to use two-way prepositions with the dative to indicate location and with the accusative to show movement toward a destination.

  Neben dem Schreibtisch steht ein großes Bücherregal.
  *There's a big bookcase **next to the desk**.*

  Stell den Stuhl bitte **neben den Tisch**.
  *Please put the chair **next to the table**.*

- Use **auf** with the dative to indicate that something is located on a horizontal surface or to describe a location in a public building or open space.

  Deine Bücher liegen **auf dem Tisch**.
  *Your books are **on the table**.*

  Ich war gestern **auf der Bank**.
  *I was **at the bank** yesterday.*

  Tanja hat schöne Blumen **auf dem Markt** gekauft.
  *Tanja bought beautiful flowers **at the market**.*

- Use **an** with the dative to indicate a location *on* or *at* a border, wall, or body of water.

  An der Wand hängt ein schöner Kalender.
  *There's a nice calendar hanging **on the wall**.*

  Am Strand war es heute kühl und windig.
  *It was cool and windy **at the beach** today.*

- Use **in** with the dative to indicate a location *on* or *in* an enclosed space.

  Die Sonnenbrille ist **in meiner Handtasche**.
  *The sunglasses are **in my purse**.*

  Die Kinder spielen gern **im Park**.
  *The kids like to play **in the park**.*

  Ich wohne **in der Joachimstraße**.
  *I live **on Joachim Street**.*

- To indicate location in a country whose name is feminine or plural, use **in** with the dative form of the definite article, plus the country name.

  Wagner wohnte **in der Schweiz**.
  *Wagner lived **in Switzerland**.*

  Meine Mutter ist jetzt **in den USA**.
  *My mother is **in the U.S.** right now.*

- In **1B.3** you learned that **bei** is always used with the dative case. Use **bei** with a noun referring to a person or business to indicate a location at that person's home or at that place of business.

  Ich kaufe gern **bei Aldi** ein.
  *I like shopping **at Aldi's**.*

  Anna war gestern **beim Friseur**.
  *Anna was **at the hairdresser's** yesterday.*

Als Student wohnte Hans im Sommer **bei seinen Eltern**.
*When he was a student, Hans lived **with his parents** during the summer.*

Heute Abend spielen wir **bei mir** Karten.
*We're playing cards **at my place** tonight.*

- You can also use **bei** to mean *near* a location or *in the presence of* a condition.

Das Restaurant liegt **bei Wilhelmshaven**.
*The restaurant is **near Wilhelmshaven**.*

Bei schönem Wetter gehen wir gern spazieren.
*We like to go for walks **when the weather is nice**.*

Prepositions in set phrases

- Certain combinations of verbs and prepositions have specific, idiomatic meanings. The prepositions in these fixed expressions are always followed by the same case, regardless of whether the verb they are associated with indicates location or movement.

Jasmin **erzählte** uns **von ihren Problemen**.
*Jasmin **told** us **about her problems**.*

Bernd muss einen Brief **an seine Tante schreiben**.
*Bernd has to **write** a letter **to his aunt**.*

- Use the *dative* after the following set phrases.

Verb phrases with the dative	
Angst haben vor	to be afraid of
arbeiten an	to work on
erzählen von	to talk about; to tell a story about
fragen nach	to ask about
handeln von	to be about; to have to do with
helfen bei	to help with

Meine Nichte **hat Angst vor** Hunden.
*My niece **is afraid of** dogs.*

Professor Weiss **arbeitet an** einem neuen Buch.
*Professor Weiss **is working on** a new book.*

- Use the *accusative* after the following expressions.

Verb phrases with the accusative	
antworten auf	to answer
denken an	to think about
schreiben an	to write to
sprechen/reden über	to talk about
warten auf	to wait for

Wir haben lange **auf** den Bus **gewartet**.
*We **waited** a long time **for** the bus.*

Antworte bitte **auf** die Frage.
*Please **answer** the question.*

Suggestion Remind students that they can also use **bei** with a person's name to refer to that person's home. Ex.: **Wir waren bei Bob.**

Suggestion Point out that **bei** + dative can also be used to "set the scene" for the action in a sentence. Ex.: **Beim Abendessen haben wir über die Ferien geredet.**

Suggestion Students may have difficulty with these German verb/preposition combinations. Point out that English also has specific verb/preposition combinations with specific, idiomatic meanings. Ex: "to wait for" *vs.* "to wait on".

Expansion Have students ask each other **Wovor hast du Angst?** Provide humorous model answers.

Ressourcen

SAM
WB: pp. 35–36

SAM
LM: p. 24

vhlcentral.com

Jetzt sind Sie dran! Wählen Sie die passenden Präpositionen.

1. Wir haben (mit / auf / über) dem Markt Obst gekauft.
2. Hamburg liegt (an / mit / unter) der Elbe (*Elbe River*).
3. Mein Hund hat Angst (über / von / vor) Donner und Blitz.
4. Nach dem Sturm lag viel Hagel (auf / an / in) der Straße.
5. Anke verbringt ihren Sommer (mit / aus / in) der Türkei.
6. Wir helfen unserer Mutter (bei / vor / in) der Hausarbeit.
7. (An / Mit / Unter) der Berliner Mauer gibt es viel Graffiti.
8. Du hast nicht (über / bei / auf) meine Frage geantwortet.
9. Wohnt dein Bruder immer noch (an / bei / auf) dir?
10. Hast du schon (bei / an / nach) Oma geschrieben?
11. Erika hat mir (mit / nach / von) ihrem Wochenende erzählt.
12. Der Teppich (in / auf / an) unserem Zimmer ist dreckig.

Anwendung

1 Präpositionen Ergänzen Sie die passenden Präpositionen.

BEISPIEL ___Bei___ schlechtem Wetter werde ich oft krank (*sick*).

1. Wir campen jeden Sommer ___auf___ dem Campingplatz.
2. Maria reitet oft ihr Pferd ___im___ Park.
3. Gehst du oft ___bei___ Aldi einkaufen?
4. Cuxhaven liegt ___an___ der Nordsee.
5. Unsere Katze sitzt gern ___auf___ dem Balkon und schaut den Vögeln zu.

2 Ergänzen Sie Ergänzen Sie die Lücken mit den richtigen Präpositionen.

▶ **BEISPIEL** Meine Schlüssel sind nicht ___in___ meiner Tasche.

1. Meine Hunde haben immer Angst ___vor___ einem Sturm.

2. Der Film handelt ___von___ einer Naturkatastrophe.

3. Im Sommer mieten wir ein kleines Haus ___an___ einem Strand.

4. Die Frau fragt den Verkäufer ___nach___ dem Preis.

5. Elias arbeitet ___an___ seiner Dissertation.

3 Kombinieren Sie Ergänzen Sie die passenden Präpositionen und wählen Sie dann die beste Antwort auf jede Frage.

___a___ 1. Hast du das ___im___ Internet gefunden?

___d___ 2. Warum hat deine Mutter Angst ___vor___ Hunden?

___b___ 3. Oma, erzähl mir bitte ___von___ deiner Kindheit.

___e___ 4. Bleibt Daniel die ganzen Semesterferien ___bei___ seinen Eltern?

___c___ 5. Arbeitet Greta schon ___an___ ihrer Magisterarbeit (*master's thesis*)?

a. Nein, ich habe es im Radio gehört.

b. Ach Kindchen, das war vor so langer Zeit.

c. Ja, sie hat schon damit angefangen.

d. Ich weiß nicht, aber sie mag Katzen.

e. Nein, er macht einen Sprachkurs in Spanien für vier Wochen.

4 Fragen Stellen Sie einem Partner / einer Partnerin diese Fragen. Answers will vary.

1. An wen schreibst du oft E-Mails?
2. Worüber redest du mit deinen Freunden?
3. Wo verbringst du deine Semesterferien?
4. Wo kaufst du deine Lebensmittel ein?
5. Wovon erzählst du deinen Eltern?
6. Wovor hast du Angst?

 Practice more at **vhlcentral.com.**

Kommunikation

5 **Kettenreaktion** Sagen Sie abwechselnd, wo diese Dinge in Ihrem
Klassenzimmer sind. Answers will vary.

BEISPIEL

S1: *die Uhr*
S2: *Die Uhr hängt an der Wand.*
S3: *der Stuhl*
S4: *Oliver sitzt auf dem Stuhl.*

der Boden	die Lampen	die Tafel
das Buch	das Poster	die Uhr
der Computer	der Stuhl	die Wand

6 **Was und wo ist das?** Wählen Sie ein Objekt aus dem Bild und
beschreiben Sie seine Lage (*location*). Ihr Partner / Ihre Partnerin muss
erraten, welches Gebäude oder Objekt Sie beschreiben. Answers will vary.

BEISPIEL

S1: *Ein blaues Auto steht vor dem*
   Gebäude (building).
S2: *Ist es der Supermarkt?*
S1: *Ja.*

das Café · das Hotel · die Bibliothek · das Restaurant · die Bank · das Kino · das Museum · der Supermarkt

7 **Was kann man wo machen?** Entscheiden Sie (*Decide*) mit einem
Partner / einer Partnerin, wo Sie die folgenden Aktivitäten machen können. Answers will vary.

BEISPIEL

S1: *Wo kann ich ein*
   Buch kaufen?
S2: *Das kannst du im*
   Buchgeschäft machen.

Wo kann ich... ?	Das kannst du... machen.
eine Tasse Kaffee bestellen	beim Bäcker
Obst und Gemüse kaufen	auf der Bank
leckere Brötchen kaufen	in der Bibliothek
in der Sonne liegen	im Café
ein Bild von Picasso sehen	im Internetcafé
ein Wörterbuch finden	im Museum
Geld bekommen	am Strand
im Internet surfen	im Supermarkt

8 **Persönliche Fragen** Machen Sie ein Interview mit einem Partner /
einer Partnerin und finden Sie ein paar persönliche Informationen heraus. Answers will vary.

1. Hast du Angst vor: ___ Gewitter (*thunderstorm*) ___ Hunden ___ schlechten Noten?
2. Redest du gern über: ___ Musik ___ Sport?
3. Arbeitest du heute an: ___ Politik ___ einem Referat (*report*) ___ deinen Hausaufgaben ___ nichts?
4. Denkst du oft an: ___ deine Zukunft (*future*) ___ deine Kurse ___ deine Familie?
5. Handeln deine Träume von ___ deiner Kindheit ___ deinem Leben jetzt ___ anderen Situationen?

Wiederholung

1 In der Stadt
Wechseln Sie sich mit einem Partner / einer Partnerin ab: Beschreiben Sie, wo Frank gestern in der Stadt war. Sample answers are provided.

▶ **BEISPIEL** *Zuerst war Frank auf der Post. Dann war er...*

1 Suggestion Do the first few sentences together as a class. Remind students that since they will be talking about Frank's *location*, they will use the dative with any two-way prepositions.

2 Suggestion Remind students that in sentences beginning with a time expression, the conjugated verb will appear in 2nd position, *before* the subject. Provide model answers that say what you like to do.

1.

Dann war er auf der Bank.

2.

Dann hat er im Restaurant gegessen.

3.

Im Park hat er in der Sonne gelegen.

4.

In der Metzgerei hat er Wurst gekauft.

5.

In der Bäckerei hat er frisches Brot gekauft.

2 Bei so einem Wetter
Fragen Sie Ihren Partner / Ihre Partnerin, was er/sie bei verschiedenem Wetter macht. Answers may vary.

BEISPIEL

S1: *Was machst du, wenn es windig ist?*
S2: *Bei windigem Wetter gehe ich spazieren.*

1. wenn die Sonne scheint
2. wenn es windig ist
3. wenn es schneit
4. wenn es kalt ist
5. wenn es regnet
6. wenn es extrem heiß ist

3 Hausarbeit
Beschreiben Sie mit einem Partner / einer Partnerin, wie Sie und Ihre Mitbewohner (*roommates*) am Wochenende die Wohnung putzten. Benutzen Sie Vokabeln aus der Liste. Answers will vary.

BEISPIEL

S1: *Am Wochenende mussten wir viel Hausarbeit machen.*
S2: *Im Bad putzte Eric die Toilette und die Badewanne.*

abstauben	Müll rausbringen
aufräumen	Geschirr spülen
fegen	staubsaugen
Bett machen	Wäsche waschen
putzen	wischen

4 Wer hat was gemacht?
Sie bekommen ein Arbeitsblatt von Ihrem Professor / Ihrer Professorin mit verschiedenen Aktivitäten. Wer in der Gruppe hat diese Aktivitäten gemacht? Answers will vary.

BEISPIEL

S1: *Hast du von einem guten Buch erzählt?*
S2: *Ja, ich habe von einem guten Buch erzählt.*

5 Wie war die Woche?
Tauschen Sie mit Ihrem Partner / Ihrer Partnerin Informationen aus: Was machten Paul und Sara gestern? Füllen Sie die Tabelle für Ihren Partner / Ihre Partnerin und sich selber (*yourself*) aus. Answers will vary.

BEISPIEL

S1: *Was hat Sara am Donnerstag gemacht?*
S2: *Sie hat bei S&P eingekauft.*

6 Als ich 10 war
Erzählen Sie Ihrem Partner / Ihrer Partnerin, was Sie machten, als Sie zehn Jahre alt waren. Was machten Sie im Frühling, im Sommer, im Herbst und im Winter?

BEISPIEL

S1: *Was hast du mit zehn im Herbst gemacht?*
S2: *Als ich zehn war, bin ich im Herbst Fahrrad gefahren. Im Winter...*

Zapping

Video: TV Clip

Urlaub im grünen Binnenland

Im Norden Schleswig-Holsteins, zwischen Nord- und Ostsee, an der Grenze zu Dänemark, liegt das grüne Binnenland. In dieser Gegend können Touristen Wiesen°, Flüsse und zwei sehr unterschiedliche° Meere° finden. Die wunderschöne Fluss- und Seenlandschaft° ist sehr flach und hat nur sanfte Hügel°. Zu den Hauptattraktionen gehören der Nationalpark Wattenmeer mit tollen Stränden, Schlössern und Wikingerdörfern. Neben der Natur gibt es viel Kultur in Städten wie Flensburg und Schleswig.

Expansion Pause the video on the image of the map at the beginning. Ask:
• Wo liegt „das grüne Binnenland"?
• Welches Land liegt nördlich von Schleswig-Holstein?
• Schleswig-Holstein liegt zwischen zwei Meeren. Wie heißen die zwei Meere?

Suggestion After showing students the scene in the tourist center, ask:
• Wie begrüßt die Frau die Touristen? Warum?
• Wie lange will das Paar hier Urlaub machen?

Reetdachdecker° bei ihrer Arbeit

Sie sind im Land der Wikinger!

Badeurlaub° genießen Sie im Seebad°, an Sandstränden oder Naturbadestellen.

Expansion Have students name activities featured in the video and organize them into things to do **in der Natur** and things to do **in der Stadt**.

Wiesen *meadows* **unterschiedliche** *different* **Meere** *seas* **Seenlandschaft** *lake landscape* **sanfte Hügel** *gentle hills* **Reetdachdecker** *roof thatchers* **Badeurlaub** *beach vacation* **Seebad** *beach resort*

 Verständnis Markieren Sie alle richtigen Antworten.

1. Was kann man in der Region Grünes Binnenland Schleswig-Holstein *nicht* sehen?
   a. Meere b. hohe Berge c. Flüsse d. Strände

2. Welche Aktivitäten kann man in dieser Region *nicht* machen?
   a. Rad fahren b. einkaufen c. Ski fahren
   d. schwimmen

Diskussion Diskutieren Sie die folgenden Fragen mit einem Partner / einer Partnerin. Answers will vary.

 1. Was möchten Sie gerne im grünen Binnenland Schleswig-Holsteins sehen und machen? Warum?

2. Sie sind die Touristen am Anfang des Videos und besuchen die Touristeninformation: Welche Fragen wollen Sie der Frau stellen?

Reisen

S Talking Picture
Audio: Activities

Suggestion Model correct pronunciation
of **Passagier**. Point out that the **g** is soft.

Wortschatz

am Flughafen	*at the airport*
der Abflug	departure
die Ankunft	arrival
die Businessklasse	business class
der Flug, -̈e	flight
das Flugticket, -s	ticket
das Gepäck	luggage
der Koffer, -	suitcase
der Passagier, -e	passenger
die Passkontrolle, -n	passport control
der Personalausweis, -e	ID card
die Reise, -n	trip
das Reisebüro, -s	travel agency
die Touristenklasse	economy class
die Verspätung, -en	delay
das Visum (*pl.* die Visa)	visa
der Zoll	customs
fliegen	*to fly*
das Ausland	abroad
pünktlich	on time
die Ferien	*vacation*
die Kreuzfahrt, -en	cruise
der Skiurlaub, -e	ski vacation
packen	to pack
übernachten	to spend the night
Unterkünfte	*accommodations*
der Fahrstuhl, -̈e	elevator
der Gast, -̈e	(hotel) guest
das (Fünf-Sterne-)Hotel	(five-star) hotel
die Jugendherberge, -n	youth hostel
der Schlüssel, -	key
der Zimmerservice	room service
abbrechen (bricht... ab)	to cancel
buchen	to make a (hotel) reservation
voll besetzt	*fully occupied*

Expansion Ask students: **Fliegen Sie gerne?**
Warum? Warum nicht? Have them brainstorm
a list of things they associate with flying.

Ressourcen

| SAM WB: pp. 37–38 | SAM LM: p. 25 | **S** vhlcentral.com |

Sonne und Meer

der Ausgang, -̈e

Er liest eine Karte.

der Strand, -̈e

das Meer, -e

die Reisenden (*pl.*)
(*sing.* der Reisende)

Sport

die Bordkarte, -n

die Zeitung, -en

das Handgepäck

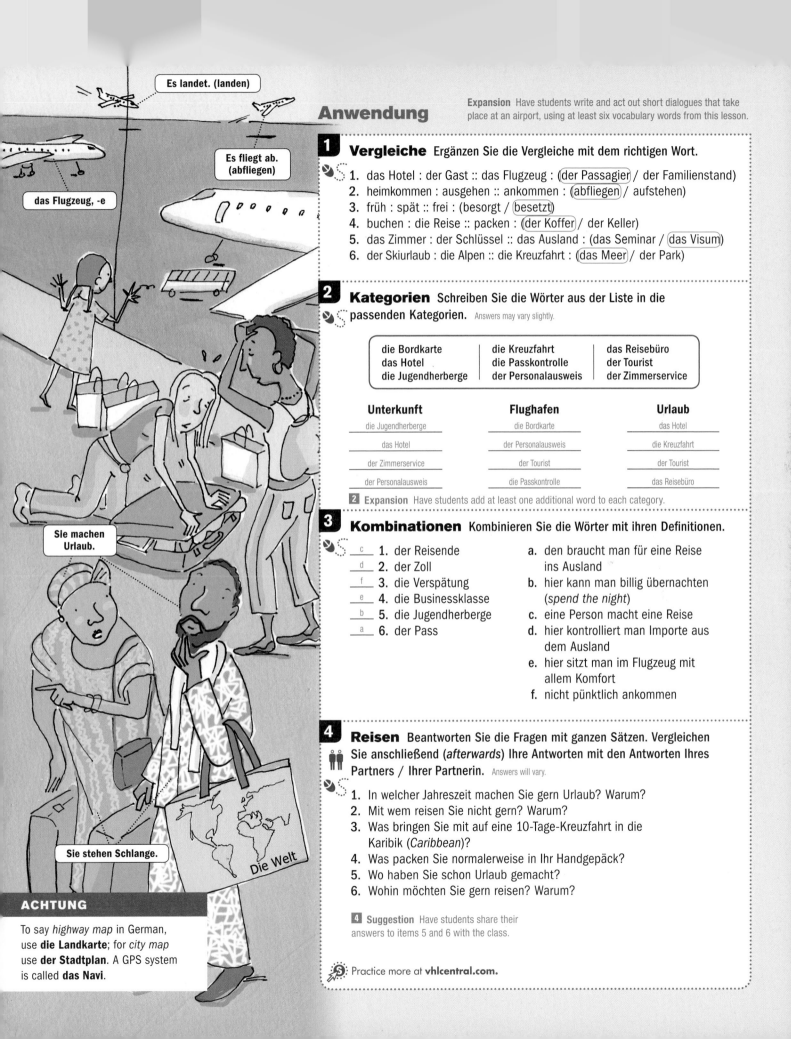

Es landet. (landen)

Es fliegt ab. (abfliegen)

das Flugzeug, -e

Sie machen Urlaub.

Sie stehen Schlange.

Die Welt

ACHTUNG

To say *highway map* in German, use **die Landkarte**; for *city map* use **der Stadtplan**. A GPS system is called **das Navi**.

Anwendung

Expansion Have students write and act out short dialogues that take place at an airport, using at least six vocabulary words from this lesson.

1 **Vergleiche** Ergänzen Sie die Vergleiche mit dem richtigen Wort.

1. das Hotel : der Gast :: das Flugzeug : (der Passagier / der Familienstand)
2. heimkommen : ausgehen :: ankommen : (abfliegen / aufstehen)
3. früh : spät :: frei : (besorgt / besetzt)
4. buchen : die Reise :: packen : (der Koffer / der Keller)
5. das Zimmer : der Schlüssel :: das Ausland : (das Seminar / das Visum)
6. der Skiurlaub : die Alpen :: die Kreuzfahrt : (das Meer / der Park)

2 **Kategorien** Schreiben Sie die Wörter aus der Liste in die passenden Kategorien. Answers may vary slightly.

die Bordkarte	die Kreuzfahrt	das Reisebüro
das Hotel	die Passkontrolle	der Tourist
die Jugendherberge	der Personalausweis	der Zimmerservice

Unterkunft	Flughafen	Urlaub
die Jugendherberge	die Bordkarte	das Hotel
das Hotel	der Personalausweis	die Kreuzfahrt
der Zimmerservice	der Tourist	der Tourist
der Personalausweis	die Passkontrolle	das Reisebüro

2 **Expansion** Have students add at least one additional word to each category.

3 **Kombinationen** Kombinieren Sie die Wörter mit ihren Definitionen.

___c___ 1. der Reisende
___d___ 2. der Zoll
___f___ 3. die Verspätung
___e___ 4. die Businessklasse
___b___ 5. die Jugendherberge
___a___ 6. der Pass

a. den braucht man für eine Reise ins Ausland
b. hier kann man billig übernachten (*spend the night*)
c. eine Person macht eine Reise
d. hier kontrolliert man Importe aus dem Ausland
e. hier sitzt man im Flugzeug mit allem Komfort
f. nicht pünktlich ankommen

4 **Reisen** Beantworten Sie die Fragen mit ganzen Sätzen. Vergleichen Sie anschließend (*afterwards*) Ihre Antworten mit den Antworten Ihres Partners / Ihrer Partnerin. Answers will vary.

1. In welcher Jahreszeit machen Sie gern Urlaub? Warum?
2. Mit wem reisen Sie nicht gern? Warum?
3. Was bringen Sie mit auf eine 10-Tage-Kreuzfahrt in die Karibik (*Caribbean*)?
4. Was packen Sie normalerweise in Ihr Handgepäck?
5. Wo haben Sie schon Urlaub gemacht?
6. Wohin möchten Sie gern reisen? Warum?

4 **Suggestion** Have students share their answers to items 5 and 6 with the class.

Practice more at **vhlcentral.com.**

Kommunikation

5 Durchsagen 🎧 Hören Sie die Durchsagen (*announcements*) an und entscheiden Sie mit einem Partner / einer Partnerin, welche Durchsage am besten zu welchem Satz passt.

5 Suggestion Students may need to hear the recording several times in order to complete the exercise.

Durchsage 4 **1.** Die Passagiere fliegen nach Russland.

Durchsage 5 **2.** Das Flugzeug ist gerade gelandet.

Durchsage 1 **3.** Der Check-in für Air France ist im Terminal 1.

Durchsage 3 **4.** Der Flug nach Hamburg fliegt bald ab.

Durchsage 2 **5.** Die Passagiere kommen mit Verspätung in Rom an.

6 Am Flughafen Ihr Lehrer / Ihre Lehrerin gibt Ihnen verschiedene Blätter mit Durchsagen. Fragen Sie Ihren Partner / Ihre Partnerin nach den fehlenden Informationen und wechseln Sie sich dabei ab. Answers will vary.

6 Suggestion Before beginning the activity, clarify the meaning of any unfamiliar vocabulary and practice pronunciation of the longer words.

BEISPIEL

S1: *Wer kann zum Ausgang gehen?*
S2: *Nur Passagiere mit Bordkarten.*

7 Beschreibungen Schreiben Sie mit einem Partner / einer Partnerin eine Beschreibung (*description*) von jedem (*each*) Bild. Lesen Sie danach einem anderen Paar Ihre Beschreibung vor. Das andere Paar soll erraten, welches Bild zu welcher Beschreibung passt. Answers will vary.

WERKZEUG

der Hauptbahnhof *central station*
das Taxi *taxi*
der Check-in-Schalter *check-in desk*

BEISPIEL

S1: *Es ist Abend. Ein Mädchen sitzt auf einem Koffer.*
S1: *Sie liest Zeitung.*
S3: *Das ist Bild 1.*

1.

2.

3.

4.

5.

6.

Aussprache und Rechtschreibung

 Audio: Presentation Record & Compare Activities

🎧 Pure vowels versus diphthongs

You learned in **2B** that German has three diphthongs: **au**, **ai/ei**, and **eu/äu**. In these vowel combinations, two vowel sounds are pronounced together in the same syllable.

Haus	**Mai**	**meine**	**scheu**	**läuft**

All other German vowel sounds are pure vowels. Whether long or short, they never glide into another vowel sound.

kalt	**Schnee**	**Spiel**	**Monat**	**Schule**

Be sure to pronounce the vowels in German words as pure vowel sounds, even when they resemble English words with similar pronunciations.

kann	**Stereo**	**Apfel**	**Boot**	**Schuh**

Suggestion Have students pronounce each German word alongside its English counterpart, to help them hear the difference in the vowel sounds: "**kann**, *can*", "**Stereo**, *stereo*", etc.

1 Sprechen Sie nach Wiederholen Sie die Wörter, die Sie hören.

1. Hagel	5. minus	9. Januar	13. Zeit
2. wann	6. Winter	10. Geburtstag	14. heute
3. Regen	7. Oktober	11. August	15. Häuser
4. Wetter	8. Sommer	12. Mai	16. Gasthaus

2 Artikulieren Sie Wiederholen Sie die Sätze, die Sie hören.

1. Es hat fast den ganzen Tag geregnet.
2. Im Juli ist es am Nachmittag zu heiß.
3. Im Winter gehe ich gern Ski laufen.
4. Trink eine Tasse Tee, damit du wieder wach wirst.
5. Im Mai wird es schön warm und sonnig.
6. Im Sommer schwimmen die Kinder im See.
7. Im Herbst muss Max sein Segelboot reparieren lassen.
8. Meine Freundin besucht mich heute.

3 Sprichwörter Wiederholen Sie die Sprichwörter, die Sie hören.

Nach Regen kommt Sonnenschein.[2]

Morgen, morgen, nur nicht heute, sagen alle faulen Leute.[1]

[1] Tomorrow, tomorrow, just not today, that is what all lazy people say.
[2] Things will look brighter tomorrow. (lit. *After the rain comes sunshine.*)

Ein Sommer in der Türkei? Ⓢ Video: *Fotoroman*

Anke hat Pläne für den Sommer: Die ganze Familie soll den Sommer in der Türkei verbringen.

NATIONAL STANDARDS
communication cultures

Vorbereitung Have students look at scene 10, and discuss with a partner why they think Sabite is sad. After they have watched the episode, have students get together with their partners again and check their predictions.

ANKE Ich habe eine Überraschung für euch.
ZEYNEP Ich weiß schon, was es ist!
ANKE Zeynep, psst!
SABITE Was ist es denn?
ANKE Wir verbringen den Sommer in der Türkei.
SABITE Warum?
ZEYNEP Ja warum wohl!

ANKE Es ist das Heimatland von deinem Vater. Und du und deine Schwester wart nicht mehr im Ausland seit... unseren Ferien in Frankreich vor drei Jahren. Wir wollen dort etwas über die Kunststudiengänge für dich erfahren, deshalb machen wir die Reise gemeinsam.

SABITE Torsten und ich haben uns gestritten. Ich habe ihm gesagt, dass ich überlege, in der Türkei Kunst zu studieren. Naja, ich habe es zuerst Meline gesagt. Ich habe mich mit Melines Freund über Kunst unterhalten und er stand daneben.

SABITE Ich kann es kaum erwarten, George, Hans und Meline davon zu erzählen.
ZEYNEP Und Torsten?

ANKE Du hast es ihm nicht zuerst gesagt. Und jetzt ist er unglücklich?
SABITE Ja. Und jetzt werden wir den Sommer nicht zusammen sein.
ANKE Wir müssen nicht in die Türkei fahren.
ZEYNEP Ähm, doch!
SABITE Oh, doch, das müssen wir. Aber ich will es ihm noch nicht sagen.

SABITE Mama, ich brauche deine Hilfe. Kann ich dich was fragen?
ANKE Du bittest mich doch sonst nie um Hilfe. Das muss ein großes Problem sein.

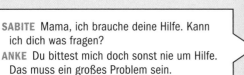

ÜBUNGEN

1 **Ergänzen Sie** Ergänzen Sie die Sätze mit den richtigen Informationen.

1. Anke möchte den (Sommer / Herbst) in der Türkei verbringen.
2. Die Türkei ist das Heimatland von (Anke / Faik).
3. Sabite und Zeynep waren schon in (Italien / Frankreich) im Urlaub.
4. Familie Yilmaz möchte etwas über (Jugendherbergen / Kunststudiengänge) in der Türkei erfahren.
5. Sabite bittet ihre Mutter um (Hilfe / Geld).

6. Sie hat Meline zuerst davon erzählt, in der Türkei (Kunst zu studieren / Urlaub zu machen).
7. Deshalb (*Therefore*) ist Torsten jetzt (unglücklich / unangenehm).
8. Anke glaubt, dass Beziehungen (einfach / kompliziert) sind.
9. Vor einem (Monat / Jahr) hat Sabite einige Arbeiten bei einer Galerie eingereicht.
10. Meline mag (Zeynep / Torsten) nicht.

ANKE Was noch? Bei Problemen zwischen zwei Partnern geht es nie nur um eine Sache. Beziehungen sind kompliziert.
SABITE Er versteht meine Kunst nicht.
ZEYNEP Niemand versteht deine Kunst, ohne dass er verrückt ist.
ANKE Hör auf, deine Schwester zu ärgern.

SABITE Er möchte meine Kunst nicht verstehen. Vor einem Monat habe ich einige Arbeiten bei einer Galerie in der Torstraße eingereicht. Torsten sagte... sie werden das niemals ausstellen.

ZEYNEP Das ist gemein.
ANKE Er darf so etwas nicht zu dir sagen.
SABITE Meline mag ihn nicht.
ZEYNEP Meline ist komisch.

SABITE Aber sie versteht, dass ich Künstlerin bin, ohne meine Kunst zu verstehen. Mama, was soll ich tun?
ANKE Liebst du ihn, Sabite?

Nützliche Ausdrücke

- **Heimatland**
  homeland, country of origin
- **der Kunststudiengang**
  art course
- **gemeinsam**
  together
- **erwarten**
  to expect
- **Du bittest mich doch sonst nie um Hilfe.**
  You never ask for my help.
- **Torsten und ich haben uns gestritten.**
  Torsten and I have been fighting.
- **zuerst**
  first
- **daneben**
  aside
- **zwischen**
  between
- **ausstellen**
  to exhibit
- **komisch**
  weird

3B.1
- **Aber sie versteht, dass ich Künstlerin bin, ohne meine Kunst zu verstehen.**
  But she understands that I'm an artist, without understanding my art.

3B.2
- **Vor einem Monat habe ich einige Arbeiten bei einer Galerie in der Torstraße eingereicht.**
  A month ago, I submitted some work to a gallery on Torstraße.

3B.3
- **Niemand versteht deine Kunst, ohne dass er verrückt ist.**
  Nobody can understand your art, unless they're crazy.

---

2 Zum Besprechen Familie Yilmaz möchte zusammen Urlaub in der Türkei machen. Planen Sie mit einem Partner/einer Partnerin die Reise. Schreiben Sie einen Absatz (*paragraph*) über das Ziel (*destination*), die Dauer der Reise, die Transportmittel, die Unterkünfte und weitere Details. *Answers will vary.*

2 Expansion Instead of having them write a paragraph, ask students to act out a conversation about vacation planning.

3 Vertiefung Anke, Sabite und Zeynep sind im Bauhaus-Museum. Suchen Sie weitere Museen in Berlin und finden Sie heraus (*find out*), welche Ausstellungen zur Zeit dort zu sehen sind. *Answers will vary.*

Ressourcen
SAM VM: p. 6 | DVD Folge 6 | vhlcentral.com

Suggestion Have students figure out the literal English translation of **Kofferwort**.

IM FOKUS

Flughafen Frankfurt  Reading

EIN KLEINER TIPP

The Squaire comes from a combination of the English words *square* and *air*. This type of combination of words is called a **Kofferwort** in German.

DER FRANKFURT AIRPORT (AUCH Rhein-Main-Flughafen) ist der größte Flughafen in Deutschland. Mehr als 50 Millionen Passagiere kamen hier 2010 an oder flogen von hier ab. In München waren es 2010 34,7 Millionen und in Düsseldorf 18,9 Millionen. In Europa fliegen Passagiere nur London-Heathrow und Paris-Charles de Gaulle öfter an.

Weltweit ist der Frankfurter Flughafen die Nummer 9. Der Flughafen ist sehr praktisch für Passagiere, weil es direkt im Flughafen einen Bahnhof° gibt. Man kann Flug und Zugreise bequem miteinander kombinieren. Über dem Bahnhof findet man auch „The Squaire", ein großes Gebäude mit Büros, zwei Hotels und Geschäften.

Neben dem Passagierverkehr° ist der Frankfurt Airport auch für den Cargoverkehr wichtig. Innerhalb Europas werden nur in Paris-Charles de Gaulle mehr Güter° transportiert. Wegen der vielen Passagiere und der Güter nennt man den Frankfurt Airport auch ein wichtiges Luft-fahrtdrehkreuz°. Der Flughafen ist aber nicht nur für Passagiere und Cargotransport wichtig. Hier arbeiten insgesamt über 71.000 Menschen. Innerhalb Deutschlands gilt der Flughafen als größte lokale Arbeitsstätte°. Er ist so groß, dass er seine eigene Postleitzahl° hat!

Flughafen	Passagiere (2010)	Flüge (2010)	Fluggesellschaften°
Frankfurt Airport	56,4 Millionen	487.000	155
London-Heathrow (größter in Europa)	65 Millionen	476.000	90
Atlanta International Airport (größter weltweit)	89,3 Millionen	950.000	62

QUELLE: Frankfurt Airport, Heathrow Airport, Atlanta International Airport

Bahnhof train station **Passagierverkehr** passenger traffic **Güter** freight **Luftfahrtdrehkreuz** aviation hub **Arbeitsstätte** place of employment **Postleitzahl** zip code **Fluggesellschaften** airline companies

Suggestion Before they begin the reading, have students describe the picture to you, using as many vocabulary words as possible.

ÜBUNGEN

1 **Richtig oder falsch?** Sind die Aussagen richtig oder falsch? Korrigieren Sie die falschen Aussagen mit einem Partner / einer Partnerin.

1. Frankfurt Airport ist der größte Flughafen in Deutschland. Richtig.

2. Der Flughafen Nummer 2 in Deutschland ist Düsseldorf.
Falsch. Der Flughafen Nummer 2 ist München.

3. Leider gibt es am Frankfurt Airport keinen Bahnhof.
Falsch. Direkt im Flughafen gibt es einen Bahnhof.

4. Am Frankfurt Airport können Reisende übernachten.
Richtig.

5. In London-Heathrow transportiert man mehr Güter als in Frankfurt.
Falsch. Nur in Paris-Charles de Gaulle transportiert man an einem europäischen Flughafen mehr Güter.

6. Am Frankfurt Airport arbeiten 74.000 Menschen.
Falsch. Am Frankfurt Airport arbeiten 71.000 Menschen.

7. Der Frankfurt Airport ist die größte lokale Arbeitsstätte in Deutschland.
Richtig.

8. Die Postleitzahl des Frankfurt Airports ist 60549. Richtig.

9. Der Frankfurt Airport hat mehr Fluggesellschaften als London. Richtig.

10. Am größten Flughafen Europas flogen 2010 89,3 Millionen Passagiere ab.
Falsch. In London-Heathrow flogen 2010 65 Millionen Passagiere ab.

 Practice more at **vhlcentral.com**.

DEUTSCH IM ALLTAG

Urlaub für Studenten

die Jugendherberge, -n	*youth hostel*
die Pension, -en	*guesthouse*
das Zelt, -e	*tent*
der Zeltplatz, -̈e	*camping area*
Sofa-surfen	*to couch surf*
Zimmer frei	*vacancy*

DIE DEUTSCHSPRACHIGE WELT

Sylt

Sylt ist die größte deutsche Insel in der Nordsee. Sie heißt auch „die Hamburger Badewanne". Jedes Jahr machen hier über 800.000 Menschen Urlaub. Berühmt ist Sylt für seine langen Strände (mehr als 40 Kilometer) und die Wanderdünen° in List. Sie sind bis zu 1.000 Meter lang und 35 Meter hoch. Sie „wandern" jedes Jahr bis zu 4 Meter. Interessant ist auch das Wattenmeer, wo viele Fische und Vögel leben. Auf Sylt findet man auch seltene° Pflanzen, Tiere und Schmetterlinge°. Die Heide° ist auch eine bekannte Landschaft° der Insel.

Wanderdünen *hiking dunes* **seltene** *rare*
Schmetterlinge *butterflies* **Heide** *heath*
Landschaft *landscape*

PORTRÄT

Der ICE

Der ICE, oder Intercity-Express, ist die schnellste Zugart° in Deutschland. Dieser Zug° fährt in Deutschland und 6 Nachbarländern (Belgien, Dänemark, Frankreich, Niederlande, Österreich und der Schweiz) 180 ICE-Bahnhöfe an. Für Passagiere ist der ICE interessant, weil die Züge nicht nur extrem schnell fahren, sondern auch sehr bequem sind. Passagiere haben viel Platz. Alle Wagen haben Klimaanlagen°. Es gibt auch ein Bordrestaurant im Zug und oft ein Abteil° für Kinder. Mit Kopfhörern° kann man Musik- und Sprachprogramme hören und für Computer gibt es Steckdosen°.

Zugart *type of train* **Zug** *train* **Klimaanlagen** *air conditioning* **Abteil** *section*
Kopfhörern *headphones* **Steckdosen** *electrical outlets*

IM INTERNET

Suchen Sie Informationen über die Vogelfluglinie: Was ist die Vogelfluglinie? Wo liegt sie? Ist sie nur für Vögel?

For more information on this **Kultur**, go to **vhlcentral.com**.

---

2 **Was fehlt?** Ergänzen Sie die Sätze.

1. Die Insel Sylt liegt in der ___Nordsee___.
2. Die Insel Sylt hat lange ___Strände___ und Wanderdünen.
3. Eine Attraktion ist das ___Wattenmeer___, wo viele Fische und Vögel leben.
4. Die schnellste Zugart in Deutschland ist der ___ICE___.
5. Der ICE ist extrem schnell und auch ___(sehr) bequem___.
6. Es gibt Bordrestaurants und Abteile für ___Kinder___.

3 **Urlaub** Diskutieren Sie mit einem Partner / einer Partnerin, wo Sie in Deutschland, Österreich oder der Schweiz Urlaub machen wollen. Wählen Sie ein Urlaubziel (*destination*). Warum wollen Sie diese Orte besuchen? Was möchten Sie hier gerne sehen? Was möchten Sie hier gerne machen? Mit wem möchten Sie diese Orte besuchen?

Suggestion After reading the article about Sylt, have students search the text for words that describe the island. Ask comprehension questions, ex.: **Wo ist die Insel Sylt? Warum heißt sie wohl die „Hamburger Badewanne"?**

Ressourcen

vhlcentral.com

3B.1

Infinitive expressions and clauses

(S) Presentation

Startblock When you use a non-modal verb with an infinitive clause, add the preposition **zu** before the infinitive.

Ich habe Sabite letzte Woche geholfen, ihre Wohnung **zu putzen.**

Ich habe ihm gesagt, dass ich überlege, ein Semester in der Türkei Kunst **zu studieren.**

Suggestion Emphasize that **zu** is not used with modals. Write an example of an incorrect sentence on the board, such as **Ich will zu schlafen**, and have students identify the error. Have a volunteer come to the board to cross out the **zu**.

Suggestion Have students review modal verbs, taught in **Vol. 1, 3B.1**.

- You learned that when a conjugated modal verb modifies the meaning of another verb, the infinitive moves to the end of the sentence. The preposition **zu** is not needed in this case.

Ich möchte Checkpoint Charlie **besuchen.**
*I want **to visit** Checkpoint Charlie.*

Es regnet. Wir müssen unsere Regenmäntel **anziehen.**
*It's raining. We need **to put on** our raincoats.*

- After most other verbs, however, you need to put **zu** before the infinitive clause. Place **zu** plus the infinitive at the end of the sentence.

Es macht viel Spaß **zu reisen**!
***Travelling** is so much fun!*

Ich hatte keine Zeit, Postkarten **zu schreiben.**
*I didn't have time **to write** postcards.*

- When using a double verb expression like **spazieren gehen**, put the preposition **zu** between the two verbs.

Die Kinder haben Angst, **schwimmen zu gehen.**
*The kids are afraid **to go swimming**.*

Es ist uns zu teuer, jeden Abend **essen zu gehen.**
***Going out to eat** every night is too expensive for us.*

- If the verb in the infinitive clause is a separable prefix verb, place **zu** between the prefix and the main part of the verb.

Es macht keinen Spaß, die Küche **aufzuräumen.**
***Cleaning** the kitchen is no fun.*

Vergiss bitte nicht, den Müll **rauszubringen.**
*Please don't forget **to take out** the trash.*

- Infinitive constructions with **zu** often occur after the verbs **anfangen, beginnen, vergessen, helfen**, and **finden**, the expressions **Lust haben** (*to be in the mood*), **Angst haben**, and **Spaß machen**, and the adjectives **einfach, wichtig** (*important*), and **schön**.

Ich **habe vergessen**, meine Eltern **anzurufen.**
*I **forgot to call** my parents.*

Kannst du mir bitte **helfen**, meine Bordkarte **zu finden**?
*Can you please **help** me **find** my boarding pass?*

Wir **haben** keine **Lust**, heute Abend **auszugehen.**
*We don't **feel like going out** this evening.*

Ich finde es **wichtig**, pünktlich **zu sein.**
*I think it's **important to be** on time.*

ACHTUNG

The comma before an infinitive clause is optional. Use it for clarity, especially in longer sentences. Any adverbs that modify the infinitive expression come after the comma: **Es ist schön, im Sommer Eis zu essen.**

- Impersonal expressions beginning with **Es ist/war...** are also frequently followed by an infinitive clause.

> **Es war** so schön, in einem Fünf-Sterne-Hotel **zu übernachten**.
> *It was so nice **to spend the night** at a five-star hotel.*

> **Es ist** nicht gut, bei Nebel **zu fliegen**.
> *It's not good **to fly** when it's foggy.*

- The expressions **um... zu** (*in order to*), **ohne... zu** (*without*), and **anstatt... zu** (*instead of*) are frequently used in infinitive clauses. **Anstatt** is often shortened to **statt**, especially in informal conversation.

> Ich esse viel Gemüse und gehe jeden Tag schwimmen, **um** fit **zu bleiben**.
> *I eat lots of vegetables and swim every day **to stay** fit.*

> Man kann einen schönen Urlaub machen, **ohne** ins Ausland **zu fahren**.
> *You can have a nice vacation **without going** abroad.*

> Sie sind in die Schweiz gefahren, **anstatt** nach Rom **zu fliegen**.
> ***Instead of flying** to Rome, they drove to Switzerland.*

> Fahrt ihr nach Hamburg, **um** eure Freunde **zu besuchen**?
> *Are you driving to Hamburg **to visit** your friends?*

- In sentences with **um... zu, ohne... zu,** or **(an)statt... zu,** the infinitive clause may be the first element in a sentence. When the infinitive clause is the first element, the conjugated verb becomes the second element, and the subject comes after the conjugated verb.

> **Statt zu schlafen, hat Peter** die ganze Nacht gelesen.
> ***Instead of sleeping,** Peter spent all night reading.*

> **Um** ein Zimmer in diesem Hotel **zu bekommen, muss man** sehr früh buchen.
> ***To get** a room at that hotel, you have to book early.*

> **Ohne** vorher **zu fragen, haben sie** die Kekse gegessen.
> *They ate the cookies **without asking** first.*

> **Anstatt** meine Hausaufgaben **zu machen, bin ich** gestern Abend ausgegangen.
> ***Instead of doing** my homework, I went out last night*

Expansion Ask students to explain why they are learning German and answer using the expression **um... zu**. Emphasize that **um** sets off the clause, while **zu** and the infinitive appear at the very end.

Jetzt sind Sie dran!   Wählen Sie das passende Wort.

1. Ich bin rausgegangen, (um / ~~ohne~~ / anstatt) den Schlüssel mitzunehmen. Jetzt kann ich die Tür nicht aufschließen (*unlock*)!

2. (Um / Ohne / ~~Anstatt~~) einen Skiurlaub zu machen, fahren wir ans Meer.

3. Der Student hat die Prüfung bestanden, (*passed*) (um / ~~ohne~~ / anstatt) dafür zu lernen.

4. (Um / Ohne / ~~Anstatt~~) mit dem Zug (*train*) zu fahren, fliegt Bruno nach Italien.

5. Willst du Deutsch lernen, (~~um~~ / ohne / anstatt) in Deutschland zu studieren?

6. Michael hat das Hotel gefunden, (um / ~~ohne~~ / anstatt) auf den Stadtplan zu schauen.

7. (Um / Ohne / ~~Anstatt~~) Zeitung zu lesen, schlafe ich gern im Flugzeug.

8. Der Geschäftsmann bestellte Zimmerservice, (um / ~~ohne~~ / anstatt) nach dem Preis zu fragen.

9. Wir fahren zwei Stunden vor unserem Flug zum Flughafen, (~~um~~ / ohne / anstatt) pünktlich zu sein.

10. Erika ist faul und fährt mit dem Fahrstuhl, (um / ohne / ~~anstatt~~) die Treppe zu nehmen.

11. Ich trage einen Mantel bei schlechtem Wetter, (~~um~~ / ohne / anstatt) warm zu bleiben.

12. Das Gute an Jugendherbergen ist, man kann dort übernachten, (um / ~~ohne~~ / anstatt) ein Bett zu reservieren.

Anwendung

1 **Ergänzen Sie** Ergänzen Sie die Sätze mit der richtigen Form des Verbs im Infinitiv.

1. Wir helfen unseren Eltern, die Koffer ___zu packen___. (*packen*)
2. Mama fängt an, die Zimmer im Hotel ___zu reservieren___. (*reservieren*)
3. Es macht Spaß, in Europa ___zu reisen___. (*reisen*)
4. Papa hat vergessen, unsere Personalausweise ___mitzubringen___. (*mitbringen*)
5. Der Taxifahrer hatte keine Zeit, ___zurückzufahren___. (*zurückfahren*)
6. Er musste sehr schnell fahren, um am Flughafen pünktlich ___anzukommen___. (*ankommen*)

2 **Schreiben Sie** Ergänzen Sie die Sätze mit dem passenden Ausdruck **um... zu, ohne... zu** oder **(an)statt... zu.**

> **BEISPIEL** Im Flugzeug lese ich viel, ___(an)statt___ zu schlafen.

1. Wir gehen mit unseren Freunden am Abend vor unserer Reise aus, ___(an)statt___ unsere Koffer zu packen.
2. Die Studenten reisen viel, ___um___ die Welt (*world*) kennen zu lernen.
3. Natascha hat eine gute Note in Deutsch geschrieben, ___ohne___ viel dafür zu lernen.
4. Wart ihr wirklich den ganzen Tag am Strand, ___ohne___ euch vor der Sonne zu schützen (*protect*)?
5. Am Freitag gehen wir ins Kino (*movie theater*), ___um___ den neuen Film zu sehen.
6. ___Anstatt / Statt___ ein Hotelzimmer zu buchen, werden wir in der Jugendherberge übernachten.

3 **Suggestion** Do the first few items as a class to make sure that students understand the activity.

3 **Wozu braucht man das?** Sagen Sie, wozu man die abgebildeten Dinge braucht. Sample answers are provided.

> gesund (*healthy*) bleiben | tanzen gehen | E-Mails schreiben
> im Regen trocken bleiben | Deutsch lernen | in den Bergen wandern

▶ **BEISPIEL**
Man braucht einen Badeanzug, um schwimmen zu gehen.

1.
Man soll viel Gemüse essen, um gesund zu bleiben.

2.
Man braucht einen Regenschirm, um im Regen trocken zu bleiben.

3.
Man braucht ein Wörterbuch, um Deutsch zu lernen.

4.
Man braucht einen Rucksack, um in den Bergen zu wandern.

5.
Man braucht einen Computer, um E-Mails zu schreiben.

6.
Man braucht ein schönes Kleid, um tanzen zu gehen.

Kommunikation

4 **Viel gereist** Sie waren im Sommer in Deutschland. Besprechen Sie mit einem Partner / einer Partnerin, wo Sie waren und warum Sie dort waren. Answers will vary.

BEISPIEL in München

S1: Wo warst du im Sommer?
S2: Ich war in München, um meine Familie zu besuchen. Meine Schwester wohnt dort.

in den Alpen	in Hamburg
in Berlin	am Main
an der Donau	in München
in Füssen	an der Ostseeküste

4 **Expansion** Review various cultural attractions unique to the cities and landmarks on the list. Encourage students to research points of interest on their own or in groups, and share what they have discovered with the class.

5 **Ein schwerer Koffer** Sie haben viel in den Urlaub mitgebracht. Erzählen Sie einem Partner / einer Partnerin, wieso Sie so viel im Gepäck haben. Answers will vary.

BEISPIEL

S1: Warum hast du eine Gitarre mitgebracht?
S2: Um Musik zu machen. Und du? Warum hast du einen Badeanzug gepackt?
S1: Um schwimmen zu gehen.

einen gestreiften Anzug	eine tolle Hose	einen Rucksack
einen Badeanzug	ein Kleid	viele Bücher
die Brille	eine Krawatte	eine Sonnenbrille
eine Gitarre	eine Mütze	ein langärmliges T-Shirt
eine kurze Hose	einen Regenschirm	Turnschuhe

6 **Wohin wollen wir reisen?** Denken Sie an drei mögliche Urlaubsziele. Fragen Sie Ihren Partner / Ihre Partnerin, wohin er/sie reisen möchte, und besprechen Sie dabei die Sehenswürdigkeiten in jeder Stadt. Answers will vary.

BEISPIEL

S1: Wo machen wir im Sommer Urlaub?
S2: Ich will nach Disneyland fahren, anstatt Museen zu besuchen.
S1: Warum?
S2: Um Mickey Mouse zu treffen. Ich finde ihn toll!

7 **Meiner Meinung nach** Ergänzen Sie die folgenden Aussagen mit Ihrer Meinung. Vergleichen Sie die Antworten mit anderen Studenten.

1. Ich finde es schwer...

2. Es macht mir Spaß...

3. Ich habe keine Lust...

4. Ich versuche (try) immer...

5. Ich finde es wichtig...

6. Es ist schön...

7 **Suggestion** Make sure students know to use a **zu** + infinitive clause in each answer.

3B.2   Time expressions  Presentation

Suggestion Have students review times and dates in German, taught in **Vol. 1: 2A.3** and **2B.2**.

Have students review word order with time expressions, taught in **Vol. 1, 4A.2**.

Suggestion Ask travel-related questions that can be answered with these expressions, such as: **Wie oft waren Sie in Europa? Wie oft waren Sie am Strand? Wie viele Male sind Sie geflogen?**

Startblock German has two main concepts related to expressions of time. **Zeit** describes a span of time, while **Mal** refers to specific occurrences and repetitions.

Ich habe noch **50 Minuten Zeit** vor meinem Flug.
*I still have **50 minutes** before my flight.*

Ich war nur **einmal** in Hamburg.
*I've only been to Hamburg **once**.*

- Many German time expressions use **Mal** or a compound word containing **-mal**:

diesmal	*this time*	manchmal	*sometimes*
das erste Mal	*the first time*	niemals	*never*
einmal	*once*	zum ersten/letzten Mal	*for the first/last time*

Expansion Write on the board: **0X, 1X, 2X, 3X, …20X**, etc. and have students verbalize what these shorthand forms indicate: **niemals, einmal, zweimal, dreimal, …zwanzigmal**, etc. You may also wish to introduce the colloquial word **zigmal**, "a zillion times".

- Use the accusative case to talk about a particular span of time or point in time. To describe how long something lasted, use **dauern** + the accusative.

Die Kreuzfahrt dauerte **einen Monat**.
*The cruise lasted **a month**.*

Nächsten Sommer fahren wir an den Strand.
***Next summer** we're going to the beach.*

Letzten Montag haben meine Ferien angefangen.
*My break started **last Monday**.*

Die Studenten tanzten **die ganze Nacht**.
*The students danced **all night long**.*

Suggestion To practice the use of **seit** and **schon**, ask students how long they've been doing a particular activity and write their responses on the board. Ex.: **Carrie spielt seit einem Jahr Gitarre. Tom lernt seit Januar Deutsch.** Underline the verbs and emphasize that they are in the present tense.

- Use the present tense with **seit** plus a dative time expression or **schon** plus an accusative time expression to indicate how long something has been going on.

Seit einem Monat wohnt Patrick in Berlin.
*Patrick has been living in Berlin **for a month**.*

Er studiert **schon zwei Jahre** in Deutschland.
*He's been studying in Germany **for two years**.*

- The two-way prepositions **an**, **in**, and **vor** can all be used to answer the question **wann?** Use the dative case with these time expressions.

Vor einem Jahr studierte ich im Ausland.
***A year ago** I was studying abroad.*

Mein Geburtstag ist **am 18. Februar**.
*My birthday is **on February 18**.*

Ressourcen

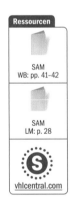

SAM
WB: pp. 41–42

SAM
LM: p. 28

vhlcentral.com

- Use the time expressions **zuerst** (*first*), **dann** (*then*), **danach** (*after that*), and **zuletzt** (*last*) to narrate a series of events.

Zuerst musst du die wichtigen Papiere in das Handgepäck packen.
***First** you have to pack your important papers in the carry-on bag.*

Dann kannst du die anderen Sachen in den großen Koffer packen.
***Then** you can pack the other things in the big suitcase.*

Jetzt sind Sie dran!   **Wählen Sie die passenden Wörter.**

Expansion Have students work in small groups to write a short travel cartoon using **zuerst, dann, danach**, and **zuletzt**. Remind them of correct verb position.

1. (Im / In den) Frühling regnet es viel.
2. In (der / die) Nacht habe ich schlecht geträumt.
3. Laura reist für (ein / einen) Monat nach Österreich.
4. Vor (einer / eine) Woche haben wir unsere Flugtickets bekommen.
5. (Nächster / Nächsten) Sommer musst du in den Urlaub mitkommen.
6. (Am / An das) Wochenende fahre ich nach Zürich.
7. Herr Boas wartet schon (einer / eine) Stunde (*hour*) auf ein Taxi.
8. Wir waren (letzter / letzten) Dienstag nicht zu Hause.
9. Hugo arbeitet seit (ein / einem) Jahr an seinem neuen Buch.
10. In (einer / eine) Woche macht er eine Kreuzfahrt.

Anwendung und Kommunikation

1 Ergänzen Sie Ergänzen Sie die Sätze mit den passenden Zeitergänzungen aus der Liste.

einmal	das erste Mal	einen Monat
letztes Jahr	35 Minuten	nächste Woche

1. Saras Geburtstag ist __nächste Woche__ und dann wird sie zweiundzwanzig.

2. Mit 18 Jahren durfte ich __das erste Mal__ allein in Urlaub fahren.

3. Silvester ist __letztes Jahr__ auf einen Sonntag gefallen.

4. Der Flug von München nach Nürnberg dauert nur __35 Minuten__.

5. Wir haben noch __einen Monat__ bis zum Ende von unserem Semester.

6. Meine Großeltern planen eine Familienfeier, denn Goldene Hochzeit hat man nur __einmal__ im Leben.

2 Ein kleines Interview Beantworten Sie die Fragen von Ihrem Partner / Ihrer Partnerin. Answers will vary.

BEISPIEL seit wann / Deutsch lernen

S1: *Seit wann lernst du Deutsch?*
S2: *Seit letztem Semester.*

1. wann / Geburtstag haben Wann hast du Geburtstag?

2. seit wann / hier studieren Seit wann studierst du hier?

3. was / zuerst machen nach dem Semesterende / Und danach?
   Was machst du zuerst nach dem Semesterende? Und danach?

4. wann und wo / zuletzt am Strand sein (*past tense*)
   Wann und wo bist du zuletzt am Strand gewesen?

5. vor wie vielen Jahren / zum ersten Mal im Flugzeug fliegen (*past tense*)
   Vor wie vielen Jahren bist du zum ersten Mal im Flugzeug geflogen?

6. wen / einmal kennen lernen möchten Wen möchtest du einmal kennen lernen?

3 Reiselust Erfinden Sie mit Ihren Mitstudenten eine kurze Geschichte über eine Reise. Benutzen Sie Wörter aus der Liste oder Ihre eigenen.

BEISPIEL

Thomas und seine Familie wollten zum ersten Mal eine Kreuzfahrt von Marseille nach Palermo machen. Zuerst...

Zeitausdrücke	Hauptwörter	Verben
danach	die Crew	einkaufen
dann	das Gepäck	einpacken
niemals	das Meer	essen
seit	der Pass	regnen
vor	der Sandstrand	schwimmen
zuerst	das Souvenir	tanzen
zuletzt	das Wetter	vergessen

 Practice more at **vhlcentral.com.**

2 Suggestion Give students some time to write out the questions before they conduct their interviews.

3 Suggestion Invite the groups to share their stories with the class.

Indefinite pronouns  Presentation

Startblock Pronouns that refer to an unknown or nonspecific person or thing are called indefinite pronouns.

Alles in Ordnung?

Niemand bestellt Zimmerservice.

- Two indefinite pronouns that refer to people are **jemand** (*someone*) and **niemand** (*no one*). Use the ending **-en** for the accusative case and **-em** for the dative.

  Jemand hat seinen Personalausweis an der Passkontrolle vergessen.
  Someone left his I.D. card at passport control.

  Herr Klein will mit **niemandem** sprechen.
  *Mr. Klein doesn't want to speak with **anyone**.*

- To talk about indefinite things, use **alles** (*everything*), **etwas** (*something*), or **nichts** (*nothing*). **Etwas** and **nichts** do not change in different cases; **alles** is declined like the neuter definite article **das**.

  Wir haben noch **nichts** gegessen.
  *We haven't eaten **anything** yet.*

  Möchten Sie **etwas** zu trinken bestellen?
  *Would you like to order **something** to drink?*

  Ich habe **alles** ins Handgepäck gepackt.
  *I packed **everything** in the carry-on.*

  Meine Schwester kann dir mit **allem** helfen.
  *My sister can help you with **everything**.*

- Use the pronoun **man** to talk about people in general.

  Man darf im Flugzeug nicht rauchen.
  You're not allowed to smoke on an airplane.

  In Hamburg ist **man** froh, wenn es im Winter nicht zu viel schneit.
  In Hamburg we're happy if it doesn't snow too much in winter.

  In Liechtenstein spricht **man** Deutsch.
  In Liechtenstein they speak German.

  Man soll zwei Stunden vor dem Abflug am Flughafen sein.
  One should be at the airport two hours before departure.

Jetzt sind Sie dran!   Wählen Sie das passende Wort.

1. Anna vergisst oft ihre Hausaufgaben, aber Jörg vergisst (nichts / etwas).

2. (Etwas / Niemand) will arbeiten, wenn das Wetter draußen so schön ist.

3. Wenn (man / alles) nicht ins Ausland will, gibt es auch in Deutschland viele schöne Ferienorte (*vacation spots*).

4. (Nichts / Jemand) hat vergessen, das Fenster zu schließen.

5. Hast du (niemand / etwas) gesagt?

6. Ich möchte (alles / man) in dieser Stadt sehen!

7. Ich will im Urlaub (jemand / nichts) machen – nur schlafen und essen!

8. Sollen wir (man / jemanden) fragen, oder findest du die Antwort im Internet?

9. Anke ist sehr schüchtern – sie will mit (niemandem / etwas) reden.

10. (Nichts / Man) kann in diesem Geschäft viele schöne Sachen finden.

Suggestion Tell students that **man** cannot be replaced by **er**, and that in the accusative or dative it is replaced by **einen/einem**. Have students write down sample sentences; ex.: **Wenn man traurig ist, dann soll man spazieren gehen. Dann geht es einem besser.**

Anwendung und Kommunikation

1 Fragen zur Grammatik
Ergänzen Sie die Sätze mit den passenden Wörtern aus der Liste.

alles	nichts
etwas	niemand
jemand	niemandem

1. Hat ___jemand___ noch Fragen zur Grammatik?
2. Professor Krause, können Sie uns ___alles___ noch einmal erklären?
3. ___Niemand___ hat die Grammatik verstanden.
4. Sie haben wirklich ___nichts___ verstanden?
5. Also kann ich leider ___niemandem___ helfen.
6. Sie können ___etwas___ lernen, liebe Studenten, aber nur wenn Sie Ihre Hausaufgaben machen!

2 Was macht man hier
Schreiben Sie zu jedem Foto einen Satz mit man. Benutzen Sie die angegebenen Wörter.

> **BEISPIEL**
>
> hier / können / Medikamente kaufen
> *Hier kann man Medikamente kaufen.*

1. bei Rot / müssen / stoppen
   Bei Rot muss man stoppen.

2. hier / kommen / zum Marienplatz
   Hier kommt man zum Marienplatz.

3. hier / sprechen / Deutsch
   Hier spricht man Deutsch.

4. hier / dürfen / parken
   Hier darf man parken.

5. hier / können / einkaufen
   Hier kann man einkaufen.

3 Beim Reisen
Diskutieren Sie mit Ihren Mitstudenten, was man beim Reisen alles beachten (*consider*) muss. Benutzen Sie Wörter aus der Liste oder Ihre eigenen. Answers will vary.

> **BEISPIEL**
>
> **S1:** *Man braucht für eine Reise nach Europa einen Pass.*
> **S2:** *Und man muss das Flugticket circa drei Monate vor der Reise kaufen.*
> **S3:** *Man darf nicht zu spät am Flughafen ankommen.*

abfliegen	das Flugticket
ankommen	das Geld
bestellen	das Handy
buchen	die Kleidung
kaufen	die Kreditkarte
mitbringen	der Pass
packen	die Reservierung
vergessen	das Visum

 Practice more at **vhlcentral.com**.

Wiederholung

1 Die vergesslichen Schröders
Sehen Sie sich die Bilder an. Sagen Sie, was die Familie Schröder vergessen hat. Sample answers are provided.

Bernd

▶ **BEISPIEL** *Bernd hat vergessen, das Geschirr zu spülen.*

1 Expansion Ask students: **Und Sie? Was haben Sie diese Woche vergessen?**

1. Opa Opa hat vergessen, den Müll rauszutragen.

2. Rüdiger Rüdiger hat vergessen, das Schlafzimmer aufzuräumen.

3. Tante Ida Tante Ida hat vergessen, das Fenster zu schließen.

4. Onkel Gerhard Onkel Gerhard hat vergessen, im Wohnzimmer zu staubsaugen.

5. Gertrude Gertrude hat vergessen, ihre Hausaufgaben zu machen.

2 Wie viel verstehst du?
Wie viel verstehen Sie und Ihr Partner / Ihre Partnerin von den Themen auf der Liste? Etwas? Nichts? Alles? Wechseln Sie sich ab. Answers will vary.

BEISPIEL

S1: *Wie viel verstehst du von Politik?*
S2: *Ich verstehe etwas von Politik. Und du?*

Chemie	Geographie	Popmusik
Fotographie	Geschichte	Skateboard fahren
Fußball spielen	Politik	Tanzen

3 Warum?
Sie und Ihr Partner / Ihre Partnerin bekommen zwei verschiedene Arbeitsblätter von Ihrem Professor / Ihrer Professorin. Finden Sie heraus, warum die einzelnen Personen etwas tun. Sample answers are provided.

BEISPIEL

S1: *Warum geht Kiara in die Bibliothek?*
S2: *Sie geht dahin, um ein Buch für ein Referat zu suchen.*

3 Suggestion In this activity, students will be practicing the **um... zu** + infinitive construction. To prepare them, ask a few **warum** questions and write student responses on the board, using **um... zu**.

4 Wie lange?
Fragen Sie Ihren Partner / Ihre Partnerin, wie lange er/sie die Dinge auf der Liste schon macht. Answers will vary.

BEISPIEL Deutsch lernen

S1: *Wie lange lernst du schon Deutsch?*
S2: *Seit 6 Monaten.*

Konzerte besuchen	schwimmen
Auto fahren	ein Musikinstrument spielen
Rad fahren	Videospiele spielen
Bücher lesen	an der Uni studieren

5 Wann?
Fragen Sie die anderen Studenten, wann sie die Dinge auf der Liste das letzte Mal gemacht haben. Finden Sie zu jedem Wochentag eine Person. Answers will vary.

BEISPIEL in die Bibliothek gehen

S1: *Wann bist du das letzte Mal in die Bibliothek gegangen?*
S2: *Am Mittwoch bin ich dahin gegangen.*

6 Eine Geschichte Schauen Sie sich das Bild an und schreiben Sie eine Geschichte dazu. Jede Person schreibt zwei Sätze der Geschichte und gibt sein Stück Papier an die nächste Person weiter. Der erste Satz beginnt mit „zuerst", der dritte mit „dann", der fünfte mit „danach" und so weiter. Answers will vary.

> **BEISPIEL** *Zuerst spazierten zwei Freunde auf der Straße...*

7 **Suggestion** If students are having difficulty coming up with ideas for this role play, interrupt the activity to brainstorm ideas as a class.

7 Rollenspiel Spielen Sie mit einem Partner / einer Partnerin die Rollen von zwei älteren Menschen, die über ihr Leben nachdenken. Jede Person sagt etwas über einen anderen Abschnitt (*phase*) des Lebens. Answers will vary.

> **BEISPIEL**
>
> **S1:** Mit 5 zog meine Familie in die USA.
> **S2:** Mit 6 ging ich zum ersten Mal in die Schule.

8 Wie oft? Arbeiten Sie mit einem Partner / einer Partnerin. Fragen Sie nach seinen/ihren Urlaubserfahrungen. Wie oft ist er/sie ins Ausland gereist oder in einem Hotel geblieben? Wie oft hat er/sie einen Nationalpark besucht? Wie oft hat er/sie Familie in einer anderen Stadt besucht? Answers will vary.

> **BEISPIEL**
>
> **S1:** Wie oft bist du ins Ausland gereist?
> **S2:** Ich bin zweimal ins Ausland gereist, einmal nach Mexiko und einmal nach Frankreich.

Mein Wör|ter|buch

Schreiben Sie noch fünf weitere Wörter in Ihr persönliches Wörterbuch zu den Themen **Jahreszeiten** und **Reisen**.

der Altweibersommer

Übersetzung
Indian summer

Wortart
ein Substantiv

Gebrauch
Mitte September hatten wir den Altweibersommer. Das Wetter war warm und sonnig und wir haben alle Sommerkleidung getragen.

Synonyme
—

Antonyme
—

Panorama Map

Schleswig-Holstein, Hamburg und Bremen

Schleswig-Holstein in Zahlen

▶ **Fläche:** *15.800 km²*

▶ **Einwohner:** *2,8 Millionen*

▶ **Sprachen:** *Deutsch (2,7 Millionen), Plattdeutsch (1,3 Millionen), Dänisch (65.000), Friesisch (10.000)*

▶ **Städte:** *Kiel (237.000), Lübeck (211.000)*

▶ **Industrie:** *Landwirtschaft°, Seehandel°, Windenergie*

▶ **Touristenattraktionen:** *Danewerk und Haithabu (Wikingerstätten°), Karl-May-Festspiele° in Bad Segeberg*

Berühmte Schleswig-Holsteiner

▶ **Max Planck,** *Physiker (1858–1947)*

▶ **Thomas Mann,** *Literaturnobelpreisträger (1875–1955)*

Quelle: Landesportal Schleswig-Holstein

Suggestion Tell students that Hamburg is home to several German newspapers and magazines, including **Der Spiegel**, **Die Zeit**, and **Stern**.

Hamburg in Zahlen

▶ **Fläche:** *755.000 km²*

▶ **Einwohner der Hansestadt Hamburg:** *1,8 Millionen*

▶ **Industrie:** *Flugzeugbau, Hafen, Schiffbau, Tourismus*

▶ **Touristenattraktionen:** *Altonaer Fischmarkt, Hamburger Michel, Museumsschiff Rickmer Rickmers*

Berühmte Hamburger

▶ **Johannes Brahms,** *Komponist (1833–1897)*

▶ **Jil Sander,** *Modedesignerin (1943–)*

Quelle: Landesportal Hamburg

Suggestion Ask students if they are familiar with any of Brahms' music. You may want to play them part of his **Wiegenlied**.

Bremen in Zahlen

▶ **Fläche:** *325 km² (kleinstes deutsches Bundesland)*

▶ **Einwohner der Hansestadt Bremen:** *547.000*

▶ **Industrie:** *Außenhandel°, Automobilindustrie*

▶ **Touristenattraktionen:** *Böttcherstraße, Rathaus, Bremer Stadtmusikanten, Marktplatz, Schnoor*

Berühmte Bremer

▶ **Ernst Rowohlt,** *Verleger° (1887–1960)*

▶ **James Last,** *Komponist und Bandleader (1929–)*

Quelle: Landesportal Bremen

Landwirtschaft agriculture **Seehandel** maritime trade **Wikingerstätten** Viking sites **Festspiele** festivals **Außenhandel** foreign trade **Verleger** publisher **Brücken** bridges **überqueren** cross **Venedig** Venice

DÄNEMARK

NATIONALPARK SCHLESWIG-HOLSTEINISCHES WATTENMEER

Sylt

Föhr

Amrum

Pellworm

Nordstrand

NORDSEE

Helgoland

Deutsche Bucht

Flensburg

Schleswig

Husum

Kiel

Neumünster

Flensburger Förde

Kieler Förde

Kieler Bucht

Fehmarn

Wagrien

OSTSE

SCHLESWIG-HOLSTEIN

Lübecker Bucht

Lübeck

Pinneberg

Hamburg

HAMBURG

Bremerhaven

BREMEN

Oldenburg

Bremen

Eider

Nord-Ostsee-Kanal

Alster

Weser

MECKLENBURG-VORPOMMERN

Sankt Michaelis: „Der Hamburger Michel", die bekannteste Kirche Hamburgs und ein Wahrzeichen der Stadt

Wahrzeichen der alten Hansestadt Lübeck: das Holstentor

NIEDERSACHSEN

Expansion For homework, give each student the name of a person or place mentioned in the text. Have them briefly present a picture to the class with a sentence describing the content. Ex.: Das ist ein Kleid von der Designerin Jil Sander.

Der Schnoor, der älteste Stadtteil Bremens

— Landesgrenzen
• Stadt
◎ Landeshauptstadt

0 — 25 Meilen
0 — 25 Kilometer

Unglaublich, aber wahr!

In Hamburg gibt es mehr als 2.500 Brücken°. Die Brücken überqueren° die Alster, Süderelbe, Norderelbe und Kanäle der Stadt. Es gibt mehr Brücken in Hamburg als in Venedig°, Amsterdam und London zusammen.

Suggestion Tell students that the Beatles spent a few years in Hamburg in the early sixties. They also recorded German versions of **"Komm gib mir deine Hand"** and **"Sie liebt dich"**; videos for both can be found online.

Märchen

Bremer Stadtmusikanten

Expansion A series of puppet shows called **Märchen der Welt** is available online, including a production of **Bremer Stadtmusikanten**. Show students the final five minutes, in which the thieves are driven away by the animals.

Auf dem Marktplatz der Stadt Bremen gibt es eine Statue: man kann einen Hahn° auf einer Katze auf einem Hund auf einem Esel° stehen sehen. Diese Tiere spielen die Hauptrollen eines Märchens der Gebrüder Grimm mit dem Namen „Die Bremer Stadtmusikanten". Es ist interessant, dass die Tiere in dem Märchen nie in Bremen ankamen. Zwar wollten sie am Anfang der Geschichte nach Bremen, hielten dann aber in einem Haus außerhalb der Stadt an. Trotzdem sind die Stadtmusikanten ein wichtiges Symbol der Stadt.

Natur

Nationalpark Schleswig-Holsteinisches Wattenmeer

Das Wattenmeer liegt in der Nordsee. Große Teile des Wattenmeers stehen unter Naturschutz°. Der Nationalpark Schleswig-Holsteinisches Wattenmeer hat eine Fläche von 4.410 Quadratkilometern und erstreckt sich von der deutsch-dänischen Seegrenze bis zur Elbmündung°. Er ist der größte deutsche Nationalpark. 70% des Nationalparks stehen permanent unter Wasser. Tiere und Pflanzen, die in diesem Nationalpark leben, sind Schweinswale°, Brandgänse° und diverse Seegräser. Seit 2009 ist das Wattenmeer ein UNESCO-Welterbe°.

Piraten

Störtebeker

Suggestion To check students' comprehension of the **Umwelt** article, ask them to explain what makes Hamburg an environmentally friendly city.

Klaus Störtebeker ist der berühmteste deutsche Pirat (wahrscheinlich 1360–1401). Viele Legenden existieren über ihn. Der Name Störtebeker (Stürz den Becher) kommt aus dem Niederdeutschen: angeblich konnte Störtebeker einen 4-Liter-Becher° in einem Schluck° austrinken. 1401 exekutierte man Störtebeker mit 30 Gefährten° in Hamburg. Laut einer Sage° durften alle Gefährten weiterleben°, an denen Störtebeker nach seiner Exekution ohne Kopf vorbeilief°. Er schaffte 11 Kameraden! Heute ist das Interesse an diesem Mann immer noch sehr groß. Einige Schiffe tragen seinen Namen und es gibt auch Filme und Festspiele über ihn.

Umwelt

Umwelthauptstadt° Europas

2009 verlieh die EU-Kommission der Stadt Hamburg den Titel „Umwelthauptstadt Europas" für das Jahr 2011. Hamburg ist nach Stockholm die zweite Stadt mit diesem Titel. Nur Metropolen mit hohen Standards im Umweltschutz° und mit guten Plänen für die Zukunft bekommen diese Auszeichnung°. Die Stadt Hamburg hat zum Beispiel ein sehr gutes öffentliches Personennahverkehrsnetz°. Jeder Bürger der Stadt wohnt innerhalb 300 Meter einer Bus- oder Bahnstation. Außerdem sind etwa 17% der Stadt Grünflächen°.

IM INTERNET

1. Suchen Sie Informationen über die Umwelthauptstadt Hamburg: Machen Sie eine Liste mit Aktionen, die es in Hamburg gab.

2. Suchen Sie Informationen über die Stadt Lübeck: Was kann man hier machen? Warum ist diese Stadt berühmt? Was kann man hier essen?

For more information on this **Panorama**, go to vhlcentral.com.

Hahn *rooster* **Esel** *donkey* **Naturschutz** *conservation* **Elbmündung** *Elbe delta* **Schweinswale** *porpoises* **Brandgänse** *shelducks* **Welterbe** *world heritage site* **Umwelthauptstadt** *environmental capital* **Umweltschutz** *environment protection* **Auszeichnung** *award* **öffentliches Personennahverkehrsnetz** *public transportation network* **Grünflächen** *parkland* **Becher** *mug* **Schluck** *gulp* **Gefährten** *companions* **Sage** *tale* **weiterleben** *be spared* **ohne Kopf vorbeilief** *ran by without his head*

Was haben Sie gelernt? Ergänzen Sie die Sätze.

1. Die Brücken Hamburgs überqueren die ___Alster, Norderelbe, Süderelbe___ und Kanäle der Stadt.

2. In Hamburg gibt es mehr Brücken als in ___Venedig, Amsterdam und London___ zusammen.

3. Auf dem Bremer Marktplatz gibt es eine Statue mit vier ___Tieren___.

4. ___Die Gebrüder Grimm___ haben das Märchen der Bremer Stadtmusikanten aufgeschrieben.

5. Hamburg war ___2011___ Umwelthauptstadt Europas.

6. Etwa 17% der Stadt Hamburg sind ___Grünflächen___.

7. Der berühmteste Pirat Deutschlands heißt ___Klaus Störtebeker___.

8. Er wurde ___1401___ in Hamburg exekutiert.

9. Der Nationalpark Wattenmeer ist der größte deutsche ___Nationalpark___.

10. Im Nationalpark leben Tiere wie Schweinswale und ___Brandgänse___.

Lesen  Reading: Audio

Vor dem Lesen

Untersuchen Sie den Text

Lesen Sie die Überschriften (*titles*) des Textes. Was für eine Textart ist das? Schreiben Sie mit einem Partner / einer Partnerin eine Liste: welche Informationen können Sie in jedem Teil des Textes finden? Answers will vary.

Überschriften

Lesen Sie die Überschriften: Was ist das Thema des Textes, der dieser Überschrift folgt (*follows*)? Wo kann man diese Überschriften finden (in einer Tageszeitung, einem Magazin, einer Broschüre, einem Reiseführer, etc.)? Sample answers are provided.

Regensburg entdecken
eine Broschüre, ein Reiseführer

Diese Woche in Berlin
eine Tageszeitung

Die Pyramiden Ägyptens in 8 Tagen!
eine Broschüre, ein Reiseführer

DFB-Team verliert Fußball-Länderspiel gegen Frankreich
eine Tageszeitung

Am Frankfurter Flughafen wird gestreikt
eine Tageszeitung

Die 15 besten Rezepte zum Grillen
ein Magazin

Gute Restaurants für Studenten in Kiel
eine Broschüre, ein Reiseführer

Suggestion Make sure students understand the difference between **Tageszeitung**, **Broschüre**, **Reiseführer**, etc. You may want to bring examples of each.

Die Nordseeküste° Schleswig-Holsteins in 6 Tagen

6 Tage Naturerlebnis° für 450 Euro!

1. Tag: Hamburg-Büsum Mit dem Bus von Hamburg nach Brunsbüttel. Hier besichtigen° wir die Schleusen° des Nord-Ostsee-Kanals. Weiter geht es mit dem Bus nach Friedrichskoog. Wir besuchen die Seehundstation° Friedrichskoog, die einzige Seehundstation in Schleswig-Holstein. Per Bus geht es weiter nach Büsum, unserer Endstation heute. Am Nachmittag besuchen wir das „Museum am Meer" mit Informationen über das Fischen an der Nordseeküste. Danach gibt es einen Besuch der 'Sturmflutenwelt° Blanker Hans' mit Demonstration der Flutkatastrophe von 1962.

2. Tag: Büsum-Tönning-St. Peter Ording-Husum Nach einer Busfahrt von Büsum nach Tönning besuchen wir das Multimar Wattforum. Hier kann man in Aquarien Wale und andere Tiere des Wattenmeers sehen. Mit dem Bus geht es weiter nach St. Peter Ording. Wir werden einen Spaziergang am Strand machen und dann den Westküstenpark mit Robbinarium° besuchen. (Bei schlechtem Wetter gehen wir in der Dünentherme Freizeit- und Erlebnisbad schwimmen.) Nach einer weiteren Busfahrt besuchen wir das Schloss° vor Husum und den Schlosspark mit seinen wunderschönen Blumen.

Nordseeküste *North Sea coast* **Naturerlebnis** *nature experience* **besichtigen** *tour*
Schleusen *locks* **Seehundstation** *harbor seal ward* **Sturmflutwelt** *world of the storm tide*
Robbinarium *seal zoo* **Schloss** *castle*

3. Tag: Husum-Insel Föhr

In Husum machen wir eine Stadtführung° mit dem Fahrrad: Wo hat der berühmte Autor Theodor Storm gelebt und gearbeitet? Mit dem Bus geht es dann nach Dagebüll und mit einer Fähre° auf die Insel° Föhr. Hier besuchen wir ein typisches friesisches Dorf°: Nieblum.

4. Tag: Insel Föhr-Insel Amrum

Mit der Fähre fahren wir von Föhr zu der Insel Amrum. Wir sehen uns die Stadt Wittdün an, besuchen den Amrumer Leuchtturm° (gebaut 1875) und gehen auf der Kniepsand-Sandbank spazieren.

5. Tag: Insel Amrum-Sylt

Mit der Fähre fahren wir von Amrum nach Sylt. Wir wandern zum Roten Kliff Kampen. Nachmittags besuchen wir eine Einkaufsarkade in Westerland und das Sylt Aquarium mit 2.000 verschiedenen Kreaturen aus dem Meer.

6. Tag: Sylt-Seebüll-Friedrichstadt-Hamburg

Mit der Fähre geht es zurück zur Küste nach Niebüll und dann weiter nach Seebüll. Hier besuchen wir das Emil-Nolde-Museum. Mit dem Bus weiter nach Friedrichstadt. Diese Stadt heißt auch die „Holländerstadt". Die Stadtführung ist inklusive einer Schiffsfahrt° auf den Grachten° und Kanälen der Stadt. Das Ende unserer Tour ist in Hamburg.

Stadtführung *tour of the town* **Fähre** *ferry* **Insel** *island* **friesisches Dorf** *Frisian village*
Leuchtturm *lighthouse* **Schiffsfahrt** *boat tour* **Grachten** *town canals*

Nach dem Lesen

Richtig oder falsch? Korrigieren Sie die falschen Sätze. Sample answers are provided.

	richtig	falsch
1. Den Nord-Ostsee-Kanal kann man in Brunsbüttel besuchen.	☑	☐
2. In Schleswig-Holstein gibt es viele Seehundstationen. In Schleswig-Holstein gibt es nur in Friedrichskoog eine Seehundstation.	☐	☑
3. In der Nordsee gibt es keine Wale. In der Nordsee gibt es Wale.	☐	☑
4. Im Schlosspark in Husum kann man wunderschöne Blumen sehen.	☑	☐
5. Dagebüll ist ein typisches friesisches Dorf. Nieblum ist ein typisches friesisches Dorf.	☐	☑
6. Die Insel Amrum ist für ihre lange Sandbank aus Kniepsand bekannt.	☑	☐
7. Die Insel Amrum ist berühmt für das Rote Kliff. Die Insel Sylt ist berühmt für das Rote Kliff in Kampen.	☐	☑
8. In Seebüll, der „Holländerstadt", gibt es viele Grachten und Kanäle. In Friedrichstadt gibt es viele Grachten und Kanäle.	☐	☑

Kombinieren Sie Verbinden Sie jede Aktivität mit dem passenden Ort.

__b__ 1. das Emil-Nolde-Museum besuchen

__d__ 2. auf der Kniepsand-Sandbank spazieren gehen

__a__ 3. eine Seehundstation besuchen

__c__ 4. eine Stadtführung mit dem Fahrrad machen

__e__ 5. das „Museum am Meer" besuchen

a. Friedrichskoog
b. Seebüll
c. Husum
d. Insel Amrum
e. Büsum

Suggestion Explain that **Kniepsand** is the name of a wandering sand dune that currently juts up against the western dunes of the island **Amrum**.

Urlaub in Schleswig-Holstein
Führen Sie zu dritt eine Diskussion.

Sie werden Schleswig-Holstein drei Wochen lang besuchen. Sie wollen eine organisierte Tour machen, die in Hamburg beginnt. Sie besuchen das Reisebüro für weitere Informationen. Stellen Sie Fragen über Städte, Aktivitäten, Ausflüge, Hotels, den Transport etc.

Suggestion Make sure students understand that the group activity is a role-play and that two people in the group will play tourists, while a third will play the travel agent.

Hören

Strategien

Using visual cues

Visual cues can provide useful context to help you make sense of information you hear.

 To practice this strategy, you will listen to an advertisement.
As you listen, jot down information you hear that relates to the image below.

Vorbereitung

Schauen Sie sich die Foto rechts an. Worüber diskutieren Lisa und Martina?

Zuhören

Hören Sie sich das Gespräch an. Welchen Ort möchte Lisa besuchen und welchen Martina? Wo werden sie Urlaub machen?

Suggestion Before students listen to the conversation, pre-teach the words **gebongt** ("agreed") and **KaDeWe** (**Kaufhaus des Westens**, a large mall in Berlin).

---

www.wilkommenimurlaub.de

| Hauptseite | Angebote | Preise | Anfrage und Buchung |

Teichhof Fehmarn. Direkt an der Nordsee. 2-Zimmer Wohnung mit Küche, Bad und Seeblick. 100 Euro pro Nacht.

Ferienwohnung Zugspitze. Gelegen in den Bayerischen Alpen. Wohnung für 2 Personen in traditionellem Haus mit Küche, Bad und Balkon. 50 Euro pro Nacht.

Ferienwohnung Schliemannstraße. Sehr zentral am Prenzlauer Berg in Berlin. Moderne Wohnung mit Küche und Bad. 36 Euro pro Person pro Nacht.

Verständnis

Details Hören Sie sich den Dialog noch einmal an. Wer mag welche Aktivitäten? Wo wollen sie diese Aktivitäten machen?

	wandern	Touristen-attraktionen besuchen	Fahrrad fahren	schwimmen	Theater besuchen	einkaufen
Fehmarn	Lisa		Lisa	Lisa		
Bayerische Alpen	Martina	Martina				
Berlin		Lisa	Martina		Lisa	Martina

Urlaubsziele Diskutieren Sie mit einem Partner / einer Partnerin, wo Sie gerne Urlaub machen und was Sie dort gerne machen. Fahren Sie gerne im Winter, Frühling, Sommer oder Herbst in Urlaub? Wohin fährt Ihr Partner / Ihre Partnerin gerne? Was macht er/sie gerne im Urlaub? Welchen Urlaub wollen Sie gerne zusammen machen?

BEISPIEL

S1: Ich besuche jeden Sommer einen Nationalpark in den USA. Und du?

S2: Ich mag keine Nationalparks. Ich besuche mit meiner Familie Chicago.

Expansion After they complete the chart, ask students why Lisa doesn't want to go to the Alps. Play the audio again, if necessary. (She says: **Ich habe Angst vor hohen Bergen! Und Schlösser finde ich langweilig.**)

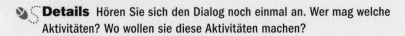

Schreiben

Strategien

Making an outline

Making an outline (**eine Gliederung**) before you write helps you to identify topics and subtopics, and provides a framework for presenting the information. Consider the following outline for a travel brochure.

I. Das Urlaubsziel

    A. Das Hotel

        1. Die Lage (*location*)

        2. Die Ausstattung (*facilities*)

        3. Die Bewertung (*rating*)

    B. Die Landschaft

    C. Die Sehenswürdigkeiten

II. Die Reisezeit

    A. Das Klima

    B. Der Preis

Eine Mindmap

Idea maps provide a useful way to help you visualize information before you create an outline. The larger circles in an idea map correspond to the Roman numerals in an outline. The smaller circles correspond to the outline's capital letters, numbers, and so on. Consider the idea map that led to the outline above.

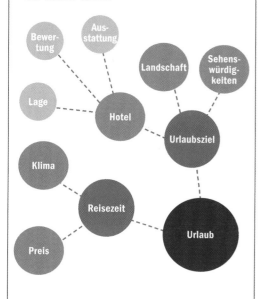

Thema

Schreiben Sie eine Broschüre

Schreiben Sie eine Tour-Broschüre für ein Reiseziel (*destination*) in einem deutschsprachigen Land.

Bevor Sie die Broschüre schreiben, schreiben Sie sich Ideen für die Broschüre auf. Hier ist eine Liste mit wichtigen Fragen:

- Welches Reiseziele wollen Sie beschreiben?
- Wie lange soll die Tour dauern?
- Wie ist das Wetter am Reiseziel?
- Welche Kleidung brauchen die Teilnehmer (*participants*)?
- Wo übernachten sie?
- Wo kann man essen gehen?
- Was soll man besuchen?
- Welche Aktivitäten gibt es (Sport, Einkaufen etc.)?
- Wie viel kostet der Urlaub pro Person?

Organisieren Sie Ihre Ideen mit einer Mindmap. Schreiben Sie mit der fertigen Mindmap eine Gliederung. Jetzt können Sie eine Broschüre schreiben. Benutzen Sie Überschriften (*titles*), damit die Leser die Organisation der Broschüre verstehen können. In guten Broschüren sind oft Anschauungsmaterialien (*visual aids*) (Fotos, Tabellen etc.) integriert. Verwenden Sie Vokabeln und Grammatik, die Sie in diesem Kapitel gelernt haben.

Jahreszeiten

der Winter, -	winter
der Frühling, -e	spring
der Sommer, -	summer
der Herbst, -e	fall

Monate

der Januar	January
der Februar	February
der März	March
der April	April
der Mai	May
der Juni	June
der Juli	July
der August	August
der September	September
der Oktober	October
der November	November
der Dezember	December

das Datum

Welcher Tag ist heute?	What day is it today?
Der 15. August.	The 15th of August.
Wann hast du Geburtstag?	When is your birthday?
Am 23. Mai.	May 23rd.
das Jahr, -e	year
die Jahreszeit, -en	season
der Monat, -e	month
der Tag, -e	day
die Woche, -n	week

die Ferien

die Kreuzfahrt, -en	cruise
das Meer, -e	sea; ocean
der Skiurlaub, -e	ski vacation
der Strand, -¨e	beach
eine Karte lesen	to read a map
Urlaub machen	to go on vacation

das Wetter

Wie ist das Wetter?	What's the weather like?
Es ist schön draußen.	It's nice out.
Das Wetter ist gut/ schlecht.	The weather is nice/bad.
Wie warm/kalt ist es?	How warm/cold is it?
Es sind 18 Grad draußen.	It's 18 degrees out.
Es ist heiß.	It's hot.
Es ist kalt.	It's cold.
Es ist kühl.	It's cool.
Es ist sonnig.	It's sunny.
Es ist windig.	It's windy.
Es ist wolkig.	It's cloudy.
Es regnet.	It's raining.
Es schneit.	It's snowing.
der Blitz, -e	lightning
der Donner, -	thunder
der Hagel	hail
der Nebel, -	fog; mist
der Regen	rain
der Regenmantel, -¨	raincoat
der Regenschirm, -e	umbrella
der Schnee	snow
der Sturm, -¨e	storm
die Wolke, -n	cloud

Unterkünfte

der Fahrstuhl, -¨e	elevator
der Gast, -¨e	(hotel) guest
das (Fünf-Sterne-)Hotel	(five-star) hotel
die Jugendherberge, -n	youth hostel
der Schlüssel, -	key
der Zimmerservice	room service

zum Beschreiben

voll besetzt	fully occupied
pünktlich	on time

am Flughafen

der Abflug	departure
die Ankunft	arrival
der Ausgang -¨e	exit
das Ausland	abroad
die Bordkarte, -n	boarding pass
die Businessklasse	business class
der Flug, -¨e	flight
das Flugticket, -s	ticket
das Flugzeug, -e	airplane
das Gepäck	luggage
das Handgepäck	carry-on luggage
der Koffer, -	suitcase
der Passagier, -e	passenger
die Passkontrolle, -n	passport control
der Personalausweis, -e	ID card
die Reise, -n	trip
das Reisebüro, -s	travel agency
der Reisende, -n	traveler
die Touristenklasse	economy class
die Verspätung, -en	delay
das Visum (*pl.* die Visa)	visa
die Zeitung, -en	newspaper
der Zoll	customs

Verben

abbrechen (bricht... ab)	to cancel
abfliegen (fliegt... ab)	to take off
buchen	to make a (hotel) reservation
fliegen	to fly
landen	to land
packen	to pack
Schlange stehen	to stand in line
übernachten	to spend the night

Präteritum of verbs with prefixes	See p. 118.
Prepositions of location	See p. 122.
Infinitive expressions	See p. 136.
Time expressions	See p. 140.
Indefinite pronouns	See p. 142.

Verkehrsmittel und Technologie 4

Suggestion Ask students to identify who is in the picture and what type of technology she is using.

Auto und Rad fahren

Talking Picture Audio: Activities

Suggestion Tell students that **Rad** means *wheel*. Ask them to guess the meaning of words like **Einrad, Dreirad,** and **Motorrad.**

Wortschatz	
Auto fahren	*driving*
die Autobahn, -en	highway
der Fahrer, - / die Fahrerin, -nen	driver
die Straße, -n	street
geradeaus fahren	to go straight ahead
einen Unfall haben	to have an accident
parken	to park
rechts/links abbiegen (biegt... ab)	to turn right/left
das Verkehrsmittel	*means of transportation*
das Boot, -e	boat
der Bus, -se	bus
der LKW, -s	truck
das Schiff, -e	ship
das Taxi, -s	taxi
die U-Bahn, -en	subway
der Zug, -̈e	train
Auto	*cars*
das Benzin	gas
die Bremse, -n	brakes
das Nummernschild, -er	license plate
reparieren	to repair
die öffentlichen Verkehrsmittel	*public transportation*
der Bahnsteig, -e	track; platform
die Bushaltestelle, -n	bus stop
das Bußgeld, -er	fine
die erste/zweite Klasse, -n	first/second class
der Fahrkartenschalter, -	ticket office
der Fahrplan, -̈e	schedule
der Schaffner, -	ticket collector
(die Fahrkarte) entwerten	to validate (a ticket)

Suggestion Students may be unfamiliar with the process of buying a ticket in advance from an **Automat** and stamping it when entering a bus or tram. Make sure they understand the phrase **(die Fahrkarte) entwerten.**

Suggestion Remind students that the **-in** suffix is often added to refer to female practitioners of a profession or activity. Say: **Ein Mann, der Autos repariert, ist *Mechaniker*. Wie heißt eine Frau, die Autos repariert?**

Ressourcen

SAM WB: pp. 45–46	SAM LM: p. 30	vhlcentral.com

Labels in illustration:

die Tankstelle, -n

das Fahrrad, -̈er

Er tankt. (tanken)

das Auto, -s

der Kofferraum, -̈e

das Lenkrad, -̈er

die Motorhaube, -n

der Sicherheitsgurt, -e

der Motor, -en

der Mechaniker, - (die Mechanikerin, -nen *f.*)

Sie haben einen Platten.

das Öl, -e

Benzin bleifrei | Diesel

der Verkehr

der Polizist, -en (die Polizistin, -nen f.)

die Scheibenwischer (m., pl.)

die Windschutzscheibe, -n

die Scheinwerfer (m., pl.)

Anwendung

1 **Paare finden** Verbinden Sie das Verb mit dem richtigen Ausdruck (*expression*).

<u>d</u> 1. entwerten
<u>c</u> 2. packen
<u>f</u> 3. reparieren
<u>b</u> 4. Schlange stehen
<u>a</u> 5. tanken
<u>e</u> 6. zusammenstoßen (*to collide*)

a. die Tankstelle
b. die Bushaltestelle
c. der Kofferraum
d. die Fahrkarte
e. der Unfall
f. ein platter Reifen

2 **Bilder beschriften** Wie heißen die verschiedenen Verkehrsmittel auf den Fotos?

1. ____der Zug____   2. ____das Schiff____   3. ____der Bus____

4. ____das Fahrrad____   5. ____die U-Bahn____   6. ____der LKW____

3 **Achtung beim Autofahren** Bringen Sie die Sätze in eine logische Reihenfolge von 1 bis 6.

<u>3</u> 1. in die Straße einbiegen
<u>1</u> 2. die Tür öffnen und einsteigen
<u>5</u> 3. die Polizei anrufen
<u>2</u> 4. den Sicherheitsgurt anlegen (*fasten*)
<u>6</u> 5. ein Bußgeld bezahlen
<u>4</u> 6. einen Unfall haben

4 **Wer, wen, was und wo** 🎧 Hören Sie die sechs Aussagen an und wählen Sie das Wort, das am besten zu jeder Situation passt. Beantworten Sie danach die Fragen in ganzen Sätzen. Answers will vary.

1. (die Polizei) / den Schaffner
2. der Metzger / (der Mechaniker)
3. im Fahrstuhl / (am Fahrkartenschalter)
4. (ein Bußgeld) / eine Geldtasche
5. (an der Tankstelle) / am Bahnsteig
6. auf den Stadtplan / (auf den Fahrplan)

 Practice more at **vhlcentral.com**.

Kommunikation

5 Aus dem Polizeibericht
Schauen Sie sich das Bild an und lesen Sie den kurzen Zeitungsartikel dazu. Beantworten Sie danach die Fragen. Arbeiten Sie mit einem Partner / einer Partnerin zusammen. Sample answers provided.

5 Suggestion Before they read the article, ask students if there is a **Handyverbot** in their city or state: **Darf man hier sein Handy benützen, während man fährt?**

Unfall in Frankfurter Innenstadt

Ein 23-jähriger Peugeotfahrer hat nicht aufgepasst und fuhr am Donnerstagabend bei Rot über die Kreuzung (*intersection*) Kaiserstraße und Friedensstraße. Ein LKW kam von links und die zwei Fahrzeuge sind zusammengestoßen (*collided*). Beide Fahrer trugen Sicherheitsgurte und blieben unverletzt (*unhurt*). Der junge Mann sagte aus, er wollte nur schnell auf sein Handydisplay schauen und sah dann die rote Ampel (*traffic light*) und den LKW nicht. An der rechten Straßenseite war ein Motorrad geparkt und es ist beim Unfall auch zu Schaden (*damage*) gekommen. Der 23-Jährige bekam ein Bußgeld von 400 Euro. Seit 2001 gibt es ein Handyverbot (*cell phone ban*) am Steuer. An den drei Fahrzeugen entstand (*occurred*) insgesamt ein Schaden in Höhe von 5.500 Euro.

1. Was ist am Donnerstagabend passiert? Ein Unfall zwischen einem Peugeot und einem LKW ist passiert.
2. Welche Fahrzeuge waren in den Unfall verwickelt (*involved*)? Ein Peugeot, ein LKW und ein Motorrad waren in den Unfall verwickelt.
3. Wer hat den Unfall verursacht (*caused*)? Der Peugeotfahrer hat den Unfall verursacht.
4. Was war die Ursache (*cause*) des Unfalls? Der Autofahrer hat auf sein Handydisplay geschaut und dabei die rote Ampel nicht gesehen.
5. Gab es Verletzte? Nein, es gab keine Verletzten.
6. Wie hoch war der Schaden an den drei Fahrzeugen? Es entstand ein Schaden von 5.500 Euro.
7. Musste der Peugeotfahrer ein Bußgeld bezahlen? Ja, er musste 400 Euro Bußgeld bezahlen.
8. Was ist ein Handyverbot? Man darf nicht mit dem Auto fahren und dabei mit dem Handy telefonieren.

7 Suggestion Before beginning the activity, ask students if public transportation is available in their hometowns. Explain that in Germany, the well-developed network of buses, trains, subways, and trams makes it easy to get around without a car.

6 Sieben Unterschiede
Ihr Professor / Ihre Professorin gibt Ihnen zwei verschiedene Blätter. Finden Sie sieben Unterschiede zwischen Ihrem Bild und dem Bild Ihres Partner / Ihrer Partnerin. Answers will vary.

BEISPIEL

S1: *Ich sehe vier Fahrräder.*
S2: *Mein Bild hat zwei Fahrräder. Und es gibt eine Bushaltestelle.*
S1: *Ich sehe keine Bushaltestelle...*

7 Verkehrsmittel
Diskutieren Sie in kleinen Gruppen, welche Verkehrsmittel Sie nehmen, um an die verschiedenen Orte zu kommen. Machen Sie danach eine Liste mit allen Verkehrsmitteln, die Sie normalerweise (*usually*) benutzen. Vergleichen Sie schließlich Ihre Liste mit der Liste einer anderen Gruppe. Answers will vary.

BEISPIEL

S1: *Um in die Innenstadt zu kommen, nehme ich die U-Bahn.*
S2: *Wirklich? Ich fahre mit meinem Fahrrad.*
S3: *Ich gehe zu Fuß, aber...*

Verkehrsmittel	Orte
das Auto	das Ausland
der Bus	das Haus von meinen Eltern
das Fahrrad	das Fußballstadion
das Flugzeug	der Supermarkt
zu Fuß	die Diskothek
das Taxi	die Innenstadt
die U-Bahn	die Unibibliothek
der Zug	?

Aussprache und Rechtschreibung

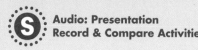 **Audio: Presentation**
Record & Compare Activities

🎧 Long and short vowels with an *Umlaut*

You have already learned that adding an **Umlaut** to the vowels **a**, **o**, and **u** changes their pronunciation. Vowels with an **Umlaut** have both long and short forms.

Räder	**Männer**	**löhnen**	**löschen**	**Züge**	**fünf**

The long **ä** is pronounced similarly to the *a* in the English word *bay*, without the final *y* sound. The short **ä** is pronounced like the *e* in *pet*.

Faxgerät	**Unterwäsche**	**Fahrpläne**	**Spaziergänge**

To produce the long **ö** sound, start by saying the German long **e**, but round your lips as if you were about to whistle. To produce the short **ö** sound, start by saying the short **e**, but keep your lips rounded.

Öl	**öffentlich**	**schön**	**Töchter**

To produce the long **ü** sound, start to say the German long **i**, but round your lips tightly. To produce the short **ü** sound, make the short **i** sound, but with tightly rounded lips. In some loanwords, the German **y** is pronounced like **ü**. In other loanwords, the German **y** is pronounced like the English consonant *y*.

Schüler	**zurück**	**Typ**	**Physik**

Suggestion To help students pronounce the long **ü** sound, have them position their tongues behind the back of the lower front teeth and round their lips, as if they were about to whistle.

1 **Sprechen Sie nach** Wiederholen Sie die Wörter, die Sie hören.

1. Rad / Räder
2. Kopf / Köpfe
3. Zug / Züge
4. Käse / Kästchen
5. mögen / möchten
6. fühlen / füllen
7. kämen / kämmen
8. lösen / löschen
9. Dünen / dünn
10. typisch
11. MP3-Player
12. Handy

2 **Artikulieren Sie** Wiederholen Sie die Sätze, die Sie hören.

1. In der Küche kocht die Köchin mit einem großen Kochlöffel.
2. Sie ändern morgen alle Fahrpläne für die Züge in Österreich.
3. Lösch alles auf der Festplatte, bevor du deinen PC verkaufst.
4. Jürgen fährt mit den öffentlichen Verkehrsmitteln zur Universität.
5. Grüne Fahrräder sind schöner als rote oder schwarze Fahrräder.
6. Der blonde Typ da hat sein Handy verloren.

3 **Sprichwörter** Wiederholen Sie die Sprichwörter, die Sie hören.

Der Apfel fällt nicht weit vom Stamm.[2]

Ein goldener Schlüssel öffnet alle Türen.[1]

[1] A golden key opens all doors.
[2] The apple doesn't fall far from the tree.

Ressourcen

SAM
LM: p. 31

vhlcentral.com

Fotoroman

Ein Ende mit Schrecken  Video: *Fotoroman*

Sabite und Torsten gehen zusammen auf der Museumsinsel spazieren.
Es ist Sabites Lieblingsort, aber es wird ein trauriger Tag.

Vorbereitung Have students read the episode title and try to predict what will happen in this episode. What do they think is going to end? Can they guess what **Schrecken** might mean? You may want to share with students the proverb **Besser ein Ende mit Schrecken als ein Schrecken ohne Ende.**

GEORGE Berlin hat die besten öffentlichen Verkehrsmittel! In Milwaukee haben wir nur Busse und kein S-Bahn-System.
HANS Hast du kein Auto?
GEORGE Doch, aber es ist alt und hat oft Pannen. Das Ölwarnlicht leuchtet ständig, und die Kupplung rutscht.
HANS Warum behältst du es?
GEORGE Es bringt mich zur Uni und zurück.

TORSTEN Sabite... es tut mir leid.
SABITE Wie bitte?
TORSTEN Es tut mir leid. An dem Abend im Restaurant, als ich von deinen Plänen erfahren habe...

SABITE Ich habe nicht darüber geredet, weil es nur eine Idee war. Ich hatte die Idee schon gehabt, bevor ich mit Lorenzo im Restaurant darüber gesprochen habe. Wir haben über Kunst geredet und da habe ich es zum ersten Mal laut ausgesprochen.
TORSTEN Ich habe das einfach nicht gewusst und bin wütend geworden.

SABITE Torsten, ich... ich glaube nicht...
TORSTEN Ich möchte nicht, dass du aus Berlin weggehst.
SABITE Warum?
TORSTEN Weil ich dich liebe.

SABITE Oh, Torsten, ich habe letzte Woche mit meiner Mutter zu Mittag gegessen. Wir haben etwas beschlossen. Meine ganze Familie verbringt den Sommer in der Türkei.

TORSTEN Ach so. Ich möchte nicht, dass du gehst, aber ich weiß, dass ich dich nicht davon abhalten kann. Du bist so stark, wie du schön bist. Was ich jetzt sagen muss, ist sehr schwer.
SABITE Torsten, machst du Schluss mit mir?
TORSTEN Liebst du mich?

---

1 Richtig oder falsch? Entscheiden Sie, ob die folgenden Sätze richtig oder falsch sind.

1. In Milwaukee gibt es Busse und ein S-Bahn-System. Falsch.
2. Georges Auto ist alt und hat oft Pannen. Richtig.
3. Sabite hat mit Lorenzo im Restaurant über Kunst gesprochen. Richtig.
4. Dort hat sie zum ersten Mal laut über die Türkei gesprochen Richtig.
5. Torsten war im Restaurant geduldig und ist ruhig geblieben. Falsch.

6. Sabite hat letzte Woche mit ihrer Mutter zu Abend gegessen. Falsch.
7. Torsten möchte, dass Sabite nach Istanbul geht. Falsch.
8. George und Hans fahren mit dem Bus in Berlin herum. Falsch.
9. Torsten hat mit Sabite auf der Museumsinsel Schluss gemacht. Richtig.
10. Sabite mag die Museumsinsel nicht. Falsch.

PERSONEN

George

Hans

Meline

Sabite

Torsten

7

MELINE Hallo, Sabite. Wie geht's? Okay... Süße... es ist schon okay. Wo bist du? Bleib dort, ich bin gerade an einer U-Bahn-Station vorbeigekommen. Ich bin in einer Viertelstunde da. (*Zu sich selbst.*) Torsten. Er ist so dumm, wie er gemein ist.

8

GEORGE Sabite, hey. Hans und ich fahren mit der Bahn in der ganzen Stadt herum. Das ist die interessanteste Weise, Berlin zu sehen. Was? Jetzt mal ganz ruhig. Du bist wo? Er hat was? Wo sind wir?

HANS Spandau. Wir sind in der U-Bahn-Station Altstadt Spandau! Wo ist sie?

GEORGE Museumsinsel. Wir kommen so schnell wie möglich.

9

MELINE Er hat dich bis hierher zur Museumsinsel geschleppt, nur um mit dir Schluss zu machen?

SABITE Es war meine Idee, hierher zu kommen. Ich liebe diesen Ort. Ah, da kommen sie.

HANS Hey, Sabite, es tut mir so, so, so leid.

MELINE Hans. Hans!

10

HANS Also... du hast mit ihm Schluss gemacht?

SABITE Ich wollte mit ihm Schluss machen. Aber er... er war schneller als ich!

Nützliche Ausdrücke

- **die Panne**
  breakdown
- **Das Ölwarnlicht leuchtet ständig, und die Kupplung rutscht.**
  The oil warning light is always on, and the clutch slips.
- **erfahren (von)**
  to find out (about)
- **Wir haben über Kunst geredet und da habe ich es zum ersten Mal laut ausgesprochen.**
  We were talking about art, and that was the first time I said it out loud.
- **wütend**
  furious
- **Wir haben etwas beschlossen.**
  We decided something.
- **Ich möchte nicht, dass du gehst, aber ich weiß, dass ich dich nicht davon abhalten kann.**
  I don't want you to go, but I know I can't stop you.
- **vorbeikommen** • **herumfahren**
  to pass *to ride around*
- **Wir kommen so schnell wie möglich.**
  We'll be there as soon as possible.
- **schleppen**
  to drag

4A.1
- **Berlin hat die besten öffentlichen Verkehrsmittel!**
  Berlin has the best public transportation!

4A.2
- **Ich hatte die Idee schon gehabt, bevor ich mit Lorenzo im Restaurant darüber gesprochen habe.**
  I'd had the idea before Lorenzo and I discussed it at the restaurant.

---

2 **Zum Besprechen** Schreiben Sie zu zweit einen Dialog zwischen Sabite und Torsten. Versuchen Sie, die Beziehung zu retten (*to save the relationship*). Answers will vary.

3 **Vertiefung** In Deutschland gibt es viele Autobahnen. Wie sind sie nummeriert? Welche haben eine, welche zwei und welche drei Ziffern (*digits*)? Welche haben gerade (*even*) und welche ungerade (*odd*) Nummern? Answers will vary.

3 **Expansion** Have students find out the speed limits for different types of vehicles on the German **Autobahnen**.

IM FOKUS

Die erste Autofernfahrt

 Reading

HEUTE IST DEUTSCHLAND EIN Autoland. Es ist berühmt für Autos wie Audis, Porsches, Mercedes und BMWs. Und es ist bekannt für seine schnellen Autobahnen. Als Karl Benz und Gottlieb Daimer 1886 das erste Auto entwickelten°, war das noch anders. Das erste Auto hatte drei Räder und einen 1,5 PS starken Motor mit einer Höchstgeschwindigkeit° von 20 Stundenkilometern. Auto fahren war nicht sehr bequem. Dieses Auto hatte keine Federung° und man spürte jede Unebenheit° in der Straße.

Am 5. August 1888 ging Bertha Benz, die Frau von Karl Benz, mit ihren zwei Söhnen zum ersten Mal mit einem Auto auf Fernfahrt. Sie wollte von Mannheim nach Pforzheim fahren, um ihre Eltern zu besuchen.

Ihrem Mann Karl sagte sie nicht Bescheid°. Sie fuhr los, als Karl noch schlief!

Die 106 Kilometer lange Autofahrt dauerte den ganzen Tag. In Wiesloch musste Bertha Benz tanken. Sie kaufte 2 Liter Ligroin, eine Art Benzin, in der Wieslocher Stadtapotheke°. Damit wurde die Apotheke die erste Tankstelle der Welt. Als eine Kette° riss°, half ihr ein Schmied° in Bruchsal. Eine verstopfte Benzinleitung° reparierte Bertha Benz selber mit ihrer Hutnadel°. Und einen Berg hinter Wilferdingen schaffte das Auto nur, weil zwei Jungen schoben°. Aber Frau Benz kam in Pforzheim an!

Am Abend schickte Bertha ein Telegramm an ihren Mann in Mannheim: „Lieber Carl! Erste Fernfahrt ist gelungen. Sind gut in Pforzheim angekommen."

Autofernfahrt *long-distance car trip* **entwickelten** *developed* **Höchstgeschwindigkeit** *top speed* **Federung** *suspension* **Unebenheit** *unevenness* **sagte... Bescheid** *informed* **Stadtapotheke** *city pharmacy* **Kette** *chain* **riss** *broke* **Schmied** *blacksmith* **verstopfte Benzinleitung** *blocked fuel line* **Hutnadel** *hatpin* **schoben** *pushed* **Zündkerze** *spark plug* **Fensterheber** *window crank*

Autoerfindungen aus Deutschland

1886	das Auto	Karl Benz und Gottlieb Daimler
1890	der Dieselmotor	Rudolf Diesel
1902	die Zündkerze°	Robert Bosch
1926	der Fensterheber°	Max Brose
1951	der Airbag	Walter Linderer

ÜBUNGEN

1 **Richtig oder falsch?** Sind die Aussagen richtig oder falsch? Korrigieren Sie die falschen Aussagen mit einem Partner / einer Partnerin.

1. Die erste Autofernfahrt war 106 Kilometer lang. Richtig.

2. Bertha Benz wollte die Eltern ihres Mannes besuchen. Falsch. Bertha Benz wollte ihre Eltern besuchen.

3. Bertha Benz fragte ihren Mann, ob sie das Auto haben könnte. Falsch. Karl Benz wusste nichts von der Autofahrt.

4. Außer Bertha Benz fuhren auch ihre zwei Söhne mit. Richtig.

5. Die erste Tankstelle der Welt war eine Apotheke. Richtig.

6. Bertha Benz hatte einen Unfall. Falsch. Sie hatte Pannen.

7. Ein Schmied musste die verstopfte Benzinleitung reparieren. Falsch. Bertha Benz reparierte selber die verstopfte Benzinleitung.

8. Am Abend der ersten Autofernfahrt schickte Bertha Benz ihrem Mann ein Telegramm. Richtig.

9. Ferdinand Porsche erfand die erste Zündkerze. Falsch. Robert Bosch erfand die erste Zündkerze.

10. 1951 erfand Max Brose den ersten Fensterheber. Falsch. 1926 erfand Max Brose den ersten Fensterheber.

 Practice more at **vhlcentral.com**.

Verkehrsschilder

die Kreuzung	*intersection*
das Stoppschild	*stop sign*
(die) Ausfahrt	*exit*
(die) Baustelle	*construction zone*
(die) Einbahnstraße	*one-way street*
(die) Umleitung	*detour*

Fahrrad fahren

In Deutschland besitzen mehr Haushalte° Fahrräder als ein Auto. Bei Familien haben sogar 96% der Haushalte Fahrräder. Deshalb gibt es in vielen Städten separate Fahrradwege°. Für das Fahrradfahren gibt es besondere Regeln°: Wenn es keinen Fahrradweg gibt, müssen Fahrradfahrer, die über 11 Jahre alt sind, auf der rechten Seite der Straße fahren. Besondere Schilder zeigen, wann Fahrradfahrer in Einbahnstraßen entgegen der Fahrtrichtung° fahren dürfen. In Fußgängerzonen° dürfen Radfahrer nur im Schritttempo° fahren. Außerdem muss jedes Fahrrad ein festes Fahrradlicht haben.

Haushalte *households* **Fahrradwege** *bike lanes* **Regeln** *rules* **entgegen der Fahrtrichtung** *against the flow of traffic* **Fußgängerzonen** *pedestrian zones* **Schritttempo** *walking speed*

Trabant

Der Trabant war das bekannteste Auto der DDR°. In Zwickau bauten die Hersteller° zwischen 1957 und 1991 3.051.726 Autos. Der Trabant war preiswert° und robust. Er hatte einen einfachen Motor und wenig Komfort. Die meisten Menschen in der DDR nannten das Auto einfach „Trabi". Bürger, die einen Trabant kaufen wollten, mussten zwischen 12 und 15 Jahre auf ihr neues Auto warten. Nach der Wende° wurde der Trabi zu einem Kultauto. Im Jahr 2011 gab es immerhin noch 33.726 Trabis, die auf deutschen Straßen fuhren. In Weberstadt und in Berlin gibt es besondere Trabi-Museen.

DDR (Deutsche Demokratische Republik) *East Germany* **Hersteller** *manufacturers* **preiswert** *inexpensive* **Wende** *German reunification*

IM INTERNET

Suchen Sie Informationen zu der Internationalen Automobil-Ausstellung (IAA). Wo und wann war die letzte Ausstellung?

For more information on this **Kultur**, go to **vhlcentral.com**.

---

2 **Was fehlt?** Ergänzen Sie die Sätze.

1. In deutschen Haushalten gibt es öfter __Fahrräder__ als ein Auto.
2. In vielen Städten gibt es seperate __Fahrradwege__ für Fahrräder.
3. Jedes Fahrrad in Deutschland muss __ein Fahrradlicht__ haben.
4. Das bekannteste Auto in der DDR war __der Trabant/der Trabi__.
5. Der Trabi war nicht nur robust, sondern auch __preiswert__.
6. Das Kultauto kann man heute im __Trabi-Museum__ in Weberstadt finden.

3 **Lieblingstransportmittel** Diskutieren Sie mit einem Partner / einer Partnerin Ihr Lieblingstransportmittel.

Wie bewegen Sie sich am liebsten fort? Sind Sie ein Fan von Fahrrad, Auto oder Bus? Gehen Sie am liebsten zu Fuß? Warum bewegen Sie sich gerne so fort? Was sind die Vorteile und Nachteile?

4A.1 *Das Plusquamperfekt*  Presentation

Startblock Use the **Plusquamperfekt** tense to refer to a past event that occurred before another event in the past.

> Ich **hatte** die Idee schon **gehabt**, bevor ich mit Lorenzo im Restaurant darüber gesprochen habe.

> Wir **hatten** über Kunst **geredet** und da habe ich es zum ersten Mal laut ausgesprochen.

Das Plusquamperfekt

- To form the **Plusquamperfekt**, use the **Präteritum** form of **haben** or **sein** with the past participle of the verb that expresses the action.

  Ich **hatte vergessen**, die Tür zu schließen.
  *I **had forgotten** to close the door.*

  Jasmin **war** noch nie nach Zürich **gefahren**.
  *Jasmin **had** never **been** to Zurich.*

- Since the **Plusquamperfekt** refers to a past event that was completed prior to another past event, both events are often described in the same sentence.

Der Zug fährt ab.   Ich komme am Bahnsteig an.

14.45 Uhr   **Plusquamperfekt**   14.47 Uhr   **Perfekt/Präteritum**

PRÄTERITUM	PLUSQUAMPERFEKT
Als ich am Bahnsteig **ankam**,	**war** der Zug schon **abgefahren**.
*When I **arrived** at the platform,*	*the train **had** already **left**.*

Bevor Stefan in die Stadt gezogen ist, **hatte** er nie öffentliche Verkehrsmittel **benutzt**.
*Before Stefan moved to the city, he **had** never **used** public transportation.*

Nachdem der Mechaniker das Auto **repariert hatte**, fuhr er damit zur Tankstelle.
*After the mechanic **had fixed** the car, he **drove** it to the gas station.*

Bevor ich nach England **reiste, hatte** ich meinen Neffen noch nie **gesehen**.
***Before** I **went** to England, I **had** never **met** my nephew.*

Als wir im Kino **ankamen, hatte** der Film schon **angefangen**.
***When** we **got** to the movie theater, the film **had** already **started**.*

Conjunctions *als, bevor, nachdem*

Suggestion Tell students that subordinating conjunctions like **bevor**, **nachdem**, and **als** "send" or "kick" the verb to the end of the clause.

- Use the subordinating conjunctions **als** (*when*), **bevor** (*before*), and **nachdem** (*after*) to indicate the sequence in which two past events occurred.

  Als Jan ins Restaurant **kam, hatte** seine Freundin schon **bestellt**.
  *By the time Jan **got** to the restaurant, his girlfriend **had** already **ordered**.*

  Unsere Eltern sind erst nach Hause gekommen, **nachdem** wir schon ins Bett **gegangen waren**.
  *By the time our parents came home, we **had** already **gone** to bed.*

- When a clause begins with **als**, **bevor**, or **nachdem**, move the conjugated verb to the end of the clause.

  Bevor ich in Deutschland **wohnte**...
  *Before I **lived** in Germany...*

  Als Heike **anrief**...
  *When Heike **called**...*

- After **bevor** and **als**, use the **Perfekt** or **Präteritum** and put the main clause in the **Plusquamperfekt**.

  Als Torsten zur Bushaltestelle **kam, war** der Bus schon **abgefahren**.
  *By the time Torsten **got** to the bus stop, the bus **had** already **left**.*

  Bevor ich Kalifornien **besucht habe, hatte** ich noch nie Artischocken **gegessen**.
  *Before I **visited** California, I **had** never **eaten** artichokes.*

- After **nachdem**, use the **Plusquamperfekt** and put the main clause in the **Perfekt** or **Präteritum**.

  Der Bus **ist** endlich **gekommen, nachdem** wir schon 30 Minuten **gewartet hatten**.
  *The bus finally **came**, after we **had been waiting** for 30 minutes.*

  Nachdem Simone ins Bett **gegangen war, hat** ihre Mutter **angerufen**.
  *After Simone **had gone** to bed, her mother **called**.*

- If the clause with **bevor**, **nachdem**, or **als** is first in the sentence, the main clause after the comma begins with the verb. If that verb is in the **Plusquamperfekt** or **Perfekt**, put the helping verb first and the past participle at the end.

  Als wir am Flughafen **ankamen, war** das Flugzeug schon **abgeflogen**.
  *By the time we **got** to the airport, the plane **had** already **taken off**.*

  Das Flugzeug **war** schon **abgeflogen, als** wir am Flughafen **ankamen**.
  *The plane **had** already **taken off** by the time we **got** to the airport.*

Suggestion Point out to students that this word order is consistent with the "verb-in-second-position" rule. The dependent clause, set off by the comma, functions as the first sentence element, and the verb comes as the second element.

QUERVERWEIS

To review coordinating conjunctions, see **2A.3**.

Students will learn more about subordinating conjunctions in **Vol. 3, 2A.3**.

ACHTUNG

If the main clause comes first in the sentence, use the normal subject-verb word order.

Suggestion You may want to mention that in conversation, people often use the **Perfekt** tense instead of the **Plusquamperfekt** along with time expressions to help clarify the sequence of events: **Nachdem Ulrich einen Unfall gehabt hat, hat er sein Auto zum Mechaniker gebracht.**

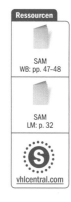

Ressourcen

SAM
WB: pp. 47–48

SAM
LM: p. 32

vhlcentral.com

Jetzt sind Sie dran!

Schreiben Sie die Sätze ins Plusquamperfekt um.

1. Haben Sie Ihre Freundin angerufen?
   Hatten Sie Ihre Freundin angerufen?

2. Ich habe das Auto zum Mechaniker gebracht.
   Ich hatte das Auto zum Mechaniker gebracht.

3. Bist du zu spät aufgestanden?
   Warst du zu spät aufgestanden?

4. Benjamin ist noch nie in Berlin gewesen.
   Benjamin war noch nie in Berlin gewesen.

5. Ihr habt die Fahrkarte schon entwertet, nicht?
   Ihr hattet die Fahrkarte schon entwertet, nicht?

6. Die Mechanikerin hat den LKW schon repariert.
   Die Mechanikerin hatte den LKW schon repariert.

7. Oma und Opa sind gerade zurückgekommen.
   Oma und Opa waren gerade zurückgekommen.

8. Wir haben falsch geparkt.
   Wir hatten falsch geparkt.

9. Papa hat das Auto letzte Woche verkauft.
   Papa hatte das Auto letzte Woche verkauft.

10. Wir haben das Buch noch nicht (*not yet*) gelesen.
    Wir hatten das Buch noch nicht gelesen.

11. Seid ihr in die Stadt gefahren?
    Wart ihr in die Stadt gefahren?

12. Hast du das gewusst?
    Hattest du das gewusst?

Anwendung

1 Was passt zusammen? Welche Sätze in der rechten Spalte ergänzen die Sätze in der linken Spalte?

__d__ 1. Nachdem Paul seine Sachen gepackt hatte,

__b__ 2. Als Amila nach Hause kam,

__a__ 3. Wir haben noch lange geredet,

__f__ 4. Bevor du zurückkamst,

__c__ 5. Hattest du meinen Geburtstag vergessen,

__e__ 6. Ich war sehr traurig,

a. nachdem wir gegessen hatten.

b. hatte ihre Familie schon mit dem Essen angefangen.

c. oder wolltest du mich überraschen?

d. hat er eine Karte an Elke geschrieben.

e. nachdem du weggegangen warst.

f. hatte ich dich überall gesucht.

2 Dornröschen Dornröschen (*Sleeping Beauty*) wacht im Jahr 2000 auf (*wakes up*). Erzählen Sie, was für Dornröschen alles neu ist. Bilden Sie Sätze im Plusquamperfekt.

| BEISPIEL | in einem Auto fahren |

Sie war noch nie in einem Auto gefahren.

1. in einem Flugzeug sein
   Sie war noch nie in einem Flugzeug gewesen.
2. einen Film sehen
   Sie hatte noch nie einen Film gesehen.
3. mit dem Zug reisen
   Sie war noch nie mit dem Zug gereist.

4. ein Taxi nehmen
   Sie hatte noch nie ein Taxi genommen.
5. eine Fahrkarte entwerten
   Sie hatte noch nie eine Fahrkarte entwertet.
6. einen Sicherheitsgurt tragen
   Sie hatte noch nie einen Sicherheitsgurt getragen.

3 Ergänzen Sie Ergänzen Sie die Sätze mit den richtigen Plusquamperfektformen.

1. Vor meiner Reise nach Paris __hatte__ ich viel darüber __gelesen__. (lesen)
2. Nachdem wir __gelandet__ __waren__, sind wir zuerst ins Hotel gefahren. (landen)
3. Wir __hatten__ kein Auto __gemietet__, sondern sind immer mit der U-Bahn gefahren. (mieten)
4. Jasmin __hatte__ ihr Geld in den Hotelsafe __gelegt__, bevor sie ausgegangen ist. (legen)
5. Sie sind ins Museum gegangen, nachdem sie __getankt__ __hatten__. (tanken)
6. Als sie dort ankamen, __hatten__ ihre Freunde schon lange auf sie __gewartet__. (warten)

4 Erzählen Sie Schreiben Sie zu jedem Bild einen Satz im Plusquamperfekt und erzählen Sie, was diese Personen gemacht hatten, bevor sie jemand fotografiert hat. Benutzen Sie Wörter aus der Liste oder Ihre eigenen. Seien Sie kreativ. Sample answers are provided.

▶ BEISPIEL

Manfred
war zur Tankstelle gefahren.

besuchen	kaufen
fahren	parken
gehen	warten (+ auf)

1. Herr Maier
   hatte sein Auto geparkt.

2. Karl
   hatte schon 15 Minuten auf Klara gewartet.

3. Birgit und Lara
   hatten Fahrkarten gekauft.

4. Sebastian
   war zur U-Bahn gegangen.

 Practice more at **vhlcentral.com.**

Kommunikation

---

5 **Faul oder fleißig** Besprechen Sie mit Ihrem Partner / Ihrer Partnerin, was Jens und Maria gestern gemacht haben. Wechseln Sie sich ab. Answers will vary.

BEISPIEL

S1: Maria hat um 8 Uhr gefrühstückt.
S2: Um 8 Uhr war Jens noch nicht aufgestanden.

	Jens	Maria
8.00	--	frühstücken
9.00	aufstehen	mit dem Bus zur Uni fahren
10.00	Kaffee trinken	Chemieprüfung schreiben
11.00	mit Freunden chatten	mit der Professorin sprechen
12.00	Musik hören	ins Fitnessstudio gehen
13.00	mit Martin Videospiele spielen	--

---

6 **Warum wohl?** Stellen Sie Ihrem Partner / Ihrer Partnerin zu jedem Bild eine Frage und erfinden Sie eine Antwort. Answers will vary.

die Küche nicht aufräumen	im Regen dreckig werden	keine Brille tragen
eine gute Note bekommen	kein Hotelzimmer buchen	zu spät nach Hause kommen

▶ **BEISPIEL**

S1: Warum hat Heiko einen Unfall gehabt?
S2: Er war vielleicht zu schnell gefahren.

Heiko / einen Unfall haben

1. Hasan und Greta / streiten

2. Sophia / Kopfschmerzen (*headache*) haben

3. Günther / laut singen

4. Paula und Rolf / Hund waschen

5. Ben und Hans / im Wald campen

6. Tom / einen Platten haben

---

7 **Wichtige Ereignisse** Sagen Sie Ihren Mitstudenten, in welchem Jahr Sie geboren sind. Ein anderer Student / eine andere Studentin nennt dann ein Ereignis (*event*), das schon vorher (*before that*) passiert war. Answers will vary.

BEISPIEL

S1: Ich bin 1994 geboren.
S2: 25 Jahre vorher waren Astronauten schon auf dem Mond gelandet.

1946: man baut das erste Mobiltelefon	1984: Steve Jobs stellt den ersten Mac vor
1959: die Barbiepuppe kommt auf den Markt	1989: die Berliner Mauer fällt
1973: in Deutschland gibt es eine Ölkrise	

7 **Suggestion** To prepare students for this activity, have them convert the information provided into complete **Plusquamperfekt** sentences. Ex.: **Man hatte das erste Mobiltelefon gebaut.**

4A.2

Comparatives and superlatives  Presentation

Startblock Use the comparative and superlative forms of adjectives and adverbs to compare two or more people or things.

Mein Vater fährt gern **schneller als** 150.

Es ist einer der **schönsten** Orte in Berlin.

Der Komparativ

- There are three forms of adjectives and adverbs: **die Grundform** (schnell), **der Komparativ** (schneller), and **der Superlativ** (am schnellsten). When describing similarities between two people or things, use the expression **so... wie** (*as... as*) or **genauso... wie** (*just as... as*) with the **Grundform** of an adjective or adverb.

Dieser LKW ist **so groß wie** ein Bus.
*That truck is **as big as** a bus.*

Der Zug fährt **genauso schnell wie** ein Auto.
*The train goes **just as fast as** a car.*

- To describe differences between two people or things, you can use the expression **nicht so... wie** (*not as... as*), or you can use the **Komparativ**. Form the **Komparativ** by adding the ending **-er** to the **Grundform** of an adjective or adverb, followed by the word **als**.

Inga fährt **nicht so langsam wie** Sara.
*Inga **doesn't** drive **as slowly as** Sara.*

Sara fährt **langsamer als** Inga.
*Sara drives **more slowly than** Inga.*

- Common one-syllable words with the stem vowel **a**, **o**, or **u** often have an umlaut on the vowel in the comparative.

a ⟶ ä		o ⟶ ö		u ⟶ ü	
alt	älter	groß	größer	dumm (*dumb*)	dümmer
lang	länger	oft	öfter	jung	jünger
stark	stärker	rot	röter	kurz	kürzer

Meine Geschwister sind alle **älter** als ich.
*My siblings are all **older** than I am.*

Die Fahrt nach Frankfurt dauert mit dem Auto **länger** als mit dem Zug.
*The trip to Frankfurt takes **longer** by car than by train.*

- A small number of adjectives and adverbs have irregular comparative forms.

GRUNDFORM		KOMPARATIV
gern	⟶	lieber
gut	⟶	besser

Ich fahre **lieber** mit der U-Bahn als mit dem Bus.
*I'd **rather** take the subway than the bus.*

GRUNDFORM		KOMPARATIV
hoch	⟶	höher
viel	⟶	mehr

Benzin kostet in Deutschland **mehr** als in den USA.
*Gasoline is **more expensive** in Germany than in the USA.*

- When a comparative adjective precedes a noun, add the appropriate case ending after the **-er** ending.

> Leider kostet der **schnellere** Zug mehr.
> *Unfortunately the **faster** train costs more.*

> Ich brauche einen **größeren** Koffer.
> *I need a **bigger** suitcase.*

Der Superlativ

- Use the **Superlativ** form of an adjective or adverb to indicate that a person or thing has more of a particular quality than anyone or anything else.

> Welches ist **das größte** Tier der Welt?
> *What's **the biggest** animal in the world?*

> Wie komme ich **am besten** zur Tankstelle?
> *What's **the best** way to get to the gas station?*

- To form the superlative of an adjective, add **-st** to the **Grundform**. If the **Grundform** ends in **-d**, **-t**, or an **s** sound, add **-est**. When an adjective in the superlative precedes a noun, use a definite article before the superlative and add the appropriate case ending.

> Warum habt ihr **die teuersten** Fahrkarten gekauft?
> *Why did you buy **the most expensive** tickets?*

> Wir wollten mit **dem schnellsten** Zug fahren.
> *We wanted to take **the fastest** train.*

- To form the superlative of adverbs and of adjectives that come after **sein**, **werden**, or **bleiben**, use the word **am** before the adverb or adjective and add **-(e)sten** as the superlative ending.

> Wer fährt **am langsamsten**?
> *Who drives **the slowest**?*

> Welches Auto ist **am schnellsten**?
> *Which car is **the fastest**?*

- If an adjective or adverb has an added umlaut in the comparative, it will also have an umlaut in the superlative.

a → ä			o → ö			u → ü		
alt	älter	ältest-	hoch	höcher	höchest-	jung	jünger	jüngst-

- If an adjective or adverb is irregular in the comparative form, the superlative form is also irregular.

GRUNDFORM	KOMPARATIV	SUPERLATIV
gern	lieber	liebst-
groß	größer	größt-
gut	besser	best-
hoch	höher	höchst-
viel	mehr	meist-

Jetzt sind Sie dran! Ergänzen Sie die Lücken mit den richtigen Formen der Adjektive.

Base form	Komparativ	Superlativ	Base form	Komparativ	Superlativ
1. groß	_größer_	am größten	7. _jung_	jünger	am jüngsten
2. _gut_	besser	am besten	8. kurz	kürzer	am _kürzesten_
3. lang	länger	am _längsten_	9. _gesund_	gesünder	am gesündesten
4. klein	_kleiner_	am kleinsten	10. einfach	einfacher	am _einfachsten_
5. hoch	_höher_	am höchsten	11. viel	_mehr_	am meisten
6. spät	später	am _spätesten_	12. _gern_	lieber	am liebsten

Anwendung

1 **Meinungen** Ergänzen Sie die Sätze mit dem Adjektiv oder dem Adverb im Superlativ.

> **BEISPIEL** Von allen Verkehrsmitteln benutzen wir die U-Bahn
> _am häufigsten_. (häufig)

1. Von allen Automodellen findet Ingrid einen Mercedes __am schönsten__. (schön)
2. Von allen meinen Kursen finde ich Chemie __am schwierigsten__. (schwierig)
3. Von allen Getränken trinkt Emil Tee __am seltensten__. (selten)
4. Von allen Obstsorten schmecken dir Bananen __am besten__? (gut)
5. Von allen meinen Kursen interessiert mich Mathematik __am meisten__. (viel)
6. Von allen meinen Freunden habe ich Peter __am liebsten__. (gern)

2 **Komparative** Bilden Sie Sätze im Komparativ. **+** bedeutet **-er als**, **=** bedeutet **(genau)so... wie** und **≠** bedeutet **nicht so... wie.**

> **BEISPIEL** ein Auto / ist / ≠ groß / ein LKW
> _Ein Auto ist nicht so groß wie ein LKW._

1. die Mozartstraße / ist / + lang / die Beethovenstraße Die Mozartstraße ist länger als die Beethovenstraße.
2. Kiara / fährt / + gut / Dana Kiara fährt besser als Dana.
3. der Verkehr am Freitagabend / ist / = schlecht / der Verkehr am Montagmorgen
Der Verkehr am Freitagabend ist (genau)so schlecht wie der Verkehr am Montagmorgen.
4. ich / reise / + gern / mit dem Zug / mit dem Flugzeug Ich reise lieber mit dem Zug als mit dem Flugzeug.
5. Die erste Klasse / ist / + teuer / die zweite Klasse Die erste Klasse ist teurer als die zweite Klasse.
6. heute / ist / es / ≠ warm / gestern Heute ist es nicht so warm wie gestern.

3 **Vergleichen Sie** Bilden Sie Sätze und benutzen Sie dabei die Komparativformen der angegebenen Adjektive. Sample answers are provided.

▶ **BEISPIEL** ein Bus / ein Auto (klein)
Ein Auto ist kleiner als ein Bus.

1. eine U-Bahn / ein Flugzeug (schnell)
Ein Flugzeug ist schneller als eine U-Bahn.

2. Kevin / Claudia (alt)
Kevin ist nicht so alt wie Claudia.

3. Heike bezahlt 350 € Miete. / Holger bezahlt 320 € Miete. (viel)
Heike bezahlt mehr Miete als Holger.

4. Ihr esst Fisch einmal pro Monat. / Ihr esst Hähnchen einmal pro Woche. (gern)
Ihr esst lieber Hähnchen als Fisch.

 Practice more at **vhlcentral.com.**

Kommunikation

4 **Komparative** Ergänzen Sie die Fragen mit den Komparativformen der angegebenen Adjektive und beantworten Sie die Fragen Ihres Partners. Answers will vary.

> **BEISPIEL** Wer ist _schüchterner_, du oder dein bester Freund? (schüchtern)
>
> **S1:** Wer ist schüchterner, du oder dein bester Freund?
> **S2:** Ich bin viel schüchterner!

1. Was isst du _lieber_, Joghurt oder Schokolade? (gern)
2. Womit fährst du _seltener_, mit dem Fahrrad oder mit dem Auto? (selten)
3. Welchen Schauspieler (*actor*) findest du _besser_, Jet Li oder Brad Pitt? (gut)
4. Welches Fach findest du _interessanter_, Marketing oder Anthropologie? (interessant)
5. Wovon verstehst du _mehr_, von Mode oder von Sport? (viel)
6. Was machst du am Wochenende _häufiger_, Hausaufgaben oder schlafen? (häufig)

4 **Expansion** After students have done this activity with comparatives, have them ask each other similar questions using superlatives.

5 **Wie gut ist Ihr Allgemeinwissen?** Finden Sie mit Ihrem Partner / Ihrer Partnerin zu jedem Begriff (*concept*) zwei Sachen, die man vergleichen kann, und stellen Sie einem anderen Paar Ihre Fragen. Answers will vary.

> **BEISPIEL** welcher Kontinent / groß
>
> **S1:** Welcher Kontinent ist größer, Europa oder Asien
> **S2:** Natürlich ist Asien größer!

1. welches Land / klein
2. welche Stadt / alt
3. welcher Fluss / lang
4. welcher Flughafen / groß
5. welches Auto / schnell
6. welches Hotel / teuer
7. welche Person / reich
8. welche Universität / gut

6 **Beschreiben Sie** Besprechen Sie mit einem Partner / einer Partnerin die Leute im Bild. Machen Sie so viele Vergleiche wie möglich.

> **BEISPIEL**
>
> **S1:** Sarah ist so groß wie Sabrina.
> **S2:** Ja, aber David ist am größten.

Sabrina · David · Lukas · Sarah · Emma

6 **Expansion** Have pairs of students choose two very different celebrities and write sentences comparing the two. You may want to have them bring in photographs and present their comparisons to the class.

7 **Ein kleines Interview** Interviewen Sie zwei Mitstudenten und schreiben Sie ihre Antworten auf. Stellen Sie dann Ihre Informationen vor. Benutzen Sie dabei Komparativ- und Superlativformen. Answers will vary.

> **BEISPIEL**
>
> **S1:** Wie alt bist du, Emily?
> **S2:** Ich bin 18. Und du, Michael?
> **S3:** Ich bin 21.
> **S1:** Ich bin älter als Emily und jünger als Michael. Michael ist am ältesten.

Name:
Wie alt bist du?
Wie groß bist du?
Wie viele Geschwister hast du?
Wie oft machst du Sport?

Wiederholung

4 Suggestion Remind students to "kick" the verb to the end of the clause when using conjunctions like **bevor** or **nachdem**.

1 Vergleiche
Schreiben Sie mit einem Partner / einer Partnerin auf, was Sie auf den Fotos sehen. Benutzen Sie so viele Vergleiche wie möglich. Arbeiten Sie dann mit einem anderen Paar zusammen: Diskutieren Sie, was sie über die Bilder geschrieben haben. Answers will vary.

BEISPIEL

S1: Taxis sind teurer als Busse.
S2: Aber Busse fahren nicht so schnell wie Taxis.

1.

2.

2 Das beste Auto
Sie und Ihr Partner / Ihre Partnerin bekommen von Ihrem Professor / Ihrer Professorin verschiedene Autostatistiken. Sehen Sie sich die Statistiken der vier Autos an und vergleichen Sie dann, wie schnell, wie sparsam (*economical*), wie stark und wie teuer die Autos sind. Answers will vary.

2 Suggestion Pre-teach the vocabulary **PS**, **Marke**, and **Kraft**. Make sure students knows how to pronounce **VW**. Explain that all car brands are masculine.

BEISPIEL

S1: Wie schnell ist der Audi?
S2: Der Audi ist 247 Stundenkilometer schnell.
S1: Also ist der Audi am schnellsten.

3 Werbung
Entwerfen Sie (*Design*) in einer Dreiergruppe ein Zukunftsfahrzeug (*vehicle of the future*). Wie heißt das Fahrzeug? Machen Sie auch eine Liste mit der Ausstattung (*features*). Schreiben Sie dann eine Werbung, in der Sie das Zukunftsfahrzeug mit einem Auto von heute vergleichen. Answers will vary.

BEISPIEL

S1: „Futura" – das Auto des 21. Jahrhunderts. Es kann CO_2 tanken.
S2: Unser Auto verbraucht viel weniger als die Autos von gestern.

3 Suggestion You may wish to provide markers and paper so that students can make their ads more colorful. Set a time limit and make sure everyone stays on task.

4 Gestern
Fragen Sie andere im Unterricht, was sie gestern gemacht haben und wann. Berichten Sie dann, wer was wann gemacht hat. Benutzen Sie das Plusquamperfekt. Answers will vary.

BEISPIEL

S1: Bist du gestern zum Englischunterricht gegangen?
S2: Ja.
S1: Wann?
S2: Um 8.15 Uhr.
S3: Peter war schon zum Englischunterricht gegangen, bevor Julia Kaffee getrunken hat.

5 Die Party
Sie geben eine Party mit Ihren Freunden. Besprechen Sie, was Sie alle gemacht haben, um die Party vorzubereiten. Answers will vary.

BEISPIEL

S1: Seid ihr einkaufen gegangen?
S2: Ja, aber bevor wir einkaufen gegangen sind, hatten wir die Küche geputzt.

6 Eine Reise nach Erfurt
Sie planen eine Zugfahrt von Marburg nach Erfurt. Spielen Sie mit Ihrem Partner / Ihrer Partnerin ein Gespräch im Reisebüro der Deutschen Bahn. Der Reiseberater (*travel agent*) hilft dem Reisenden, sich für eine Zugverbindung zu entscheiden. Answers will vary.

BEISPIEL

S1: Wie kann ich Ihnen helfen?
S2: Ich möchte von Marburg nach Erfurt fahren und brauche eine Fahrkarte.
S1: Wann möchten Sie abfahren...?

EIN KLEINER TIPP

Here are some abbreviations used in train schedules.

Umst. = Umsteigen (*transfer*)
RE = Regional-Express
IC = Intercity
ICE = Intercity-Express

ZUG	Ihre Hinfahrtmöglichkeiten				
Bahnhof	Zeit	Dauer	Umst	Produkte	Preis
MARBURG ERFURT	ab 8.21 an 12.40	4.19	2	RE, IC	51€
MARBURG ERFURT	ab 10.04 an 13.33	3.29	1	IC, ICE	65€
MARBURG ERFURT	ab 10.56 an 14.40	3.44	2	IC	51€
MARBURG ERFURT	ab 13.50 an 16.28	2.38	1	IC	51€

Zapping

S Video: TV Clip

Mercedes mit Allradantrieb°

Mercedes-Benz hat in dieser Werbung Mika Häkkinen, Michael Schumacher und Franz Beckenbauer zusammengebracht. Mika Häkkinen und Michael Schumacher sind ehemalige° Formel 1 Rennfahrer. Häkkinen kommt aus Finnland und war zweimal Weltmeister°. Sein deutscher Konkurrent° Michael Schumacher war siebenmal Weltmeister. Franz Beckenbauer ist ein sehr berühmter° deutscher Fußballspieler. 1974 war er Fußballweltmeister. Außerdem hat er viele andere Titel gewonnen.

 „Sonntagsfahrer!"

Mika Häkkinen überholt° Michael Schuhmacher.

 „Wusst' ich's doch. Rentner°!"

Suggestion Explain that **Wusst' ich's** is a contraction of **Wusste ich es.**

Allradantrieb *four-wheel drive* **ehemalige** *former* **Weltmeister** *world champion* **Konkurrent** *opponent* **berühmter** *famous* **überholt** *passes* **Rentner** *senior citizen*

Verständnis Beantworten Sie die Fragen mit den Informationen aus dem Video.

1. Wer fährt in dieser Werbung am langsamsten?
   a. Mika Häkkinen   b. Franz Beckenbauer
   c. Michael Schumacher
2. Wer nennt einen anderen Fahrer „Rentner"?
   a. Mika Häkkinen   b. Franz Beckenbauer
   c. Michael Schumacher

Diskussion Diskutieren Sie die folgenden Fragen mit einem Partner / einer Partnerin. Answers will vary.

1. Haben Sie oder hat Ihre Familie ein Auto? Vergleichen Sie Ihr Auto mit einem Auto aus dem Video.
2. Suchen Sie Informationen im Internet über einen der drei Männer im Werbeclip: Wer ist er? Warum ist er berühmt? Diskutieren Sie die Ergebnisse Ihrer Internetsuche.

Communicative Goals

You will learn how to:

- talk about electronic communication
- talk about computer technology

Expansion Teach students the phrases that refer to sending a text: **simsen** or **eine SMS schicken**.

Wortschatz

Technik bedienen	*using technology*
anmachen (macht... an)	*to turn on*
aufnehmen (nimmt... auf)	*to record*
ausmachen (macht... aus)	*to turn off*
drucken	*to print*
fernsehen (sieht... fern)	*to watch television*
funktionieren	*to work, to function*
herunterladen (lädt... herunter)	*to download*
laden (lädt)	*to charge; to load*
löschen	*to delete*
online sein	*to be online*
speichern	*to save*
starten	*to start*
im Internet surfen	*to surf the Web*
die Technik	*technology*
der Benutzername, -n	*screen name*
die CD, -s	*compact disc, CD*
die Datei, -en	*file*
die Digitalkamera, -s	*digital camera*
das Dokument, -e	*document*
die E-Mail, -s	*e-mail*
der Kopfhörer, -	*headphones*
das Ladegerät, -e	*battery charger*
der Laptop, -s	*laptop (computer)*
das Mikrofon, -e	*microphone*
das Passwort, -¨er	*password*
das Programm, -e	*program*
der Sender, -	*channel*
die SMS, -	*text message*
die Website, -s	*Web site*

ACHTUNG

The word **Gerät**, found in the compound nouns **Faxgerät** and **Ladegerät**, is used by itself to refer to any kind of device or appliance.

Ressourcen

SAM WB: pp. 51–52	SAM LM: p. 34	vhlcentral.com

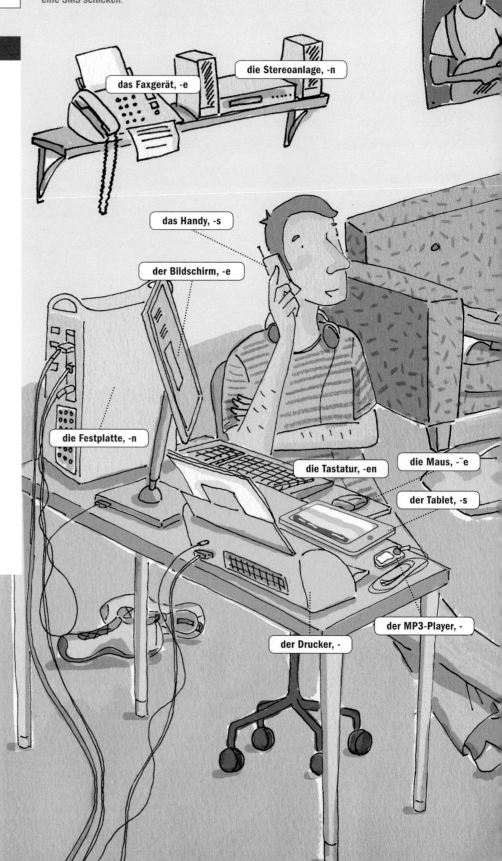

die Stereoanlage, -n

das Faxgerät, -e

das Handy, -s

der Bildschirm, -e

die Festplatte, -n

die Tastatur, -en

die Maus, -¨e

der Tablet, -s

der MP3-Player, -

der Drucker, -

Anwendung

Das Telefon klingelt. (klingeln)

der Anrufbeantworter, -

die Fernbedienung, -en

der Fernseher, -

der DVD-Player, -

die DVD, -s

die Spielkonsole, -n

1 Bilder beschriften Wie heißen die Geräte auf den Fotos?

a. der Drucker   c. der Fernseher   e. der Laptop
b. die Fernbedienung   d. die Kamera   f. das Mikrofon

1. _c_   2. _d_   3. _f_

4. _a_   5. _b_   6. _e_

2 Ergänzen Sie Ergänzen Sie die Sätze mit einem passenden Wort aus der Vokabelliste.

1. Vergessen Sie nicht, Ihr Dokument zu _speichern_, bevor Sie den Computer ausmachen.
2. Um das Handy zu laden, braucht man ein _Ladegerät_.
3. Man soll nicht für jede Website dasselbe _Passwort_ benutzen.
4. Recyceln Sie Ihren Computer nicht, ohne alle Dokumente zu _löschen_.
5. Der Klingelton auf meinem _Handy_ ist ein Lied von Lady Gaga.
6. X-Box und Playstation sind _Spielkonsolen_.

3 Kategorien Finden Sie für jede Kategorie passende Wörter aus Ihrer Vokabelliste. Answers may vary slightly.

Computer	Telefon	Fernseher
die Maus	das Handy	fernsehen
die E-Mail	der Anrufbeantworter	die Fernbedienung
die Tastatur	klingeln	der Sender
speichern	die SMS	das Programm

4 Hören Sie zu 🎧 Hören Sie sich die Dialoge 1-4 an und entscheiden Sie dann, welche Geräte die Personen brauchen. Schreiben Sie zu jedem Gerät die Nummer des passenden Dialogs. Answers will vary.

1. _4_ das Telefon   3. _2_ der CD-Player
2. _1_ die Kamera   4. _3_ die Fernbedienung

 Practice more at **vhlcentral.com.**

Kommunikation

5 Im Elektronikladen
Was kann man hier im Elektronikladen (*electronics store*) alles kaufen? Fragen Sie Ihren Partner / Ihre Partnerin, wie er/sie die verschiedenen elektronischen Geräte findet. Answers will vary.

BEISPIEL

S1: *Wie findest du den Laptop?*
S2: *Er ist in Ordnung. Die Festplatte ist ziemlich groß.*

| der Bildschirm | die Festplatte | die Tastatur |
| der Fernseher | der Drucker | die Videokamera |

5 Suggestion Before beginning the activity, have the class look at the picture together. Ask students to tell you what they see, using as many vocabulary words as possible.

6 Kreuzworträtsel
Sie und Ihr Partner / Ihre Partnerin bekommen zwei verschiedene Versionen desselben Kreuzworträtsels (*crossword puzzle*). Lesen Sie sich gegenseitig die fehlenden Definitionen vor. Answers will vary.

BEISPIEL

S1: *Eins Senkrecht: Man macht das mit einem neuen Programm.*
S2: *Das ist LADEN.*

6 Suggestion Before they begin this activity, have students prepare written definitions (in German) for the words in their **Kreuzworträsel**, either in class or as homework.

7 Technische Geräte
Erzählen Sie in Dreiergruppen, welche technischen Geräte Sie und die Mitglieder Ihrer Familie haben und auch oft benutzen. Answers will vary.

BEISPIEL

S1: *Meine Schwester kann ohne ihr Handy nicht leben. Sie schreibt bestimmt zweihundert SMS jeden Tag!*
S2: *Meine Eltern haben eine super Stereoanlage. Sie hören gern klassische Musik.*

8 Wie macht man das?
Beschreiben Sie mit einem Partner / einer Partnerin zusammen möglichst genau, was Sie tun müssen, um die folgenden Tätigkeiten auszuführen (*carry out*). Answers will vary.

BEISPIEL

S1: *Zuerst muss man die Fernbedienung finden.*
S2: *Dann macht man den Fernseher an und...*

- DVD ansehen
- Fotos drucken
- ein Buch herunterladen
- Informationen für ein Referat finden
- eine SMS schicken (*send*)

8 Suggestion Tell students to describe each process in at least five steps. Give them time to prepare, and provide vocabulary as needed.

Aussprache und Rechtschreibung

 Audio: Presentation
Record & Compare Activities

🎧 The German *l*

To pronounce the German **l**, place your tongue firmly against the ridge behind your top front teeth and open your mouth wider than you would for the English *l*.

lang	Laptop	Telefon	normal	stellen

Unlike the English *l*, the German **l** is always produced with the tongue in the same position, no matter what sound comes before or after it. Practice saying **l** after the following consonants and consonant clusters.

Platten	schlafen	Kleid	pflegen	fleißig

Practice saying **l** at the end of words and before the consonants **d**, **m**, and **n**. Be sure to use the German **l**, even in words that are spelled the same in English and German.

Ball	Spiel	Wald	Film	Zwiebeln

Practice saying the German **l** in front of the consonant clusters **sch** and **ch**.

solch	falsch	Milch	Kölsch	Elch

Suggestion Pronounce German and English cognates side by side, and ask students if they can hear the difference in the articulation of the l sound. Ex.: **Ball** and *ball*; **Spiel** and *spiel*.

 1 Sprechen Sie nach Wiederholen Sie die Wörter, die Sie hören.

1. Lenkrad
2. Fahrplan
3. Öl
4. Klasse
5. schlank
6. Geld
7. Köln
8. welch

 2 Artikulieren Sie Wiederholen Sie die Sätze, die Sie hören.

1. Viele warten an der Bushaltestelle auf den letzten Bus nach Ludwigsfelde.
2. Luise, kannst du das Nummernschild von dem LKW lesen?
3. Lothar hatte leider einen Platten auf einer verlassenen Landstraße.
4. Man soll den Ölstand im Auto regelmäßig kontrollieren.
5. Natürlich hat der Laptop einen DVD-Player und eine Digitalkamera.
6. Klicken Sie auf das Bild, um den Film herunterzuladen.

3 Sprichwörter Wiederholen Sie die Sprichwörter, die Sie hören.

Wer im Glashaus sitzt, sollte nicht mit Steinen werfen.[1]

Ein Unglück kommt selten allein.[2]

[1] People in glass houses shouldn't throw stones.

[2] It never rains, but it pours. (lit. Misfortune seldom comes alone.)

Ressourcen

SAM
LM: p. 35

 vhlcentral.com

Ein Spaziergang durch Spandau Ⓢ Video: *Fotoroman*

George und Sabite haben Spaß zusammen, doch ein älteres Paar sieht mehr in ihnen. Hans und Meline haben leider nicht so viel Spaß.

Vorbereitung Tell students to look at scene 2 and scene 4. Have them write a brief description of the relationship between George and Sabite, and between Meline and Hans. After they have watched the video episode, have them reconsider their descriptions.

GEORGE Unter uns sind zwei Flüsse. Dieser Fluss ist die Havel, und das da ist die Spree. Die Spandauer Zitadelle wurde im 16. Jahrhundert anstelle einer alten Burg erbaut. Endlich besuche ich sie mal. Viel besser, als nur darüber im Internet zu lesen. Die Architektur Deutschlands ist sagenhaft!

SABITE Er hat nicht angerufen, keine E-Mail und keine SMS geschickt. Ich habe seine Nummer von meinem Handy gelöscht. Doch trotz meiner Gefühle habe ich seinen Schal behalten.
GEORGE Die Farbe steht dir gut.
SABITE Danke. Sie steht dir besser.

HANS Ich habe mich aus meiner Wohnung ausgeschlossen. Darf ich hier warten, bis George zurückkommt?
MELINE Wieso gehst du nicht in ein Café oder in die Bibliothek? Oder... oder... machst einen Spaziergang im Viertel.
HANS Mein Mantel, mein Handy und mein Geldbeutel sind in meiner Wohnung.

MELINE Hier ist etwas Geld und Lorenzos Pullover. Geh solange ins Café um die Ecke. Ich schicke George dann zu dir.
HANS Warum hast du den Pullover deines Ex-Freundes noch?
MELINE Tschüss, Hans.

GEORGE Wie nennst du es?
SABITE „Spandau... Spandau Ballet." Dein Handy klingelt.
GEORGE Es ist eine SMS von Meline. „Dein Mitbewohner, der Idiot, hat sich ausgeschlossen. Ich habe ihn ins Café geschickt. Bitte hol ihn dort ab. Lass dir Zeit."

MANN Berlin ist ein herrlicher Ort, um verliebt zu sein.
GEORGE Wie bitte?
FRAU Sie haben eine Verbindung. Wenn sie lacht, leuchten Ihre Augen.
MANN Katharinas Lächeln wärmt mein Herz noch immer.
FRAU Haben Sie noch viel Spaß.

ÜBUNGEN

1 **Wer ist das?** Welche Personen beschreiben die folgenden Sätze: George, Hans, Meline oder Sabite?

1. Er/Sie hat über die Spandauer Zitadelle im Internet gelesen. George
2. Er/Sie hat Torstens Nummer von seinem/ihrem Handy gelöscht. Sabite
3. Er/Sie hat sich aus seiner/ihrer Wohnung ausgeschlossen. Hans
4. Er/Sie hat Lorenzos Pullover behalten. Meline
5. Sein/Ihr Handy klingelt. George

6. Sein/Ihr Mitbewohner hat sich aus der Wohnung ausgeschlossen. George
7. Das ältere Paar glaubt, dass sie verliebt sind. George und Sabite
8. Er/Sie entschuldigt sich (*apologizes*) bei Hans. Meline
9. Er/Sie isst ein Stück Kuchen. Hans
10. Er/Sie hat ein Problem mit dem Computer. Meline

PERSONEN

 George Hans Meline Sabite Frau Mann

Nützliche Ausdrücke

7

GEORGE Das ist verrückt. Wir sind Freunde. Gute Freunde.
SABITE Genau.

8

GEORGE Es tut mir leid, Sabite.
SABITE Es tut mir leid. Das war schrecklich.
GEORGE Ja, schrecklich. Die beiden waren trotz ihres Alters nicht wirklich weise.

9

MELINE Hans, es tut mir leid.
HANS Was willst du, Meline?
MELINE Ich? Nichts. Ich... ich bin unhöflich zu dir gewesen und bin hierher gekommen, um mich zu entschuldigen.
HANS Danke, ich nehme an. Setz dich doch. Kuchen?

10

MELINE Danke. Also, du kennst dich gut mit Computern aus?
HANS Ja...
MELINE Ich habe während eines Chats eine Datei runtergeladen, dann wurde mein Bildschirm plötzlich dunkel und die Festplatte hat angefangen, ein komisches Geräusch zu machen.
HANS Speichere deine Dateien ab und schalte den Computer aus.

- **Die Spandauer Zitadelle wurde im 16. Jahrhundert anstelle einer alten Burg erbaut.**
  The Spandau Citadel was built during the 16th century, on the site of an old castle.

- **sagenhaft**
  legendary

- **schicken**
  to send

- **das Gefühl**
  feeling

- **Die Farbe steht dir gut.**
  The color looks good on you.

- **Ich habe mich aus meiner Wohnung ausgeschlossen.**
  I'm locked out of my apartment.

- **das Viertel**
  neighborhood

- **der Geldbeutel**
  wallet

- **Berlin ist ein herrlicher Ort, um verliebt zu sein.**
  Berlin is a beautiful place to be in love.

- **Katharinas Lächeln wärmt mein Herz noch immer.**
  Katharina's smile still warms my heart.

- **unhöflich**
  rude

4B.1
- **Die Beiden waren trotz ihres Alters nicht wirklich weise.**
  In spite of their age, those two weren't really wise.

4B.2
- **Dieser Fluss ist die Havel, und das da ist die Spree.**
  This river is the Havel and that one is the Spree.

---

2 **Zum Besprechen** Beschreiben Sie zu zweit, wie Sie Technologie täglich nutzen. Haben Sie einen Computer? Wofür benutzen Sie ihn? Schreiben Sie einen Blog? Was machen Sie, wenn Sie Probleme mit dem Computer haben? Answers will vary.

 2 **Expansion** Have students write a blog entry about their reaction to George and Sabite's relationship.

3 **Vertiefung** Viele technische Erfindungen (*inventions*) kommen aus Deutschland, Österreich, Liechtenstein oder der Schweiz. Suchen Sie im Internet nach einer Erfindung und informieren Sie Ihre Klasse über den Erfinder, Ort und Zeit der Erfindung sowie den Zweck (*purpose*).

Answers may include: automobile, combustion engine, movable type, aspirin, MP3s, Swiss Army knife.

Ressourcen

SAM VM: p. 8 | DVD Folge 8 | vhlcentral.com

Suggestion Remind students that they are reading for the "gist." They should focus more on what they do understand than on what they do not.

Max-Planck-Gesellschaft

 **Reading**

MAX PLANCK (1858-1947) WAR EIN deutscher Physiker. Er entwickelte° die Quantentheorie und bekam dafür 1918 den Nobelpreis für Physik. Nach ihm ist die deutsche Max-Planck-Gesellschaft (MPG) benannt.

Diese Gesellschaft existiert seit 1948. Sie ist Nachfolgerin der Kaiser-Wilhelm-Gesellschaft die Kaiser Wilhelm II. 1911 in Berlin gegründet hatte. In beiden Gesellschaften bekamen und

bekommen Spitzenforscher° weltweit beste Arbeitsbedingungen°, um sich voll auf ihre Forschungsinteressen konzentrieren zu können. Niemand sagt ihnen, was sie machen müssen, und die Forscher dürfen sich ihre Mitarbeiter selber aussuchen.

Heute besteht die MPG aus 80 Instituten in den Bereichen° Natur-, Sozial- und Geisteswissen-schaften°. Immer wieder entstehen° neue Institute in neuen Forschungsbereichen und alte Institute schließen wieder. Zwischen 1948 und 2012 waren 17 Nobelpreisträger Mitglieder° der MPG, ein weiteres Zeichen für die herausragende° Arbeit dieser Gesell-schaft. Bisher war Christiane Nüsslein-Volhard die einzige Frau unter ihnen, aber das könnte sich ändern°. Im Jahre 2008 waren immerhin 26% der Wissenschaftler an den Instituten Frauen.

Gesellschaft *society* **entwickelte** *developed*
Nachfolgerin *successor* **Spitzenforscher** *top researchers*
Arbeitsbedingungen *work conditions* **Bereichen** *areas*
Geisteswissenschaften *humanities* **entstehen** *form*
Mitglieder *members* **herausragende** *prominent*
sich ändern *to change*

Nobelpreisträger der Max-Planck-Gesellschaft		
Chemie	**Medizin**	**Physik**
Gerhard Ertl (2007)	Christiane Nüsslein-Volhard (1995)	Theodor Hänsch (2005)
Paul Crutzen (1995)	Erwin Neher (1991)	Ernst Ruska (1986)
Robert Huber (1988)	Bert Sakmann (1991)	Klaus von Klitzing (1985)
Hartmut Michel (1988)	Georges Köhler (1984)	Walter Bothe (1954)
Johann Deisenhofer (1988)	Konrad Lorenz (1973)	
Manfred Eigen (1967)	Feodor Lynen (1964)	
Karl Zigler (1963)		

ÜBUNGEN

1 **Richtig oder falsch?** Sind die Aussagen richtig oder falsch? Korrigieren Sie die falschen Aussagen mit einem Partner / einer Partnerin.

1. Max Planck war Chemiker. Falsch. Max Planck war Physiker.

2. Planck entwickelte die Quantentheorie. Richtig.

3. Die MPG entstand nach dem Zweiten Weltkrieg. Richtig.

4. Vor der MPG gab es in Deutschland die Kaiser-Wilhelm-Gesellschaft. Richtig.

5. In der MPG dürfen sich die Forscher ihre Mitarbeiter selber aussuchen. Richtig.

6. Die 80 Institute der MPG arbeiten im Bereich Naturwissenschaft. Falsch. Die Insitute arbeiten in den Bereichen Natur-, Sozial- und Geisteswissenschaften.

7. Siebzehn Forscher der MPG erhielten einen Nobelpreis. Richtig.

8. Nur ein Prozent aller Wissenschaftler der MPG sind Frauen. Falsch. Immerhin 26% der Wissenschaftler der MPG sind Frauen.

9. Der erste Nobelpreisträger der MPG war Feodor Lynen. Falsch. Der erste Nobelpreisträger der Gesellschaft war Walter Bothe.

10. Die meisten Nobelpreisträger der MPG waren Chemiker. Richtig.

 Practice more at **vhlcentral.com**.

DEUTSCH IM ALLTAG

Wortfeld: machen

aufmachen	*to open*
durchmachen	*to experience*
mitmachen	*to participate*
nachmachen	*to imitate*
vormachen	*to fool somebody*
wettmachen	*to make up for something*
zumachen	*to close*

DIE DEUTSCHSPRACHIGE WELT

Deutsche Mediengiganten°

Die zwei deutschen Mediengiganten sind die Bertelsmann AG und die Axel Springer AG. Die Bertelsmann AG, ein 1835 in Gütersloh gegründetes deutsches Familienunternehmen°, ist das größte Medienhaus Europas. Weltweit arbeiten 104.000 Mitarbeiter für dieses Unternehmen. Neben Buchclubs sind auch Software-Entwicklung° und Fernsehsender Teil des Unternehmens. Die 1946 gegründete Axel Springer AG ist der zweite deutsche Mediengigant. Sie verlegt° mehr als 230 Zeitungen und Zeitschriften°. Die bekannteste ist die *Bild*, eine Zeitung mit täglich mehr als 12 Millionen Lesern.

Mediengiganten *media giants* **Familienunternehmen** *family-owned company* **Entwicklung** *development* **verlegt** *publishes* **Zeitschriften** *magazines*

PORTRÄT

Darmstadt

Darmstadt, eine Stadt in Hessen, gilt als Wissenschaftsstadt°. Hier wohnen zwar nur 144.000 Einwohner, aber es gibt drei Universitäten mit insgesamt mehr als 35.000 Studenten. Neben den Universitäten gibt es auch Forschungseinrichtungen° wie zum Beispiel das Europäische Raumflugkontrollzentrum° (ESOC), die Europäische Organisation für die Nutzung° meteorologischer Satelliten (EUMETSAT) und drei Institute der Fraunhofer-Gesellschaft. Im GSI Helmholtzzentrum für Schwerionenforschung° entdeckten Forscher 1994 das chemische Element Darmstadtium, das man unter der Ordnungsnummer 110 im Periodensystem finden kann.

Wissenschaftsstadt *city of science* **Forschungseinrichtungen** *research institutions* **Raumflugkontrollzentrum** *space flight control center* **Nutzung** *use* **Schwerionenforschung** *heavy ion research*

IM INTERNET

Suchen Sie Informationen über digitale Medien in der deutschsprachigen Welt. Was sind die neuesten Trends?

For more information on this **Kultur**, go to vhlcentral.com.

2 Was fehlt? Ergänzen Sie die Sätze.

1. Die Bertelsmann AG ist ein deutsches <u>Familienunternehmen</u> in Gütersloh.
2. Bertelsmann ist das <u>größte</u> Medienhaus Europas.
3. Die <u>Bild</u> ist die bekannteste Zeitung der Axel Springer AG.
4. Darmstadt gilt auch als <u>Wissenschaftsstadt</u>.
5. In Darmstadt studieren mehr als <u>35.000</u> Studenten.
6. Forscher entdeckten 1994 das chemische Element <u>Darmstadtium</u>.

3 Technologie und digitale Medien Diskutieren Sie mit einem Partner / einer Partnerin digitale Medien und Technologien, die Sie gerne benutzen. Warum mögen Sie sie? Gibt es ältere Technologien, die Sie bevorzugen? Warum?

BEISPIEL

S1: *Welche digitalen Medien und Technologien benutzt du gerne?*
S2: *Ich schreibe gerne E-Mails. Und du?*

Ressourcen

vhlcentral.com

The genitive case  Presentation

Startblock German speakers often use constructions with **von** to indicate a relationship of ownership or close connection between two nouns. To talk about these relationships in more formal speech or writing, use the genitive case (**der Genitiv**).

- In conversation, the preposition **von** is used with a noun in the dative case to indicate ownership or a close relationship.

Hast du den neuen Klingelton **von meinem Handy** schon gehört?
*Have you heard **my cell phone's** new ringtone?*

Um die Website **von Professor Giese** zu sehen, braucht man ein Passwort.
*You need a password to access **Professor Giese's** website.*

- Another way to indicate ownership or a close relationship, especially in more formal speech and writing, is to use the genitive case.

Torsten hat die Rede **des Bundespräsidenten** heruntergeladen.
*Torsten downloaded **the president's** speech.*

Das Mikrofon **der Professorin** hat nicht funktioniert.
***The professor's** microphone didn't work.*

- The forms of definite articles, indefinite articles, and possessive adjectives used with genitive nouns differ from the nominative, accusative, and dative forms. Masculine and neuter nouns also change in the genitive case: those with more than one syllable add **-s**, and those with only one syllable add **-es**.

Suggestion Have students review the nominative case, taught in **Vol. 1, 1B.1**; the accusative case, taught in **Vol. 1, 3B.2**; and the dative case, taught in **Vol. 1, 4B1** and **4B.2**.

definite articles				
	masculine	**feminine**	**neuter**	**plural**
nominative	der Drucker	die Festplatte	das Handy	die E-Mails
accusative	den Drucker	die Festplatte	das Handy	die E-Mails
dative	dem Drucker	der Festplatte	dem Handy	den E-Mails
genitive	des Druckers	der Festplatte	des Handys	der E-Mails

indefinite articles				
	masculine	**feminine**	**neuter**	**plural**
nominative	ein Drucker	eine Festplatte	ein Handy	keine E-Mails
accusative	einen Drucker	eine Festplatte	ein Handy	keine E-Mails
dative	einem Drucker	einer Festplatte	einem Handy	keinen E-Mails
genitive	eines Druckers	einer Festplatte	eines Handys	keiner E-Mails

ACHTUNG

Possessive adjectives have the same genitive endings as the indefinite articles: **meines Druckers, meiner Festplatte, meines Handys, meiner E-Mails.**

Was ist der Preis **der Spielkonsole**?
*What is the price **of the game console**?*

Ich habe diese Fotos mit der Kamera **meines Vaters** gemacht.
*I took these photos with **my father's** camera.*

Der Bildschirm **dieses Computers** ist sehr schmutzig.
***This computer's** screen is very dirty.*

Ich kann die Telefonnummer **meiner Schwester** nicht finden.
*I can't find **my sister's** phone number.*

- Some masculine nouns add **-n** or **-en** in the accusative, dative, and genitive cases: **der Herr, den Herrn, dem Herrn, des Herrn**. The **n**-nouns you have learned so far are: **der Architekt, der Dozent, der Journalist, der Junge, der Neffe, der Polizist, der Student, der Tourist**.

  Der Laptop **des Dozenten** funktioniert nicht.   Ich habe **meinem Neffen** eine E-Mail geschrieben.
  The instructor's laptop isn't working.   *I wrote an e-mail to **my nephew**.*

- In the genitive case, an adjective *preceded by* an **ein**-word or a **der**-word always ends in **-en**. *Unpreceded* adjectives in the genitive case have the endings: **-en, -er, -en,** and **-er**.

  Ich mag das Aroma **schwarzen Kaffees**.   Mögen Sie den Geschmack **grüner Paprikas**?
  *I like the smell **of black coffee**.*   *Do you like the taste **of green peppers**?*

- When using the name of a person or place in the genitive, add **-s** to the end of the name. If the name already ends with an s sound, add an apostrophe instead.

  Magst du **Ramonas** Website?   Benjamin hat **Hans'** Ladegerät verloren.
  *Do you like **Ramona's** website?*   *Benjamin lost **Hans's** charger.*

- Most nouns in the genitive case follow the noun they modify. However, the name of a person or place comes before the noun it modifies.

  Die Eltern **meines Freundes** sind sehr nett.   **Rainers** Digitalkamera ist sehr klein.
  My friend's parents are really nice.   *Rainer's digital camera is really small.*

- Use the genitive question word **wessen** to ask *whose?*

nominative	accusative	dative	genitive
wer?	wen?	wem?	wessen?

  Wessen Telefon klingelt?   Ich glaube, es ist **Josefs** Handy.
  ***Whose** phone is ringing?*   *I think it's **Josef's** cell phone.*

- The genitive case is also used after certain prepositions.

prepositions with the genitive			
(an)statt	*instead of*	trotz	*despite, in spite of*
außerhalb	*outside of*	während	*during*
innerhalb	*inside of, within*	wegen	*because of*

  Anstatt einer Stereoanlage bekam mein Bruder ein Handy zum Geburtstag.   **Trotz des Regens** wollten unsere Freunde wandern gehen.
  ***Instead of a stereo**, my brother got a cell phone for his birthday.*   ***Despite the rain**, our friends wanted to go hiking.*

ACHTUNG

A small number of **n**-nouns also add **-s** in the genitive case: **der Name, den Namen, dem Namen, des Namens**.

QUERVERWEIS

You will learn more about **der**-words in **4B.2**.

See **1B.3** to review two-way prepositions.

Suggestion Have students review **ein**-words, taught in **Vol. 1, 2B.3, 3A.1, 3A.2,** and **4B.1**; **der**-words, taught in **Vol. 1, 3A.2** and **4B.1**; accusative prepositions, taught in **Vol. 1, 3B.2**; and dative prepositions, taught in **Vol. 1, 4B.2**.

ACHTUNG

Be careful not to confuse the genitive **-s** ending with the **'s** ending used in English. In German, the apostrophe is added instead of an **s**, never before it.

Ressourcen

SAM
WB: pp. 53–54

SAM
LM: p. 36

vhlcentral.com

Suggestion Tell students that in colloquial German, people tend to use the dative instead of the genitive, especially with the prepositions **trotz** and **wegen**.

Jetzt sind Sie dran!   **Wählen Sie die richtigen Genitivformen.**

1. Das ist der Computer (meines Bruders / meinen Bruder).
2. Wo ist der Kopfhörer (die Studenten / des Studenten)?
3. Der Fernseher (eures Vaters / euren Vater) steht im Wohnzimmer.
4. Die Website (der neuen Professorin / die neue Professorin) ist sehr interessant.
5. Ich darf den DVD-Player (meine ältere Schwester / meiner älteren Schwester) benutzen.
6. Der Bildschirm (unserem neuen Laptop / unseres neuen Laptops) ist kaputt.

Anwendung

1 **Wessen?** Beantworten Sie die Fragen mit einem ganzen Satz und benutzen Sie dabei den Genitiv der angegebenen Substantive.

▶ **BEISPIEL** Wessen Bücher sind das? (die Professorin)
Das sind die Bücher der Professorin.

1. Wessen Laptop ist das?
   (die Ingenieurin) Das ist der Laptop der Ingenieurin.
2. Wessen Fahrrad ist das? (das Kind)
   Das ist das Fahrrad des Kindes.
3. Wessen Auto war das? (Tobias)
   Das war Tobias' Auto.
4. Wessen Mikrofon ist das?
   (der Journalist) Das ist das Mikrofon des Journalisten.

5. Wessen Kamera ist das? (Jutta)
   Das ist Juttas Kamera.
6. Wessen Personalausweis ist das? (Heike)
   Das ist Heikes Personalausweis.
7. Wessen Fahrplan ist das? (der Schaffner)
   Das ist der Fahrplan des Schaffners.
8. Wessen Abschlussfeier (*graduation party*)
   war das? (die Deutschstudenten)
   Das war die Abschlussfeier der Deutschstudenten.

2 **Ergänzen Sie** Ergänzen Sie die Sätze mit der Genitivform der Wörter in Klammern.

BEISPIEL

Das Auto _meiner kleinen Schwester_ ist ein Mercedes. (meine kleine Schwester)

1. Gefällt dir die Farbe _____meines tollen Kleides_____? (mein tolles Kleid)
2. Das Büro (*office*) _____der neuen Dozentin_____ ist schwer zu finden. (die neue Dozentin)
3. Wir müssen immer über die Eskapaden _____unserer jungen Hunde_____ lachen.
   (unsere jungen Hunde)
4. Das Visum _____des amerikanischen Touristen_____ ist abgelaufen (*expired*). (der amerikanische Tourist)
5. Der Klingelton _____ihres billigen Handys_____ ist sehr laut (*loud*). (ihr billiges Handy)
6. Der Bildschirm _____des teuren Fernsehers_____ ist größer als ein Fenster. (der teure Fernseher)
7. Der DVD-Player _____meines alten Computers_____ funktioniert nicht mehr. (mein alter Computer)

3 **Suggestion** Remind students that **Neffe** (item 7) is an **n**-noun and does not take an -s in the genitive.

3 **Dativ oder Genitiv?** Schreiben Sie die Sätze so um, dass Sie statt des Dativs den Genitiv benutzen.

BEISPIEL Der Benutzername von meinem Partner ist wirklich sehr lustig.
Der Benutzername meines Partners ist wirklich sehr lustig.

1. Die Vorlesungen von unserem Professor sind interessant.
   Die Vorlesungen unseres Professors sind interessant.
2. Die Website von der Universität ist nicht sehr benutzerfreundlich (*user friendly*).
   Die Website der Universität ist nicht sehr benutzerfreundlich.
3. Die Stereoanlage von Alexander ist alt.
   Alexanders Stereoanlage ist alt.
4. Die Festplatte von deinem Computer ist nicht groß.
   Die Festplatte deines Computers ist nicht groß.
5. Meine Eltern verkaufen das Auto von meinen Großeltern.
   Meine Eltern verkaufen das Auto meiner Großeltern.
6. Der Fußball von dem Jungen ist zwischen die geparkten Autos gefallen.
   Der Fußball des Jungen ist zwischen die geparkten Autos gefallen.
7. Die Katze von meinem Neffen ist sehr aggressiv.
   Die Katze meines Neffen ist sehr aggressiv.
8. Die neue CD von Herbert Grönemeyer ist gerade (*just now*) auf den Markt gekommen.
   Herbert Grönemeyers neue CD ist gerade auf den Markt gekommen.

 Practice more at **vhlcentral.com.**

Kommunikation

4 **Bilder beschreiben** Beschreiben Sie mit einem Partner / einer Partnerin zusammen, was man auf den Bilder sehen kann. Benutzen Sie den Genitiv und verwenden Sie dabei die Wörter aus der Liste. Answers will vary.

▶ **BEISPIEL**

S1: *Was sieht man auf diesem Bild?*
S2: *Man sieht den Bildschirm eines Fernsehers.*

| der Ausgang | das Innere (*inside*) | die Tastatur |
| der Bildschirm | der Seminarraum | |

1. Man sieht die Tastatur eines Computers.

2. Man sieht den Seminarraum einer Universität.

3. Man sieht das Innere eines Flugzeugs.

4. Man sieht den Ausgang eines Flughafens.

5 **Bedeutende Erfinder** Finden Sie zusammen mit einem Partner / einer Partnerin heraus, was diese Personen erfunden (*invented*) haben. Verwenden Sie in Ihren Antworten den Genitiv und wechseln Sie sich ab. Answers will vary.

BEISPIEL

S1: *Wer war Melitta Bentz?*
S2: *Sie war die Erfinderin des Kaffeefilters.*

der Bunsenbrenner	das Luftschiff
der Dieselmotor	die Röntgenstrahlen (*X-rays*)
die Jeans	der Rorschachtest
der Kaffeefilter	der Sportschuh

1. Rudolf Diesel
2. Levi Strauss
3. Wilhelm Röntgen
4. Ferdinand von Zeppelin

5. Hermann Rorschach
6. Robert Bunsen
7. Adi Dassler
8. Melitta Bentz

6 **Wann machst du das?** Fragen Sie Ihren Partner / Ihre Partnerin, wann er/sie diese Aktivitäten macht. Verwenden Sie bei Ihren Antworten einen Zeitausdruck aus jeder (*each*) Spalte. Answers will vary.

BEISPIEL

S1: *Wann schreibst du die meisten Prüfungen?*
S2: *Am Ende des Semesters.*

Am Ende	das Semester
Am Anfang	die Woche
Während	der Tag
	das Jahr
	der Sommer
	die Ferien
	das Abendessen

1. Wann lernst du neue Mitstudenten kennen?
2. Wann surfst du im Internet?
3. Wann fährst du mal für ein paar Tage weg?
4. Wann rufst du deine Familie an?
5. Wann bekommst du deine Noten?
6. Wann suchst du einen Ferienjob?

4B.2 **Demonstratives**  **Presentation**

Startblock Use demonstrative pronouns and adjectives to refer to something that has already been mentioned, or to point out a specific person or thing.

> **Dieser** Fluss ist die Havel, und **das** da ist die Spree.

> Es war meine Idee, hierher zu kommen. Ich liebe **diesen** Ort.

Demonstrative pronouns

- Use demonstrative pronouns to refer to a person or thing that has already been mentioned or whose identity is clear, instead of repeating the noun.

Ist Grete online?
—Ja, **die** schreibt eine E-Mail.
Is Grete online?
*—Yes, **she**'s writing an e-mail.*

Gefällt dir dein neuer Drucker?
—Ja, **der** funktioniert sehr gut!
Do you like your new printer?
*—Yes, **it** works really well!*

- The forms of the demonstrative pronoun are identical to the definite article, except for the genitive and dative plural forms. Use the demonstrative pronoun that agrees in gender and number with the noun it is replacing.

demonstrative pronouns				
	masculine	**feminine**	**neuter**	**plural**
nominative	der	die	das	die
accusative	den	die	das	die
dative	dem	der	dem	denen
genitive	dessen	deren	dessen	deren

Der Anrufbeantworter ist wirklich alt. **Den** habe ich schon seit Jahren.
*The answering machine is really old. I've had **it** for years.*

Was sagen deine Eltern? Hast du **denen** schon dein Zeugnis gezeigt?
*What do your parents say? Have you shown **them** your report card yet?*

Ramona ist sehr zuverlässig. **Die** wird nicht zu spät kommen.
*Ramona is very reliable. **She** won't come too late.*

Ich habe nur eine Fernbedienung, aber mit **der** kann man alles an- und ausmachen.
*I only have one remote, but you can turn everything on and off with **it**.*

- Use the genitive demonstrative pronouns **dessen** or **deren** in cases where the possessive adjectives **sein** or **ihr** might cause confusion.

Erik hat Daniel auf **seinem** neuen Boot gesehen.
*Erik saw Daniel on **his (Erik's? Daniel's?)** new boat.*

Erik hat Daniel auf **dessen** neuen Boot gesehen.
*Erik saw Daniel on **his (Daniel's)** new boat.*

- Use **hier** or **da** with a demonstrative to distinguish between *this one* or *that one*.

  Der da gefällt Wolfgang besser.
  *Wolfgang likes **that one** better.*

  Vergiss nicht, **das hier** zu drucken!
  *Don't forget to print **this one**!*

Der-words

- **Der**-words include **dieser** (*this; that*), **jeder** (*each, every*), and its plural counterpart **alle** (*all*) **mancher** (*some*), and **solcher** (*such*), as well as the question word **welcher** (*which*).

  Gina, **welcher** Laptop gefällt dir am besten?
  *Gina, **which** laptop do you like best?*

  Ich finde **diesen** Laptop am schönsten.
  *I think **this** laptop is the nicest.*

- **Der**-words are so called because they have the same endings as the definite articles. The chart below shows only **dieser**, but all the other **der**-words have the same endings.

der-words				
	masculine	**feminine**	**neuter**	**plural**
nominative	dieser Mann	diese Frau	dieses Kind	diese Kinder
accusative	diesen Mann	diese Frau	dieses Kind	diese Kinder
dative	diesem Mann	dieser Frau	diesem Kind	diesen Kindern
genitive	dieses Mannes	dieser Frau	dieses Kindes	dieser Kinder

  Mit **dieser** Tastatur können Sie viel schneller tippen.
  *With **this** keyboard, you can type much faster.*

  Speichert dein neues Handy **jede** SMS?
  *Does your new cellphone save **every** text message?*

  Manche Sender haben keine guten Programme.
  ***Some** stations don't have any good programs.*

  Solche Websites gefallen mir nicht.
  *I don't like **those kinds of** websites.*

- Adjectives after **der**-words have the same endings as adjectives after definite articles.

  Diese kleine Digitalkamera macht sehr schöne Fotos.
  ***That little** digital camera takes great photos.*

  Welchen neuen Film wollt ihr heute Abend sehen?
  ***Which new** film do you want to see tonight?*

  Suggestion Provide students with a few memorable **so ein** phrases to help them understand its idiomatic use. Ex.: **So ein Tag! So ein Zufall! So ein tolles Auto!**

ACHTUNG

Jeder is only used with singular nouns while **alle** is only used in the plural. The accusative forms of **jeder** appear in time expressions such as **jeden Tag/Monat**, **jede Woche**, and **jedes Jahr**.

Solcher is used mainly in the plural. Instead of using **solcher** in the singular, German speakers typically use **so ein** to mean *that kind of* or *such a*:
So einen Mann möchte ich heiraten.

QUERVERWEIS

To review adjective endings after **der**-words, see **4B.1**.

Suggestion Have students review adjective endings after der-words, taught in **Vol. 1, 3A.2** and **4B.1**.

Ressourcen

SAM
WB: pp. 55–56

SAM
LM: p. 37

S

vhlcentral.com

Jetzt sind Sie dran! Wählen Sie die passende Form.

1. (Welches / Welcher) Mikrofon funktioniert am besten?
2. Karin speichert (jede / jedes) Dokument auf der Festplatte.
3. Frau Kaufmann hat einen neuen Laptop gekauft. (Die / Der) hat 700 € gekostet.
4. Von (welcher / welchem) Schwester hast du die Stereoanlage zum Geburtstag bekommen?
5. Danke für den guten Saft! (Den / Dem) trinken wir heute Abend.
6. Bringst du bitte das Ladegerät mit? (Das / Dem) brauche ich sofort (*right away*).
7. Mira speichert (manchen / manche) E-Mails und löscht den Rest.
8. Ich schreibe (jeder / jeden) Benutzernamen auf, um ihn nicht zu vergessen.
9. Mit (solche / solchen) Handys kann man E-Mails schreiben, SMS schicken (*send*) und telefonieren.
10. Ihr wolltet den Fernseher mit der Fernbedienung anmachen, aber (die / das) war nirgendwo (*nowhere*) zu finden.
11. (Welches / Welcher) Freund hat dir mit deiner Website geholfen?
12. Daniela hat Rainer und (dessen / deren) Frau das Dokument gezeigt.

Anwendung

1 Ergänzen Sie Ergänzen Sie die Sätze mit den richtigen Demonstrativpronomen.

1. Kennst du die Deutschdozentin? Nein, __die__ kenne ich nicht.
2. Welcher Computer ist der bessere? __Der__ da für 1.200 €.
3. Welches Kleid ziehst du auf die Party an? __Das__ da auf meinem Bett.
4. Welchem Kind gehört der Fußball? __Dem__ dort auf dem Spielfeld.
5. Haben Schmidts dich schon angerufen? __Deren__ Tochter ist letzte Woche ausgezogen (*moved out*).
6. Was machen deine Großeltern? Ach, __denen__ geht's leider nicht sehr gut.
7. Bringt ihr euren Hund ins Hundehotel während eurer Reise? Nein, __den__ nehmen wir natürlich mit.
8. Welcher Zug geht nach Kassel? __Der__ fährt dort drüben auf Bahnsteig 7A.

2 Wählen Sie Wählen Sie die passenden **der**-Wörter.

1. (Solches / Welches) Auto hast du denn jetzt gekauft?
2. (Jede / Manche) Modelle haben nur einen kleinen Kofferraum.
3. Heute kann man mit (jedem / welchem) Handy im Internet surfen.
4. Hast du (diese / jede) Website schon gesehen? Die ist wirklich interessant!
5. (Manche / Solche) Probleme möchte ich haben!
6. Mit (solchen / welchen) Leuten kann man leider nicht reden.

3 Sample answers: 1. Ja, mit allen billigen Handys kann man auch SMS schreiben. 2. Nein, so ein Computer hat keinen DVD-Player. 3. Nein, diese amerikanische Tastatur kann man nicht in Deutschland benutzen. 4. Nein, ich möchte diesen alten Camcorder nicht kaufen. 5. Nein, ich kann mit diesem nutzlosen Kopfhörer nichts hören.

3 **Suggestion** Do the first few items aloud and have students complete the rest in writing. Circulate around the classroom and check their answers.

3 Elektronische Geräte Beantworten Sie die Fragen mit **ja** oder **nein**. Verwenden Sie die **der**-Wörter in Klammern und ein passendes Adjektiv aus der Liste. Achten Sie auf die Adjektivendungen. Sample answers are provided.

| alt | amerikanisch | billig | flach (*flat*) | kaputt | klein | nutzlos |

▶ **BEISPIEL**

Hat der Bildschirm des Fernsehers eine bessere Bildqualität? (so ein)

Ja, der Bildschirm so eines flachen Fernsehers hat wirklich eine bessere Bildqualität.

1. Kann man mit dem Handy auch SMS schreiben? (all-)

2. Hat der Computer auch einen DVD-Player? (so ein)

3. Kann man diese Tastatur auch in Deutschland benutzen? (dies-)

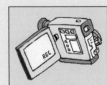

4. Möchtest du den Camcorder meiner Mutter kaufen? (dies-)

5. Kannst du mit deinem Kopfhörer alles hören? (dies-)

 Practice more at **vhlcentral.com.**

Kommunikation

4 **Wie findest du das?** Fragen Sie Ihren Partner / Ihre Partnerin nach seiner/ihrer Meinung (*opinion*). Benutzen Sie Demonstrativpronomen und wechseln Sie sich ab. Answers will vary.

BEISPIEL

S1: Wie findest du die Band *Train*?
S2: Die ist einfach fantastisch!

Wie findest du...

1. die Musik von...?

2. die Kunst von...?

3. den Fernsehsender...?

4. den Film...?

5. die Kurse von Professor/Professorin...?

6. die Bücher von...?

egoistisch	langweilig
eingebildet	lustig
fade	romantisch
fantastisch	schlecht
hübsch	süß
intelligent	toll
interessant	

5 **Immer das Gleiche** Schreiben Sie, was Sie jeden Tag, jede Woche, jeden Monat und jedes Jahr machen, und dann interviewen Sie Ihre Mitstudenten. Answers will vary.

BEISPIEL

S1: Was machst du jeden Tag?
S2: Ich esse jeden Tag in der Mensa. Und du, was machst du jeden Tag?

jeden Tag:

jede Woche:

jeden Monat:

jedes Jahr:

6 **Rollenspiel: Im Modehaus** Sie sind Verkäufer / Verkäuferin in einem Modehaus. Leider hat der Kunde / die Kundin (*customer*) immer etwas auszusetzen (*criticize*). Erfinden Sie mit einem Partner / einer Partnerin einen Dialog. Answers will vary.

6 Suggestion Have students write their dialogues and perform them for the class.

BEISPIEL

S1: Wie finden Sie diesen Pullover?
S2: Der ist viel zu klein!
S1: Und wie gefällt Ihnen dieses rote Kleid?
S2: So ein hässliches Kleid habe ich noch nie gesehen!

der Anzug	die Krawatte	billig	gestreift
die Baseballmütze	die Lederjacke	dunkel	hässlich
das Baumwollkleid	der Minirock	einfach	lang
die Halskette	die Sandalen	elegant	langweilig
die Handtasche	der Schal	eng	schmutzig
die Hose	das Trägerhemd	furchtbar	teuer

Wiederholung

1 Logische Verbindungen
Sehen Sie sich mit einem Partner / einer Partnerin die Wortliste und die Bilder an. Welche Wörter passen zu welchen Bildern? Sample answers are provided.

▶ **BEISPIEL**
Das ist die Schwimmerin des Jahres.

1 Suggestion Make sure students understand that each of their answers must contain a genitive construction.

das Jahr	die Schülerin
der Monat	der Tag
das Restaurant	

1. Das ist das Restaurant des Monats.

2. Das sind die Bleistifte der Schülerin.

3. Das ist das Auto des Jahres.

4. Das ist der Koch des Restaurants.

2 Geographie
Sehen Sie sich die Tabelle mit statistischen Informationen über Deutschland, Liechtenstein und die Schweiz an. Fragen Sie Ihren Partner / Ihre Partnerin nach den fehlenden Informationen.

2 Suggestion If you notice that students are having difficulty forming the questions, interrupt the activity to write the questions as a class.

BEISPIEL
S1: Wie lang ist der längste Fluss der Schweiz?
S2: Das ist der Rhein. Er ist 375 Kilometer lang.

3 Manche Leute
Viele Menschen machen komische Sachen (*strange things*). Was denken Sie und Ihr Partner / Ihre Partnerin darüber? Was sollen diese Menschen anders machen?

3 Suggestion Encourage students to be creative, and provide vocabulary help as needed. If your class is fairly small, invite students to share their answers on the board.

BEISPIEL
S1: Manche Menschen tanzen im Regen.
S2: Solche Menschen sind dynamisch, aber sie sollen sich einen Regenschirm kaufen.

im Haus Rad fahren	draußen schlafen
unter dem Bett lesen	im Regen tanzen
auf dem Dach lesen	im Winter kurze Kleider tragen

4 Wem gehört's?
Sehen Sie sich die Bilder an. Fragen Sie einen Partner / eine Partnerin, wem die Dinge gehören. Wechseln Sie sich ab. Sample answers are provided.

▶ **BEISPIEL**
S1: Wessen Stereoanlage ist das?
S2: Das ist die Stereoanlage des Studenten.

meine Eltern	mein Opa
Harald	der
das Mädchen	Student

1. Das ist das Handy meines Opas.

2. Das ist die Videokamera des Journalisten.

3. Das ist das Fotoalbum des Mädchens.

4. Das ist der Fernseher meiner Eltern.

5 Was gefällt dir?
Fragen Sie andere im Unterricht, was ihnen gefällt. Schreiben Sie sich die Antworten auf.

BEISPIEL Autor: Stephen King / Jane Austen
S1: Welchen Autor liest du lieber, Stephen King oder Jane Austen?
S2: Mir ist Stephen King lieber.

6 Technologie
Unterhalten Sie sich mit Ihrem Partner / Ihrer Partnerin, über die Geräte, die sie besitzen. Was halten Sie von solchen Geräten? Benutzen sie viele Menschen? Sind sie für jeden geeignet (*suitable*)?

▶ **BEISPIEL**
S1: Ich habe eine Spielkonsole.
S2: Ich habe auch eine Spielkonsole. Viele Studenten mögen sie.
S1: Was spielst du am liebsten?
S2: Am liebsten spiele ich…

7 **Im Kleidergeschäft** Sehen Sie sich die Kleidung an und fragen Sie Ihren Partner / Ihre Partnerin nach seiner/ihrer Meinung.

BEISPIEL

S1: *Gefällt dir der blaue Rock?*
S2: *Der gefällt mir, aber diese grüne Hose gefällt mir nicht.*

7 **Suggestion** You may wish to briefly review adjective endings before having students begin this activity.

8 **Genitivpräpositionen** Schreiben Sie mit einem Partner / einer Partnerin ein Gedicht (*poem*) aus fünf Sätzen. Außer der letzten Zeile (*line*) muss jede Zeile mit einer Genitivpräposition beginnen.

BEISPIEL

Außerhalb der Stadt stürmt es.
Trotz des schlechten Wetters spielen wir Tennis.
Während des Spiels rollt der Ball in den Fluss.
Wegen des verlorenen Balls hören wir auf (we stop).
Das nächste Mal bleiben wir lieber mit der Spielkonsole zu Hause.

9 **Wahrheiten und Lügen** Schreiben Sie zwei Sätze darüber, was Sie schon vor Ihrem 14. Geburtstag gemacht haben. Eine der Aussagen ist wahr (*true*), eine Aussage ist eine Lüge (*lie*). Ihre Mitstudenten müssen erraten, welcher Satz die Lüge ist. Answers will vary.

BEISPIEL

Ich war schon zweimal nach Europa geflogen.
Ich hatte schon meine eigene (own) Website gebaut.

9 **Suggestion** Provide a model with two truths and a lie about what you had already done before you turned 14. Have students guess which one is the lie.

Mein Wör|ter|buch

Schreiben Sie noch fünf weitere Wörter in Ihr persönliches Wörterbuch zu den Themen **Verkehrsmittel** und **Technologie**.

der Führerschein

Übersetzung
driver's license

Wortart
ein Substantiv

Gebrauch
In Amerika darf man den Führerschein mit 16 Jahren machen. In Deutschland muss man 18 Jahre alt sein und der Führerschein ist viel teurer.

Synonyme
die Fahrerlaubnis

Antonyme
___

Panorama 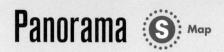 Map

Hessen und Thüringen

Hessen in Zahlen

▶ **Fläche:** *21.114 km²*

▶ **Bevölkerung:** *6 Millionen Menschen*

▶ **Religion:** *evangelisch-lutherisch 40,8%, römisch-katholisch 25,4%*

▶ **Städte:** *Frankfurt (680.000 Einwohner), Wiesbaden (275.000), Kassel (195.000)*

▶ **Flüsse:** *der Main, der Neckar*

▶ **Wichtige Industriezweige:** *chemische Industrie, Pharmaindustrie, Fahrzeugbau, Banken*

▶ **Touristenattraktionen:** *Römischer Grenzwall° Limes, Fossilienlagerstätte° Grube Messel, Benediktiner-Abtei° und Kloster° Lorsch*
Touristen können in Marburg die Märchen der Gebrüder Grimm entdecken. Wirtschaftlich ist Hessen für die Banken in Frankfurt und die chemische und Pharmaindustrie bekannt.

QUELLE: Landesportal Hessen

Thüringen in Zahlen

▶ **Fläche:** *16.172 km²*

▶ **Bevölkerung:** *2,2 Millionen Menschen*

▶ **Religion:** *keine Religion 66%, evangelisch-lutherisch 26%*

▶ **Städte:** *Erfurt (200.000 Einwohner), Jena (105.000), Gera (99.000)*

▶ **Wichtige Industriezweige:** *Automobil, Metallverarbeitung, Lebensmittelindustrie, Tourismus*

▶ **Touristenattraktionen:** *Weimar, Wartburg (Eisenach), Schloss Friedenstein (Gotha)*
Touristen können in Eisenach die Spuren berühmter Deutscher wie Luther und Bach entdecken. Wirtschaftlich ist Thüringen eines der erfolgreichsten° ostdeutschen Bundesländer.

QUELLE: Thüringen Tourismus

Berühmte Hessen und Thüringer

▶ **Johann Sebastian Bach,** *Komponist (1685–1750)*

▶ **Johann Wolfgang von Goethe,** *Autor (1749–1832)*

▶ **Anne Frank,** *Autorin und Opfer° des Nationalsozialismus (1929–1945)*

römischer Grenzwall *Roman boundary wall* **Fossilienlagerstätte** *natural fossil deposit* **Abtei** *abbey* **Kloster** *monastery* **erfolgreichsten** *most successful* **Opfer** *victim* **Karfreitag** *Good Friday* **Tanzverbot** *ban on dancing* **drohen** *threaten* **Geldstrafen** *fines*

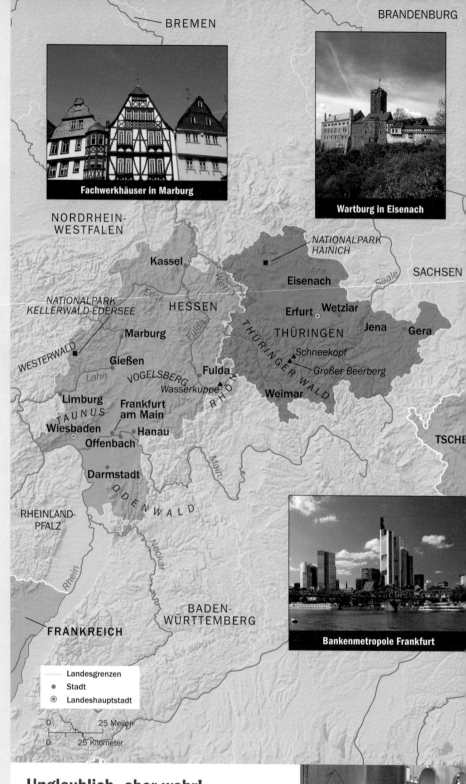

Fachwerkhäuser in Marburg

Wartburg in Eisenach

Bankenmetropole Frankfurt

Unglaublich, aber wahr!

Am Karfreitag° und an anderen religiösen Feiertagen darf man in vielen Bundesländern nicht tanzen. Hessen und Thüringen sind zwei von dreizehn Bundesländern, in denen das Tanzverbot° am Karfreitag 24 Stunden dauert. Seit 1952 dürfen Diskotheken an diesem Tag keine Tanzveranstaltungen organisieren oder es drohen° hohe Geldstrafen°.

Suggestion Point out that the term **Bußgeld** typically refers to fines incurred for parking violations, speeding, or fare evasion, while **Geldstrafe** is a more general term for a fine or legal penalty.

Städte

Weimar

Suggestion Have students read a short poem by Goethe, such as *Wanderers Nachtlied II* or *Heidenröslein*.

Weimar ist die viertgrößte Stadt in Thüringen. Im Jahre 1919 beschloss die Nationalversammlung° hier die deutsche Verfassung°. Deshalb nennt man die erste deutsche Demokratie auch „Weimarer Republik". Für die Literatur ist Weimar wichtig, weil Autoren wie Goethe und Nietzsche hier lebten. Berühmte Musiker, die in Weimar komponierten, waren Johann Sebastian Bach und Franz Liszt. Im Bereich der Architektur entwickelte° der Architekt Walter Gropius die Bauhaus Schule in Weimar.

Geographie

Wald und Jagd° in Deutschland

In Hessen und Thüringen bestehen große Landesflächen aus Wäldern. In Hessen gibt es 895.000 Quadratkilometer Wald, etwa 42% der Landesfläche, mehr als in jedem anderen deutschen Bundesland. Der Nationalpark Thüringer Wald bietet ein sehr beliebtes Urlaubsziel für Wanderer, Fahrradfahrer und Skifahrer an. Seit dem 19. Jahrhundert nennt man Thüringen „das grüne Herz Deutschlands". Auch Jäger° besuchen diese Region gerne zur Jagd von Rehen und Hirschen°.

Kultur

Skat

Skat ist eines der beliebtesten Kartenspiele in Deutschland. Manche Menschen nennen es auch „das Spiel der Deutschen". Etwa 20 Millionen Deutsche spielen Skat. Das Spiel wurde circa 1810 in der thüringischen Stadt Altenburg erfunden°. Seit 1938 gibt es deutsche Meisterschaften°. Altenburg ist immer noch die Skathauptstadt der Welt, in der der Deutsche Skatverband seine Geschäftsstelle° hat. Hier gibt es auch die berühmte Kartenfabrik Altenburger Spielkarten. 2007 feierte die Firma ihr 175-jähriges Jubiläum.

Menschen

Heilige Elisabeth

Die heilige° Elisabeth, auch bekannt als Landgräfin Elisabeth von Thüringen, lebte zwischen 1207 und 1231. Sie war die Tochter des ungarischen° Königs Andreas II. und lebte die meiste Zeit ihres Lebens im hessischen Marburg. Sie starb im Alter von 24 Jahren, aber die Menschen liebten sie, weil sie während ihres Lebens sehr vielen Menschen geholfen hat. Nur vier Jahre nach ihrem Tod sprach Papst Gregor IX. Elisabeth heilig°. In Marburg kann man heute ihr Grab° in der Elisabethkirche besuchen.

IM INTERNET

1. Suchen Sie im Internet Informationen über Weimar: Was sind die berühmtesten Gebäude Weimars? Machen Sie eine Liste. Wie viele Touristen besuchen Weimar jedes Jahr?

2. Suchen Sie im Internet andere Spiele, die man in Deutschland spielt. Wo spielt man diese Spiele?

For more information on this **Panorama**, go to **vhlcentral.com**.

Nationalversammlung *national assembly* **Verfassung** *constitution* **entwickelte** *developed* **erfunden** *invented* **Meisterschaften** *championships* **Geschäftsstelle** *office* **Wald und Jagd** *forest and hunting* **Jäger** *hunters* **Rehen und Hirschen** *deer and stags* **heilige** *saint* **ungarischen** *Hungarian* **sprach... heilig** *canonized* **Grab** *grave*

Was haben Sie gelernt? Ergänzen Sie die Sätze.

1. In vielen deutschen Bundesländern darf man an religiösen Feiertagen nicht ___tanzen___.

2. Seit ___1952___ gibt es Karfreitag ein Tanzverbot.

3. Die erste deutsche ___Demokratie___ nennt man auch die „Weimarer Republik".

4. Autoren, die in Weimar gelebt haben, sind ___Goethe___ und Nietzsche.

5. Skat wurde circa ___1810___ in Altenburg in Thüringen erfunden.

6. Etwa ___20 Millionen___ Deutsche spielen heute Skat.

7. In Hessen sind ___42%___ der Landesfläche Wald.

8. Der Nationalpark ___Thüringer Wald___ ist ein beliebtes Urlaubsziel in Thüringen.

9. Die heilige Elisabeth starb schon mit ___24___ Jahren.

10. In der Elisabethkirche in ___Marburg___ ist das Grab von Elisabeth.

 Practice more at **vhlcentral.com**.

Lesen

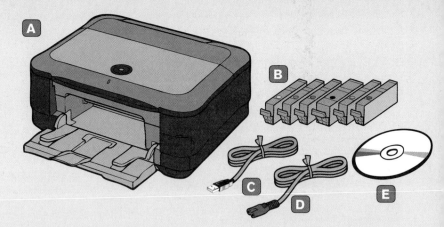

S Reading: Audio

Vor dem Lesen

Strategien

Guessing meaning from context

As you read in German, you will often see words you have not learned. You can guess their meaning by looking at surrounding words. Read this e-mail and guess what **erleichtert** means.

> Hallo Sylvia! Ich habe heute meinen Führerschein gemacht. Zuerst musste ich durch die Stadt fahren. Das war ziemlich schwer, denn alle Ampeln waren rot. Danach ging es auf die Autobahn. Ich war sehr nervös und wollte keinen Fehler machen. Am Ende war ich sehr erleichtert, als ich die Prüfung bestanden hatte, weil es sehr stressig war. Jetzt darf ich endlich Auto fahren.
> Liebe Grüße,
> Lina

If you guessed *relieved*, you are correct. You can conclude that Lina is feeling happy about the outcome of the test.

Untersuchen Sie den Text Sehen Sie sich mit einem Partner / einer Partnerin den Text an und beschreiben Sie das Format. Um was geht es in dem Text Ihrer Meinung nach (*in your opinion*)? Suchen Sie die folgenden Wörter und Ausdrücke im Text. Benutzten Sie den Kontext, um die Bedeutung zu erraten.

- Zubehör
  components
- Luftfeuchtigkeit
  humidity
- Tintenpatrone
  ink cartridge
- Wandsteckdose
  electric outlet
- Papiergröße
  paper size
- Laufwerk
  drive

Inhalt erraten Sie wissen schon etwas über das Format des Texts und einige Wörter: sagen Sie, was Sie wahrscheinlich in dem Text lernen werden.

- wie man eine Internetverbindung einrichtet
- wie man eine CD abspielt
- wie man einen Drucker anschließt
- wie man ein Dokument druckt
- wie man Tintenpatronen recycelt

Drucker MI6-0070
Vierfarbdrucker Installationsanleitung

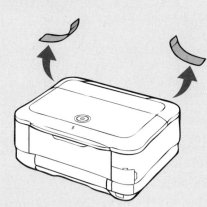

A. Drucker   **B.** Tintenpatronen   **C.** USB-Kabel   **D.** Netzkabel   **E.** CD

Schritt ❶ Auspacken

Heben Sie den Drucker und das Zubehör vorsichtig aus dem Karton. Prüfen Sie°, ob Sie alle Komponenten haben. Entfernen Sie° das Klebeband° vom Drucker. Entfernen Sie auch das Klebeband an der Rückseite des Druckers.

Schritt ❷ Aufstellen des Druckers

Der Drucker darf nicht zu nahe an anderen Geräten stehen. Es muss genügend Platz um den Drucker herum sein, damit er nicht zu heiß wird. Die ideale Zimmertemperatur für den Drucker ist 23°C. Die Zimmertemperatur darf aber zwischen 10°C und 32°C variieren. Die Luftfeuchtigkeit darf zwischen 20% und 80% variieren. Die ideale Luftfeuchtigkeit beträgt 60%.

23°C   60%

Schritt ❸ Tintenpatrone einsetzen

Vor der ersten Verwendung° des Druckers müssen Sie die Tintenpatrone einsetzen. Öffnen Sie zuerst die obere Abdeckung° des Druckers. Nehmen Sie die Tintenpatronen aus der Verpackung°. Ziehen Sie den Schutzstreifen vorsichtig ab. Setzen Sie die Tintenpatrone in den Drucker ein. Drücken Sie fest auf die mit *PUSH HERE* gekennzeichneten° Stellen. Schließen Sie jetzt den Drucker.

PUSH HERE

Schritt ④ Drucker an den Computer anschließen

Schließen Sie ein Ende des USB-Kabels an der Rückseite des Druckers an. Schließen Sie das andere Ende des USB-Kabels an den USB-Anschluss des Computers an.

Schritt ⑤ Netzkabel anschließen

Verwenden Sie nur das Kabel, das mit dem Drucker geliefert wurde. Wenn der Drucker ausgeschaltet ist, schließen Sie das Netzkabel an den Anschluss° auf der Rückseite des Druckers an. Schließen Sie dann das andere Ende des Netzkabels an eine Wandsteckdose an.

Schritt ⑥ Papier in Kassette einlegen

Sie können 250 Blatt Papier in die Papierkassette einlegen. Ziehen Sie zuerst die Papierkassette aus dem Drucker heraus. Legen Sie jetzt das Papier in die Kassette ein und schließen Sie den Drucker wieder.

Schritt ⑦ Installation der Treiber

Schalten Sie den Drucker ein und schieben Sie die CD in das CD-Laufwerk. Installieren Sie das Programm „Drucker.exe" auf Ihrem Computer. Wenn Sie mit der Installation fertig sind, öffnet sich automatisch ein neues Fenster. Jetzt ist Ihr Drucker fertig installiert.

Schritt ⑧ Statusseite drucken

Testen Sie den Drucker, indem Sie eine Statusseite drucken. Schalten Sie den Drucker ein. Drücken Sie mindestens 3 Sekunden auf den EIN/AUS Knopf. Der Drucker sollte jetzt eine Statusseite drucken.

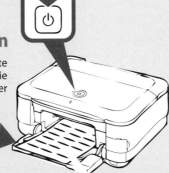

Prüfen Sie *Check* **Entfernen Sie** *Remove* **Klebeband** *adhesive tape* **Verwendung** *use*
Abdeckung *cover* **Verpackung** *packaging* **gekennzeichneten** *marked* **Anschluss** *connection*

Nach dem Lesen

Richtig oder falsch Sind die Sätze **richtig** oder **falsch**? Korrigieren Sie die falschen Sätze.
Sample answers are provided.

	richtig	falsch
1. In dem Karton ist nur der Drucker.	☐	☑
Im Karton sind der Drucker und die Komponenten.		
2. Die Zimmertemperatur muss immer 23°C sein.	☐	☑
Die ideale Zimmertemperatur ist 23°C.		
3. Man muss erst die Tintenpatrone einsetzen, bevor man das erste Mal drucken kann.	☑	☐
4. Den Drucker muss man mit einem USB-Kabel an den Computer anschließen.	☑	☐
5. Das Netzkabel schließt man auf der Vorderseite des Druckers an.	☐	☑
Das Netzkabel schließt man auf der Rückseite des Druckers an.		
6. Man kann nur 150 Blatt Papier in die Kassette einlegen.	☐	☑
Man kann 250 Blatt Papier in die Kassette einlegen.		
7. Den Treiber für den Drucker installiert man mit einer CD auf dem Computer.	☑	☐
8. Am Ende kann man eine Statusseite drucken.	☑	☐

Druckerprobleme 👥 Arbeiten Sie mit einem Partner / einer Partnerin. Einer von Ihnen hat ein Problem mit dem Drucker. Beschreiben Sie das Problem. Versuchen Sie dann mit Ihrem Partner / Ihrer Partnerin, das Problem zu lösen.

BEISPIEL

S1: *Ich habe meinen Drucker gerade installiert. Aber ich kann die Statusseite nicht drucken.*
S2: *Hast du den Drucker eingeschaltet?*

Suggestion Make sure students understand that they should refer back to the text to solve their **Druckerprobleme**.

Hören

NATIONAL STANDARDS • communication cultures

Vorbereitung

Über was sollte man nachdenken, bevor man ein neues Handy kauft? Machen Sie eine Liste. Welche Funktionen sind Ihnen bei einem neuen Handy wichtig?

Zuhören

Hören Sie Rolf und Karin zu, wie sie den Kauf eines neuen Handys diskutieren. Welche Funktionen von Ihrer Liste diskutieren Rolf und Karin? Kreisen Sie die richtigen Antworten ein. Hören Sie sich dann das Gespräch nochmal an. Schreiben Sie jetzt die anderen Antworten in die Tabelle. Answers may vary slightly.

Name + Kosten	Anbieter	Beschreibung	andere Merkmale
1. Samsung Galaxy (235 Euro)	T-Mobile	silber	unbegrenztes Datenvolumen
2. Apple iPhone (450 Euro)	Vodafone	einfach zu benutzen	bis zu 8 Stunden Gesprächszeit
3. Doro PhoneEasy (129 Euro)	o2	rot	extra große Tasten
4. LG P700 (259 Euro)	E-Plus	dünn	Surf-Flatrate

  Practice more at **vhlcentral.com**.

Verständnis

Suggestion Point out to students that cell phone brand names are neuter: **das iPhone, das Samsung,** etc.

Welches Handy? Empfehlen Sie das passende Handy. Sample answers provided.

1. Ich will lange telefonieren.
   Kauf dir das iPhone.

2. Ich brauche nur ein einfaches Telefon.
   Kauf dir das Doro.

3. Ich will ein dünnes Telefon.
   Kauf dir das LG.

4. Ich habe nicht viel Geld für ein Handy.
   Kauf dir das Doro.

5. Ich will ein Telefon, damit ich viel im Internet surfen kann.
   Kauf dir das LG.

6. Ich will ein Telefon, das nicht sehr kompliziert ist.
   Kauf dir das iPhone.

7. Ich will viele Videos sehen und viel Musik hören.
   Kauf dir das Samsung.

Das beste Telefon Sie haben gehört, wie Rolf und Karin den Kauf eines neuen Handys diskutieren. Sprechen Sie mit einem Partner / einer Partnerin über die Vorteile der Handys. Entscheiden Sie, welches Handy das beste für Sie und Ihren Partner / Ihre Partnerin ist.

Suggestion Have students present their partner's preferences using **denn**: **Das LG ist am besten für meinen Partner, denn er surft viel im Internet mit seinem Handy.**

Expansion Use this listening activity as a lead-in to a discussion of the pros and cons of cell phones. Ask students how often they use their cell phones. Could they imagine giving up their cell phones? Do they ever see people use cell phones in a rude manner?

Schreiben

Strategien

Expressing and supporting opinions

Written reviews are one of the many kinds of writing that require you to state your opinions. In order to convince your reader to take your opinions seriously, it is important to support them as thoroughly as possible, using details, facts, examples, and other forms of evidence. In a car review, for example, readers will want details about size, speed, fuel consumption, comfort, extra features, etc.

It is easier to include details that support your opinions if you plan ahead. Before trying out a product or going to an event that you are planning to review, write a list of questions that your readers might ask. Decide which aspects of the experience you are going to rate, and list the details that will help you decide upon a rating. You can then organize these lists into a questionnaire and a rating sheet. Bring these with you to remind you of the kind of information you need to gather in order to support your opinions. Later, the information you wrote down will help you organize your review into logical categories. It can also provide the details and evidence you need to convince your readers of your opinions.

Suggestion Assign this writing task as homework. Give students clear guidelines for word count, typing expectations, deadline, etc., and remind them to include a brief introduction and conclusion. Mark up the first version they submit and have them rewrite the paper to turn in as a final draft.

Thema

 Schreiben Sie einen Bericht

Schreiben Sie einen Bericht (*review*) über ein Auto. Nennen Sie zuerst den Namen des Autos und sprechen Sie dann die folgenden Kategorien an. Bilden Sie sich zum Schluss eine eigene Meinung. Ist das ein gutes Auto?

- **Beschreibung**

    Wie groß ist das Auto? Wie viel wiegt (*weighs*) das Auto? Was für einen Motor hat es? Wie viele Liter verbraucht es je 100 Kilometer? Wie viele Gänge (*gears*) hat es? Was ist die Höchstgeschwindigkeit (*top speed*)? Wie viel Platz (*room*) haben die Passagiere? Wie groß ist der Kofferraum?

- **Ausstattung**

    Welche Farbe hat das Auto? Wie sieht es im Innenraum aus? Hat es hinten ein Kamerasystem zum Ein- und Ausparken? Kann es automatisch parken? Wie viele Türen hat das Auto? Hat es ein Sonnenfenster? Ist es ein Kombi (*station wagon*)?

- **Fahrzeugtyp**

    Ist es ein Familienauto? Ist es ein Sportauto? Ist es ein Geländewagen (*SUV*)?

- **Andere Funktionen**

    Welche Art von Elektronik hat das Auto? Wie bequem ist das Auto? Hat das Auto ein gutes Image? Wie viel kostet das Auto? Ist das Auto umweltfreundlich (*environmentally friendly*)? Wie ist der Wiederverkaufswert (*resale value*) des Autos?

Flashcards
Audio: Vocabulary

Auto fahren

die Autobahn, -en	highway
der Fahrer, - / die Fahrerin, -nen	driver
der Polizist, -en / die Polizistin, -nen	police officer
die Straße, -n	street
die Tankstelle, -n	gas station
der Verkehr	traffic
geradeaus fahren	to go straight ahead
einen Platten haben	to have a flat tire
einen Unfall haben	to have an accident
parken	to park
rechts/links abbiegen (biegt... ab)	to turn right/left

Auto

das Benzin	gas
die Bremse, -n	brakes
der Kofferraum, -̈e	trunk
das Lenkrad, -̈er	steering wheel
der Mechaniker, - / die Mechanikerin, -nen	mechanic
der Motor, -en	engine
die Motorhaube, -n	hood
das Nummernschild, -er	license plate
das Öl, -e	oil
der Scheibenwischer, -	windshield wiper
der Scheinwerfer, -	headlight
der Sicherheitsgurt, -e	seatbelt
die Windschutzscheibe, -n	windshield
reparieren	to repair
tanken	to fill up

die öffentlichen Verkehrsmittel

der Bahnsteig, -e	track; platform
die Bushaltestelle, -n	bus stop
der Fahrkartenschalter, -	ticket office
der Fahrplan, -̈e	schedule
das Bußgeld, -er	fine
die erste/zweite Klasse, -n	first/second class
der Schaffner, -	ticket collector
(die Fahrkarte) entwerten	to validate (a ticket)

Technik bedienen

anmachen (macht... an)	to turn on
aufnehmen (nimmt... auf)	to record
ausmachen (macht... aus)	to turn off
drucken	to print
fernsehen (sieht... fern)	to watch television
funktionieren	to work, to function
herunterladen (lädt... herunter)	to download
klingeln	to ring
laden (lädt)	to charge; to load
löschen	to delete
online sein	to be online
speichern	to save
starten	to start
im Internet surfen	to surf the Web

das Verkehrsmittel

das Auto, -s	car
das Boot, -e	boat
der Bus, -se	bus
das Fahrrad, -̈er	bicycle
der LKW, -s	truck
das Schiff, -e	ship
das Taxi, -s	taxi
die U-Bahn, -en	subway
der Zug, -̈e	train

die Technik

der Anrufbeantworter, -	answering machine
der Benutzername, -n	screen name
der Bildschirm, -e	screen
die CD, -s	compact disc, CD
der CD-Player, -s	CD player
die Datei, -en	file
die Digitalkamera, -s	digital camera
das Dokument, -e	document
der Drucker, -	printer
die DVD, -s	DVD
der DVD-Player, -	DVD-player
die E-Mail, -s	e-mail
das Faxgerät, -e	fax machine
die Fernbedienung, -en	remote control
der Fernseher, -	television
die Festplatte, -n	hard drive
das Handy, -s	cell phone
der Kopfhörer, -	headphones
das Ladegerät, -e	battery charger
der Laptop, -s	laptop (computer)
die Maus, -̈e	mouse
das Mikrofon, -e	microphone
der MP3-Player, -	mp3 player
das Passwort, -̈er	password
das Programm, -e	program
der Sender, -	channel
die SMS, -	text message
die Spielkonsole, -n	game console
die Stereoanlage, -n	stereo system
der Tablet, -s	tablet
die Tastatur, -en	keyboard
das Telefon, -e	telephone
die Website, -s	Web site

Das Plusquamperfekt	See pp. 162-163.
Comparatives and superlatives	See pp. 166-167.
The genitive case	See pp. 180-181.
Demonstratives	See pp. 184-185.

Appendix A

Appendix B

Appendix C

die Welt

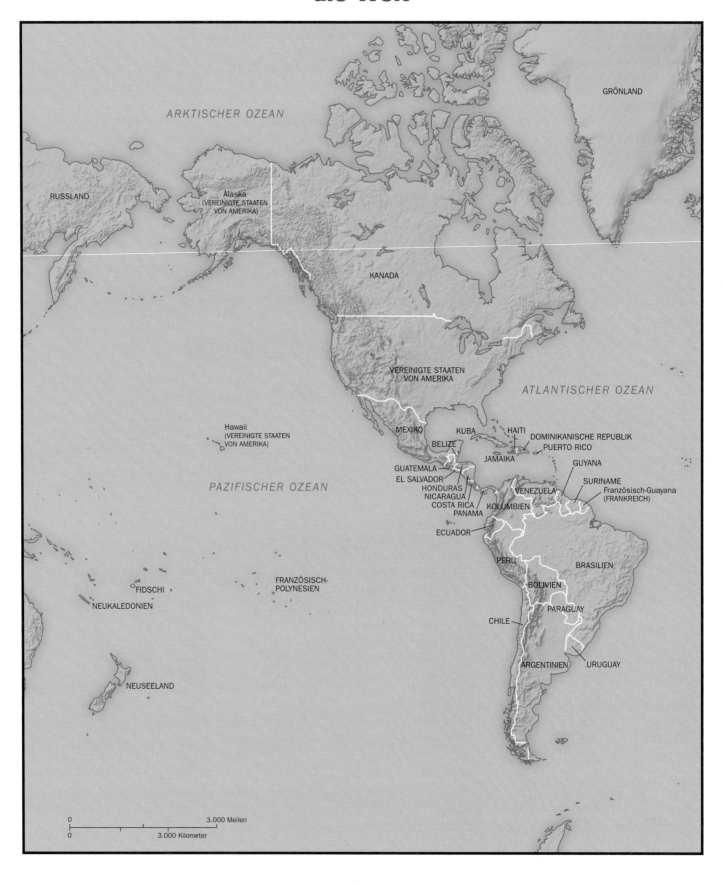

GRÖNLAND

ARKTISCHER OZEAN

RUSSLAND

Alaska
(VEREINIGTE STAATEN
VON AMERIKA)

KANADA

VEREINIGTE STAATEN
VON AMERIKA

ATLANTISCHER OZEAN

Hawaii
(VEREINIGTE STAATEN
VON AMERIKA)

MEXIKO

KUBA   HAITI
DOMINIKANISCHE REPUBLIK
PUERTO RICO
BELIZE
JAMAIKA
PAZIFISCHER OZEAN
GUYANA
GUATEMALA
SURINAME
EL SALVADOR
Französisch-Guayana
HONDURAS
VENEZUELA   (FRANKREICH)
NICARAGUA
COSTA RICA
KOLUMBIEN
PANAMA
ECUADOR

PERU
BRASILIEN

FRANZÖSISCH-
POLYNESIEN
BOLIVIEN
FIDSCHI

NEUKALEDONIEN
PARAGUAY

CHILE

ARGENTINIEN   URUGUAY

NEUSEELAND

0   3.000 Meilen

0   3.000 Kilometer

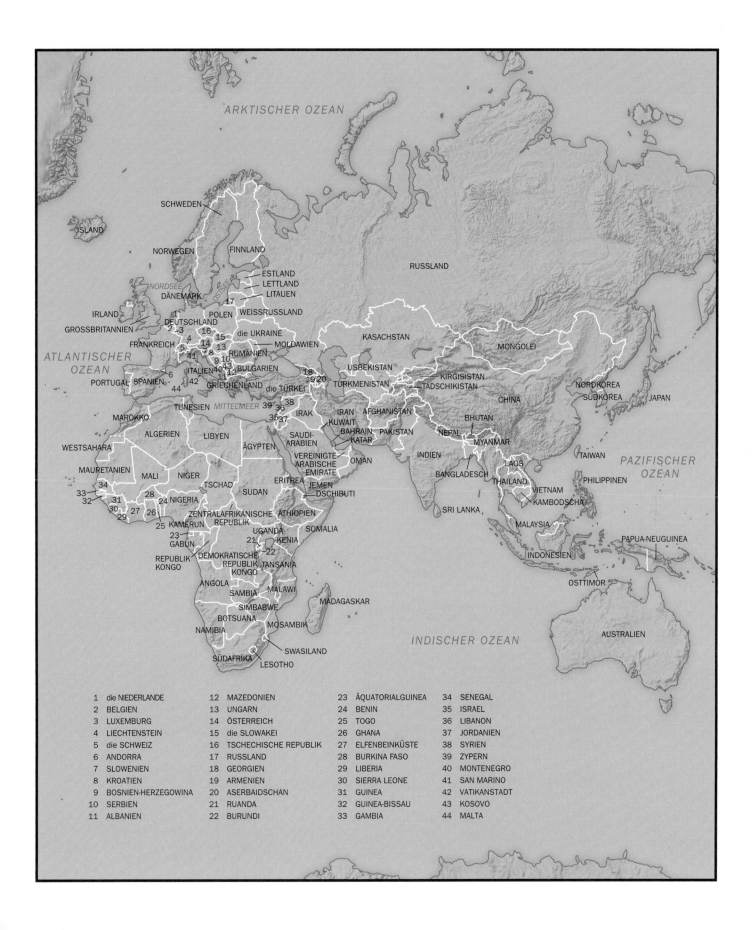

ARKTISCHER OZEAN

ISLAND

SCHWEDEN

NORWEGEN   FINNLAND

NORDSEE   ESTLAND
DÄNEMARK   *OSTSEE*   LETTLAND
                        LITAUEN

IRLAND   17
                POLEN   WEISSRUSSLAND
GROSSBRITANNIEN 1 DEUTSCHLAND
                2 ·3 16   die UKRAINE   KASACHSTAN
FRANKREICH   4   15 13
                5 14   MOLDAWIEN
                41 8 RUMÄNIEN
ATLANTISCHER   9 10
OZEAN   11 43
            6 ITALIEN 40 12 BULGARIEN   18   USBEKISTAN
PORTUGAL SPANIEN 42 GRIECHENLAND 19 20 TURKMENISTAN
            44   die TÜRKEI

                TUNESIEN *MITTELMEER* 39 38
MAROKKO   36
                         35 37 IRAK   IRAN AFGHANISTAN
ALGERIEN   LIBYEN   KUWAIT
                              BAHRAIN PAKISTAN
WESTSAHARA   ÄGYPTEN   SAUDI-   KATAR
                             ARABIEN
MAURETANIEN MALI NIGER   VEREINIGTE OMAN
        34   ARABISCHE
33   28   TSCHAD   EMIRATE
32   31   24 NIGERIA SUDAN ERITREA JEMEN
  30 27 26   DSCHIBUTI
   29   25 KAMERUN ZENTRALAFRIKANISCHE ÄTHIOPIEN
             23   REPUBLIK
                GABUN   UGANDA   SOMALIA
        REPUBLIK   21 KENIA
        KONGO DEMOKRATISCHE 22
                REPUBLIK TANSANIA
                KONGO
        ANGOLA   MALAWI
            SAMBIA
            SIMBABWE
        BOTSUANA MOSAMBIK
    NAMIBIA
            SÜDAFRIKA SWASILAND
                LESOTHO

RUSSLAND

MONGOLEI

KIRGISISTAN
TADSCHIKISTAN   CHINA   NORDKOREA
                         SÜDKOREA   JAPAN

BHUTAN
NEPAL   MYANMAR
                     LAOS   TAIWAN   PAZIFISCHER
INDIEN   OZEAN
BANGLADESCH THAILAND
                     VIETNAM PHILIPPINEN
        SRI LANKA   KAMBODSCHA
                MALAYSIA
                     INDONESIEN   PAPUA-NEUGUINEA

                OSTTIMOR

MADAGASKAR

INDISCHER OZEAN   AUSTRALIEN

1	die NIEDERLANDE	12	MAZEDONIEN	23	ÄQUATORIALGUINEA	34	SENEGAL
2	BELGIEN	13	UNGARN	24	BENIN	35	ISRAEL
3	LUXEMBURG	14	ÖSTERREICH	25	TOGO	36	LIBANON
4	LIECHTENSTEIN	15	die SLOWAKEI	26	GHANA	37	JORDANIEN
5	die SCHWEIZ	16	TSCHECHISCHE REPUBLIK	27	ELFENBEINKÜSTE	38	SYRIEN
6	ANDORRA	17	RUSSLAND	28	BURKINA FASO	39	ZYPERN
7	SLOWENIEN	18	GEORGIEN	29	LIBERIA	40	MONTENEGRO
8	KROATIEN	19	ARMENIEN	30	SIERRA LEONE	41	SAN MARINO
9	BOSNIEN-HERZEGOWINA	20	ASERBAIDSCHAN	31	GUINEA	42	VATIKANSTADT
10	SERBIEN	21	RUANDA	32	GUINEA-BISSAU	43	KOSOVO
11	ALBANIEN	22	BURUNDI	33	GAMBIA	44	MALTA

Europa

Deutschland

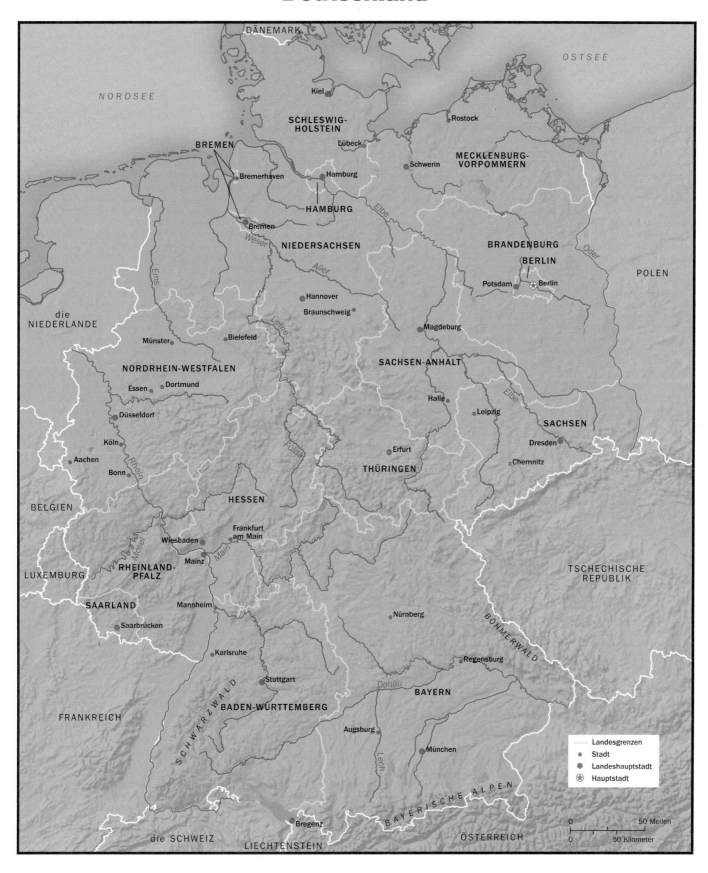

DÄNEMARK

OSTSEE

NORDSEE

Kiel

SCHLESWIG-
HOLSTEIN

Rostock

BREMEN

Lübeck

MECKLENBURG-
VORPOMMERN

Bremerhaven

Hamburg

Schwerin

HAMBURG

Bremen

Elbe

BRANDENBURG

Weser

NIEDERSACHSEN

BERLIN

Ems

Aller

Oder

POLEN

Potsdam

Berlin

Hannover

Leine

Braunschweig

Magdeburg

die
NIEDERLANDE

Münster

Bielefeld

SACHSEN-ANHALT

NORDRHEIN-WESTFALEN

Essen

Dortmund

Halle

Leipzig

Elbe

Düsseldorf

SACHSEN

Köln

Fulda

Dresden

Rhein

Aachen

Erfurt

Chemnitz

Bonn

THÜRINGEN

BELGIEN

HESSEN

Frankfurt
am Main

Mosel

Wiesbaden

Main

TSCHECHISCHE
REPUBLIK

Mainz

RHEINLAND-
PFALZ

LUXEMBURG

SAARLAND

Mannheim

Saarbrücken

Nürnberg

BÖHMERWALD

Karlsruhe

Regensburg

Stuttgart

Donau

BAYERN

SCHWARZWALD

BADEN-WÜRTTEMBERG

FRANKREICH

Augsburg

München

Lech

BAYERISCHE ALPEN

Bregenz

die SCHWEIZ

ÖSTERREICH

LIECHTENSTEIN

Landesgrenzen
● Stadt
● Landeshauptstadt
✪ Hauptstadt

0   50 Meilen

0   50 Kilometer

Österreich

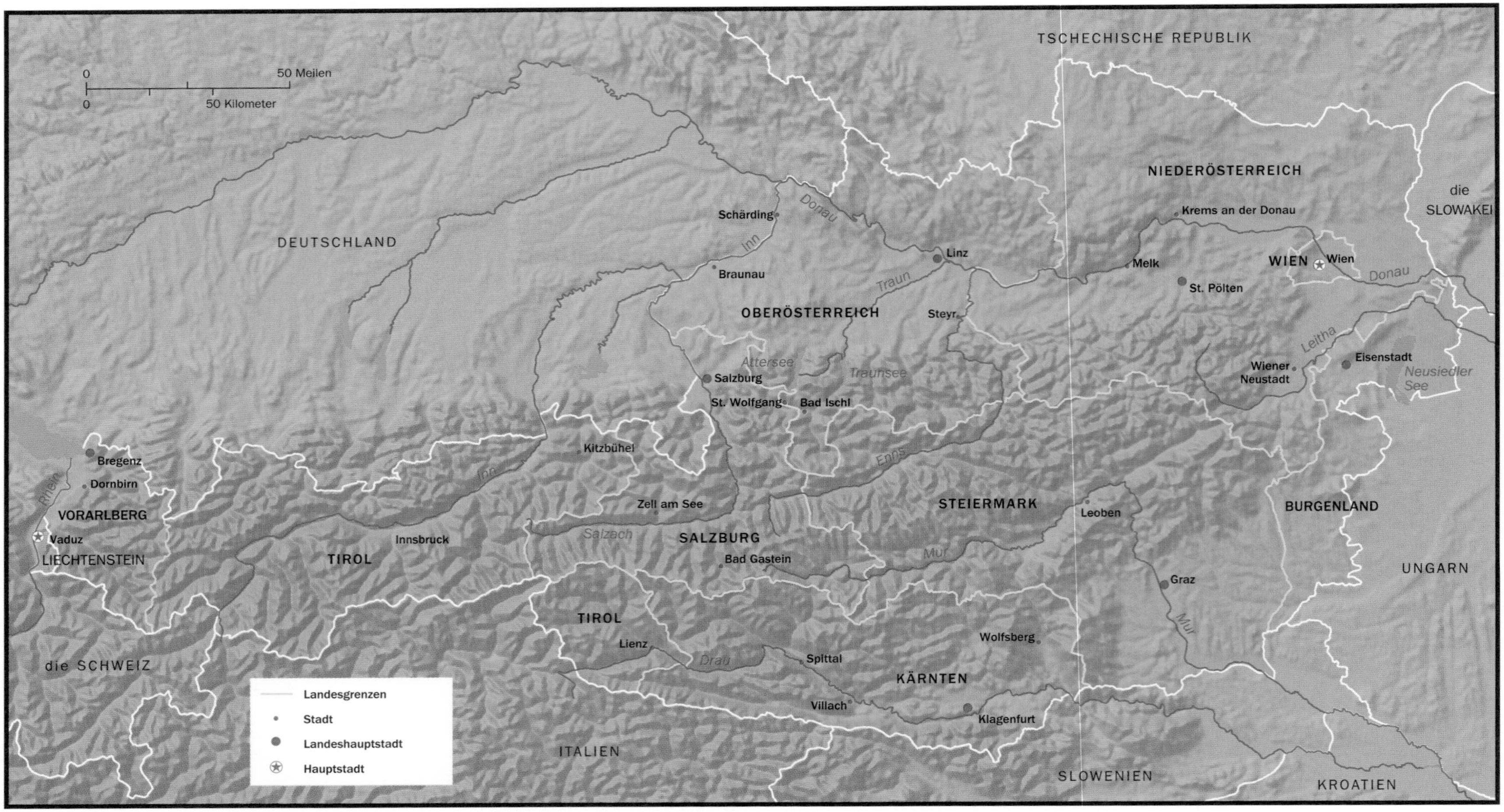

TSCHECHISCHE REPUBLIK

die SLOWAKEI

UNGARN

KROATIEN

SLOWENIEN

ITALIEN

die SCHWEIZ

LIECHTENSTEIN

DEUTSCHLAND

NIEDERÖSTERREICH

OBERÖSTERREICH

BURGENLAND

STEIERMARK

KÄRNTEN

SALZBURG

TIROL

TIROL

VORARLBERG

WIEN

Donau

Leitha

Neusiedler See

Mur

Mur

Enns

Drau

Salzach

Traun

Traunsee

Attersee

Inn

Inn

Wien

Eisenstadt

Wiener Neustadt

Krems an der Donau

St. Pölten

Melk

Graz

Leoben

Linz

Steyr

Bad Ischl

St. Wolfgang

Salzburg

Braunau

Schärding

Zell am See

Kitzbühel

Bad Gastein

Bad Gastein

Wolfsberg

Klagenfurt

Spittal

Villach

Lienz

Innsbruck

Bregenz

Dornbirn

Vaduz

50 Meilen

50 Kilometer

Landesgrenzen

Stadt

Landeshauptstadt

Hauptstadt

Liechtenstein

die Schweiz

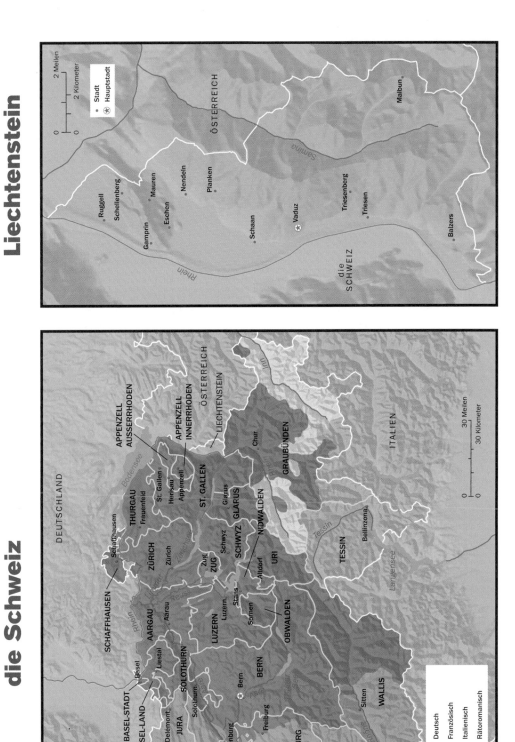

Declension of articles

definite articles	masculine	feminine	neuter	plural
nominative	der	die	das	die
accusative	den	die	das	die
dative	dem	der	dem	den
genitive	des	der	des	der

der-words	masculine	feminine	neuter	plural
nominative	dieser	diese	dieses	diese
accusative	diesen	diese	dieses	diese
dative	diesem	dieser	diesem	diesen
genitive	dieses	dieser	dieses	dieser

indefinite articles	masculine	feminine	neuter	plural
nominative	ein	eine	ein	-
accusative	einen	eine	ein	-
dative	einem	einer	einem	-
genitive	eines	einer	eines	-

ein-words	masculine	feminine	neuter	plural
nominative	mein	meine	mein	meine
accusative	meinen	meine	mein	meine
dative	meinem	meiner	meinem	meinen
genitive	meines	meiner	meines	meiner

Declension of nouns and adjectives

nouns and adjectives with *der*-words				
	masculine	**feminine**	**neuter**	**plural**
nominative	der gute Rat	die gute Landschaft	das gute Brot	die guten Freunde
accusative	den guten Rat	die gute Landschaft	das gute Brot	die guten Freunde
dative	dem guten Rat	der guten Landschaft	dem guten Brot	den guten Freunden
genitive	des guten Rates	der guten Landschaft	des guten Brotes	der guten Freunde

nouns and adjectives with *ein*-words				
	masculine	**feminine**	**neuter**	**plural**
nominative	ein guter Rat	eine gute Landschaft	ein gutes Brot	meine guten Freunde
accusative	ein guten Rat	eine gute Landschaft	ein gutes Brot	meine guten Freunde
dative	einem guten Rat	einer guten Landschaft	einem guten Brot	meinen guten Freunden
genitive	eines guten Rates	einer guten Landschaft	eines guten Brotes	meiner guten Freunde

unpreceded adjectives				
	masculine	**feminine**	**neuter**	**plural**
nominative	guter Rat	gute Landschaft	gutes Brot	gute Freunde
accusative	guten Rat	gute Landschaft	gutes Brot	gute Freunde
dative	gutem Rat	guter Landschaft	gutem Brot	guten Freunden
genitive	guten Rates	guter Landschaft	guten Brotes	guter Freunde

Declension of pronouns

personal pronouns										
nominative	ich	du	Sie	er	sie	es	wir	ihr	Sie	sie
accusative	mich	dich	Sie	ihn	sie	es	uns	euch	Sie	sie
accusative reflexive	mich	dich	sich	sich	sich	sich	uns	euch	sich	sich
dative	mir	dir	Ihnen	ihm	ihr	ihm	uns	euch	Ihnen	ihnen
dative reflexive	mir	dir	sich	sich	sich	sich	uns	euch	sich	sich

Glossary of Grammatical Terms

ADJECTIVE Words that describe people, places, or things. An attributive adjective comes before the noun it modifies and takes an ending that matches the gender and case of the noun. A predicate adjective comes after the verb **sein**, **werden**, or **bleiben** and describes the noun that is the subject of the sentence. Predicate adjectives take no additional endings.

Thomas hat eine sehr **gute** Stelle gefunden.
*Thomas found a really **good** job.*

Hast du mein **kleines** Adressbuch gesehen?
*Have you seen my **little** address book?*

Mein Bruder ist **klein**.
*My brother is **short**.*

Deine Schwester wird **groß**.
*Your sister is getting **tall**.*

Possessive adjectives Words that are placed before a noun to indicate ownership or belonging. Each personal pronoun has a corresponding possessive adjective. Possessive adjectives take the same endings as the indefinite article **ein**.

Meine Schwester ist hier.
***My** sister is here.*

Wo ist **dein** Vater?
*Where is **your** father?*

ADVERB Words or phrases that modify a verb, an adjective, or another adverb. Adverbs and adverbial phrases describe *when*, *how*, or *where* an action takes place.

Der Kuchen ist **fast** fertig.
*The cake is **almost** ready.*

Du isst **viel zu** schnell.
*You eat **much too** quickly.*

ARTICLE A word that precedes a noun and indicates its gender, number, and case.

Definite article Equivalent to *the* in English. Its form indicates the gender and case of the noun, and whether it is singular or plural.

der Tisch (*m. s.*)
the table
die Tische (*m. pl.*)
the tables
die Tür (*f. s.*)
the door

die Türen (*f. pl.*)
the doors
das Fenster (*n. s.*)
the window
die Fenster (*n. pl.*)
the windows

Indefinite article Corresponds to *a* or *an* in English. It precedes the noun and matches its gender and case. There is no plural indefinite article in German.

ein Tisch (*m.*)
a table
eine Tür (*f.*)
a door

ein Fenster (*n.*)
a window

CASE There are four cases in German. The case indicates the function of each noun in a sentence. The case of a noun determines the form of the definite or indefinite article that precedes the noun, the form of any adjectives that modify the noun, and the form of the pronoun that can replace the noun.

Nominativ (*nominative*): **Der Professor** ist alt.
***The professor** is old.*

Akkusativ (*accusative*): Ich verstehe **den Professor**.
*I understand **the professor**.*

Dativ (*dative*): Der Assistent zeigt **dem Professor** den neuen Computer.
*The assistant is showing **the professor** the new computer.*

Genitiv (*genitive*): Das ist **des Professors** Assistent.
*This is **the professor's** assistant.*

The nominative case The grammatical subject of a sentence is always in the nominative case. The nominative case is also used for nouns that follow a form of **sein**, **werden**, or **bleiben**. In German dictionaries, nouns, pronouns, and numbers are always listed in their nominative form.

Das ist **eine gute Idee.**
*That's **a good idea.***

Die Kinder schlafen.
***The kids** are sleeping.*

The accusative case A noun that functions as a direct object is in the accusative case.

Der Lehrer hat **den Stift**.
*The teacher has **the pen**.*

Sie öffnet **die Tür**.
*She's opening **the door**.*

Ich kaufe **einen Tisch**.
*I'm going to buy **a table**.*

Ich habe **ein Problem**.
*I have **a problem**.*

The dative case An object in the dative case indicates to whom or for whom an action is performed.

Ich bringe **dem Lehrer** einen Apfel.
*I'm bringing **the teacher** an apple.*

Zeig **der Professorin** deine Arbeit.
*Show your work **to the professor**.*

The genitive case A noun in the genitive case modifies another noun. The genitive case indicates ownership or a close relationship between the genitive noun and the noun it modifies, which may be a subject or an object.

Thorsten hat die Rede **des Bundespräsidenten** heruntergeladen.
*Thorsten downloaded **the president's** speech.*

Das Mikrofon **der Professorin** funktioniert nicht.
***The professor's** microphone doesn't work.*

CLAUSE A group of words that contains both a conjugated verb and a subject, either expressed or implied.

Main (or independent) clause A clause that can stand alone as a complete sentence.

Ich bezahle immer bar, weil ich keine Kreditkarte habe.
I always pay cash, because I don't have a credit card.

Subordinate clause A subordinate clause explains how, when, why, or under what circumstances the action in the main clause occurs. The conjugated verb of a subordinate clause moves to the end of that clause.

Ich lese die Zeitung, **wenn** ich Zeit **habe**.
*I read the newspaper **when** I **have** the time.*

COMPARATIVE The form of an adjective or adverb that compares two or more people or things.

Meine Geschwister sind alle **älter** als ich.
*My siblings are all **older** than I am.*

Die Fahrt dauert mit dem Auto **länger** als mit dem Zug.
*The trip takes **longer** by car than by train.*

CONJUNCTION A word used to connect words, clauses, or phrases.

Coordinating conjunctions Words that combine two related sentences, words, or phrases into a single sentence. There are five coordinating conjunctions in German: **aber** (*but*), **denn** (*because; since*), **oder** (*or*), **sondern** (*but, rather*), **und** (*and*). All other conjunctions are subordinating.

Ich möchte eine große Küche, **denn** ich koche gern.
*I want a big kitchen, **because** I like to cook.*

Lola braucht einen Schrank **oder** eine Kommode.
*Lola needs a closet **or** a dresser.*

Subordinating conjunctions Words used to combine a subordinate clause with a main clause.

Ich lese die Zeitung, **wenn** ich Zeit **habe**.
*I read the newspaper **when** I **have** the time.*

DEMONSTRATIVE Pronouns or adjectives that refer to something or someone that has already been mentioned, or that point out a specific person or thing.

Ist Grete online? –Ja, **die** schreibt eine E-Mail.
*Is Grete online? –Yes, **she's** writing an e-mail.*

Gefällt dir dieser Sessel? –Ja, **der** ist sehr bequem!
*Do you like that chair? –Yes, **it's** very comfortable!*

DER-WORDS Words that take the same endings as the forms of the definite article **der**. These include the demonstrative pronouns **dieser** (*this; that*), **jeder** (*each, every*), **jener** (*that*), **mancher** (*some*), and **solcher** (*such*), and the question word **welcher** (*which*).

Welcher Laptop gefällt dir am besten?
***Which** laptop do you like best?*

Ich finde **diesen** Laptop am schönsten.
*I think **this** laptop is the nicest.*

DIRECT OBJECT A noun or pronoun that directly receives the action of the verb. Direct objects are in the accusative.

Kennst du **diesen Mann**?   Ich mache **eine Torte**.
*Do you know **that man**?   I'm making **a cake**.*

EIN-WORDS Words that take the same endings as the forms of the indefinite article **ein**. These include the negation **kein** and all of the possessive adjectives.

Hast du **ein** Hund?   Ich habe **keinen** Fußball.
*Do you have **a** dog?   I don't have **a** soccer ball.*

GENDER The grammatical categorization of nouns, pronouns, and adjectives as masculine, feminine, or neuter.

Masculine
articles: **der, ein**
pronouns: **er, der**
adjectives: **guter, schöner**

Feminine
articles: **die, eine**
pronouns: **sie, die**
adjectives: **gute, schöne**

Neuter
articles: **das, ein**
pronouns: **es, das**
adjectives: **gutes, schönes**

HELPING VERB *See VERB, Auxiliary verb.*

IMPERATIVE Imperatives are verb forms used to express commands, requests, suggestions, directions, or instructions.

Mach deine Hausaufgaben!   **Backen wir** einen Kuchen!
***Do** your homework!   **Let's bake** a cake!*

INDIRECT OBJECT A noun or pronoun that receives the action of the verb indirectly. The indirect object is often a person to whom or for whom the action of the sentence is performed. Indirect objects are in the dative case.

Manfred hat **dem Kind** ein Buch geschenkt.
*Manfred gave **the kid** a book.*

INFINITIVE The basic, unconjugated form of a verb. Most German infinitives end in **-en**. A few end in **-ern** or **-eln**.

sehen, essen, lesen, wandern, sammeln
to see, to eat, to read, to hike, to collect

NOUN A word that refers to one or more people, animals, places, things, or ideas. Nouns in German may be masculine, feminine, or neuter, and are either singular or plural.

der **Junge**, die **Katze**, das **Café**
the boy, the cat, the café

Compound noun Two or more simple nouns can be combined to form a compound noun. The gender of a compound noun matches the gender of the last noun in the compound.

die Nacht + das Hemd = **das Nachthemd**
night + shirt = nightshirt

NUMBER A grammatical term that refers to the quantity of a noun. Nouns in German are either singular or plural. The plural form of a noun may have an added umlaut and/or an added ending. Adjectives, articles, and verbs also have different endings, depending on whether they are singular or plural.

Singular:
der **Mann**, die **Frau**, das **Kind**
the man, the woman, the child

Plural:
die **Männer**, die **Frauen**, die **Kinder**
the men, the women, the children

NUMBERS Words that represent quantities.

Cardinal numbers Numbers that indicate specific quantities. Cardinal numbers typically modify nouns, but do not add gender or case endings.

zwei Männer, **fünfzehn** Frauen, **sechzig** Kinder
two men, fifteen women, sixty children

Ordinal numbers Words that indicate the order of a noun in a series. Ordinal numbers add the same gender and case endings as adjectives.

der **erste** Mann, die **zweite** Frau, das **dritte** Kind
the first man, the second woman, the third child

PARTICIPLE A participle is formed from a verb but may be used as an adjective or adverb. Present participles are used primarily in written German. Past participles are used in compound tenses, including the **Perfekt** and the **Plusquamperfekt**.

Der **aufgehende** Mond war sehr schön.
The rising moon was beautiful.

Habt ihr schon **gegessen**?
Have you already eaten?

PREPOSITION A preposition links a noun or pronoun to other words in a sentence. Combined with a noun or pronoun, it forms a prepositional phrase, which can be used like an adverb to answer the question *when, how,* or *where*. In German, certain prepositions are always followed by a noun in the accusative case, while others are always followed by a noun in the dative case. A small number of prepositions are used with the genitive case.

ohne das Buch   **mit** dem Auto
without the book   *by car*

trotz des Regens
in spite of the rain

Two-way prepositions can be followed by either the dative or the accusative, depending on the situation. They are followed by the accusative when used with a verb that indicates movement toward a destination. With all other verbs, they are followed by the dative.

Stell deine Schuhe nicht **auf den Tisch**!
Don't put your shoes on the table!

Dein Schal liegt **auf dem Tisch**.
Your scarf is lying on the table.

PRONOUN A word that takes the place of a noun.

Subject pronouns Words used to replace a noun in the nominative case.

Maria ist nett.   **Der Junge** ist groß.
Maria is nice.   *The boy is tall.*

Sie ist nett.   **Er** ist groß.
She is nice.   *He is tall.*

Accusative pronouns Words used to replace a noun that functions as the direct object.

Wer hat **die Torte** gebacken?   Ich habe **sie** gebacken.
Who baked the cake?   *I baked it.*

Dative pronouns Words used to replace a noun that functions as the indirect object.

Musst du **deiner Oma** eine E-Mail schicken?
Do you need to send an e-mail to your grandma?

Nein, ich habe **ihr** schon geschrieben.
No, I already wrote to her.

Indefinite pronouns Words that refer to an unknown or nonspecific person or thing.

Jemand hat seinen Personalausweis vergessen.
Someone forgot his I.D. card.

Herr Klein will mit **niemandem** sprechen.
Mr. Klein doesn't want to speak with anyone.

Reflexive pronouns The pronouns used with reflexive verbs. When the subject of a reflexive verb is also its direct object, it takes an accusative reflexive pronoun. When the subject of a reflexive verb is not its direct object, it takes a dative reflexive pronoun.

Ich wasche **mich**.　　　　Ich wasche **mir** das Gesicht.
I'm washing (myself).　　　*I'm washing my face.*

SUBJUNCTIVE A verb form (**der Konjunktiv II**) used to talk about hypothetical, unlikely or impossible conditions, to express wishes, and to make polite requests. German also has an additional subjunctive tense, der **Konjunktiv I**, used to report what someone else has said without indicating whether the information is true or false.

Ich **hätte** gern viel Geld.
I'd like to have a lot of money.

Wenn er sportlicher **wäre**, **würde** er häufiger trainieren.
If he were more athletic, he would exercise more.

SUPERLATIVE The form of an adjective or adverb used to indicate that a person or thing has more of a particular quality than anyone or anything else.

Welches ist **das größte** Tier der Welt?
What's the biggest animal in the world?

Wie komme ich **am besten** zur Tankstelle?
What's the best way to get to the gas station?

TENSE A set of verb forms that indicates if an action or state occurs in the past, present, or future.

Compound tense A tense made up of an auxiliary verb and a participle or infinitive.

Wir **haben** ihren Geburtstag **gefeiert**.
We celebrated her birthday.

VERB A word that expresses actions or states of being. German verbs are classified as *weak, mixed,* or *strong,* based on the way their past participles are formed.

weak: Ich **habe** eine Torte **gemacht**.
I made a cake.

strong: Wir **haben** Kekse **gegessen**.
We ate cookies.

mixed: Er **hat** eine CD **gebrannt**.
He burned a CD.

Auxiliary verb A conjugated verb used with the participle or infinitive of another verb. The auxiliary verbs **haben** and **sein** are used with past participles to form compound tenses including the **Perfekt** and **Plusquamperfekt**. **Werden** is used with an infinitive to form the future tense, and with a past participle to form a passive construction. Modals are also frequently used as auxiliary verbs.

Habt ihr den Tisch **gedeckt**?
Did you set the table?

Jasmin **war** noch nie nach Zürich **gefahren**.
Jasmin had never been to Zurich.

Wir **werden** uns in einer Woche wieder **treffen**.
We'll meet again in one week.

Es **wird** hier nur Deutsch **gesprochen**.
Only German is spoken here.

Modal verbs Verbs that modify the meaning of another verb. Modals express an attitude toward an action, such as permission, obligation, ability, desire, or necessity.

Ich **muss** Französisch **lernen**.
I have to study French.

Ich **will** Französisch **lernen**.
I want to learn French.

Principal parts German verbs are usually listed in dictionaries by their *principal parts* (**Stammformen**): the infinitive, the third-person singular present tense form (if the verb is irregular in the present), the third-person singular **Präteritum** form, and the past participle. Knowing the principal parts of a verb allows you to produce all of its conjugations in any tense.

geben (gibt)　　　　**gab**　　　　**gegeben**
to give (gives)　　　 *gave*　　　*given*

Reflexive verbs Verbs that indicate an action you do to yourself or for yourself. The subject of a reflexive verb is also its object.

Ich **fühle mich** nicht **wohl**.
I don't feel well.

Wir **haben uns entspannt**.
We've been relaxing.

Reciprocal reflexive verbs Verbs that express an action done by two or more people or things to or for one another.

Wir rufen **uns** jeden Tag an.
We call each other every day.

Meine Großeltern lieben **sich** sehr.
My grandparents love each other very much.

Verb conjugation tables

Here are the infinitives of all verbs introduced as active vocabulary in **Mosaik**. Each verb is followed by a model verb that follows the same conjugation pattern. The number in parentheses indicates where in the verb tables, pages A16–A25, you can find the conjugated forms of the model verb. The word (*sein*) after a verb means that it is conjugated with **sein** in the **Perfekt** and **Plusquamperfekt**. For irregular reflexive verbs, the list may point to a non-reflexive model verb. A full conjugation of the simple forms of a reflexive verb is presented in Verb table 6 on page A17. Verbs followed by an asterisk (*) have a separable prefix.

abbiegen* (*sein*) like schieben (42)	**beschreiben** like bleiben (20)	**(sich) erkälten** like arbeiten (1)	**joggen** (*sein*) like machen (3)
abbrechen* like sprechen (47)	**besprechen** like sprechen (47)	**erkennen** like rennen (17)	**(sich) kämmen** like machen (3)
abfahren* (*sein*) like tragen (51)	**bestehen** like stehen (48)	**erklären** like machen (3)	**kaufen** like machen (3)
abfliegen* (*sein*) like schieben (41)	**bestellen** like machen (3)	**erzählen** like machen (3)	**kennen** like rennen (17)
abheben* like heben (30)	**besuchen** like machen (3)	**essen** (21)	**klettern** (*sein*) like fordern (26)
abschicken* like machen (3)	**(sich) bewegen** like heben (30)	**fahren** (*sein*) like tragen (50)	**klingeln** like sammeln (5)
abstauben* like machen (3)	**(sich) bewerben** like helfen (32)	**fallen** (*sein*) (22)	**kochen** like machen (3)
(sich) abtrocknen* like arbeiten (1)	**bezahlen** like machen (3)	**fangen** (23)	**kommen** (*sein*) (32)
adoptieren like probieren (4)	**bieten** like schieben (41)	**(sich) färben** like machen (3)	**können** (11)
anbieten* like schieben (41)	**bleiben** (*sein*) (19)	**faulenzen** like machen (3)	**korrigieren** like probieren (4)
anfangen* like fangen (23)	**braten** like schlafen (43)	**fegen** like machen (3)	**kosten** like arbeiten (1)
angeln like sammeln (5)	**brauchen** like machen (3)	**feiern** (2)	**küssen** like machen (3)
ankommen* (*sein*) like kommen (33)	**brechen** like sprechen (46)	**fernsehen*** like geben (28)	**lächeln** like sammeln (5)
anmachen* like machen (3)	**brennen** like rennen (17)	**finden** like trinken (52)	**lachen** like machen (3)
anrufen* like rufen (40)	**bringen** like denken (16)	**fliegen** (*sein*) like schieben (41)	**laden** like tragen (50)
anschauen* like machen (3)	**buchen** like machen (3)	**folgen** (*sein*) like machen (3)	**landen** (*sein*) like arbeiten (1)
anstoßen* like stoßen (50)	**büffeln** like sammeln (5)	**(sich) fragen** like machen (3)	**lassen** like fallen (22)
antworten like arbeiten (1)	**bügeln** like sammeln (5)	**(sich) freuen** (6)	**laufen** (*sein*) (33)
(sich) anziehen* like schieben (41)	**bürsten** like arbeiten (1)	**(sich) fühlen** like sich freuen (6)	**leben** like machen (3)
arbeiten (1)	**danken** like machen (3)	**füllen** like machen (3)	**legen** like machen (3)
(sich) ärgern like fordern (26)	**decken** like machen (3)	**funktionieren** like probieren (4)	**leiten** like arbeiten (1)
aufgehen* (*sein*) like gehen (29)	**denken** like denken (16)	**geben** (27)	**lernen** like machen (3)
auflegen* like machen (3)	**drücken** like fragen (26)	**gefallen** like fallen (22)	**lesen** like geben (28)
aufmachen* like machen (3)	**drucken** like machen (3)	**gehen** (*sein*) (28)	**lieben** like machen (3)
aufnehmen* like nehmen (36)	**durchfallen*** (*sein*) like fallen (22)	**gehören** like machen (3)	**liegen** (35)
aufräumen* like machen (3)	**durchmachen*** like machen (3)	**genießen** like fließen (25)	**löschen** like tragen (50)
aufstehen* (*sein*) like stehen (48)	**dürfen** (10)	**gewinnen** like schwimmen (44)	**lügen** (36)
aufwachen* (*sein*) like machen (3)	**(sich) duschen** like sich freuen (6)	**(sich) gewöhnen** like sich freuen (6)	**machen** (3)
ausfüllen like machen (3)	**einkaufen*** like machen (3)	**glauben** like machen (3)	**meinen** like machen (3)
ausgehen like gehen (29)	**einladen*** like tragen (50)	**gratulieren** like probieren (4)	**mieten** like arbeiten (1)
ausmachen like machen (3)	**einschlafen*** (*sein*) like schlafen (42)	**grüßen** like machen (3)	**mitbringen*** like denken (16)
(sich) ausruhen like sich freuen (6)	**einzahlen*** like machen (3)	**haben** like haben (7)	**mitkommen*** (*sein*) like kommen (33)
ausschalten* like arbeiten (1)	**empfehlen** like stehlen (49)	**handeln** like sammeln (5)	**mitmachen*** like machen (3)
(sich) ausziehen* like schieben (41)	**entdecken** like machen (3)	**hängen** like machen (3)	**mitnehmen*** like nehmen (38)
backen like waschen (54)	**entfernen** like machen (3)	**heiraten** like arbeiten (1)	**mögen** (12)
(sich) baden like arbeiten (1)	**entgegennehmen*** like nehmen (38)	**heißen** (30)	**müssen** (13)
bauen like machen (3)	**entlassen** like fallen (22)	**helfen** (32)	**nachmachen*** like machen (3)
beantworten like arbeiten (1)	**(sich) entschließen** like fließen (25)	**heruntergehen*** (*sein*) like gehen (29)	**nehmen** (38)
bedeuten like arbeiten (1)	**(sich) entschuldigen** like machen (3)	**herunterladen*** like tragen (50)	**(sich) nennen** like rennen (17)
bedienen like machen (3)	**(sich) entspannen** like sich freuen (6)	**(sich) hinlegen*** like machen (3)	**niesen** like machen (3)
(sich) beeilen like sich freuen (6)	**entwerten** like arbeiten (1)	**(sich) hinsetzen*** like machen (3)	**öffnen** like arbeiten (1)
beginnen like schwimmen (44)	**entwickeln** like sammeln (5)	**hinterlassen** like fallen (22)	**packen** like machen (3)
behaupten like arbeiten (1)	**erfinden** like trinken (52)	**hochgehen*** (*sein*) like gehen (28)	**parken** like machen (3)
bekommen like kommen (33)	**erforschen** like machen (3)	**hören** like machen (3)	**passen** like machen (3)
belegen like machen (3)	**ergänzen** like machen (3)	**husten** like arbeiten (1)	**passieren** (*sein*) like probieren (4)
benutzen like machen (3)	**erhalten** like fallen (22)	**(sich) informieren** like probieren (4)	**probieren** (4)
berichten like arbeiten (1)	**(sich) erinnern** like fordern (26)	**(sich) interessieren** like probieren (4)	**putzen** like machen (3)

(sich) rasieren like probieren (4)

rauchen like machen (3)

recyceln like sammeln (5)

reden like arbeiten (1)

regnen like arbeiten (1)

reisen (*sein*) like machen (3)

reiten (*sein*) like pfeifen (39)

rennen (*sein*) (17)

reparieren like probieren (4)

retten like arbeiten (1)

sagen like machen (3)

schauen like machen (3)

scheitern (*sein*) like fordern (26)

schenken like machen (3)

schicken like machen (3)

schlafen (43)

schmecken like machen (3)

(sich) schminken like machen (3)

schneien like machen (3)

schreiben like bleiben (20)

schützen like machen (3)

schwänzen like machen (3)

schwimmen (*sein*) (44)

sehen like geben (28)

sein (*sein*) (8)

(sich) setzen like machen (3)

singen like trinken (52)

sitzen (46)

sollen (14)

sortieren like probieren (4)

spazieren (*sein*) like probieren (4)

speichern like fordern (26)

spielen like machen (3)

sprechen (46)

springen (*sein*) like trinken (52)

spülen like machen (3)

starten (*sein*) like arbeiten (1)

staubsaugen like saugen (41)

stehen (48)

stehlen (49)

steigen (*sein*) like bleiben (20)

stellen like machen (3)

sterben (*sein*) like helfen (32)

(sich) streiten like pfeifen (39)

studieren like probieren (4)

suchen like machen (3)

surfen (*sein*) like machen (3)

tanken like machen (3)

tanzen like machen (3)

tragen (51)

träumen like machen (3)

(sich) treffen (*sein*) like sprechen (46)

treiben (*sein*) like bleiben (20)

(sich) trennen like sich freuen (6)

trinken (52)

tun (53)

üben like machen (3)

(sich) überlegen like machen (3)

übernachten like arbeiten (1)

überqueren like machen (3)

überraschen like machen (3)

umtauschen* like machen (3)

(sich) umziehen* (*sein*) like schieben (42)

untergehen* (*sein*) like gehen (28)

(sich) unterhalten* like fallen (22)

unterschreiben like bleiben (20)

(sich) verbessern like fordern (26)

verbringen like denken (16)

verdienen like machen (3)

vereinbaren like machen (3)

vergessen like essen (21)

verkaufen like machen (3)

verkünden like arbeiten (1)

(sich) verlaufen like laufen (34)

(sich) verletzen like machen (3)

(sich) verlieben like machen (3)

verlieren like schieben (42)

verschmutzen (*sein*) like machen (3)

(sich) verspäten like sich freuen (6)

(sich) verstauchen like machen (3)

verstehen like stehen (48)

(sich) vorbereiten* like arbeiten (1)

vormachen* like machen (3)

vorschlagen* like tragen (51)

(sich) vorstellen* like machen (3)

wachsen (*sein*) (54)

wandern (*sein*) like fordern (26)

warten like arbeiten (1)

(sich) waschen (54)

wegräumen* like machen (3)

wegwerfen* like helfen (32)

weinen like machen (3)

werden (*sein*) (9)

wettmachen* like machen (3)

wiederholen like machen (3)

wiegen like schieben (41)

wischen like machen (3)

wissen (55)

wohnen like machen (3)

wollen (15)

(sich) wünschen like machen (3)

zeigen like machen (3)

ziehen (*sein*) like schieben (41)

zubereiten* like arbeiten (1)

zumachen* like machen (3)

(sich) zurechtfinden* like trinken (51)

zurückkommen* (*sein*) like kommen (33)

zuschauen* like machen (3)

Regular verbs: simple tenses

1 · arbeiten (to work)

Partizip I: arbeitend · Partizip II: gearbeitet · Perfekt: gearbeitet haben

	INDIKATIV			KONJUNKTIV I	KONJUNKTIV II		IMPERATIV
	Präsens	Präteritum	Plusquamperfekt	Präsens	Präsens	Perfekt	
	arbeite	arbeitete	hatte gearbeitet	arbeite	arbeitete	hätte gearbeitet	arbeite
	arbeitest	arbeitetest	hattest gearbeitet	arbeitest	arbeitetest	hättest gearbeitet	
	arbeitet	arbeitete	hatte gearbeitet	arbeite	arbeitete	hätte gearbeitet	
	arbeiten	arbeiteten	hatten gearbeitet	arbeiten	arbeiteten	hätten gearbeitet	arbeiten wir
	arbeitet	arbeitetet	hattet gearbeitet	arbeitet	arbeitetet	hättet gearbeitet	arbeitet
	arbeiten	arbeiteten	hatten gearbeitet	arbeiten	arbeiteten	hätten gearbeitet	arbeiten Sie

2 · feiern (to celebrate)

Partizip I: feiernd · Partizip II: gefeiert · Perfekt: gefeiert haben

	INDIKATIV			KONJUNKTIV I	KONJUNKTIV II		IMPERATIV
	Präsens	Präteritum	Plusquamperfekt	Präsens	Präsens	Perfekt	
	feiere	feierte	hatte gefeiert	feiere	feierte	hätte gefeiert	feiere
	feierst	feiertest	hattest gefeiert	feierest	feiertest	hättest gefeiert	
	feiert	feierte	hatte gefeiert	feiere	feiere	hätte gefeiert	
	feiern	feierten	hatten gefeiert	feiern	feierten	hätten gefeiert	feiern wir
	feiert	feiertet	hattet gefeiert	feiert	feiertet	hättet gefeiert	feiert
	feiern	feierten	hatten gefeiert	feiern	feierten	hätten gefeiert	feiern Sie

3 · machen (to make; to do)

Partizip I: machend · Partizip II: gemacht · Perfekt: gemacht haben

	INDIKATIV			KONJUNKTIV I	KONJUNKTIV II		IMPERATIV
	Präsens	Präteritum	Plusquamperfekt	Präsens	Präsens	Perfekt	
	mache	machte	hatte gemacht	mache	machte	hätte gemacht	mache/mach
	machst	machtest	hattest gemacht	machest	machtest	hättest gemacht	
	macht	machte	hatte gemacht	mache	mache	hätte gemacht	
	machen	machten	hatten gemacht	machen	machten	hätten gemacht	machen wir
	macht	machtet	hattet gemacht	machet	machtet	hättet gemacht	macht
	machen	machten	hatten gemacht	machen	machten	hätten gemacht	machen Sie

4 · probieren (to try)

Partizip I: probierend · Partizip II: probiert · Perfekt: probiert haben

	INDIKATIV			KONJUNKTIV I	KONJUNKTIV II		IMPERATIV
	Präsens	Präteritum	Plusquamperfekt	Präsens	Präsens	Perfekt	
	probiere	probierte	hatte probiert	probiere	probierte	hätte probiert	probiere/probier
	probierst	probiertest	hattest probiert	probierest	probiertest	hättest probiert	
	probiert	probierte	hatte probiert	probiere	probiere	hätte probiert	
	probieren	probierten	hatten probiert	probieren	probierten	hätten probiert	probieren wir
	probiert	probiertet	hattet probiert	probieret	probiertet	hättet probiert	probiert
	probieren	probierten	hatten probiert	probieren	probierten	hätten probiert	probieren Sie

5 · sammeln (to collect)

Partizip I: sammelnd · Partizip II: gesammelt · Perfekt: gesammelt haben

	INDIKATIV			KONJUNKTIV I	KONJUNKTIV II		IMPERATIV
	Präsens	Präteritum	Plusquamperfekt	Präsens	Präsens	Perfekt	
	sammle	sammelte	hatte gesammelt	sammle	sammelte	hätte gesammelt	sammle
	sammelst	sammeltest	hattest gesammelt	sammlest	sammeltest	hättest gesammelt	
	sammelt	sammelte	hatte gesammelt	sammle	sammle	hätte gesammelt	
	sammeln	sammelten	hatten gesammelt	sammlen	sammelten	hätten gesammelt	sammeln wir
	sammelt	sammeltet	hattet gesammelt	sammlet	sammeltet	hättet gesammelt	sammelt
	sammeln	sammelten	hatten gesammelt	sammlen	sammelten	hätten gesammelt	sammeln Sie

Reflexive verbs

Infinitiv / Partizip I / Partizip II / Perfekt	INDIKATIV Präsens	Präteritum	Plusquamperfekt	KONJUNKTIV I Präsens	KONJUNKTIV II Präsens	Perfekt	IMPERATIV
6 sich freuen *(to be happy)*	freue mich	freute mich	hatte mich gefreut	freue mich	freute mich	hätte mich gefreut	
sich freuend	freust dich	freutest dich	hattest dich gefreut	freuest dich	freutest dich	hättest dich gefreut	freue/freu dich
sich gefreut	freut sich	freute sich	hatte sich gefreut	freue sich	freute sich	hätte sich gefreut	
sich gefreut haben	freuen uns	freuten uns	hatten uns gefreut	freuen uns	freuten uns	hätten uns gefreut	freuen wir uns
	freut euch	freutet euch	hattet euch gefreut	freuet euch	freutet euch	hättet euch gefreut	freut euch
	freuen sich	freuten sich	hatten sich gefreut	freuen sich	freuen sich	hätten sich gefreut	freuen Sie sich

Auxiliary verbs

Infinitiv / Partizip I / Partizip II / Perfekt	INDIKATIV Präsens	Präteritum	Plusquamperfekt	KONJUNKTIV I Präsens	KONJUNKTIV II Präsens	Perfekt	IMPERATIV
7 haben *(to have)*	habe	hatte	hatte gehabt	habe	hätte	hätte gehabt	
habend	hast	hattest	hattest gehabt	habest	hättest	hättest gehabt	habe/hab
gehabt	hat	hatte	hatte gehabt	habe	hätte	hätte gehabt	
gehabt haben	haben	hatten	hatten gehabt	haben	hätten	hätten gehabt	haben wir
	habt	hattet	hattet gehabt	habet	hättet	hättet gehabt	habt
	haben	hatten	hatten gehabt	haben	hätten	hätten gehabt	haben Sie
8 sein *(to be)*	bin	war	war gewesen	sei	wäre	wäre gewesen	
seiend	bist	warst	warst gewesen	seiest/seist	wärst/wärest	wärst/wärest gewesen	sei
gewesen	ist	war	war gewesen	sei	wäre	wäre gewesen	
gewesen sein	sind	waren	waren gewesen	seien	wären	wären gewesen	seien wir
	seid	wart	wart gewesen	seiet	wärt/wäret	wärt/wäret gewesen	seid
	sind	waren	waren gewesen	seien	wären	wären gewesen	seien Sie
9 werden *(to become)*	werde	wurde	war geworden	werde	würde	wäre geworden	
werdend	wirst	wurdest	warst geworden	werdest	würdest	wärst geworden	werde
geworden	wird	wurde	war geworden	werde	würde	wäre geworden	
geworden sein	werden	wurden	waren geworden	werden	würden	wären geworden	werden wir
	werdet	wurdet	wart geworden	werdet	würdet	wärt geworden	werdet
	werden	wurden	waren geworden	werden	würden	wären geworden	werden Sie

Compound tenses

Hilfsverb	INDIKATIV		KONJUNKTIV I		KONJUNKTIV II	
	Perfekt	**Plusquamperfekt**	**Präsens**	**Perfekt**	**Präsens**	**Perfekt**
haben	habe	hatte	habe		hätte	
	hast	hattest	habest	gemacht	hättest	gemacht
	hat	hatte	habe	gearbeitet	hätte	gearbeitet
	haben gemacht	hatten gemacht	haben studiert	studiert	hätten studiert	studiert
	habt gearbeitet	hattet gearbeitet	habet gefeiert	gefeiert	hättet gefeiert	gefeiert
	haben studiert	hatten studiert	haben gesammelt	gesammelt	hätten gesammelt	gesammelt
	gefeiert	gefeiert				
	gesammelt	gesammelt				
sein	bin gegangen	war gegangen	sei gegangen		wäre gegangen	
	bist gegangen	warst gegangen	seist/seiest gegangen		wärst/wärest gegangen	
	ist gegangen	war gegangen	sei gegangen		wäre gegangen	
	sind gegangen	waren gegangen	seien gegangen		wären gegangen	
	seid gegangen	wart gegangen	seiet gegangen		wärt/wäret gegangen	
	sind gegangen	waren gegangen	seien gegangen		wären gegangen	

Hilfsverb	Futur I/II	Futur I/II	Futur I/II
werden	werde machen / gemacht haben	werde machen / gemacht haben	würde machen / gemacht haben
	wirst machen / gemacht haben	werdest machen / gemacht haben	würdest machen / gemacht haben
	wird machen / gemacht haben	werde machen / gemacht haben	würde machen / gemacht haben
	werden machen / gemacht haben	werden machen / gemacht haben	würden machen / gemacht haben
	werdet machen / gemacht haben	werdet machen / gemacht haben	würdet machen / gemacht haben
	werden machen / gemacht haben	werden machen / gemacht haben	würden machen / gemacht haben

Modal verbs

10 — dürfen (to be permitted to)
Partizip I: dürfend · Partizip II: gedurft/dürfen · Perfekt: gedurft haben

	INDIKATIV Präsens	INDIKATIV Präteritum	INDIKATIV Plusquamperfekt	KONJUNKTIV I Präsens	KONJUNKTIV II Präsens	KONJUNKTIV II Perfekt
	darf	durfte	hatte gedurft	dürfe	dürfte	hätte gedurft
	darfst	durftest	hattest gedurft	dürfest	dürftest	hättest gedurft
	darf	durfte	hatte gedurft	dürfe	dürfte	hätte gedurft
	dürfen	durften	hatten gedurft	dürfen	dürften	hätten gedurft
	dürft	durftet	hattet gedurft	dürfet	dürftet	hättet gedurft
	dürfen	durften	hatten gedurft	dürfen	dürften	hätten gedurft

IMPERATIV: *Modal verbs are not used in the imperative.*

11 — können (to be able to)
Partizip I: könnend · Partizip II: gekonnt/können · Perfekt: gekonnt haben

	INDIKATIV Präsens	INDIKATIV Präteritum	INDIKATIV Plusquamperfekt	KONJUNKTIV I Präsens	KONJUNKTIV II Präsens	KONJUNKTIV II Perfekt
	kann	konnte	hatte gekonnt	könne	könnte	hätte gekonnt
	kannst	konntest	hattest gekonnt	könnest	könntest	hättest gekonnt
	kann	konnte	hatte gekonnt	könne	könnte	hätte gekonnt
	können	konnten	hatten gekonnt	können	könnten	hätten gekonnt
	könnt	konntet	hattet gekonnt	könnet	könntet	hättet gekonnt
	können	konnten	hatten gekonnt	können	könnten	hätten gekonnt

IMPERATIV: *Modal verbs are not used in the imperative.*

12 — mögen (to like)
Partizip I: mögend · Partizip II: gemocht/mögen · Perfekt: gemocht haben

	INDIKATIV Präsens	INDIKATIV Präteritum	INDIKATIV Plusquamperfekt	KONJUNKTIV I Präsens	KONJUNKTIV II Präsens	KONJUNKTIV II Perfekt
	mag	mochte	hatte gemocht	möge	möchte	hätte gemocht
	magst	mochtest	hattest gemocht	mögest	möchtest	hättest gemocht
	mag	mochte	hatte gemocht	möge	möchte	hätte gemocht
	mögen	mochten	hatten gemocht	mögen	möchten	hätten gemocht
	mögt	mochtet	hattet gemocht	möget	möchtet	hättet gemocht
	mögen	mochten	hatten gemocht	mögen	möchten	hätten gemocht

IMPERATIV: *Modal verbs are not used in the imperative.*

13 — müssen (to have to)
Partizip I: müssend · Partizip II: gemusst/müssen · Perfekt: gemusst haben

	INDIKATIV Präsens	INDIKATIV Präteritum	INDIKATIV Plusquamperfekt	KONJUNKTIV I Präsens	KONJUNKTIV II Präsens	KONJUNKTIV II Perfekt
	muss	musste	hatte gemusst	müsse	müsste	hätte gemusst
	musst	musstest	hattest gemusst	müssest	müsstest	hättest gemusst
	muss	musste	hatte gemusst	müsse	müsste	hätte gemusst
	müssen	mussten	hatten gemusst	müssen	müssten	hätten gemusst
	müsst	musstet	hattet gemusst	müsset	müsstet	hättet gemusst
	müssen	mussten	hatten gemusst	müssen	müssten	hätten gemusst

IMPERATIV: *Modal verbs are not used in the imperative.*

14 — sollen (to be supposed to)
Partizip I: sollend · Partizip II: gesollt/sollen · Perfekt: gesollt haben

	INDIKATIV Präsens	INDIKATIV Präteritum	INDIKATIV Plusquamperfekt	KONJUNKTIV I Präsens	KONJUNKTIV II Präsens	KONJUNKTIV II Perfekt
	soll	sollte	hatte gesollt	solle	sollte	hätte gesollt
	sollst	solltest	hattest gesollt	sollest	solltest	hättest gesollt
	soll	sollte	hatte gesollt	solle	sollte	hätte gesollt
	sollen	sollten	hatten gesollt	sollen	sollten	hätten gesollt
	sollt	solltet	hattet gesollt	sollet	solltet	hättet gesollt
	sollen	sollten	hatten gesollt	sollen	sollten	hätten gesollt

IMPERATIV: *Modal verbs are not used in the imperative.*

15 — wollen (to want to)
Partizip I: wollend · Partizip II: gewollt/wollen · Perfekt: gewollt haben

	INDIKATIV Präsens	INDIKATIV Präteritum	INDIKATIV Plusquamperfekt	KONJUNKTIV I Präsens	KONJUNKTIV II Präsens	KONJUNKTIV II Perfekt
	will	wollte	hatte gewollt	wolle	wollte	hätte gewollt
	willst	wolltest	hattest gewollt	wollest	wolltest	hättest gewollt
	will	wollte	hatte gewollt	wolle	wollte	hätte gewollt
	wollen	wollten	hatten gewollt	wollen	wollten	hätten gewollt
	wollt	wolltet	hattet gewollt	wollet	wolltet	hättet gewollt
	wollen	wollten	hatten gewollt	wollen	wollten	hätten gewollt

IMPERATIV: *Modal verbs are not used in the imperative.*

Mixed verbs

Infinitiv / Partizip I / Partizip II / Perfekt	INDIKATIV Präsens	Präteritum	Plusquamperfekt	KONJUNKTIV I Präsens	KONJUNKTIV II Präsens	Perfekt	IMPERATIV
16 denken (to think) / denkend / gedacht / gedacht haben	denke	dachte	hatte gedacht	denke	dächte	hätte gedacht	denke/denk
	denkst	dachtest	hattest gedacht	denkest	dächtest	hättest gedacht	
	denkt	dachte	hatte gedacht	denke	dächte	hätte gedacht	denken wir
	denken	dachten	hatten gedacht	denken	dächten	hätten gedacht	denkt
	denkt	dachtet	hattet gedacht	denket	dächtet	hättet gedacht	denken Sie
	denken	dachten	hatten gedacht	denken	dächten	hätten gedacht	
17 rennen (to run) / rennend / gerannt / gerannt sein	renne	rannte	war gerannt	renne	rennte	wäre gerannt	renne/renn
	rennst	ranntest	warst gerannt	rennest	renntest	wärest gerannt	
	rennt	rannte	war gerannt	renne	rennte	wäre gerannt	rennen wir
	rennen	rannten	waren gerannt	rennen	rennten	wären gerannt	rennt
	rennt	ranntet	wart gerannt	rennet	renntet	wärt gerannt	rennen Sie
	rennen	rannten	waren gerannt	rennen	rennten	wären gerannt	
18 senden (to send) / sendend / gesendet / gesendet haben	sende	sandte	hatte gesandt	sende	sendete	hätte gesandt	sende
	sendest	sandtest	hattest gesandt	sendest	sendetest	hättest gesandt	
	sendet	sandte	hatte gesandt	sende	sendete	hätte gesandt	senden wir
	senden	sandten	hatten gesandt	senden	sendeten	hätten gesandt	sendet
	sendet	sandtet	hattet gesandt	sendet	sendetet	hättet gesandt	senden Sie
	senden	sandten	hatten gesandt	senden	sendeten	hätten gesandt	

Irregular verbs

Infinitiv / Partizip I / Partizip II / Perfekt	INDIKATIV Präsens	Präteritum	Plusquamperfekt	KONJUNKTIV I Präsens	KONJUNKTIV II Präsens	Perfekt	IMPERATIV
19 bitten (to ask) / bittend / gebeten / gebeten haben	bitte	bat	hatte gebeten	bitte	bäte	hätte gebeten	bitte
	bittest	batest	hattest gebeten	bittest	bätest	hättest gebeten	
	bittet	bat	hatte gebeten	bitte	bäte	hätte gebeten	bitten wir
	bitten	baten	hatten gebeten	bitten	bäten	hätten gebeten	bittet
	bittet	batet	hattet gebeten	bittet	bätet	hättet gebeten	bitten Sie
	bitten	baten	hatten gebeten	bitten	bäten	hätten gebeten	
20 bleiben (to stay) / bleibend / geblieben / geblieben sein	bleibe	bliebe	war geblieben	bleibe	bliebe	wäre geblieben	bleibe/bleib
	bleibst	bliebst	warst geblieben	bleibest	bliebest	wärest geblieben	
	bleibt	blieb	war geblieben	bleibe	bliebe	wäre geblieben	bleiben wir
	bleiben	blieben	waren geblieben	bleiben	blieben	wären geblieben	bleibt
	bleibt	bliebt	wart geblieben	bleibet	bliebet	wärt geblieben	bleiben Sie
	bleiben	blieben	waren geblieben	bleiben	blieben	wären geblieben	

	INDIKATIV			KONJUNKTIV I	KONJUNKTIV II		IMPERATIV
Infinitiv / Partizip I / Partizip II / Perfekt	Präsens	Präteritum	Plusquamperfekt	Präsens	Präsens	Perfekt	

21 essen (to eat) — essend — gegessen — gegessen haben

	INDIKATIV Präsens	Präteritum	Plusquamperfekt	KONJ I Präsens	KONJ II Präsens	KONJ II Perfekt	IMPERATIV
	esse	aß	hatte gegessen	esse	äße	hätte gegessen	
	isst	aßest	hattest gegessen	essest	äßest	hättest gegessen	iss
	isst	aß	hatte gegessen	esse	äße	hätte gegessen	
	essen	aßen	hatten gegessen	essen	äßen	hätten gegessen	essen wir
	esst	aßt	hattet gegessen	esset	äßet	hättet gegessen	esst
	essen	aßen	hatten gegessen	essen	äßen	hätten gegessen	essen Sie

22 fallen (to fall) — fallend — gefallen — gefallen sein

	INDIKATIV Präsens	Präteritum	Plusquamperfekt	KONJ I Präsens	KONJ II Präsens	KONJ II Perfekt	IMPERATIV
	falle	fiel	war gefallen	falle	fiele	wäre gefallen	
	fällst	fielst	warst gefallen	fallest	fielest	wärest gefallen	falle/fall
	fällt	fiel	war gefallen	falle	fiele	wäre gefallen	
	fallen	fielen	waren gefallen	fallen	fielen	wären gefallen	fallen wir
	fallt	fielt	wart gefallen	fallet	fielet	wäret gefallen	fallt
	fallen	fielen	waren gefallen	fallen	fielen	wären gefallen	fallen Sie

23 fangen (to catch) — fangend — gefangen — gefangen haben

	INDIKATIV Präsens	Präteritum	Plusquamperfekt	KONJ I Präsens	KONJ II Präsens	KONJ II Perfekt	IMPERATIV
	fange	fing	hatte gefangen	fange	finge	hätte gefangen	
	fängst	fingst	hattest gefangen	fangest	fingest	hättest gefangen	fange/fang
	fängt	fing	hatte gefangen	fange	finge	hätte gefangen	
	fangen	fingen	hatten gefangen	fangen	fingen	hätten gefangen	fangen wir
	fangt	fingt	hattet gefangen	fanget	finget	hättet gefangen	fangt
	fangen	fingen	hatten gefangen	fangen	fingen	hätten gefangen	fangen Sie

24 flechten (to braid) — flechtend — geflochten — geflochten haben

	INDIKATIV Präsens	Präteritum	Plusquamperfekt	KONJ I Präsens	KONJ II Präsens	KONJ II Perfekt	IMPERATIV
	flechte	flocht	hatte geflochten	flechte	flöchte	hätte geflochten	
	flichtst	flochtest	hattest geflochten	flechtest	flöchtest	hättest geflochten	
	flicht	flocht	hatte geflochten	flechte	flöchte	hätte geflochten	flicht
	flechten	flochten	hatten geflochten	flechten	flöchten	hätten geflochten	flechten wir
	flechtet	flochtet	hattet geflochten	flechtet	flöchtet	hättet geflochten	flechtet
	flechten	flochten	hatten geflochten	flechten	flöchten	hätten geflochten	flechten Sie

25 fließen (to flow) — fließend — geflossen — geflossen sein

	INDIKATIV Präsens	Präteritum	Plusquamperfekt	KONJ I Präsens	KONJ II Präsens	KONJ II Perfekt	IMPERATIV
	fließe	floss	war geflossen	fließe	flösse	wäre geflossen	
	fließt	flossest/flosst	warst geflossen	fließest	flössest	wärest geflossen	fließe/fließ
	fließt	floss	war geflossen	fließe	flösse	wäre geflossen	
	fließen	flossen	waren geflossen	fließen	flössen	wären geflossen	fließen wir
	fließt	flosst	wart geflossen	fließet	flösset	wärt geflossen	fließt
	fließen	flossen	waren geflossen	fließen	flössen	wären geflossen	fließen Sie

26 fordern (to demand) — fordernd — gefordert — gefordert haben

	INDIKATIV Präsens	Präteritum	Plusquamperfekt	KONJ I Präsens	KONJ II Präsens	KONJ II Perfekt	IMPERATIV
	ford(e)re	forderte	hatte gefordert	fordere	forderte	hätte gefordert	
	forderst	fordertest	hattest gefordert	forderest	fordertest	hättest gefordert	fordere/fordre
	fordert	forderte	hatte gefordert	fordere	forderte	hätte gefordert	
	fordern	forderten	hatten gefordert	forderen	forderten	hätten gefordert	fordern wir
	fordert	fordertet	hattet gefordert	forderet	fordertet	hättet gefordert	fordert
	fordern	forderten	hatten gefordert	forderen	forderten	hätten gefordert	fordern Sie

27 fragen (to ask) — fragend — gefragt — gefragt haben

	INDIKATIV Präsens	Präteritum	Plusquamperfekt	KONJ I Präsens	KONJ II Präsens	KONJ II Perfekt	IMPERATIV
	frage	fragte	hatte gefragt	frage	fragte	hätte gefragt	
	fragst	fragtest	hattest gefragt	fragest	fragtest	hättest gefragt	frage/frag
	fragt	fragte	hatte gefragt	frage	fragte	hätte gefragt	
	fragen	fragten	hatten gefragt	fragen	fragten	hätten gefragt	fragen wir
	fragt	fragtet	hattet gefragt	fraget	fragtet	hättet gefragt	fragt
	fragen	fragten	hatten gefragt	fragen	fragten	hätten gefragt	fragen Sie

Infinitiv	INDIKATIV			KONJUNKTIV I	KONJUNKTIV II		IMPERATIV
Partizip I / Partizip II / Perfekt	Präsens	Präteritum	Plusquamperfekt	Präsens	Präsens	Perfekt	

28 geben *(to give)* — gebend / gegeben / gegeben haben

	Präsens	Präteritum	Plusquamperfekt	Konj. I Präsens	Konj. II Präsens	Konj. II Perfekt	Imperativ
	gebe	gab	hatte gegeben	gebe	gäbe	hätte gegeben	
	gibst	gabst	hattest gegeben	gebest	gäbest	hättest gegeben	gib
	gibt	gab	hatte gegeben	gebe	gäbe	hätte gegeben	
	geben	gaben	hatten gegeben	geben	gäben	hätten gegeben	geben wir
	gebt	gabt	hattet gegeben	gebet	gäbet	hättet gegeben	gebt
	geben	gaben	hatten gegeben	geben	gäben	hätten gegeben	geben Sie

29 gehen *(to go)* — gehend / gegangen / gegangen sein

	Präsens	Präteritum	Plusquamperfekt	Konj. I Präsens	Konj. II Präsens	Konj. II Perfekt	Imperativ
	gehe	ging	war gegangen	gehe	ginge	wäre gegangen	
	gehst	gingst	warst gegangen	gehest	gingest	wärest gegangen	gehe/geh
	geht	ging	war gegangen	gehe	ginge	wäre gegangen	
	gehen	gingen	waren gegangen	gehen	gingen	wären gegangen	gehen wir
	geht	gingt	wart gegangen	gehet	ginget	wäret gegangen	geht
	gehen	gingen	waren gegangen	gehen	gingen	wären gegangen	gehen Sie

30 heben *(to lift)* — hebend / gehoben / gehoben haben

	Präsens	Präteritum	Plusquamperfekt	Konj. I Präsens	Konj. II Präsens	Konj. II Perfekt	Imperativ
	hebe	hob	hatte gehoben	hebe	höbe	hätte gehoben	
	hebst	hobst	hattest gehoben	hebest	höbest/höbst	hättest gehoben	hebe/heb
	hebt	hob	hatte gehoben	hebe	höbe	hätte gehoben	
	heben	hoben	hatten gehoben	heben	höben	hätten gehoben	heben wir
	hebt	hobt	hattet gehoben	hebet	höbet/höbt	hättet gehoben	hebt
	heben	hoben	hatten gehoben	heben	höben	hätten gehoben	heben Sie

31 heißen *(to be called)* — heißend / geheißen / geheißen haben

	Präsens	Präteritum	Plusquamperfekt	Konj. I Präsens	Konj. II Präsens	Konj. II Perfekt	Imperativ
	heiße	hieß	hatte geheißen	heiße	hieße	hätte geheißen	
	heißt	hießest	hattest geheißen	heißest	hießest	hättest geheißen	heiß/heiße
	heißt	hieß	hatte geheißen	heiße	hieße	hätte geheißen	
	heißen	hießen	hatten geheißen	heißen	hießen	hätten geheißen	heißen wir
	heißt	hießt	hattet geheißen	heißet	hießet	hättet geheißen	heißt
	heißen	hießen	hatten geheißen	heißen	hießen	hätten geheißen	heißen Sie

32 helfen *(to help)* — helfend / geholfen / geholfen haben

	Präsens	Präteritum	Plusquamperfekt	Konj. I Präsens	Konj. II Präsens	Konj. II Perfekt	Imperativ
	helfe	half	hatte geholfen	helfe	hälfe	hätte geholfen	
	hilfst	halfst	hattest geholfen	helfest	hälfest/hälfst	hättest geholfen	hilf
	hilft	half	hatte geholfen	helfe	hälfe	hätte geholfen	
	helfen	halfen	hatten geholfen	helfen	hälfen	hätten geholfen	helfen wir
	helft	halft	hattet geholfen	helfet	hälfet/hälft	hättet geholfen	helft
	helfen	halfen	hatten geholfen	helfen	hälfen	hätten geholfen	helfen Sie

33 kommen *(to come)* — kommend / gekommen / gekommen sein

	Präsens	Präteritum	Plusquamperfekt	Konj. I Präsens	Konj. II Präsens	Konj. II Perfekt	Imperativ
	komme	kam	war gekommen	komme	käme	wäre gekommen	
	kommst	kamst	warst gekommen	kommest	kämest	wärest gekommen	komme/komm
	kommt	kam	war gekommen	komme	käme	wäre gekommen	
	kommen	kamen	waren gekommen	kommen	kämen	wären gekommen	kommen wir
	kommt	kamt	wart gekommen	kommet	kämet	wäret gekommen	kommt
	kommen	kamen	waren gekommen	kommen	kämen	wären gekommen	kommen Sie

34 laufen *(to run)* — laufend / gelaufen / gelaufen sein

	Präsens	Präteritum	Plusquamperfekt	Konj. I Präsens	Konj. II Präsens	Konj. II Perfekt	Imperativ
	laufe	lief	war gelaufen	laufe	liefe	wäre gelaufen	
	läufst	liefst	warst gelaufen	laufest	liefest	wärest gelaufen	laufe/lauf
	läuft	lief	war gelaufen	laufe	liefe	wäre gelaufen	
	laufen	liefen	waren gelaufen	laufen	liefen	wären gelaufen	laufen wir
	lauft	lieft	wart gelaufen	laufet	liefet	wäret gelaufen	lauft
	laufen	liefen	waren gelaufen	laufen	liefen	wären gelaufen	laufen Sie

35 liegen (to lie; to be lying)

Partizip I: liegend · Partizip II: gelegen · Perfekt: gelegen haben

	INDIKATIV Präsens	Präteritum	Plusquamperfekt	KONJUNKTIV I Präsens	KONJUNKTIV II Präsens	KONJUNKTIV II Perfekt	IMPERATIV
ich	liege	lag	hatte gelegen	liege	läge	hätte gelegen	
du	liegst	lagst	hattest gelegen	liegest	lägest	hättest gelegen	liege/lieg
er/sie/es	liegt	lag	hatte gelegen	liege	läge	hätte gelegen	
wir	liegen	lagen	hatten gelegen	liegen	lägen	hätten gelegen	liegen wir
ihr	liegt	lagt	hattet gelegen	lieget	läget	hättet gelegen	liegt
sie/Sie	liegen	lagen	hatten gelegen	liegen	lägen	hätten gelegen	liegen Sie

36 lügen (to lie)

Partizip I: lügend · Partizip II: gelogen · Perfekt: gelogen haben

	INDIKATIV Präsens	Präteritum	Plusquamperfekt	KONJUNKTIV I Präsens	KONJUNKTIV II Präsens	KONJUNKTIV II Perfekt	IMPERATIV
ich	lüge	log	hatte gelogen	lüge	löge	hätte gelogen	
du	lügst	logst	hattest gelogen	lügest	lögest	hättest gelogen	lüge/lüg
er/sie/es	lügt	log	hatte gelogen	lüge	löge	hätte gelogen	
wir	lügen	logen	hatten gelogen	lügen	lögen	hätten gelogen	lügen wir
ihr	lügt	logt	hattet gelogen	lüget	löget	hättet gelogen	lügt
sie/Sie	lügen	logen	hatten gelogen	lügen	lögen	hätten gelogen	lügen Sie

37 mahlen (to grind)

Partizip I: mahlend · Partizip II: gemahlt/gemahlen · Perfekt: gemahlt/gemahlen haben

	INDIKATIV Präsens	Präteritum	Plusquamperfekt	KONJUNKTIV I Präsens	KONJUNKTIV II Präsens	KONJUNKTIV II Perfekt	IMPERATIV
ich	mahle	mahlte	hatte gemahlt/gemahlen	mahle	mahlte	hätte gemahlt/gemahlen	
du	mahlst	mahltest	hattest gemahlt/gemahlen	mahlest	mahltest	hättest gemahlt/gemahlen	mahle/mahl
er/sie/es	mahlt	mahlte	hatte gemahlt/gemahlen	mahle	mahlte	hätte gemahlt/gemahlen	
wir	mahlen	mahlten	hatten gemahlt/gemahlen	mahlen	mahlten	hätten gemahlt/gemahlen	mahlen wir
ihr	mahlt	mahltet	hattet gemahlt/gemahlen	mahlet	mahltet	hättet gemahlt/gemahlen	mahlt
sie/Sie	mahlen	mahlten	hatten gemahlt/gemahlen	mahlen	mahlten	hätten gemahlt/gemahlen	mahlen Sie

38 nehmen (to take)

Partizip I: nehmend · Partizip II: genommen · Perfekt: genommen haben

	INDIKATIV Präsens	Präteritum	Plusquamperfekt	KONJUNKTIV I Präsens	KONJUNKTIV II Präsens	KONJUNKTIV II Perfekt	IMPERATIV
ich	nehme	nahm	hatte genommen	nehme	nähme	hätte genommen	
du	nimmst	nahmst	hattest genommen	nehmest	nähmest	hättest genommen	nimm
er/sie/es	nimmt	nahm	hatte genommen	nehme	nähme	hätte genommen	
wir	nehmen	nahmen	hatten genommen	nehmen	nähmen	hätten genommen	nehmen wir
ihr	nehmt	nahmt	hattet genommen	nehmet	nähmet	hättet genommen	nehmt
sie/Sie	nehmen	nahmen	hatten genommen	nehmen	nähmen	hätten genommen	nehmen Sie

39 pfeifen (to whistle)

Partizip I: pfeifend · Partizip II: gepfiffen · Perfekt: gepfiffen haben

	INDIKATIV Präsens	Präteritum	Plusquamperfekt	KONJUNKTIV I Präsens	KONJUNKTIV II Präsens	KONJUNKTIV II Perfekt	IMPERATIV
ich	pfeife	pfiff	hatte gepfiffen	pfeife	pfiffe	hätte gepfiffen	
du	pfeifst	pfiffst	hattest gepfiffen	pfeifest	pfiffest	hättest gepfiffen	pfeife/pfeif
er/sie/es	pfeift	pfiff	hatte gepfiffen	pfeife	pfiffe	hätte gepfiffen	
wir	pfeifen	pfiffen	hatten gepfiffen	pfeifen	pfiffen	hätten gepfiffen	pfeifen wir
ihr	pfeift	pfifft	hattet gepfiffen	pfeifet	pfiffet	hättet gepfiffen	pfeift
sie/Sie	pfeifen	pfiffen	hatten gepfiffen	pfeifen	pfiffen	hätten gepfiffen	pfeifen Sie

40 rufen (to call)

Partizip I: rufend · Partizip II: gerufen · Perfekt: gerufen haben

	INDIKATIV Präsens	Präteritum	Plusquamperfekt	KONJUNKTIV I Präsens	KONJUNKTIV II Präsens	KONJUNKTIV II Perfekt	IMPERATIV
ich	rufe	rief	hatte gerufen	rufe	riefe	hätte gerufen	
du	rufst	riefst	hattest gerufen	rufest	riefest	hättest gerufen	rufe/ruf
er/sie/es	ruft	rief	hatte gerufen	rufe	riefe	hätte gerufen	
wir	rufen	riefen	hatten gerufen	rufen	riefen	hätten gerufen	rufen wir
ihr	ruft	rieft	hattet gerufen	rufet	riefet	hättet gerufen	ruft
sie/Sie	rufen	riefen	hatten gerufen	rufen	riefen	hätten gerufen	rufen Sie

41 saugen (to suck)

Partizip I: saugend · Partizip II: gesaugt/gesogen · Perfekt: gesaugt/gesogen haben

	INDIKATIV Präsens	Präteritum	Plusquamperfekt	KONJUNKTIV I Präsens	KONJUNKTIV II Präsens	KONJUNKTIV II Perfekt	IMPERATIV
ich	sauge	saugte/sog	hatte gesaugt/gesogen	sauge	saugte/söge	hätte gesaugt/gesogen	
du	saugst	saugtest/sogst	hattest gesaugt/gesogen	saugest	saugtest/sögest	hättest gesaugt/gesogen	sauge/saug
er/sie/es	saugt	saugte/sog	hatte gesaugt/gesogen	sauge	saugte/söge	hätte gesaugt/gesogen	
wir	saugen	saugten/sogen	hatten gesaugt/gesogen	saugen	saugten/sögen	hätten gesaugt/gesogen	saugen wir
ihr	saugt	saugtet/sogt	hattet gesaugt/gesogen	sauget	saugtet/söget	hättet gesaugt/gesogen	saugt
sie/Sie	saugen	saugten/sogen	hatten gesaugt/gesogen	saugen	saugten/sögen	hätten gesaugt/gesogen	saugen Sie

42 schieben (to push)
Partizip I: schiebend · Partizip II: geschoben · Perfekt: geschoben haben

	INDIKATIV Präsens	Präteritum	Plusquamperfekt	KONJUNKTIV I Präsens	KONJUNKTIV II Präsens	KONJUNKTIV II Perfekt	IMPERATIV
	schiebe	schob	hatte geschoben	schiebe	schöbe	hätte geschoben	schiebe/schieb
	schiebst	schobst	hattest geschoben	schiebest	schöbest	hättest geschoben	
	schiebt	schob	hatte geschoben	schiebe	schöbe	hätte geschoben	
	schieben	schoben	hatten geschoben	schieben	schöben	hätten geschoben	schieben wir
	schiebt	schobt	hattet geschoben	schiebet	schöbet	hättet geschoben	schiebt
	schieben	schoben	hatten geschoben	schieben	schöben	hätten geschoben	schieben Sie

43 schlafen (to sleep)
Partizip I: schlafend · Partizip II: geschlafen · Perfekt: geschlafen haben

	INDIKATIV Präsens	Präteritum	Plusquamperfekt	KONJUNKTIV I Präsens	KONJUNKTIV II Präsens	KONJUNKTIV II Perfekt	IMPERATIV
	schlafe	schlief	hatte geschlafen	schlafe	schliefe	hätte geschlafen	schlafe/schlaf
	schläfst	schliefst	hattest geschlafen	schlafest	schliefest	hättest geschlafen	
	schläft	schlief	hatte geschlafen	schlafe	schliefe	hätte geschlafen	
	schlafen	schliefen	hatten geschlafen	schlafen	schliefen	hätten geschlafen	schlafen wir
	schlaft	schlieft	hattet geschlafen	schlafet	schliefet	hättet geschlafen	schlaft
	schlafen	schliefen	hatten geschlafen	schlafen	schliefen	hätten geschlafen	schlafen Sie

44 schwimmen (to swim)
Partizip I: schwimmend · Partizip II: geschwommen · Perfekt: geschwommen sein

	INDIKATIV Präsens	Präteritum	Plusquamperfekt	KONJUNKTIV I Präsens	KONJUNKTIV II Präsens	KONJUNKTIV II Perfekt	IMPERATIV
	schwimme	schwamm	war geschwommen	schwimme	schwömme	wäre geschwommen	schwimme/schwimm
	schwimmst	schwammst	warst geschwommen	schwimmest	schwömmest	wärst geschwommen	
	schwimmt	schwamm	war geschwommen	schwimme	schwömme	wäre geschwommen	
	schwimmen	schwammen	waren geschwommen	schwimmen	schwömmen	wären geschwommen	schwimmen wir
	schwimmt	schwammt	wart geschwommen	schwimmet	schwömmet	wäret geschwommen	schwimmt
	schwimmen	schwammen	waren geschwommen	schwimmen	schwömmen	wären geschwommen	schwimmen Sie

45 schwören (to swear)
Partizip I: schwörend · Partizip II: geschworen · Perfekt: geschworen haben

	INDIKATIV Präsens	Präteritum	Plusquamperfekt	KONJUNKTIV I Präsens	KONJUNKTIV II Präsens	KONJUNKTIV II Perfekt	IMPERATIV
	schwöre	schwor	hatte geschworen	schwöre	schwüre	hätte geschworen	schwöre/schwör
	schwörst	schworst	hattest geschworen	schwörest	schwürest/schwürst	hättest geschworen	
	schwört	schwor	hatte geschworen	schwöre	schwüre	hätte geschworen	
	schwören	schworen	hatten geschworen	schwören	schwüren	hätten geschworen	schwören wir
	schwört	schwort	hattet geschworen	schwöret	schwüret	hättet geschworen	schwört
	schwören	schworen	hatten geschworen	schwören	schwüren	hätten geschworen	schwören Sie

46 sitzen (to sit)
Partizip I: sitzend · Partizip II: gesessen · Perfekt: gesessen haben

	INDIKATIV Präsens	Präteritum	Plusquamperfekt	KONJUNKTIV I Präsens	KONJUNKTIV II Präsens	KONJUNKTIV II Perfekt	IMPERATIV
	sitze	saß	hatte gesessen	sitze	säße	hätte gesessen	sitze/sitz
	sitzt	saßest	hattest gesessen	sitzest	säßest	hättest gesessen	
	sitzt	saß	hatte gesessen	sitze	säße	hätte gesessen	
	sitzen	saßen	hatten gesessen	sitzen	säßen	hätten gesessen	sitzen wir
	sitzt	saßet	hattet gesessen	sitzet	säßet	hättet gesessen	sitzt
	sitzen	saßen	hatten gesessen	sitzen	säßen	hätten gesessen	sitzen Sie

47 sprechen (to speak)
Partizip I: sprechend · Partizip II: gesprochen · Perfekt: gesprochen haben

	INDIKATIV Präsens	Präteritum	Plusquamperfekt	KONJUNKTIV I Präsens	KONJUNKTIV II Präsens	KONJUNKTIV II Perfekt	IMPERATIV
	spreche	sprach	hatte gesprochen	spreche	spräche	hätte gesprochen	sprich
	sprichst	sprachst	hattest gesprochen	sprechest	sprächest	hättest gesprochen	
	spricht	sprach	hatte gesprochen	spreche	spräche	hätte gesprochen	
	sprechen	sprachen	hatten gesprochen	sprechen	sprächen	hätten gesprochen	sprechen wir
	sprecht	spracht	hattet gesprochen	sprechet	sprächet	hättet gesprochen	sprecht
	sprechen	sprachen	hatten gesprochen	sprechen	sprächen	hätten gesprochen	sprechen Sie

48 stehen (to stand)
Partizip I: stehend · Partizip II: gestanden · Perfekt: gestanden haben

	INDIKATIV Präsens	Präteritum	Plusquamperfekt	KONJUNKTIV I Präsens	KONJUNKTIV II Präsens	KONJUNKTIV II Perfekt	IMPERATIV
	stehe	stand	hatte gestanden	stehe	stünde/stände	hätte gestanden	stehe/steh
	stehst	standest/standst	hattest gestanden	stehest	stündest/ständest	hättest gestanden	
	steht	stand	hatte gestanden	stehe	stünde/stände	hätte gestanden	
	stehen	standen	hatten gestanden	stehen	stünden/ständen	hätten gestanden	stehen wir
	steht	standet	hattet gestanden	stehet	stündet/ständet	hättet gestanden	steht
	stehen	standen	hatten gestanden	stehen	stünden/ständen	hätten gestanden	stehen Sie

	Infinitiv	INDIKATIV			KONJUNKTIV I	KONJUNKTIV II		IMPERATIV
	Partizip I / Partizip II / Perfekt	Präsens	Präteritum	Plusquamperfekt	Präsens	Präsens	Perfekt	

49 stehlen (to steal) — stehlend / gestohlen / gestohlen haben

Präsens	Präteritum	Plusquamperfekt	Konj. I Präsens	Konj. II Präsens	Konj. II Perfekt	Imperativ
stehle	stahl	hatte gestohlen	stehle	stähle/stöhle	hätte gestohlen	
stiehlst	stahlst	hattest gestohlen	stehlest	stählest/stöhlest	hättest gestohlen	stiehl
stiehlt	stahl	hatte gestohlen	stehle	stähle/stöhle	hätte gestohlen	
stehlen	stahlen	hatten gestohlen	stehlen	stählen/stöhlen	hätten gestohlen	stehlen wir
stehlt	stahlt	hattet gestohlen	stehlet	stählet/stöhlet	hättet gestohlen	stehlt
stehlen	stahlen	hatten gestohlen	stehlen	stählen/stöhlen	hätten gestohlen	stehlen Sie

50 stoßen (to bump) — stoßend / gestoßen / gestoßen haben

Präsens	Präteritum	Plusquamperfekt	Konj. I Präsens	Konj. II Präsens	Konj. II Perfekt	Imperativ
stoße	stieß	hatte gestoßen	stoße	stieße	hätte gestoßen	stoße/stoß
stößt	stießest/stießt	hattest gestoßen	stoßest	stießest	hättest gestoßen	
stößt	stieß	hatte gestoßen	stoße	stieße	hätte gestoßen	stoßen wir
stoßen	stießen	hatten gestoßen	stoßen	stießen	hätten gestoßen	stoßt
stoßt	stießt	hattet gestoßen	stoßet	stießet	hättet gestoßen	stoßen Sie
stoßen	stießen	hatten gestoßen	stoßen	stießen	hätten gestoßen	

51 tragen (to carry) — tragend / getragen / getragen haben

Präsens	Präteritum	Plusquamperfekt	Konj. I Präsens	Konj. II Präsens	Konj. II Perfekt	Imperativ
trage	trug	hatte getragen	trage	trüge	hätte getragen	trage/trag
trägst	trugst	hattest getragen	tragest	trügest	hättest getragen	
trägt	trug	hatte getragen	trage	trüge	hätte getragen	tragen wir
tragen	trugen	hatten getragen	tragen	trügen	hätten getragen	tragt
tragt	trugt	hattet getragen	traget	trüget	hättet getragen	tragen Sie
tragen	trugen	hatten getragen	tragen	trügen	hätten getragen	

52 trinken (to drink) — trinkend / getrunken / getrunken haben

Präsens	Präteritum	Plusquamperfekt	Konj. I Präsens	Konj. II Präsens	Konj. II Perfekt	Imperativ
trinke	trank	hatte getrunken	trinke	tränke	hätte getrunken	trinke/trink
trinkst	trankst	hattest getrunken	trinkest	tränkest	hättest getrunken	
trinkt	trank	hatte getrunken	trinke	tränke	hätte getrunken	trinken wir
trinken	tranken	hatten getrunken	trinken	tränken	hätten getrunken	trinkt
trinkt	trankt	hattet getrunken	trinket	tränket	hättet getrunken	trinken Sie
trinken	tranken	hatten getrunken	trinken	tränken	hätten getrunken	

53 tun (to do) — tuend / getan / getan haben

Präsens	Präteritum	Plusquamperfekt	Konj. I Präsens	Konj. II Präsens	Konj. II Perfekt	Imperativ
tue	tat	hatte getan	tue	täte	hätte getan	tue/tu
tust	tatest	hattest getan	tuest	tätest	hättest getan	
tut	tat	hatte getan	tue	täte	hätte getan	tun wir
tun	taten	hatten getan	tuen	täten	hätten getan	tut
tut	tatet	hattet getan	tuet	tätet	hättet getan	tun Sie
tun	taten	hatten getan	tuen	täten	hätten getan	

54 waschen (to wash) — waschend / gewaschen / gewaschen haben

Präsens	Präteritum	Plusquamperfekt	Konj. I Präsens	Konj. II Präsens	Konj. II Perfekt	Imperativ
wasche	wusch	hatte gewaschen	wasche	wüsche	hätte gewaschen	wasche/wasch
wäschst	wuschest/wuschst	hattest gewaschen	waschest	wüschest/wüschst	hättest gewaschen	
wäscht	wusch	hatte gewaschen	wasche	wüsche	hätte gewaschen	waschen wir
waschen	wuschen	hatten gewaschen	waschen	wüschen	hätten gewaschen	wascht
wascht	wuscht	hattet gewaschen	waschet	wüschet/wüscht	hättet gewaschen	waschen Sie
waschen	wuschen	hatten gewaschen	waschen	wüschen	hätten gewaschen	

55 wissen (to know) — wissend / gewusst / gewusst haben

Präsens	Präteritum	Plusquamperfekt	Konj. I Präsens	Konj. II Präsens	Konj. II Perfekt	Imperativ
weiß	wusste	hatte gewusst	wisse	wüsste	hätte gewusst	wisse
weißt	wusstest	hattest gewusst	wissest	wüsstest	hättest gewusst	
weiß	wusste	hatte gewusst	wisse	wüsste	hätte gewusst	wissen wir
wissen	wussten	hatten gewusst	wissen	wüssten	hätten gewusst	wisst
wisst	wusstet	hattet gewusst	wisset	wüsstet	hättet gewusst	wissen Sie
wissen	wussten	hatten gewusst	wissen	wüssten	hätten gewusst	

Irregular verbs

The following is a list of the principal parts of all strong and mixed verbs that are introduced as active vocabulary in **Mosaik**, as well as other sample verbs. For the complete conjugations of these verbs, consult the verb list on pages **A14–A15** and the verb charts on pages **A16–A25**. The verbs listed here are base forms. See **Strukturen 2B.2** and **3A.1** to review **Perfekt** and **Präteritum** forms of separable and inseparable prefix verbs.

Infinitiv		Präteritum	Partizip II
backen (bäckt)	*to bake*	backte	gebacken
beginnen	*to begin*	begann	begonnen
bieten	*to bid, to offer*	bot	geboten
binden	*to tie, to bind*	band	gebunden
bitten	*to request*	bat	gebeten
bleiben	*to stay*	blieb	(ist) geblieben
braten (brät)	*to fry, to roast*	briet	gebraten
brechen (bricht)	*to break*	brach	gebrochen
brennen	*to burn*	brannte	gebrannt
bringen	*to bring*	brachte	gebracht
denken	*to think*	dachte	gedacht
dürfen (darf)	*to be allowed to*	durfte	gedurft
empfehlen (empfiehlt)	*to recommend*	empfahl	empfohlen
essen (isst)	*to eat*	aß	gegessen
fahren (fährt)	*to go, to drive*	fuhr	(ist) gefahren
fallen (fällt)	*to fall*	fiel	(ist) gefallen
fangen (fängt)	*to catch*	fing	gefangen
finden	*to find*	fand	gefunden
fliegen	*to fly*	flog	(ist) geflogen
fließen	*to flow, to pour*	floss	(ist) geflossen
frieren	*to freeze*	fror	gefroren
geben (gibt)	*to give*	gab	gegeben
gehen	*to go, to walk*	ging	(ist) gegangen
gelten	*to be valid*	galt	gegolten
genießen	*to enjoy*	genoss	genossen
geschehen	*to happen*	geschah	(ist) geschehen
gewinnen	*to win*	gewann	gewonnen
gleichen	*to resemble*	glich	geglichen
graben (gräbt)	*to dig*	grub	gegraben
haben (hat)	*to have*	hatte	gehabt
halten (hält)	*to hold, to keep*	hielt	gehalten
hängen	*to hang*	hing	gehangen
heben	*to raise, to lift*	hob	gehoben
heißen	*to be called, to mean*	hieß	geheißen
helfen (hilft)	*to help*	half	geholfen
kennen	*to know*	kannte	gekannt
klingen	*to sound, to ring*	klang	geklungen
kommen	*to come*	kam	(ist) gekommen
können (kann)	*to be able to, can*	konnte	gekonnt
laden (lädt)	*to load, to charge*	lud	geladen
lassen (lässt)	*to let, to allow*	ließ	gelassen
laufen (läuft)	*to run, to walk*	lief	(ist) gelaufen

Infinitiv		Präteritum	Partizip II
leiden	*to suffer*	litt	gelitten
leihen	*to lend*	lieh	geliehen
lesen (liest)	*to read*	las	gelesen
liegen	*to lie, to rest*	lag	gelegen
lügen	*to lie, to tell lies*	log	gelogen
meiden	*to avoid*	mied	gemieden
messen	*to measure*	maß	gemessen
mögen (mag)	*to like*	mochte	gemocht
müssen (muss)	*to have, to must*	musste	gemusst
nehmen (nimmt)	*to take*	nahm	genommen
nennen	*to name, to call*	nannte	genannt
preisen	*to praise*	pries	gepriesen
raten (rät)	*to guess*	riet	geraten
reiben	*to rub, to grate*	rieb	gerieben
riechen	*to smell*	roch	gerochen
rufen	*to call, to shout*	rief	gerufen
schaffen (schafft)	*to accomplish*	schuf	geschaffen
scheiden	*to divorce, to depart*	schied	(ist) geschieden
scheinen	*to shine, to appear*	schien	geschienen
schieben	*to push, to shove*	schob	geschoben
schießen	*to shoot*	schoss	geschossen
schlafen (schläft)	*to sleep*	schlief	geschlafen
schlagen (schlägt)	*to beat, to hit*	schlug	geschlagen
schließen	*to close*	schloss	geschlossen
schlingen	*to loop, to gulp*	schlang	geschlungen
schneiden	*to cut*	schnitt	geschnitten
schreiben	*to write*	schrieb	geschrieben
schwimmen	*to swim*	schwamm	(ist) geschwommen
sehen	*to see*	sah	gesehen
sein (ist)	*to be*	war	(ist) gewesen
senden	*to send*	sandte/sendete	gesandt/gesendet
singen	*to sing*	sang	gesungen
sinken	*to sink*	sank	(ist) gesunken
sitzen	*to sit*	saß	gesessen
sollen (soll)	*to be supposed to*	sollte	gesollt
sprechen (spricht)	*to speak*	sprach	gesprochen
stehen	*to stand*	stand	gestanden
stehlen	*to steal*	stahl	gestohlen
steigen	*to climb, to rise*	stieg	gestiegen
sterben	*to die*	starb	(ist) gestorben
stoßen	*to push, to thrust*	stieß	gestoßen
streichen	*to paint, to cancel*	strich	gestrichen
streiten	*to argue*	stritt	gestritten
tragen (trägt)	*to carry*	trug	getragen
treffen (trifft)	*to hit, to meet*	traf	getroffen
treten (tritt)	*to kick*	trat	getreten
trinken	*to drink*	trank	getrunken
tun	*to do*	tat	getan
vergessen (vergisst)	*to forget*	vergaß	vergessen

Infinitiv		Präteritum	Partizip II
verlieren	to lose	verlor	verloren
wachsen (wächst)	to grow	wuchs	(ist) gewachsen
waschen (wäscht)	to wash	wusch	gewaschen
weisen	to indicate, to show	wies	gewiesen
wenden	to turn, to flip	wandte/wendete	gewandt/gewendet
werben	to advertise	warb	geworben
werden (wird)	to become	wurde	(ist) geworden
werfen (wirft)	to throw	warf	geworfen
winden	to wind	wand	gewunden
wissen	to know	wusste	gewusst
wollen (will)	to want	wollte	gewollt
ziehen	to pull, to draw	zog	gezogen

Abbreviations used in this glossary

acc.	accusative	*gen.*	genitive	*poss.*	possessive
adj.	adjective	*inf.*	informal	*prep.*	preposition
adv.	adverb	*interr.*	interrogative	*pron.*	pronoun
conj.	conjunction	*m.*	masculine noun	*sing.*	singular
dat.	dative	*n.*	neuter noun	*v.*	verb
f.	feminine noun	*nom.*	nominative		
form.	formal	*pl.*	plural		

Understanding the Glossary references

The numbers following each entry can be understood as follows:
(2) 1A = (Mosaik Volume) Chapter, Lesson
So, the entry above would be found in Mosaik 2, Chapter 1, Lesson A.

Deutsch-Englisch

A

abbiegen *v.* to turn (2) **4A**
  rechts/links abbiegen *v.* to turn right/left (2) **4A**
abbrechen *v.* to cancel (2) **3B**
Abend, -e *m.* evening (1) **2B**
  abends *adv.* in the evening (1) **2A**
Abendessen, - *n.* dinner (1) **4B**
aber *conj.* but (2) **2A**
abfahren *v.* to leave (2) **4A**
Abfall, -˝e *m.* waste (3) **4B**
abfliegen *v.* to take off (3) **3B**
Abflug, -˝e *m.* departure (2) **3B**
abheben *v.* to withdraw (money) (3) **2A**
Absatz, -˝e *m.* paragraph (2) **1B**
abschicken *v.* to send (3) **3B**
Abschied, -e *m.* leave-taking; farewell (1) **1A**
Abschluss, -˝e *m.* degree (1) **2A**
  einen Abschluss machen *v.* to graduate (2) **1A**
Abschlusszeugnis, -se *n.* diploma (transcript) (1) **2A**
abstauben *v.* to dust (2) **2B**
sich abtrocknen *v.* to dry oneself off (3) **1A**
acht eight (1) **2A**
Achtung! Attention!
adoptieren *v.* to adopt (1) **3A**
Adressbuch, -˝er *n.* address book (3) **3A**
Adresse, -n *f.* address (3) **2A**
Allee, -n *f.* avenue (3) **2B**
allein *adv.* alone; by oneself (1) **4A**
Allergie, -n *f.* allergy (3) **1B**
allergisch (gegen) *adj.* allergic (to) (3) **1B**
alles *pron.* everything (2) **3B**
  Alles klar? Everything OK? (1) **1A**
  alles Gute all the best (3) **2A**
  Alles Gute zum Geburtstag! Happy birthday! (2) **1A**
Alltagsroutine *f.* daily routine (3) **1A**
  im Alltag in everyday life
als *conj.* as; when (2) **4A**
  als ob as if (3) **2A**
also *conj.* therefore; so (3) **1B**
alt *adj.* old (1) **3A**
Altkleider *f.* second-hand clothing (3) **4B**
Altpapier *n.* used paper (3) **4B**
Amerika *n.* America (3) **2B**
amerikanisch *adj.* American (3) **2B**
Amerikaner, - / Amerikanerin, -nen *m./f.* American (3) **2B**
Ampel, -n *f.* traffic light (3) **2B**

an *prep.* at; on; by; in; to (2) **1B**, (3) **2B**
Ananas, - *f.* pineapple (1) **4A**
anbieten *v.* to offer (3) **4B**
anfangen *v.* to begin (1) **4A**
Angebot, -e *n.* offer
  im Angbot on sale (2) **1B**
angeln gehen *v.* to go fishing (1) **2B**
angenehm *adj.* pleasant (1) **3B**
  Angenehm. Nice to meet you. (1) **1A**
angesagt *adj.* trendy (2) **1B**
Angestellte, -n *m./f.* employee (3) **3A**
Angst, -˝e *f.* fear (2) **3A**
  Angst haben (vor) *v.* to be afraid (of) (2) **3A**
ankommen *v.* to arrive (1) **4A**
Ankunft, -˝e *f.* arrival (2) **3B**
anmachen *v.* to turn on (2) **4B**
Anruf, -e *m.* phone call (3) **3A**
  einen Anruf entgegennehmen *v.* to answer the phone (3) **3A**
Anrufbeantworter *m.* answering machine (2) **4B**
anrufen *v.* to call (1) **4A**
  sich anrufen *v.* to call each other (3) **1A**
anschauen *v.* to watch, look at (2) **3A**
anspruchsvoll *adj.* demanding (3) **3B**
anstatt *prep.* instead of (2) **4B**
anstoßen *v.* to toast (2) **1A**
Antwort, -en *f.* answer
antworten (auf) *v.* to answer (1) **2A**, (2) **3A**
Anwendung *f.* application; usage
anziehen *v.* to put on (2) **1B**
  sich anziehen *v.* to get dressed (3) **1A**
Anzug, -˝e *m.* suit (2) **1B**
Apfel, -˝ *m.* apple (1) **1A**
Apotheke, -n *f.* pharmacy (3) **1B**
April *m.* April (1) **2A**, (2) **3A**
Arbeit, -en *f.* work (3) **3B**
  Arbeit finden *v.* to find a job (3) **3A**
arbeiten (an) *v.* to work (on) (1) **2A**, (2) **3A**
arbeitslos *adj.* unemployed (3) **2A**
Arbeitszimmer, - *n.* home office (2) **2A**
Architekt, -en / Architektin, -nen *m./f.* architect (1) **3B**
Architektur, -en *f.* architecture (1) **2A**
sich ärgern (über) *v.* to get angry (about) (3) **1A**
arm *adj.* poor; unfortunate (1) **3B**
Arm, -e *m.* arm (3) **1A**
Art, -en *f.* species; type (3) **4B**
Artischocke, -n *f.* artichoke (1) **4A**
Arzt, -˝e / Ärztin, -nen *m./f.* doctor (3) **1B**
  zum Arzt gehen *v.* to go to the doctor (3) **1B**
Assistent, -en / Assistentin, -nen *m./f.* assistant (3) **3A**

Aubergine, -n *f.* eggplant (1) **4A**
auch *adv.* also (1) **1A**
auf *prep.* on, onto, to (2) **1B**
  Auf Wiedersehen. Good-bye. (1) **1A**
aufgehen *v.* to rise (sun) (3) **4A**
auflegen *v.* to hang up (3) **3A**
aufmachen *v.* to open (2) **4B**
aufnehmen *v.* to record (2) **4B**
aufräumen *v.* to clean up (2) **2B**
aufregend *adj.* exciting (3) **4A**
aufrichtig *adj.* sincere (1) **3B**
aufstehen *v.* to get up (1) **4A**
aufwachen *v.* to wake up (3) **1A**
Auge, -n *n.* eye (1) **3A**; (3) **1A**
Augenbraue, -n *f.* eyebrow (3) **1A**
August *m.* August (1) **2A**, (2) **3A**
aus *prep.* from (1) **4A**
Ausbildung, - en *f.* education (3) **3A**
Ausdruck *m.* expression
Ausfahrt, -en *f.* exit (2) **4A**
ausfüllen *v.* to fill out (3) **2A**
  ein Formular ausfüllen *v.* to fill out a form (3) **2A**
Ausgang -˝e *m.* exit (2) **3B**
ausgefallen *adj.* offbeat (2) **1B**
ausgehen *v.* to go out (1) **4A**
Ausland *n.* abroad (2) **3B**
ausmachen *v.* to turn off (2) **4B**
sich ausruhen *v.* to rest (3) **1A**
ausschalten *v.* turn out, to turn off (3) **4B**
Aussehen *n.* look (style) (2) **1B**
außer *prep.* except (for) (1) **4B**
außerhalb *prep.* outside of (2) **4B**
Aussprache *f.* pronunciation
Aussterben *n.* extinction (3) **4B**
sich ausziehen *v.* to get undressed (3) **1A**
Auto, -s *n.* car (1) **1A**, (2) **4A**
Autobahn, -en *f.* highway (2) **4A**

B

Baby, -s *n.* baby (1) **3A**
backen *v.* to bake (1) **2B**
Bäckerei, -en *f.* bakery (1) **4A**
Badeanzug, -˝e *m.* bathing suit (2) **1B**
Bademantel, -˝ *m.* bathrobe (3) **1A**
sich baden *v.* to bathe, take a bath (3) **1A**
Badewanne, -n *f.* bathtub (2) **2A**
Badezimmer, - *n.* bathroom (2) **2A**, (3) **1A**
Bahnsteig, -e *m.* track; platform (2) **4A**
bald *adv.* soon
  Bis bald. See you soon. (1) **1A**
Balkon, - e *m.* balcony (2) **2A**

Ball, -̈e *m.* ball (1) **2B**
Ballon, -e *m.* balloon (2) **1A**
Banane, -n *f.* banana (1) **4A**
Bank, -̈e *f.* bench (3) **2B**
Bank, -en *f.* bank (3) **2A**
  auf der Bank *f.* at the bank (3) **2B**
Bankangestellte, -n *m./f.* bank employee (3) **3B**
bar *adj.* cash (3) **2A**
  bar bezahlen *v.* to pay in cash (3) **2A**
Bargeld *n.* cash (3) **2A**
Bart, -̈e *m.* beard (3) **1A**
Baseball *m.* baseball (1) **2B**
Basketball *m.* basketball (1) **2B**
Bauch, -̈e *m.* belly (3) **1A**
Bauchschmerzen *m. pl.* stomachache (3) **1B**
bauen *v.* to build (1) **2A**
Bauer, -n / Bäuerin, -nen *m./f.* farmer (3) **3B**
Bauernhof, -̈e *m.* farm (3) **4A**
Baum, -̈e *m.* tree (3) **4A**
Baumwolle *f.* cotton (2) **1B**
Baustelle, -n *f.* construction zone (2) **4A**
beantworten *v.* to answer (1) **4B**
bedeuten *v.* to mean (1) **2A**
bedeutend *adj.* important (3) **4A**
bedienen *v.* to operate, use (2) **4B**
Bedürfnisse *n./pl.* needs (3) **1B**
sich beeilen *v.* to hurry (3) **1A**
Beförderung, -en *f.* promotion (3) **3B**
beginnen *v.* to begin (2) **2A**
Begrüßung, -en *f.* greeting (1) **1A**
behaupten *v.* to claim (3) **4B**
bei *prep.* at; near; with (1) **4A**
Beilage, -n *f.* side dish (1) **4B**
Bein, -e *n.* leg (3) **1A**
Beitrag-̈e *m.* contribution (3) **4B**
bekannt *adj.* well-known (3) **2A**
bekommen *v.* to get, to receive (2) **1A**
belegen *v.* to take (a class) (1) **2A**
benutzen *v.* to use (2) **4A**
Benutzername, -n *m.* screen name (2) **4B**
Benzin, -e *n.* gasoline (2) **4A**
Berg -e *m.* mountain (1) **2B**, (3) **4A**
berichten *v.* to report (3) **4B**
Beruf, -e *m.* profession; job (1) **3B**, (3) **3A**
Berufsausbildung, -en *f.* professional training (3) **3A**
bescheiden *adj.* modest (1) **3B**
beschreiben *v.* to describe (1) **2A**
Beschreibung, -en *f.* description (1) **3B**
Besen, - *m.* broom (2) **2B**
Besitzer, - / Besitzerin, -nen *m./f.* owner (1) **3B**
besonderes special *adj.* (3) **2A**
  nichts Besonderes *adj.* nothing special (3) **2A**
besorgt worried *adj.* (1) **3B**
Besorgung, -en *f.* errand (3) **2A**
  Besorgungen machen *v.* to run errands (3) **2A**
besprechen *v.* to discuss (2) **3A**
Besprechung, -en *f.* review (2) **4B**, meeting (3) **3B**
besser *adj.* better (2) **4A**
Besserwisser, - / Besserwisserin, -nen *m./f.* know-it-all (1) **2A**
beste *adj.* best (2) **4A**
Besteck *n.* silverware (1) **4B**

bestehen *v.* to pass (a test) (1) **1B**
bestellen *v.* to order (1) **4A**
bestimmt *adv.* definitely. (1) **4A**
besuchen *v.* to visit (1) **4A**
Bett, -en *n.* bed (2) **2A**
  das Bett machen *v.* to make the bed (2) **2B**
  ins Bett gehen *v.* to go bed (3) **1A**
Bettdecke, -n *f.* duvet (2) **2B**
bevor *conj.* before (2) **4A**
sich bewegen *v.* to move (around)
sich bewerben *v.* to apply (3) **3A**
Bewerber, - / die Bewerberin, -nen *m./f.* applicant (3) **3A**
Bewertung, -en *f.* rating (2) **3B**
bezahlen *v.* to pay (for) (1) **4A**
Bibliothek, -en *f.* library (1) **1B**
Bier, -e *n.* beer (1) **4B**
bieten *v.* to offer (3) **1B**
Bild, -er *n.* picture (2) **2A**
Bildschirm, -e *m.* screen (2) **4B**
billig *adj.* cheap (2) **1B**
Bioladen, -̈ *m.* health-food store (3) **1B**
Biologie *f.* biology (1) **2A**
biologisch *adj.* organic (3) **4B**
Birne, -n *f.* pear (1) **4A**
bis *prep.* until (1) **3B**
  Bis bald. See you soon. (1) **1A**
  Bis dann. See you later. (1) **1A**
  Bis gleich. See you soon. (1) **1A**
  Bis morgen. See you tomorrow. (1) **1A**
  Bis später. See you later. (1) **1A**
  bis zu *prep.* up to; until (3) **2B**
Bitte. Please. / You're welcome. (1) **1A**
Blatt, -̈er *n.* leaf (3) **4A**
blau *adj* blue. (1) **3A**
  blaue Fleck, -e *m.* bruise (3) **1B**
bleiben *v.* to stay (2) **1B**
  Bleiben Sie bitte am Apparat. *v.* Please hold. (3) **3A**
Bleistift, -e *m.* pencil (1) **1B**
Blitz, -e *m.* lightning (2) **3A**
blond *adj.* blond (1) **3A**
  blonde Haare *n. pl.* blond hair (1) **3A**
Blume, -n *f.* flower (1) **1A**
Blumengeschäft, -e *n.* flower shop (3) **2A**
Bluse, -n *f.* blouse (2) **1B**
Blutdruck *m.* blood pressure (3) **1B**
Boden, -̈ *m.* floor; ground (2) **2A**
Bohne, -n *f.* bean (1) **4A**
  grüne Bohne *f.* green bean (1) **4A**
Boot, -e *n.* boat (2) **4A**
Bordkarte, -n *f.* boarding pass (2) **3B**
braten *v.* to fry (1) **2B**
brauchen *v.* to need (1) **2A**
braun *adj.* brown (2) **1B**
braunhaarig *adj.* brown-haired, brunette (1) **3A**
brechen *v.* to break (1) **2B**
  sich (den Arm / das Bein) brechen *v.* to break (an arm / a leg) (3) **1B**
Bremse, -n *f.* brake (2) **4A**
brennen *v.* to burn (2) **1A**
Brief, -e *m.* letter (3) **2A**
  einen Brief abschicken *v.* to mail a letter (3) **2A**

Briefkasten, -̈ *m.* mailbox (3) **2A**
Briefmarke, -n *f.* stamp (3) **2A**
Briefträger, - / Briefträgerin, -nen *m./f.* mail carrier (3) **2A**
Briefumschlag, -̈e *m.* envelope (3) **2A**
Brille, -n *f.* glasses (2) **1B**
bringen *v.* to bring (1) **2A**
Brot, -e *n.* bread (1) **4A**
Brötchen, - *n.* roll (1) **4A**
Brücke, -n *f.* bridge (3) **2B**
Bruder, -̈ *m.* brother (1) **1A**
brünett *adj.* brown-haired, brunette (1) **3A**
Brunnen, - *m.* fountain (3) **2B**
Buch, -̈er *n.* book (1) **1A**
buchen *v.* to make a (hotel) reservation (2) **3B**
Bücherregal, -e *n.* bookshelf (2) **2A**
Buchhalter, - / Buchhalterin, -nen *m./f.* accountant (3) **3B**
büffeln *v.* to cram (for a test) (1) **2A**
Bügelbrett, -er *n.* ironing board (2) **2B**
Bügeleisen, - *n.* iron (2) **2B**
bügeln *v.* to iron (2) **2B**
Bundespräsident, -en / Bundespräsidentin, -nen *m./f.* (federal) president (2) **4B**
bunt *adj.* colorful (3) **2A**
Bürgermeister, - / Bürgermeisterin, -nen *m./f.* mayor (2) **2B**
Bürgersteig, -e *m.* sidewalk (3) **2B**
Büro, -s *n.* office (3) **3B**
Büroklammer, -n *f.* paperclip (3) **3A**
Büromaterial *n.* office supplies (3) **3A**
Bürste, -n *f.* brush (3) **1A**
bürsten *v.* to brush
  sich die Haare bürsten *v.* to brush one's hair (3) **1A**
Bus, -se *m.* bus (2) **4A**
Busch, -̈e *m.* bush (3) **4A**
Bushaltestelle, -n *f.* bus stop (2) **4A**
Businessklasse *f.* business class (2) **3B**
Bußgeld, -er *n.* fine (monetary) (2) **4A**
Butter *f.* butter (1) **4A**

C

Café, -s *n.* café (1) **2A**
Cafeteria (*pl.* Cafeterien) *f.* cafeteria
Camping *n.* camping (1) **2B**
CD, -s *f.* compact disc, CD (2) **4B**
CD-Player, - *m.* CD player (2) **4B**
Chef, -s / Chefin, -nen *m./f.* boss (3) **3B**
Chemie *f.* chemistry (1) **2A**
China *n.* China (3) **2B**
Chinese, -n / Chinesin, -nen *m./f.* Chinese (person) (3) **2B**
Chinesisch *n.* Chinese (language) (3) **2B**
Computer, - *m.* computer (1) **1B**
Cousin, -s / Cousine, -n *m./f.* cousin (1) **3A**

D

da there (1) **1A**
  Da ist/sind... There is/are... (1) **1A**
Dachboden, -̈ *m.* attic (2) **2A**
dafür *adv.* for it (2) **2A**

daher *adv.* from there (2) **2A**
dahin *adv.* there (2) **2A**
damit *conj.* so that (3) **2A**
danach *conj.* Then, after that (3) **1B**
danken *v.* to thank (1) **2A**
  Danke. Thank you. (1) **1A**
dann *adv.* then (2) **3B**
daran *adv.* on it (2) **2A**
darauf *adv.* on it (2) **2A**
darin *adv.* in it (2) **2A**
das *n.* the; this/that (1) **1A**
dass *conj.* that (3) **2A**
Datei, - en *f.* file (2) **4B**
Datum (*pl.* **Daten**) *n.* date (2) **3A**
davon *adv.* of it (2) **2A**
davor *adv.* before it (2) **2A**
Decke, -n *f.* blanket (2) **2B**
decken *v.* to cover (2) **2B**
  den Tisch decken *v.* to set the table (2) **2B**
denken *v.* to think (2) **1A**
  denken an *v.* to think about (2) **3A**
denn *conj.* for; because (2) **2A**
der (*m.*) the (1) **1A**
deshalb *conj.* Therefore; so (3) **1B**
deswegen *conj.* that's why; therefore (3) **1B**
deswegen *conj.* that's why; therefore (3) **1B**
deutsch German *adj.* (3) **2A**
Deutsch German (language) *n.* (3) **2B**
Deutsche *m./f.* German (man/woman) (3) **2B**
Deutschland *n.* Germany (1) **4A**
  deutschsprachig *adj.* German-speaking
Dezember *m.* December (1) **2A**, (2) **3A**
Diät, -en *f.* diet (1) **4B**
  auf Diät sein *v.* to be on a diet (1) **4B**
dick *adj.* fat (1) **3A**
die *the* (1) **1A**
Dienstag, -e *m.* Tuesday (1) **2A**
  dienstags *adv.* on Tuesdays (1) **2A**
dieser/diese/dieses *pron.* this; these (2) **4B**
diesmal *adv.* this time (2) **3B**
Digitalkamera, -s *f.* digital camera (2) **4B**
Ding, -e *n.* thing
Diplom, -e *n.* diploma (degree) (1) **2A**
diskret *adj.* discreet (1) **3B**
doch *adv.* yes (contradicting a negative statement or question) (1) **2B**
Dokument, -e *n.* document (2) **4B**
Donner, - *m.* thunder (2) **3A**
Donnerstag, -e *n.* Thursday (1) **2A**
  donnerstags *adv.* on Thursdays (1) **2A**
dort *adv.* there (1) **1A**
Dozent, -en / Dozentin, -nen *m./f.* college instructor (1) **2A**
draußen *prep.* outside (2) **2A**, *adv.* out (2) **3A**
  Es ist schön draußen. It's nice out. (2) **3A**
dreckig *adj.* filthy (2) **2B**
drei three (1) **2A**
dritte third *adj.* (1) **2A**
Drogerie, -n *f.* drugstore (3) **2A**
drüben *adv.* over there (1) **4A**
drücken *v.* to push (1) **3B**; to print (2) **4B**
Drucker, - *m.* printer (2) **4B**
du *pron.* (*sing. inf.*) you (1) **1A**

dumm *adj.* dumb (2) **4A**
dunkel *adj.* dark (1) **3A**
dunkelhaarig *adj.* dark-haired (1) **3A**
dünn *adj.* thin (1) **3A**
durch *prep.* through (1) **3B**
durchfallen *v.* to flunk; to fail (1) **1B**
durchmachen *v.* to experience (2) **4B**
dürfen *v.* to be allowed to; may (1) **3B**
(sich) duschen *v.* to take a shower (3) **1A**
Dutzend, -e *n.* dozen (1) **4A**
DVD, -s *f.* DVD (2) **4B**
DVD-Player, - *m.* DVD-player (2) **4B**
dynamisch *adj.* dynamic (1) **3B**

E

Ecke, -n *f.* corner (3) **2B**
egoistisch *adj.* selfish (1) **3B**
Ehe, -n *f.* marriage (2) **1A**
Ehefrau, -en *f.* wife (1) **3A**
Ehemann, -¨er *m.* husband (1) **3A**
Ei, -er *n.* egg (1) **4A**
Eichhörnchen, - *n.* squirrel (3) **4A**
eifersüchtig *adj.* jealous (1) **3B**
ein/eine/ein *m./f./n.* a (1) **1A**
Einbahnstraße, -n *f.* one-way street (2) **4A**
einfach *adj.* easy (1) **2A**
einfarbig *adj.* solid colored (2) **1B**
eingebildet *adj.* arrogant (1) **3B**
einkaufen *v.* to shop (1) **4A**
Einkaufen *n.* shopping (2) **1B**
Einkaufszentrum (*pl.* **Einkaufszentren**) *n.* mall; shopping center (3) **2B**
Einkommensgruppe, -n *f.* income bracket (2) **2B**
einladen *v.* to invite (2) **1A**
einmal *adv.* once (2) **3B**
eins one (1) **2A**
einschlafen *v.* to go to sleep (1) **4A**
einzahlen *v.* to deposit (money) (3) **2A**
Einzelkind, -er *n.* only child (1) **3A**
Eis *n.* ice cream (2) **1A**
Eisdiele, -n *f.* ice cream shop (1) **4A**
Eishockey *n.* ice hockey (1) **2B**
Eiswürfel, - *m.* ice cube (2) **1A**
elegant *adj.* elegant (2) **1B**
Elektriker, - / Elektrikerin, -nen *m./f.* electrician (3) **3B**
elf eleven (1) **2A**
Ellenbogen, - *m.* elbow (3) **1A**
Eltern *pl.* parents (1) **3A**
E-Mail, -s *f.* e -mail (2) **4B**
empfehlen *v.* to recommend (1) **2B**
Empfehlungsschreiben, - *n.* letter of recommendation (3) **3A**
endlich *adv.* finally (3) **1B**
Energie, -n *f.* energy (3) **4B**
energiesparend *adj.* energy-efficient (2) **2B**
eng *adj.* tight (2) **1B**
England *n.* England (3) **2B**
Engländer, - / Engländerin, -nen *m./f.* English (person) (3) **2B**
Englisch *n.* English (language) (3) **2B**
Enkelkind, -er *n.* grandchild. (1) **3A**

Enkelsohn, -¨e *m.* grandson (1) **3A**
Enkeltochter, -¨ *f.* granddaughter (1) **3A**
entdecken *v.* to discover (2) **2B**
entfernen *v.* to remove (2) **2B**
entlang *prep.* along, down (1) **3B**
entlassen *v.* to fire; to lay off (3) **3B**
sich entschließen *v.* to decide (1) **4B**
(sich) entschuldigen *v.* to apologize; to excuse
  Entschuldigen Sie. Excuse me. (form.) (1) **1A**
  Entschuldigung. Excuse me. (1) **1A**
sich entspannen *v.* to relax (3) **1A**
entwerten *v.* to validate (2) **4A**
  eine Fahrkarte entwerten *v.* to validate a ticket (2) **4A**
entwickeln *v.* to develop (3) **4B**
er *pron.* he (1) **1A**
Erdbeben, - *n.* earthquake (3) **4A**
Erdbeere, - n *f.* strawberry (1) **4A**
Erde, -n *f.* earth (3) **4B**
Erderwärmung *f.* global warming (3) **4B**
Erdgeschoss, -e *n.* ground floor (2) **2A**
Erfahrung, -en *f.* experience (3) **3A**
erfinden *v.* to invent (2) **3A**
Erfolg, -e *m.* success (3) **3B**
erforschen *v.* to explore (3) **4A**
ergänzen *v.* complete
Ergebnis, -se *n.* result; score (1) **1B**
erhalten *v.* to preserve (3) **4B**
sich erinnern (an) *v.* to remember (3) **1A**
sich erkälten *v.* to catch a cold (3) **1A**
Erkältung, -en *f.* cold (3) **1B**
erkennen *v.* to recognize (2) **3A**
erklären *v.* to explain (1) **4A**
erneuerbare Energie *f.* renewable energy (3) **4B**
ernst *adj.* serious (1) **3B**
erster/erste/erstes *adj.* first (1) **2A**
erwachsen grown-up *adj.* (3) **2A**
erzählen *v.* to tell (2) **3A**
  erzählen von *v.* to talk about (2) **3A**
es *pron.* it (1) **1A**
  Es gibt... There is/are... (1) **1B**
Essen, - *n.* food (1) **4A**
essen *v.* to eat (1) **2B**
  essen gehen *v.* to eat out (1) **2B**
Esslöffel, - *m.* soup spoon (1) **4B**
Esszimmer, - *n.* dining room (2) **2A**
etwas *pron.* something (2) **3B**
  etwas anderes something else (3) **2A**
euer (*pl. inf.*) *poss. adj.* your (1) **3A**

F

Fabrik, -en *f.* factory (3) **4B**
Fabrikarbeiter, - / Fabrikarbeiterin, -nen *m./f.* factory worker (3) **3B**
Fach, -¨er *n.* subject (1) **2A**
fade *adj.* bland (1) **4B**
fahren *v.* to drive; to go (1) **2B**
  Auto fahren *v.* to drive a car (2) **4A**
  Fahrrad fahren *v.* to ride a bicycle (1) **2B**
  geradeaus fahren *v.* to go straight ahead (2) **4A**
Fahrer, - / Fahrerin, -nen *m./f.* driver (2) **4A**
Fahrgemeinschaft, -en *f.* carpool (3) **4B**

Fahrkarte, -n *f.* ticket (2) **4A**
  eine Fahrkarte entwerten *v.* to validate a ticket (2) **4A**
Fahrkartenschalter, - *m.* ticket office (2) **4A**
Fahrplan, -͏̈e *m.* schedule (2) **4A**
Fahrrad, -͏̈er *n.* bicycle (1) **2B**, (2) **4A**
Fahrstuhl, -͏̈e *m.* elevator (2) **3B**
fallen *v.* to fall (1) **2B**
Familie, -n *f.* family (1) **3A**
Familienstand, -͏̈e *m.* marital status (1) **3A**
Fan, -s *m.* fan (1) **2B**
fangen *v.* to catch (1) **2B**
fantastisch *adj.* fantastic (3) **2A**
Farbe, -n *f.* color (2) **1B**
färben *v.* to dye
  sich die Haare färben *v.* to dye one's hair (3) **1A**
fast *adv.* almost (1) **4A**
faul *adj.* lazy (1) **3B**
Faxgerät, -e *n.* fax machine (2) **4B**
Februar *m.* February (1) **2A**, (2) **3A**
fegen *v.* to sweep (2) **2B**
feiern *v.* to celebrate (2) **1A**
Feiertag, -e *m.* holiday (2) **1A**
Feinkostgeschäft, -e *n.* delicatessen (1) **4A**
Feld, -er *n.* field (3) **4A**
Fenster, - *n.* window (1) **1A**
Ferien *pl.* vacation
Fernbedienung *f.* remote control (2) **4B**
fernsehen *v.* to watch television (2) **4B**
Fernseher, - *m.* television (2) **4B**
fertig *adj.* ready; finished (3) **3B**
Fest, -e *n.* festival; celebration (2) **1A**
Festplatte, -n *f.* hard drive (2) **4B**
fett *adj.* fat (1) **3A**
Feuerwehrmann, -͏̈er / Feuerwehrfrau, -en (*pl.* **Feuerwehrleute**) *m./f.* firefighter (3) **3B**
Fieber, - *n.* fever (3) **1B**
  Fieber haben *v.* to have a fever (3) **1B**
finden *v.* to find (1) **2A**
Finger, - *m.* finger (3) **1A**
Firma (*pl.* **die Firmen**) *f.* firm; company (3) **3A**
Fisch, -e fish *m.* (1) **4A**, (3) **4A**
Fischgeschäft, -e *n.* fish store (1) **4A**
fit *adj.* in good shape (1) **2B**
Flasche, -n *f.* bottle (1) **4B**
Fleisch *n.* meat (1) **4A**
fleißig *adj.* hard-working (1) **3B**
fliegen *v.* to fly (2) **3B**
Flug, -͏̈e *m.* flight (2) **3B**
Flughafen, -͏̈ *m.* airport (2) **3B**
Flugticket, -s *n.* (plane) ticket (2) **3B**
Flugzeug, -e *n.* airplane (2) **3B**
Flur, -e *m.* hall (2) **2A**
Fluss, -͏̈e *m.* river (1) **3B**, (3) **4A**
folgen *v.* to follow (2) **1A**, (3) **2B**
Form, -en *f.* shape, form
  in guter/schlechter Form sein *v.* to be in/out of shape (3) **1B**
Formular, -e *n.* form (3) **2A**
  ein Formular ausfüllen *v.* to fill out a form (3) **2A**
Foto, -s *n.* photo, picture (1) **1B**
Frage, -n *f.* question (1) **1B**
fragen *v.* to ask (1) **2A**

fragen nach *v.* to ask about (2) **3A**
  sich fragen *v.* to wonder, ask oneself (3) **1A**
Frankreich *n.* France (3) **2B**
Franzose, -n / Französin, -nen *m./f.* French (person) (3) **2B**
Französisch *n.* French (language) (3) **2B**
Frau, -en *f.* woman (1) **1A**; wife (1) **3A**
  Frau... Mrs./Ms. ...(1) **1A**
Freitag, -e *m.* Friday (1) **2A**
  freitags *adv.* on Fridays (1) **2A**
Freizeit, -en *f.* free time, leisure (1) **2B**
Freizeitaktivität, - en *f.* leisure activity (1) **2B**
fremd *adj.* foreign (3) **2A**
Fremdsprache, -n *f.* foreign language (1) **2A**
sich freuen (über) *v.* to be happy (about) (3) **1A**
  Freut mich. Pleased to meet you. (1) **1A**
  sich freuen auf *v.* to look forward to (3) **1A**
Freund, -e / Freundin, - nen *m./f.* friend (1) **1A**
freundlich *adj.* friendly (1) **3B**
  Mit freundlichen Grüßen Yours sincerely (1) **3B**
Freundschaft, -en *f.* friendship (2) **1A**
Frischvermählte, -n *m./f.* newlywed (2) **1A**
Friseur, -e / Friseurin, -nen *m./f.* hairdresser (1) **3B**
froh *adj.* happy (1) **3B**
  Frohe Ostern! Happy Easter! (2) **1A**
  Frohe Weihnachten! Merry Christmas! (2) **1A**
früh *adj.* early; in the morning (1) **2B**
  morgen früh tomorrow morning (1) **2B**
Frühling, -e *m.* spring (1) **2B**, (2) **3A**
Frühstück, -e *n.* breakfast (1) **4B**
fühlen *v.* to feel (1) **2A**
  sich (wohl) fühlen *v.* to feel (well) (3) **1A**
füllen *v.* to fill
fünf five (1) **2A**
funktionieren *v.* to work, function (2) **4B**
für *prep.* for (1) **3B**
furchtbar *adj.* awful (2) **3A**
Fuß, -͏̈e *m.* foot (3) **1A**
Fußball *m.* soccer (1) **2B**
Fußgänger, - / Fußgängerin, -nen *m./f.* pedestrian (3) **2B**

G

Gabel, -n *f.* fork (1) **4B**
Gang, -͏̈e *m.* course
  erster/zweiter Gang *m.* first/second course (1) **4B**
ganz *adj.* all, total (2) **3B**
ganztags *adj* full-time (3) **3B**
Garage, -n *f.* garage (2) **1B**
Garnele, -n *f.* shrimp (1) **4A**
Gartenabfall, -͏̈e *m.* yard waste (3) **4B**
Gärtner, - /Gärtnerin, -nen *m./f.* gardener (3) **3B**
Gast, -͏̈e *m.* guest (2) **1A**
Gastfamilie, -n *f.* host family (1) **4B**
Gastgeber, - / Gastgeberin, -nen *m./f.* host/hostess (2) **1A**
Gebäck *n.* pastries; baked goods (2) **1A**
Gebäude, - *n.* building (3) **2A**
geben *v.* to give (1) **2B**
  Es gibt... There is/are... (1) **2B**

Geburt, - en *f.* birth (2) **1A**
Geburtstag, -e *m.* birthday (2) **1A**
  Wann hast du Geburtstag? When is your birthday? (2) **3A**
geduldig *adj.* patient (1) **3B**
Gefahr, -en *f.* danger (3) **4B**
gefährdet *adj.* endangered; threatened (3) **4B**
gefallen *v.* to please (2) **1A**
Gefrierschrank, -͏̈e *m.* freezer (2) **2B**
gegen *prep.* against (1) **3B**
gegenüber (von) *prep.* across (from) (3) **2B**
Gehalt, -͏̈ er *n.* salary (3) **3A**
  hohes/niedriges Gehalt, -͏̈er high/low salary *n.* (3) **3A**
Gehaltserhöhung, -en *f.* raise (3) **3B**
gehen *v.* to go (1) **2A**
  Geht es dir/Ihnen gut? *v.* Are you all right? (*inf./form.*) (1) **1A**
  Wie geht es Ihnen? (*form.*) How are you? (1) **1A**
  Wie geht's (dir)? (*inf.*) How are you? (1) **1A**
gehören *v.* to belong to (2) **1A**
Geländewagen, - *m.* SUV (2) **4B**
gelb *adj.* yellow (2) **1B**
Geld *n.* money (3) **2A**
  Geld abheben/einzahlen *v.* to withdraw/deposit money (3) **2A**
Geldautomat, -en *m.* ATM (3) **2A**
Geldschein, -e *m.* bill (money) (3) **2A**
gemein *adj.* mean (1) **3B**
Gemüse *n.* vegetables (1) **4A**
genau *adv.* exactly
  genauso wie just as (2) **4A**
genießen *v.* to enjoy
geöffnet *adj.* open (3) **2A**
Gepäck *n.* luggage (2) **3B**
geradeaus straight ahead *adv.* (2) **4A**
gern *adv.* with pleasure (1) **3A**
  gern (+*verb*) to like to (+*verb*) (1) **3A**
  ich hätte gern... I would like... (1) **4A**
  Gern geschehen. My pleasure.; You're welcome. (1) **1A**
Geschäft, -e *n.* business (3) **3A**; store (1) **4A**
Geschäftsführer, - / Geschäftsführerin, -nen *m./f.* manager (3) **3A**
Geschäftsmann, -͏̈er / Geschäftsfrau, -en (*pl.* **Geschäftsleute**) *m./f.* businessman / businesswoman (1) **3B**
Geschenk, -e *n.* gift (2) **1A**
Geschichte, -n *f.* history (1) **2A**; story
geschieden *adj.* divorced (1) **3A**
Geschirr *n.* dishes (2) **2B**
  Geschirr spülen *v.* to do the dishes (2) **2B**
geschlossen *adj.* closed (3) **2A**
Geschmack, -͏̈e *m.* flavor; taste (1) **4B**
Geschwister, - *n.* siblings (1) **3A**
Gesetz, -e *n.* law (3) **4B**
Gesicht, -er *n.* face (3) **1A**
gestreift *adj.* striped (2) **1B**
gesund *adj.* healthy (2) **4A**; (3) **1B**
  gesund werden *v.* to get better (3) **1B**
Gesundheit *f.* health (3) **1B**
geteilt durch divided by (1) **1B**
Getränk, -e *n.* beverage (1) **4B**
getrennt *adj.* separated (1) **3A**

gewaltfrei *adj.* nonviolent (3) **4B**
Gewerkschaft, -en *f.* labor union (3) **3B**
gewinnen *v.* to win (1) **2B**
sich gewöhnen an *v.* to get used to (3) **1A**
gierig *adj.* greedy (1) **3B**
Giftmüll *m.* toxic waste (3) **4B**
Glas, -¨er *n.* glass (1) **4B**
glatt *adj.* straight (1) **3A**
  glatte Haare *n. pl.* straight hair (1) **3B**
glauben *v.* to believe (2) **1A**
gleich *adj.* same
  ist gleich *v.* equals, is (1) **1B**
Glück *n.* happiness (2) **1A**
glücklich *adj.* happy (1) **3B**
Golf *n.* golf (1) **2B**
Grad *n.* degree (2) **3A**
  Es sind 18 Grad draußen. It's 18 degrees out.
  (2) **3A**
Gramm, -e *n.* gram (1) **4A**
Granit, -e *m.* granite (2) **2B**
Gras, -¨er *n.* grass (3) **4A**
gratulieren *v.* to congratulate (2) **1A**
grau *adj.* grey (2) **1B**
grausam *adj.* cruel
Grippe, -n *f.* flu (3) **1B**
groß *adj.* big; tall (1) **3A**
großartig *adj.* terrific (1) **3A**
Großeltern *pl.* grandparents (1) **1A**
Großmutter, -¨ *f.* grandmother (1) **3A**
Großvater, -¨ *m.* grandfather (1) **3A**
großzügig *adj.* generous (1) **3B**
grün *adj.* green (2) **1B**
  grüne Bohne, (pl. die grünen Bohnen) *f.* green
  bean (1) **4A**
Gruß, -¨e *m.* greeting
  Mit freundlichen Grüßen Yours sincerely (1) **3B**
grüßen *v.* to greet (1) **2A**
Gürtel, - *m.* belt (2) **1B**
gut *adj.* good (1) **3B**; *adv.* Well (1) **1A**
  gut aussehend *adj.* handsome (1) **3A**
  gut gekleidet *adj.* well-dressed (2) **1B**
  Gute Besserung! Get well! (2) **1A**
  Guten Appetit! Enjoy your meal! (1) **4B**
  Guten Abend. Good evening. (1) **1A**
  Guten Morgen. Good morning. (1) **1A**
  Gute Nacht. Good night. (1) **1A**
  Guten Tag. Hello. (1) **1A**

H

Haar, -e hair *n.* (1) **3A**, (3) **1A**
Haartrockner, - *m.* hair dryer (3) **1A**
haben to have *v.* (1) **1B**
Hagel *m.* hail (2) **3A**
Hähnchen, - *n.* chicken (1) **4A**
halb *half;* half an hour before (1) **2A**
Halbbruder, -¨ *m.* half-brother (1) **3A**
Halbschwester, -n *f.* half-sister (1) **3A**
halbtags *adj.* part-time (3) **3B**
Hallo. Hello. (1) **1A**
Hals, -¨e *m.* neck (3) **1A**
  Hals- und Beinbruch! Break a leg! (2) **1A**
Halskette, -n *f.* necklace (2) **1B**

Hand, -¨e *f.* hand (3) **1A**
handeln *v.* to act
  handeln von *v.* to be about; have to do with (2)
  3A
Handgelenk, -e *n.* wrist (3) **1B**
Handgepäck *n.* carry-on luggage (2) **3B**
Handschuh, -e *m.* glove (2) **1B**
Handtasche, -n *f.* purse (2) **1B**
Handtuch, -¨er *n.* towel (3) **1A**
Handy, -s *n.* cell phone (2) **4B**
hängen *v.* to hang (2) **1B**
Hase, -n *m.* hare (3) **4A**
hässlich *adj.* ugly (1) **3A**
Hauptspeise, -n *f.* main course (1) **4B**
Hauptstraße, -n *f.* main road (3) **2B**
Haus, -¨er *n.* house (2) **2A**
  nach Hause *adv.* home (2) **1B**
  zu Hause *adv.* at home (1) **4A**
Hausarbeit *f.* housework (2) **2B**
  Hausarbeit machen *v.* to do housework (2) **2B**
Hausaufgabe, -n *f.* homework (1) **1B**
Hausfrau, -en / Hausmann,
  -¨er *f./m.* homemaker (3) **3B**
hausgemacht *adj.* homemade (1) **4B**
Hausmeister, - / Hausmeisterin,
  -nen *m./f.* caretaker; custodian (3) **3B**
Hausschuh, -e *m.* slipper (3) **1A**
Haustier, -e *n.* pet (1) **3A**
Heft, -e *n.* notebook (1) **1B**
Hefter, - *m.* stapler (3) **3A**
heiraten *v.* to marry (1) **3A**
heiß *adj.* hot (2) **3A**
heißen *v.* to be named (1) **2A**
  Ich heiße... My name is... (1) **1A**
helfen *v.* to help (1) **2B**
  helfen bei *v.* to help with (2) **3A**
hell *adj.* light (1) **3A**; bright (2) **1B**
Hemd, -en *n.* shirt (1) **1B**
herauf *adv.* up; upwards (2) **2A**
heraus *adv.* out (2) **2A**
Herbst, -e *m.* fall, autumn (1) **2B**, (2) **3A**
Herd, -e *m.* stove (2) **2B**
Herr Mr. (1) **1A**
herunter *adv.* down; downwards (2) **2A**
heruntergehen *v.* to go down (3) **2B**
  die Treppe heruntergehen *v.* to go downstairs (3)
  2B
herunterladen *v.* to download (2) **4B**
Herz, -en *n.* heart
  Herzlichen Glückwunsch! Congratulations! (2)
  1A
heute *adv.* today (1) **2B**
  Heute ist der... Today is the... (1) **2A**
  Welcher Tag ist heute? What day is it today? (2)
  3A
  Der Wievielte ist heute? What is the date today?
  (1) **2A**
hier *adv.* here (1) **1A**
  Hier ist/sind... Here is/are... (1) **1B**
Himmel *m.* sky (3) **4A**
hin und zurück there and back (2) **3B**
sich hinlegen *v.* to lie down (3) **1A**
sich hinsetzen *v.* to sit down (3) **1A**
hinter *prep.* behind (2) **1B**

hinterlassen *v.* to leave (behind)
  eine Nachricht hinterlassen *v.* to leave a message
  (3) **3A**
Hobby, -s *n.* hobby (1) **2B**
hoch *adj.* high (2) **4A**
hochgehen *v.* to go up, climb up (3) **2B**
  die Treppe hochgehen *v.* to go upstairs (3) **2B**
Hochwasser, - *n.* flood (3) **4B**
Hochzeit, -en *f.* wedding (2) **1A**
Hockey *n.* hockey (1) **2B**
Höflichkeit, -en *f.* courtesy; polite
  expression (1) **1A**
Holz *n.* wood (2) **2B**
hören *v.* to hear; listen to (1) **2A**
Hörer, - *m.* receiver (3) **3A**
Hörsaal (*pl.* Hörsäle) *m.* lecture hall (1) **2A**
Hose, -n *f.* pants (2) **1B**
  kurze Hose *f.* shorts (2) **1B**
Hotel, -s *n.* hotel (2) **3B**
  Fünf-Sterne-Hotel *n* five-star hotel. (3) **3B**
Hotelgast, -¨e *m.* hotel guest (2) **3B**
hübsch *adj.* pretty (1) **3A**
Hund, -e *m.* dog (1) **3A**
Hundewetter *n.* terrible weather (2) **3A**
husten *v.* to cough (3) **1B**
Hut, -¨e *m.* hat (2) **1B**
Hybridauto, -s *n.* hybrid car (3) **4B**

I

ich *pron.* I (1) **1A**
Idee, -n *f.* idea (1) **1A**
Ihr *(form., sing /pl.) poss. adj.* your (1) **3A**
ihr *(inf., pl.) pron.* you (1) **1A**; *poss. adj.* her, their
  (1) **3A**
immer *adv.* always (1) **4A**
Immobilienmakler, - / Immobilienmaklerin,
  -nen *m./f.* real estate agent (3) **3B**
in *prep.* in (2) **1B**
Inder, - / Inderin, -nen *m./f.* Indian
  (person) (3) **2B**
Indien *n.* India (3) **2B**
indisch *adj.* Indian (3) **2B**
Informatik *f.* computer science (1) **2A**
sich informieren (über) *v.* to find out
  (about) (3) **1A**
Ingenieur, -e / Ingenieurin, -nen *m./f.*
  engineer (1) **3B**
Innenstadt, -¨e *f.* city center
innerhalb *prep.* inside of, within (2) **4B**
Insel, -n *f.* island (3) **4A**
intellektuell *adj.* intellectual (1) **3B**
intelligent *adj.* intelligent (1) **3B**
interessant *adj.* interesting (1) **3B**
sich interessieren (für) *v.* to be interested
  (in) (3) **1A**
Internet *n.* Web (2) **4B**
  im Internet surfen *v.* to surf the Web (2) **4B**
Internetcafé, -s *n.* internet café (3) **2A**
Italien *n.* Italy (3) **2B**
Italiener, - / Italienerin, -nen *m./f.* Italian
  (person) (3) **2B**
Italienisch *n.* Italian (language) (3) **2B**

ja yes (1) **1B**
Jacke, -n *f.* jacket (2) **1B**
Jahr, -e *n.* year (2) **3A**
   Ein gutes neues Jahr! Happy New Year! (2) **1A**
   Ich bin... Jahre alt. I am... years old (1) **1B**
Jahrestag, -e *m.* anniversary (2) **1A**
Jahreszeit, -en *f.* season (3) **3A**
Januar *m.* January (1) **2A**, (2) **3A**
Jeans *f.* jeans (2) **1B**
jeder/jede/jedes *adj.* any, every, each (2) **4B**
jemand *pron.* someone (2) **3B**
jetzt *adv.* now (1) **4A**
joggen *v.* to jog (1) **2B**
Joghurt, -s *m.* yogurt (1) **4A**
Journalist, -en / Journalistin,
   -nen *m./f.* journalist (1) **3B**
Jugendherberge, -n *f.* youth hostel (2) **3B**
jugendlich *adj.* young; youthful (3) **2A**
Juli *m.* July (1) **2A**, (2) **3A**
jung *adj.* young (1) **3A**
Junge, -n *m.* boy (1) **1A**
Juni *m.* June (1) **2A**, (2) **3A**
Juweliergeschäft, -e *n.* jewelry store (3) **2A**

Kaffee, -s *m.* coffee (1) **4B**
Kaffeemaschine, -n *f.* coffeemaker (2) **2B**
kalt *adj.* cold (2) **3A**
sich (die Haare) kämmen *v.* comb
   (one's hair) (3) **1A**
Kanada *n.* Canada (3) **2B**
Kanadier, -/ Kanadierin, -nen *m./f.*
   Canadian (3) **2B**
Kandidat, -en *m.* candidate (3) **3A**
Kaninchen, *n.* rabbit (3) **4A**
Karotte, -n *f.* carrot (1) **4A**
Karriere, -n *f.* career (3) **3B**
Karte, -n *f.* map (1) **1B**, *f.* card (2) **2B**; (2) **1A**
   eine Karte lesen *v.* to read a map (2) **3B**
   mit der Karte bezahlen *v.* to pay by (credit)
   card (3) **2A**
Kartoffel, -n *f.* potato (1) **4A**
Käse, - *m.* cheese (1) **4A**
Katze, -n *f.* cat (1) **3A**
kaufen *v.* to buy (1) **2A**
Kaufhaus, -̈er *n.* department store (3) **2B**
Kaution, -en *f.* security deposit (2) **2A**
kein *adj.* no (1) **2B**
   Keine Zufahrt. Do not enter. (1) **3B**
Keks, -e *m.* cookie (2) **1A**
Keller, - *m.* cellar (2) **2A**
Kellner, - / Kellnerin, -nen *m./f.* waiter/
   waitress (1) **3B**, (1) **4B**
kennen *v.* to know, be familiar with (2) **1B**
   sich kennen *v.* to know each other (3) **1A**
   (sich) kennen lernen *v.* to meet
   (one another) (1) **1A**
Keramik, -en *f.* ceramic (2) **2B**
Kernenergie *f.* nuclear energy (3) **4B**
Kernkraftwerk, -e *n.* nuclear power plant (3) **4B**

Kind, -er *n.* child (1) **1A**
Kiosk, -e *m.* newspaper kiosk (3) **2A**
Kirche, -n *f.* church (3) **2B**
Kissen, - *n.* pillow (2) **2B**
Klasse, -n *f.* class (1) **1B**
   erste/zweite Klasse, -n first/second class (2) **4A**
Klassenkamerad, -en / Klassenkameradin,
   -nen *m./f.* classmate (1) **1B**
Klassenzimmer, - *n.* classroom (1) **1B**
klassisch *adj.* classical (3) **2A**
Kleid, -er *n.* dress (2) **1B**
Kleidergröße, -n *f.* clothing size (2) **1B**
Kleidung *f. pl.* clothes (2) **1B**
klein *adj.* small; short (stature) (1) **3A**
Kleingeld *n.* change (3) **2A**
Klempner, - / Klempnerin, -nen *m./f.*
   plumber (3) **3B**
klettern *v.* to climb (mountain) (1) **2B**
klingeln *v.* to ring (2) **4B**
Klippe, -n *f.* cliff (3) **4A**
Knie, - *n.* knee (3) **1A**
Knoblauch, -e *m.* garlic (1) **4A**
Koch, -̈e / Köchin, -nen *m./f.* cook, chef (1) **4B**
kochen *v.* to cook (1) **2B**
Koffer, - *m.* suitcase (2) **3B**
Kofferraum, -̈e *m.* trunk (2) **4A**
Kombi, -s *m.* station wagon (2) **4B**
Komma, -s *n.* comma (1) **1B**
kommen *v.* to come (2) **2A**
Kommode, -n *f.* dresser (2) **2A**
kompliziert *adj.* complicated (3) **2A**
können *v.* to be able, can (1) **3B**
Konditorei, -en *f.* pastry shop (1) **4A**
Konto (pl. Konten) *n.* bank account (3) **2A**
Konzert, -e *n.* concert (2) **1B**
Kopf, -̈e *m.* head (1) **1A**
Kopfhörer, *m.* headphones (2) **4B**
Kopfschmerzen *(m. pl.) f.* headache (3) **1B**
Korea *n.* Korea (3) **2B**
   der Koreaner, - / die Koreanerin,
   -nen *m./f.* Korean (person) (3) **2B**
Koreanisch *n.* Korean (language) (3) **2B**
Körper, - *m.* body (3) **1A**
korrigieren *v.* to correct (1) **2A**
Kosmetiksalon, -s *m.* beauty salon (3) **2A**
kosten *v.* to cost (1) **2A**
   Wie viel kostet das? *v.* How much is that? (1) **4A**
krank *adj.* sick (3) **1B**
   krank werden *v.* to get sick (3) **1B**
Krankenhaus, -̈er *n.* hospital (3) **1B**
Krankenpfleger, - / Krankenschwester, -n
   m./f. nurse (3) **1B**
Krankenwagen, - *m.* ambulance (3) **1B**
Krawatte, -n *f.* tie (2) **1B**
Kreuzfahrt, -en *f.* cruise (2) **3B**
Kreuzung, -en *f.* intersection (3) **2B**
Küche, -n *f.* kitchen (2) **2A**
Kuchen, - *m.* cake; pie (1) **4A**
Kuh, -̈e *f.* cow (3) **4A**
kühl *adj.* cool (2) **3A**
Kühlschrank, -̈e *m.* refrigerator (2) **2B**
Kuli, -s *m.* (ball-point) pen (1) **1B**
Kunde, -n / Kundin, -nen *m./f.* customers (3) **1B**

kündigen *v.* to resign (3) **3B**
Kunst, -̈e *f.* art (1) **2A**
Kunststoff, -e *m.* plastic (2) **2B**
kurz *adj.* short (1) **3A**
   kurze Haare *n. pl.* short hair
   kurze Hose *f.* shorts (2) **1B**
kurzärmlig *adj.* short-sleeved (2) **1B**
Kurzfilm, -e *m.* short film
Kuss, -̈e *m.* kiss (2) **1A**
küssen *v.* to kiss (2) **1A**
   sich küssen *v.* to kiss (each other) (3) **1A**
Küste, -n *f.* coast (3) **4A**

lächeln *v.* to smile (2) **1A**
lachen *v.* to laugh (1) **2A**
Ladegerät, -e *n.* battery charger (2) **4B**
laden *v.* to charge; load (2) **4B**
Lage, -n *f.* location (2) **3B**
Laken, - *n.* sheet (2) **2B**
Lampe, -n *f.* lamp (2) **2A**
Land, -̈er *n.* country (2) **3B**
landen *v.* to land (2) **3B**
Landkarte, -n *f.* map (2) **3B**
Landschaft, -en *f.* landscape (2) **3B**; countryside
   (3) **4A**
lang *adj.* long (1) **3A**
   lange Haare *n. pl.* long hair (1) **3A**
langärmlig *adj.* long-sleeved (2) **1B**
langsam *adj* slow. (1) **3B**
   Langsam fahren. Slow down. (1) **3B**
langweilig *adj.* boring (1) **3B**
Laptop, -s *m./n.* laptop (computer) (2) **4B**
lassen *v.* to let, allow (1) **2B**
laufen *v.* to run (1) **2B**
leben *v.* to live
Lebenslauf, -̈e *m.* résumé; CV (3) **3A**
Lebensmittelgeschäft, -e *n.* grocery store (1) **4A**
lecker *adj.* delicious (1) **4B**
Leder, - *n.* leather (2) **1B**
ledig *adj.* single (1) **3A**
legen *v.* to lay (2) **1B**; *v.* to put; lay (3) **1A**
Lehrbuch, -̈er *n.* textbook (university) (1) **1B**
Lehrer, - / Lehrerin, -nen *m./f.* teacher (1) **1B**
leicht *adj.* light (1) **4B**; mild (3) **1B**
Leichtathletik *f.* track and field (1) **2B**
leider *adv.* unfortunately (1) **4A**
leiten *v.* to manage (3) **3B**
Lenkrad, -̈er *n.* steering wheel (2) **4A**
lernen *v.* to study; to learn (1) **2A**
lesen *v.* to read (1) **2B**
letzter/letzte/letztes *adj.* last (1) **2B**
Leute *pl.* people (1) **3B**
Licht, -er *n.* light (3) **4B**
Liebe *f.* love (2) **1A**
   Lieber/Liebe *m./f.* Dear (1) **3B**
lieben *v.* to love (1) **2A**
   sich lieben *v.* to love each other (3) **1A**
lieber *adj.* rather (2) **4A**
liebevoll *adj.* loving (1) **3B**
Liebling, -e *m.* darling
   Lieblings- favorite (1) **3B**

liegen *v.* to lie; to be located (2) **1B**
lila *adj.* purple (2) **1B**
Linie, -n *f.* line
Lippe, -n *f.* lip (3) **1A**
Lippenstift, -e *m.* lipstick (3) **1A**
Literatur *f.* literature (1) **2A**
LKW, -s *m.* truck (2) **4A**
LKW-Fahrer, - / LKW-Fahrerin, -nen *m./f.* truck driver (3) **3B**
lockig *adj.* curly (1) **3A**
  lockige Haare *n. pl.* curly hair
Los! Start!; Go! (1) **2B**
löschen *v.* to delete (2) **4B**
Lösung, -en *f.* solution (3) **4B**
  eine Lösung vorschlagen *v.* to propose a solution (3) **4B**
Luft, -ˮe *f.* air (3) **4A**
lügen *v.* to lie, tell a lie
Lust, -ˮe *f.* desire
  Lust haben *v.* to feel like (2) **3B**
lustig *adj.* funny (1) **3B**

<h2 style="text-align:center">M</h2>

machen *v.* to do; make (1) **2A**
  Mach's gut! *v.* All the best! (1) **3B**
Mädchen, - *n.* girl (1) **1A**
Mahlzeit, -en *f.* meal (1) **4B**
Mai *m.* May (1) **2A**, (2) **3A**
Mal, -e *n.* time
  das erste/letzte Mal the first/last time (2) **3B**
  zum ersten/letzten Mal for the first/last time (2) **3B**
mal times (1) **1B**
Mama, -s *f.* mom (1) **3A**
man *pron.* one (2) **3B**
mancher/manche/manches *adj.* some. (2) **4B**
manchmal *adv.* sometimes (2) **3B**
Mann, -ˮer *m.* man (1) **1A**; *m.* husband (1) **3A**
Mannschaft, -en *f.* team (1) **2B**
Mantel, -ˮ *m.* coat (2) **1B**
Markt, -ˮe *m.* market (1) **4A**
Marmelade, -n *f.* jam (1) **4A**
Marmor *m.* marble (2) **2B**
März *m.* March (1) **2A**, (2) **3A**
Material, -ien *n.* material (2) **1B**
Mathematik *f.* mathematics (1) **2A**
Maus, -ˮe *f.* mouse (3) **4A**
Mechaniker, - / Mechanikerin, -nen *m./f.* mechanic (2) **4A**
Medikament, -e *n.* medicine (3) **1B**
Medizin *f.* medicine (1) **2A**
Meer, -e *n.* sea; ocean (3) **4A**
Meeresfrüchte *f. pl.* seafood (1) **4A**
mehr *adj.* more (2) **4A**
mein *poss. adj.* my (1) **3A**
meinen *v.* to mean (1) **2A**; to believe; to maintain (3) **4B**
Meisterschaft, -en *f.* championship (1) **2B**
Melone, -n *f.* melon (1) **4A**
Mensa (pl. Mensen) *f.* cafeteria (college/university) (1) **1B**
Mensch, -en *m.* person
Messer, - *n.* knife (1) **4B**

Metzgerei, -en *f.* butcher shop (1) **4A**
Mexikaner, - / Mexikanerin, -nen *m./f.* Mexican (person) (3) **2B**
mexikanisch *adj.* Mexican (3) **2B**
Mexiko *n.* Mexico (3) **2B**
Miete, -n *f.* rent (2) **2A**
mieten *v.* to rent (2) **2A**
Mikrofon, -e *n.* microphone (2) **4B**
Mikrowelle, -n *f.* microwave (2) **2B**
Milch *f.* milk (1) **4B**
Minderheit, -en *f.* minority (3) **4B**
Mineralwasser *n.* sparkling water (1) **4B**
minus minus (1) **1B**
mir *pron.* myself, me (2) **3A**
  Mir geht's (sehr) gut. *v.* I am (very) well. (1) **1A**
  Mir geht's nicht (so) gut. *v.* I am not (so) well. (1) **1A**
mit with (1) **4B**
Mitbewohner, - / Mitbewohnerin, -nen *m./f.* roommate (1) **2A**
mitbringen *v.* to bring along (1) **4A**
mitkommen *v.* to come along (1) **4A**
mitmachen *v.* to participate (2) **4B**
mitnehmen *v.* to bring with (3) **2B**
  jemanden mitnehmen *v.* to give someone a ride (3) **2B**
Mittag, -e *m.* noon (1) **2A**
Mittagessen *n.* lunch (1) **4B**
Mitternacht *f.* midnight (1) **2A**
Mittwoch, -e *m.* Wednesday (1) **2A**
  mittwochs *adv.* on Wednesdays (1) **2A**
Möbel, - *n.* furniture (2) **2A**
Möbelstück, -e *n.* piece of furniture (2) **2A**
möbliert *adj.* furnished (2) **2A**
modern *adj.* modern (3) **2A**
modisch *adj.* fashionable (2) **1B**
mögen *v.* to like (1) **4B**
  Ich möchte... I would like... (1) **4B**
Monat, -e *m.* month (1) **2A**, (2) **3A**
Mond, -e *m.* moon (3) **4A**
Montag, -e *m.* Monday (1) **2A**
  montags *adv.* on Mondays (1) **2A**
Morgen, - *m.* morning (1) **2B**
  morgens *adv.* in the morning (1) **2A**
morgen *adv.* tomorrow (1) **2B**
  morgen früh tomorrow morning (1) **2B**
Motor, -en *m.* engine (2) **4A**
Motorhaube, -n *f.* hood (of car) (2) **4A**
MP3-Player, - *m.* mp3 player (2) **4B**
müde *adj.* tired (1) **3B**
Müll *m.* trash (2) **2B**; *m.* waste (3) **4B**
  den Müll rausbringen *v.* to take out the trash (2) **2B**
Müllwagen, - *m.* garbage truck (3) **4B**
Mund, -ˮer *m.* mouth (3) **1A**
Münze, -n *f.* coin (3) **2A**
Musiker, - / Musikerin, -nen *m./f.* musician (1) **3B**
müssen *v.* to have to; must (1) **3B**
mutig *adj.* brave (1) **3B**
Mutter, -ˮ *f.* mother (1) **1A**
Mütze, -n *f.* cap (2) **1B**

<h2 style="text-align:center">N</h2>

nach *prep.* after; to; according to (1) **4B**; *prep.* past (time) (1) **2A**
  nach rechts/links to the right/left (2) **2A**
nachdem *conj.* after (3) **2A**
nachmachen *v.* to imitate (2) **4B**
Nachmittag, -e *m.* afternoon (1) **2B**
  nachmittags *adv.* in the afternoon (1) **2A**
Nachname, -n *m.* last name (1) **3A**
Nachricht, -en *f.* message (3) **3A**
  eine Nachricht hinterlassen *v.* to leave a message (3) **3A**
Nachspeise, -n *f.* dessert (1) **4B**
nächster/nächste/nächstes *adj.* next (1) **2B**
Nacht, -ˮe *f.* night (1) **2B**
Nachttisch, -e *m.* night table (2) **2A**
nah(e) *adj.* near; nearby (3) **2B**
Nähe *f.* vicinity (3) **2B**
  in der Nähe von *f.* close to (3) **2B**
naiv *adj.* naïve (1) **3B**
Nase, -n *f.* nose (3) **1A**
  verstopfte Nase *f.* stuffy nose (3) **1A**
nass *adj.* wet (3) **4A**
Natur *f.* nature (3) **4A**
Naturkatastrophe, -n *f.* natural disaster (3) **4A**
Naturwissenschaft, -en *f.* science (1) **2A**
Nebel, - *m.* fog; mist (2) **3A**
neben *prep.* next to (2) **1B**
Nebenkosten *pl.* additional charges (2) **2A**
Neffe, -n *m.* nephew (2) **4B**
nehmen *v.* to take (1) **2B**
nein no (1) **1B**
nennen *v.* to call (2) **1A**
nervös *adj.* nervous (1) **3B**
nett *adj.* nice (1) **3B**
neugierig *adj.* curious (1) **3B**
neun nine (1) **2A**
nicht *adv.* not (1) **2B**
  nicht schlecht not bad (1) **1A**
nichts *pron.* nothing (2) **3B**
nie *adv.* never (1) **4A**
niedrig *adj.* low (3) **3A**
niemals *adv.* never (2) **3B**
niemand *pron.* no one (2) **3B**
niesen *v.* to sneeze (3) **1B**
normalerweise *adv.* usually (3) **1B**
Notaufnahme, -n *f.* emergency room (3) **1B**
Note, -n *f.* grade (on an assignment) (1) **1B**
Notfall, -ˮe *m.* emergency (3) **3B**
Notiz, -en *f.* note (1) **1B**
November *m.* November (1) **2A**, (2) **3A**
Nummernschild, -er *n.* license plate (2) **4A**
nur *adv.* only (1) **4A**
nützlich *adj.* useful (1) **2A**
nutzlos *adj.* useless (1) **2A**

<h2 style="text-align:center">O</h2>

ob *conj.* whether; if (3) **2A**
Obst *n.* fruit (1) **4A**
obwohl *conj.* even though (2) **2A**; *conj.* although (3) **2A**
oder *conj.* or (2) **2A**

Ofen, ¨- ** *m.* oven (2) **2B
öffentlich *adj.* public (2) **4A**
öffentliche Verkehrsmittel *n.* public transportation (2) **4A**
öffnen *v.* to open (1) **2A**
oft *adv.* often (1) **4A**
ohne *prep.* without (1) **3B**
Ohr, -en *n.* ear (3) **1A**
Ökologie *f.* ecology (3) **4B**
ökologisch *adj.* ecological (3) **4B**
Oktober *m.* October (1) **2A**, (2) **3A**
Öl, -e *n.* oil (1) **4A**
Olivenöl, -e *n.* olive oil (1) **4A**
Oma, -s *f.* grandma (1) **3A**
online sein *v.* to be online (2) **4B**
Opa, -s *m.* grandpa (1) **3A**
orange *adj.* orange (2) **1B**
Orange, -n *f.* orange (1) **4A**
ordentlich *adj.* neat, tidy (2) **2B**
Ort, -e *m.* place (1) **1B**
Österreich *n.* Austria (3) **2B**
Österreicher, - / Österreicherin, -nen *m./f.* Austrian (person) (3) **2B**

P

Paar, -e *n.* couple (1) **3A**
packen *v.* to pack (2) **3B**
Paket, -e *n.* package (3) **2A**
Papa, -s *m.* dad (1) **3A**
Papier, -e *n.* paper
Blatt Papier (*pl.* **Blätter Papier**) *n.* sheet of paper (1) **1B**
Papierkorb, -¨e *m.* wastebasket (1) **1B**
Paprika, - *f.* pepper (1) **4A**
grüne/rote Paprika *f.* green/red pepper (1) **4A**
Park, -s *m.* park (1) **1A**
parken *v.* to park (2) **4A**
Parkverbot. No parking. (1) **3B**
Party, -s *f.* party (2) **1A**
eine Party geben *v.* to throw a party (2) **1A**
Passagier, -e / Passagierin, -nen *m./f.* passenger (2) **3B**
passen *v.* to fit; to match (2) **1A**
passieren *v.* to happen (2) **1B**
Passkontrolle, -n *f.* passport control (2) **3B**
Passwort, -¨er *n.* password (2) **4B**
Pasta *f.* pasta (1) **4A**
Patient, -en / Patientin, -nen *m./f.* patient (3) **1B**
Pause, -n *f.* break, recess (1) **1B**
Pension, -en *f.* guesthouse (2) **3B**
Person, -en *f.* person (1) **1A**
Personalausweis, -e *m.* ID card (2) **3B**
Personalchef, -s / die Personalchefin, -nen *m./f.* human resources manager (3) **3A**
persönlich *adj.* personal (1) **3B**
Pfanne, -n *f.* pan (2) **2B**
Pfeffer, - *m.* pepper (1) **4B**
Pferd, -e *n.* horse (3) **4A**
Pfirsich, -e *m.* peach (1) **4A**
Pflanze, -n *f.* plant (2) **2A**
Pfund, -e *n.* pound (1) **4A**
Physik *f.* physics (1) **2A**

Picknick, -s, *n.* picnic (3) **4A**
ein Picknick machen *v.* to have a picnic (3) **4A**
Pilz, -e *m.* mushroom (1) **4A**
Pinnwand, -¨e *f.* bulletin board (3) **3A**
Planet, -en *m.* planet (3) **4B**
den Planeten retten *v.* to save the planet (3) **4B**
Platten, - *m.* flat tire (2) **4A**
einen Platten haben *v.* to have a flat tire (2) **4A**
Platz, -¨e *m.* court (1) **1A**
plus *plus* (1) **1B**
Politiker, - / Politikerin, -nen *m./f.* politician (3) **3B**
Polizeiwache, -n *f.* police station (3) **2A**
Polizist, -en / Polizistin, -nen *m./f.* police officer (2) **4A**
Post *f.* post office; mail (3) **2A**
zur Post gehen *v.* to go to the post office (3) **2A**
Poster, - *n.* poster (2) **2A**
Postkarte, -n *f.* postcard (3) **2A**
Praktikum (pl. die Praktika) *n.* internship (3) **3A**
prima *adj.* great (1) **1A**
probieren *v.* to try (1) **3B**
Probieren Sie mal! Give it a try! (1) **3B**
Problem, -e *n.* problem (1) **1A**
Professor, -en / Professorin, -nen *m./f.* professor (1) **1B**
Programm, -e *n.* program (2) **4B**
Prost! Cheers! (1) **4B**
Prozent, - *n.* percent (1) **1B**
Prüfung, -en *f.* exam, test (1) **1B**
Psychologe, -n / Psychologin, -nen *m./f.* psychologist (3) **3B**
Psychologie *f.* psychology (1) **2A**
Pullover, - *m.* sweater (2) **1B**
Punkt, -e *m.* period (1) **1B**
pünktlich *adj.* on time (2) **3B**
putzen *v.* to clean (2) **2B**
sich die Zähne putzen *v.* to brush one's teeth (3) **1A**

Q

Querverweis, -e *m.* cross-reference

R

Radiergummi, -s *m.* eraser (1) **1B**
Rasen, - *m.* lawn, grass
Betreten des Rasens verboten. Keep off the grass. (1) **3B**
sich rasieren *v.* to shave (3) **1A**
Rasierer, - *m.* razor (3) **1A**
Rasierschaum, -¨e *m.* shaving cream (3) **1A**
Rathaus, -¨er *n.* town hall (3) **2A**
rauchen *v.* to smoke
Rauchen verboten. No smoking. (1) **3B**
rausbringen *v.* to bring out (2) **2B**
den Müll rausbringen *v.* to take out the trash (2) **2B**
realistisch *adj.* realistic (3) **2A**
Rechnung, -en *f.* check (1) **4B**
Rechtsanwalt, -¨e / Rechtsanwältin, -nen *m./f.* lawyer (3) **3B**
Rechtschreibung *f.* spelling

recyceln *v.* to recycle (3) **4B**
reden *v.* to talk (2) **1A**
reden über *v.* to talk about (2) **3A**
Referat, -e *n.* presentation (1) **2A**
Referenz, -en *f.* reference (3) **3A**
Regen *m.* rain (2) **3A**
Regenmantel, -¨ *m.* raincoat (2) **3A**
Regenschirm, -e *m.* umbrella (2) **3A**
Regierung, -en *f.* government (3) **4B**
regnen *v.* to rain (1) **2A**, (2) **3A**
Reis *m.* rice (1) **4A**
Reise, -n *f.* trip (2) **3B**
Reisebüro, -s *n.* travel agency (2) **3B**
reisen *v.* to travel (1) **2A**
Reisende, -n *m./f.* traveler (2) **3B**
Reiseziel, -e *n.* destination (2) **3B**
reiten *v.* to ride (1) **2B**
rennen *v.* to run (2) **1A**
Rente, -n *f.* pension
in Rente gehen *v.* to retire (2) **1A**
Rentner, - / Rentnerin, -nen *m./f.* retiree (3) **3B**
reparieren *v.* to repair (2) **4A**
Restaurant, -s *n.* restaurant (1) **4B**
retten *v.* to save (3) **4B**
Rezept, -e *n.* prescription (3) **1B**
Richter, - / Richterin, -nen *m./f.* judge (3) **3B**
Richtung, -en *f.* direction (3) **2B**
in Richtung *f.* toward (3) **2B**
Rindfleisch *n.* beef (1) **4A**
Rock, -¨e *m.* skirt (2) **1B**
rosa *adj.* pink (2) **1B**
rot *adj.* red. (3) **3A**
rothaarig *adj.* red-haired (3) **3A**
Rücken, - *m.* back (3) **1A**
Rückenschmerzen *m. pl.* backache (3) **1B**
Rucksack, -¨e *m.* backpack (1) **1B**
ruhig *adj.* calm (1) **3B**
Russe, -n / Russin, -nen *m./f.* Russian (person) (3) **2B**
Russisch *n.* Russian (language) (3) **2B**
Russland *n.* Russia (3) **2B**

S

Sache, -n *f.* thing (1) **1B**
Saft, -¨e *m.* juice (1) **4B**
sagen *v.* to say (1) **2A**
Salat, -e *m.* lettuce; salad (1) **4A**
Salz, -e *n.* salt (1) **4B**
salzig *adj.* salty (1) **4B**
Samstag, -e *m.* Saturday (1) **2A**
samstags *adv.* on Saturdays (1) **2A**
sauber *adj.* clean (2) **2B**
saure Regen *m.* acid rain (3) **4B**
Saustall *n.* pigsty (2) **2B**
Es ist ein Saustall! It's a pigsty! (2) **2B**
Schach *n.* chess (1) **2B**
Schaf, -e *n.* sheep (3) **4A**
Schaffner, - / Schaffnerin, -nen *m./f.* ticket collector (2) **4A**
Schal, -s *m.* scarf (2) **1B**
scharf *adj.* spicy (1) **4B**
schauen *v.* to look (2) **3A**

Scheibenwischer, - *m.* windshield wiper (2) **4A**
Scheinwerfer, - *m.* headlight (2) **4A**
scheitern *v.* to fail (3) **3B**
schenken *v.* to give (a gift) (2) **1A**
schicken *v.* to send (3) **2A**
Schiff, -e *n.* ship (2) **4A**
Schinken, - *m.* ham (1) **4A**
Schlafanzug, -¨e *m.* pajamas (3) **1A**
schlafen *v.* to sleep (1) **2B**
Schlafzimmer, - *n.* bedroom (2) **2A**
Schlange, -n *f.* line (2) **3B**; *f.* snake (3) **4A**
  Schlange stehen *v.* to stand in line (2) **3B**
schlank *adj.* slim (1) **3A**
schlecht *adj.* bad (1) **3B**
  schlecht gekleidet *adj.* badly dressed (2) **1B**
Schlüssel, - *m.* key (2) **3B**
schmecken *v.* to taste (1) **4B**
Schmerz, -en *m.* pain (3) **1B**
sich duschen *v.* to take a shower (3) **1A**
sich schminken *v.* to put on makeup (3) **1A**
schmutzig *adj.* dirty (2) **2B**
Schnee *m.* snow (2) **3A**
schneien *v.* to snow (2) **3A**
schnell *adj.* fast (1) **3B**
schon *adv.* already, yet (2) **1B**
schön *adj.* pretty; beautiful (1) **3A**
  Schön dich/Sie kennen zu lernen. Nice to meet you. (1) **1A**
  Schönen Tag noch! Have a nice day! (1) **1A**
  Es ist schön draußen. It's nice out. (2) **3A**
Schrank, -¨e *m.* cabinet; closet (2) **2A**
schreiben *v.* to write (1) **2B**
  schreiben an *v.* to write to (2) **3A**
  sich schreiben *v.* to write one another (3) **1A**
Schreibtisch, -e *m.* desk (1) **1B**
Schreibwarengeschäft, -e *n.* paper-goods store (3) **2A**
Schublade, -n *f.* drawer (2) **2A**
schüchtern *adj.* shy (1) **3B**
Schuh, -e *m.* shoe (2) **1B**
Schulbuch, -¨er *n.* textbook (K–12) (1) **1B**
Schule, -n *f.* school (1) **1B**
Schüler, - / Schülerin, -nen (K-12) *m./f.* student (1) **1B**
Schulleiter, - / Schulleiterin, -nen *m./f.* principal (1) **1B**
Schulter, -n *f.* shoulder (3) **1A**
Schüssel, -n *f.* bowl (1) **4B**
schützen *v.* to protect (3) **4B**
schwach *adj.* weak (1) **3B**
Schwager, -¨ *m.* brother-in-law (1) **3A**
Schwägerin, -nen *f.* sister-in-law (1) **3A**
schwanger *adj.* pregnant (3) **1B**
schwänzen *v.* to cut class (1) **1B**
schwarz *adj.* black (2) **1B**
schwarzhaarig *adj.* black-haired (1) **3A**
Schweinefleisch *n.* pork (1) **4A**
Schweiz (die) *f.* Switzerland (2) **3A**
Schweizer, - / Schweizerin, -nen *m./f.* Swiss (person) (3) **2B**
schwer *adj.* rich, heavy (1) **4B**; *adj.* serious, difficult (3) **1B**
Schwester, -n *f.* sister (1) **1A**
Schwiegermutter, -¨ *f.* mother-in-law (1) **3A**

Schwiegervater, -¨ *m.* father-in-law (1) **3A**
schwierig *adj.* difficult (1) **2A**
Schwimmbad, -¨er *n.* swimming pool (1) **2B**
schwimmen *v.* to swim (1) **2B**
schwindlig *adj.* dizzy (3) **1B**
sechs six (1) **2A**
See, -n *m.* lake (3) **4A**
sehen *v.* to see (1) **2B**
sehr *adv.* very (1) **4A**
Seide, -n *f.* silk (2) **1B**
Seife, -n *f.* soap (3) **1A**
sein *v.* to be (1) **1A**
  (gleich) sein *v.* to equal (1) **1B**
sein *poss. adj.* his, its (1) **3A**
seit since; for (1) **4B**
Sekt, -e *m.* champagne (2) **1A**
Sektor, -en *m.* field; sector (3) **3A**
selten *adv.* rarely (1) **4A**
Seminar, -e *n.* seminar (1) **2A**
Seminarraum, -räume *m.* seminar room (1) **2A**
Sender, - *m.* channel (2) **4B**
September *m.* September (1) **2A**, (2) **3A**
Serviette, -n *f.* napkin (1) **4B**
Sessel, - *m.* armchair (2) **2A**
setzen *v.* to put, place (2) **1B**; *v.* to put, set (3) **1A**
Shampoo, -s *n.* shampoo (3) **1A**
sicher *adv.* probably (3) **2A**
Sicherheitsgurt, -e *m.* seatbelt (2) **4A**
sie *pron.* she/they (1) **1A**
Sie *pron.* (form., sing./pl.) you (1) **1A**
sieben seven (1) **2A**
Silvester *n.* New Year's Eve (2) **1A**
singen *v.* to sing (1) **2B**
sitzen *v.* to sit (2) **1B**
Ski fahren *v.* to ski (1) **2B**
SMS, - *f.* text message (2) **4B**
Snack, -s *m.* snack (1) **4B**
so *adv.* so (1) **4A**
  so lala so-so (1) **1A**
Socke, -n *f.* sock (2) **1B**
Sofa, -s *n.* sofa; couch (2) **2A**
  Sofa surfen *v.* to couch surf (2) **3B**
Sohn, -¨e *m.* son (1) **3A**
solcher/solche/solches *pron.* such (2) **4B**
sollen *v.* to be supposed to (1) **3B**
Sommer, - *m.* summer (1) **2B**, (2) **3A**
sondern *conj.* but rather; instead (2) **2A**
Sonne, -n *f.* sun (3) **4A**
Sonnenaufgang, -¨e *m.* sunrise (3) **4A**
Sonnenbrand, -¨e *m.* sunburn (3) **1B**
Sonnenbrille, -n *f.* sunglasses (2) **1B**
Sonnenenergie *f.* solar energy (3) **4B**
Sonnenuntergang, -¨e *m.* sunset (3) **4A**
sonnig *adj.* sunny (2) **3A**
Sonntag, -e *m.* Sunday (1) **2A**
  sonntags *adv.* on Sundays (1) **2A**
Spanien *n.* Spain (3) **2B**
Spanier, - / Spanierin, -nen *m./f.* Spanish (person) (3) **2B**
Spanisch *n.* Spanish (language) (3) **2B**
spannend *adj.* exciting (3) **2A**
Spaß *m.* fun (2) **3B**
  Spaß machen *v.* to be fun (2) **3B**

(keinen) Spaß haben *v.* to (not) have fun (2) **1A**
spät *adj.* late
  Wie spät ist es? What time is it? (1) **2A**
spazieren gehen *v.* to go for a walk (1) **2B**
Spaziergang, -¨e *m.* walk
speichern *v.* to save (2) **4B**
Speisekarte, -n *f.* menu (1) **4B**
Spiegel, - *m.* mirror (2) **2A**
Spiel, -e *n.* match, game (1) **2B**
spielen *v.* to play (1) **2A**
Spieler, - / Spielerin, -nen *m./f.* player (1) **2B**
Spielfeld, -er *n.* field (1) **2B**
Spielkonsole, -n *f.* game console (2) **4B**
Spitze! *adj.* great! (1) **1A**
Sport *m.* sports (1) **2B**
  Sport treiben *v.* to exercise (3) **1B**
Sportart, -en *f.* sport; type of sport (1) **2B**
Sporthalle, - n *f.* gym (1) **2A**
sportlich *adj.* athletic (1) **3A**
sprechen *v.* to speak (1) **2B**
  sprechen über *v.* to speak about (2) **3A**
Spritze, -n *f.* shot (1) **1B**
  eine Spritze geben *v.* to give a shot (3) **1B**
Spüle, -n *f.* (kitchen) sink (2) **2B**
spülen *v.* to rinse (2) **2B**
  Geschirr spülen *v.* to do the dishes (2) **2B**
Spülmaschine, -n *f.* dishwasher (2) **2B**
Stadion (*pl.* **Stadien**) *n.* stadium (1) **2B**
Stadt, -¨e *f.* city (2) **1B**; *f.* town (3) **2B**
Stadtplan, -¨e *m.* city map (2) **3B**
Stahl *m.* steel (2) **2B**
stark *adj.* strong (1) **3B**
starten *v.* to start (2) **4B**
statt *conj.* instead of
Statue, -n *f.* statue (3) **2B**
staubsaugen *v.* to vacuum (2) **2B**
Staubsauger, - *m.* vacuum cleaner (2) **2B**
stehen *v.* to stand (1) **1B**
  Schlange stehen *v.* to stand in line (2) **3B**
stehlen *v.* to steal (1) **2B**
steif *adj.* stiff (3) **1B**
steigen *v.* to climb (2) **1B**
Stein, -e *m.* rock (3) **4A**
Stelle, -n *f.* place, position (3) **2A**; job (3) **3A**
  an deiner/Ihrer Stelle *f.* if I were you (3) **2A**
  eine Stelle suchen *v.* to look for a job (3) **3A**
stellen *v.* to put, place (2) **1B**
Stellenangebot, -e *n.* job opening (3) **3A**
sterben *v.* to die (2) **1B**
Stereoanlage, -n *f.* stereo system (2) **4B**
Stern -e *m.* star (3) **4A**
Stiefel, - *m.* boot (2) **1B**
Stiefmutter, -¨ *f.* stepmother (1) **3A**
Stiefsohn, -¨e *m.* stepson (1) **3A**
Stieftochter, -¨ *f.* stepdaughter (1) **3A**
Stiefvater, -¨ *m.* stepfather (1) **3A**
Stift, -e *m.* pen (1) **1B**
Stil, -e *m.* style (2) **1B**
still *adj.* still (1) **4B**
  stilles Wasser *n.* still water (1) **4B**
Stipendium, -en *n.* scholarship, grant (1) **2A**
Stock, -¨e *m.* floor (2) **2A**
  erster/zweiter Stock first/second floor (2) **2A**

stolz *adj.* proud (1) **3B**
Stoppschild, -er *n.* stop sign (2) **4A**
Strand, -̈e *m.* beach (1) **2B**
Straße, -n *f.* street (2) **4A**
sich streiten *v.* to argue (3) **1A**
Strom, -̈e *m.* stream (3) **4A**
Student, -en / Studentin, -nen *m./f.* (college/university) student (1) **1A**
Studentenwohnheim, -e *n.* dormitory (1) **2A**
studieren *v.* to study; major in (1) **2A**
Studium (*pl.* **Studien**) *n.* studies (1) **2A**
Stuhl, -̈e *m.* chair (1) **1A**
Stunde, -n *f.* lesson (1) **1B**; hour (1) **2A**
Stundenplan, -̈e *m.* schedule (1) **2A**
Sturm, -̈e *m.* storm (2) **3A**
suchen *v.* to look for (1) **2A**
   eine Stelle suchen *v.* to look for a job (3) **3A**
Supermarkt, -̈e *m.* supermarket (1) **4A**
Suppe, -n *f.* soup (1) **4B**
surfen *v.* to surf (2) **4B**
   im Internet surfen *v.* to surf the Web (2) **4B**
süß *adj.* sweet, cute (1) **3B**, (1) **4B**
Süßigkeit, - en *f.* candy (2) **1A**
Sweatshirt, -s *n.* sweatshirt (2) **1B**
Symptom, -e *n.* symptom (3) **1B**

T

Tablette, -n *f.* pill (3) **1B**
Tafel, -n *f.* board, black board (1) **1B**
Tag, -e *m.* day (1) **1A**, (2) **3A**
   Welcher Tag ist heute? What day is it today? (2) **3A**
täglich *adv.* every day; daily (1) **4A**
Tal, -̈er *n.* valley (3) **4A**
tanken *v.* to fill up (2) **4A**
Tankstelle, -n *f.* gas station (2) **4A**
Tante, -n *f.* aunt (1) **3A**
tanzen *v.* to dance (1) **2B**
Taschenrechner, - *m.* calculator (1) **1B**
Taschentuch, -̈er *n.* tissue (3) **1B**
Tasse, -n *f.* cup (1) **4B**
Tastatur, -en *f.* keyboard (2) **4B**
Taxi, -s *n.* taxi (2) **4A**
Taxifahrer, - / Taxifahrerin, -nen *m./f.* taxi driver (3) **3B**
Technik *f.* technology (2) **4B**
   Technik bedienen *v.* to use technology (2) **4B**
Tee, -s *m.* tea (1) **4B**
Teelöffel, - *m.* teaspoon (1) **4B**
Telefon, -e *n.* telephone (2) **4B**
   am Telefon on the telephone (3) **3A**
Telefonnummer, -n *f.* telephone number (3) **3A**
Telefonzelle, -n *f.* phone booth (3) **2B**
Teller, - *m.* plate (1) **4B**
Tennis *n.* tennis (1) **2B**
Teppich, -e *m.* rug (2) **2A**
Termin, -e *m.* appointment (3) **3A**
   einen Termin vereinbaren *v.* to make an appointment (3) **3A**
Terminkalender, - *m.* planner (1) **1B**
teuer *adj.* expensive (1) **3A**
Thermometer, - *n.* thermometer (3) **1B**
Thunfisch *m.* tuna (1) **4A**
Tier, -e *n.* animal (3) **4A**

Tierarzt, -̈e / Tierärztin, -nen *m./f.* veterinarian (3) **3B**
Tisch, -e *m.* table, desk (1) **1B**
   den Tisch decken *v.* to set the table (2) **2B**
Tischdecke, -n *f.* tablecloth (1) **4B**
Toaster, - *m.* toaster (2) **2B**
Tochter, -̈ *f.* daughter (1) **3A**
Toilette, -n *f.* toilet (2) **2A**
Tomate, -n *f.* tomato (1) **4A**
Topf, -̈e *m.* pot (2) **2B**
Tor, -e *n.* goal (in soccer, etc.) (1) **2B**
Tornado, -s *m.* tornado (3) **4A**
Torte, -n *f.* cake (2) **1A**
Touristenklasse *f.* economy class (2) **3B**
tragen *v.* to carry; wear (1) **2B**
Trägerhemd, -en *n.* tank top (2) **1B**
trainieren *v.* to practice (1) **2B**
Traube, -n *f.* grape (1) **4A**
träumen *v.* to dream (1) **2A**
traurig *adj.* sad (1) **3B**
treffen *v.* to meet; to hit (1) **2B**
   sich treffen *v.* to meet (each other) (3) **1A**
treiben *v.* to float; to push
   Sport treiben *v.* to exercise (3) **1B**
Treibsand *m.* quicksand (3) **4A**
sich trennen *v.* to separate, split up (3) **1A**
Treppe, -n *f.* stairway (2) **2A**
trinken *v.* to drink (1) **3B**
Trinkgeld, -er *n.* tip (1) **4B**
trocken *adj.* dry (3) **4A**
trotz *prep.* despite, in spite of (2) **4B**
Tschüss. Bye. (1) **1A**
T-Shirt, -s *n.* T-shirt (2) **1B**
tun *v.* to do (3) **1B**
   Es tut mir leid. I'm sorry. (1) **1A**
   weh tun *v.* to hurt (3) **1B**
Tür, -en *f.* door (1) **1B**
   Türen schließen. Keep doors closed. (1) **3B**
Türkei (die) *f.* Turkey (3) **2B**
Türke, -n / die Türkin, -nen *m./f.* Turkish (person) (3) **2B**
Türkisch *n.* Turkish (language) (3) **2B**
Turnschuhe *m. pl.* sneakers (2) **1B**

U

U-Bahn *f.* subway (2) **4A**
übel *adj.* nauseous (3) **1B**
üben *v.* to practice (1) **2B**
über *prep.* over, above (2) **1B**
übernachten *v.* to spend the night (2) **3B**
überall *adv.* everywhere (1) **4A**
Überbevölkerung *f.* overpopulation (3) **4B**
überlegen *v.* to think over (1) **4A**
übermorgen *adv.* the day after tomorrow (1) **2B**
überqueren *v.* to cross (3) **2B**
überraschen *v.* to surprise (2) **1A**
Überraschung, -en *f.* surprise (2) **1A**
überzeugend *adj.* persuasive (3) **1B**
Übung, -en *f.* practice
Uhr, -en *f.* clock (1) **1B**
   um... Uhr at... o'clock (1) **2A**
   Wie viel Uhr ist es? *v.* What time is it? (1) **2A**
um *prep.* Around; at (time) (1) **3B**
   um... zu in order to (2) **3B**

Umleitung, -en *f.* detour (2) **4A**
umtauschen *v.* to exchange (2) **2B**
Umwelt, -en *f.* environment (3) **4B**
umweltfreundlich *adj.* environmentally friendly (3) **4B**
Umweltschutz *m.* environmentalism (3) **4B**
umziehen *v.* to move (2) **2A**, (3) **1A**
   sich umziehen *v.* to change clothes (3) **1A**
unangenehm *adj.* unpleasant (1) **3B**
und *conj.* and (2) **2A**
Unfall, -̈e *m.* accident (2) **4A**
   einen Unfall haben *v.* to have an accident (2) **4A**
Universität, -en *f.* university; college (1) **1B**
unmöbliert *adj.* unfurnished (2) **2A**
unser *poss. adj.* our (1) **3A**
unter *prep.* under, below (2) **1B**
untergehen *v.* to set (sun) (3) **4A**
sich unterhalten *v.* to chat, have a conversation (3) **1A**
Unterkunft, -̈e *f.* accommodations (2) **3B**
Unterricht, -e *m.* class (1) **1B**
unterschreiben *v.* to sign (3) **2A**
Unterwäsche *f.* underwear (2) **1B**
Urgroßmutter, -̈ *f.* great grandmother (1) **3A**
Urgroßvater, -̈ *m.* great grandfather (1) **3A**
Urlaub, -e *m.* vacation (2) **3B**
   Urlaub machen *v.* to go on vacation (2) **3B**
   Urlaub nehmen *v.* to take time off (3) **3B**
USA (die) *pl.* U.S.A. (3) **2B**

V

Vase, -n *f.* vase (2) **2A**
Vater, -̈ *m.* father (1) **3A**
Veranstaltung, -en *f.* class (1) **2A**
Verb, -en *n.* verb (3) **1A**
verbessern *v.* to improve (3) **4B**
verbringen *v.* to spend (2) **3A**
verdienen *v.* to earn (3) **3B**
Vereinigten Staaten (die) *pl.* United States (3) **2B**
Vergangenheit *f.* past (3) **4A**
vergessen *v.* to forget (1) **2B**
verheiratet *adj.* married (1) **3A**
verkaufen *v.* to sell (1) **4A**
Verkäufer, - / Verkäuferin, -nen *m./f.* salesperson (1) **1B**
Verkehr *m.* traffic (2) **4A**
Verkehrsmittel *n.* transportation (2) **4A**
   öffentliche Verkehrsmittel *n. pl.* public transportation (2) **4A**
verkünden *v.* to announce (3) **4B**
sich verlaufen *v.* to get lost (3) **2B**
sich verletzen *v.* to hurt oneself (3) **1B**
Verletzung, -en *f.* injury (3) **1B**
sich verlieben (in) *v.* to fall in love (with) (3) **1A**
verlieren *v.* to lose (1) **2B**
verlobt *adj.* engaged (1) **3A**
Verlobte, -n *m./f.* fiancé(e) (1) **3A**
verschmutzen *v.* to pollute (3) **4B**
Verschmutzung *f.* pollution (3) **4B**
sich verspäten *v.* to be late (3) **1A**
Verspätung, -en *f.* delay (2) **3B**
Verständnis, -se *n.* comprehension
sich (das Handgelenk / den Fuß) verstauchen *v.* to sprain (one's wrist/ankle) (3) **1B**

verstehen *v.* to understand (1) **2A**
verstopfte Nase *f.* stuffy nose (3) **1B**
verwandt *adj.* related (3) **2A**
Verwandte, -n *m.* relative (1) **3A**
viel *adv.* much, a lot (of) (1) **4A**
  Viel Glück! Good luck! (2) **1A**
  Vielen Dank. Thank you very much. (1) **1A**
vielleicht *adv.* maybe (1) **4A**
vier *four* (1) **2A**
Viertel, - *n.* quarter (1) **2A**
  Viertel nach/vor quarter past/to (1) **2A**
Visum (*pl.* **Visa**) *n.* visa (2) **3B**
Vogel, -̈ *m.* bird (1) **3A**
voll *adj.* full (2) **3B**
  voll besetzt *adj.* fully occupied (2) **3B**
Volleyball *m.* volleyball (1) **2B**
von *prep.* from (1) **4B**
vor *prep.* in front of, before (2) **1B**; *prep.* to (1) **2A**
vorbei *adv.* over, past (2) **3A**
vorbereiten *v.* to prepare (1) **4A**
  sich vorbereiten (auf) *v.* to prepare oneself
  (for) (3) **1A**
Vorbereitung, -en *f.* preparation
Vorhang, -̈e *m.* curtain (2) **2A**
Vorlesung, -en *f.* lecture (1) **2A**
vormachen *v.* to fool (2) **4B**
Vormittag, -e *m.* midmorning (1) **2B**
vormittags *adv.* before noon (1) **2A**
Vorspeise, -n *f.* appetizer (1) **4B**
vorstellen *v.* to introduce (3) **1A**
  sich vorstellen *v.* to introduce oneself (3) **1A**
  sich (etwas) vorstellen *v.* to imagine
  (something) (3) **1A**
Vorstellungsgespräch, -e *n.* job interview (3) **3A**
Vortrag, -̈e *m.* lecture (2) **2B**
Vulkan, -e *m.* volcano (3) **4A**

W

wachsen *v.* to grow (2) **1B**
während *prep.* during (2) **4B**
wahrscheinlich *adv.* probably (3) **2A**
Wald, -̈er *m.* forest (1) **2B**, (3) **4A**
Wand, -̈e *f.* wall (2) **1B**
wandern *v.* to hike (1) **2A**
wann *interr.* when (1) **2A**
  Wann hast du Geburtstag? When is your
  birthday? (2) **3A**
warm *adj.* warm (3) **2A**
warten *v.* to wait (for) (1) **2A**
  warten auf *v.* to wait for (2) **3A**
  in der Warteschleife sein *v.* to be on hold (3) **3B**
warum *interr.* why (1) **2A**
was *interr.* what (1) **2A**
  Was geht ab? What's up? (1) **1A**
  Was ist das? What is that? (1) **1B**
Wäsche *f.* laundry (2) **2B**
waschen *v.* to wash (1) **2B**
  sich waschen *v.* to wash (oneself) (3) **1A**
  Wäsche waschen *v.* to do laundry (2) **2B**
Wäschetrockner, - *m.* dryer (2) **2B**
Waschmaschine, -n *f.* washing machine (2) **2B**
Waschsalon, -s *m.* laundromat (3) **2A**
Wasser *n.* water (1) **4B**
Wasserfall, -̈e *m.* waterfall (3) **4A**
Wasserkrug, -̈e *m.* water pitcher (1) **4B**

Website, -s *f.* web site (2) **4B**
Weg, -e *m.* path (3) **4A**
wegen *prep.* because of (2) **4B**
wegräumen *v.* to put away (2) **2B**
wegwerfen *v.* to throw away (3) **4B**
weh tun *v.* to hurt (3) **1B**
Weihnachten, - *n.* Christmas (2) **1A**
weil *conj.* because (3) **2A**
Wein, -e *m.* wine (1) **4B**
weinen *v.* to cry (3) **1B**
weise *adj.* wise (3) **3B**
weiß *adj.* white (2) **1B**
weit *adj.* loose; big (2) **1B**; *adj.* far (3) **2B**
  weit von *adj.* far from (3) **2B**
  weiter geht's moving forward
welcher/welche/welches *interr.* which (1) **2A**
  Welcher Tag ist heute? What day is it
  today? (2) **3A**
Welt, -en *f.* world (3) **4B**
wem *interr.* whom (dat.) (1) **4B**
wen *interr.* whom (acc.) (1) **2A**
Wende, -n *f.* turning point (3) **4B**
wenig *adj.* little; not much (3) **2A**
wenn *conj.* when; whenever; if (3) **2A**
  wenn... dann if… then (3) **2A**
  wenn... nur if… only (3) **2A**
wer *interr.* who (1) **2A**
  Wer ist das? Who is it? (1) **1B**
  Wer spricht? Who's calling? (3) **3A**
werden *v.* to become (1) **2B**
werfen *v.* to throw (1) **2B**
Werkzeug, -e *n.* tool kit
wessen *interr.* whose (2) **4B**
Wetter *n.* weather (2) **3A**
  Wie ist das Wetter? What's the weather like?
  (2) **3A**
wichtig *adj.* important (2) **3B**
wie *interr.* how (1) **2A**
  wie viel? *interr.* how much? (1) **2A**
  wie viele? *interr.* how many? (1) **2A**
  Wie alt bist du? How old are you? (1) **1B**
  Wie heißt du? *(inf.)* What's your name? (1) **1A**
wiederholen *v.* to repeat (1) **2A**
Wiederholung, -en *f.* repetition; revision
wiegen *v.* to weigh (2) **4B**
willkommen welcome (1) **1A**
  Herzlich willkommen! Welcome! (1) **1A**
Windenergie *f.* wind energy (3) **4B**
windig *adj.* windy (2) **3A**
Windschutzscheibe, -n *f.* windshield (2) **4A**
Winter, - *m.* winter (1) **2B**, (2) **3A**
wir *pron.* we (1) **1A**
wirklich *adv.* really (1) **4A**
Wirtschaft, -en *f.* business; economy (1) **2A**
wischen *v.* to wipe, mop (2) **2B**
wissen *v.* to know (information) (2) **1B**
Wissenschaftler, - / Wissenschaftlerin,
  -nen *m./f.* scientist (3) **3B**
Witwe, -n *f.* widow (3) **3A**
Witwer, - *m.* widower (3) **3A**
wo *interr.* where (1) **2A**
woanders *adv.* somewhere else (1) **4A**
Woche, -n *f.* week (1) **2A**
Wochenende, -n *n.* weekend (1) **2A**
woher *interr.* from where (1) **2A**; (2) **2A**
wohin *interr.* where to (1) **2A**

wohl *adv.* probably (3) **2A**
wohnen *v.* to live (somewhere) (1) **2A**
Wohnung, -en *f.* apartment (2) **2A**
Wohnzimmer, - *n.* living room (2) **2A**
Wolke, -n *f.* cloud (2) **3A**
wolkig *adj.* cloudy (2) **3A**
Wolle *f.* wool (2) **1B**
wollen *v.* to want (1) **3B**
Wörterbuch, -̈er *n.* dictionary (1) **1B**
Wortschatz, -̈e *m.* vocabulary
wünschen *v.* to wish (3) **1A**
  sich (etwas) wünschen *v.* to wish (for
  something) (3) **1A**
Würstchen, - *n.* sausage (1) **4A**

Z

Zahn, -̈e *m.* tooth (3) **1A**
  sich die Zähne putzen *m.* to brush one's teeth (3)
  1A
Zahnarzt, -̈e / Zahnärztin, -nen *m./f.* dentist (3)
  1B
Zahnbürste, -n *f.* toothbrush (3) **1A**
Zahnpasta (*pl.* **Zahnpasten**) *f.* toothpaste (3) **1A**
Zahnschmerzen *m. pl.* toothache (3) **1B**
Zapping *n.* channel surfing
Zebrastreifen, - *m.* crosswalk (3) **2B**
Zeh, -en *m.* toe (3) **1A**
zehn ten (1) **2A**
zeigen *v.* to show (2) **1A**
Zeit, -en *f.* time (2) **3B**
Zeitschrift, -en *f.* magazine (3) **2A**
Zeitung, -en *f.* newspaper (2) **3B**, (3) **2A**
Zelt, -e *n.* tent (2) **3B**
Zeltplatz, -̈e *m.* camping area (2) **3B**
Zeugnis, -se *n.* report card, grade report (1) **1B**
ziehen *v.* to pull (1) **3B**
ziemlich *adv.* quite
  ziemlich gut pretty well (1) **1A**
Zimmer, - *n.* room (1) **1A**
  Zimmer frei vacancy (2) **2A**
Zimmerservice *m.* room service (2) **3B**
Zoll *m.* customs (2) **3B**
zu *adv.* too (1) **4A**; *prep.* to; for; at (1) **4B**
  bis zu *prep.* up to; until (3) **2B**
  um... zu (in order) to (2) **3B**
  Zum Wohl! Cheers! (1) **4B**
zubereiten *v.* to prepare (2) **3A**
zuerst *adv.* first (2) **3B**
Zug, -̈e *m.* train (2) **4A**
zumachen *v.* to close (2) **4B**
sich zurechtfinden *v.* to find one's way (3) **2B**
zurückkommen *v.* to come back (1) **4A**
zusammen *adv.* together (1) **4A**
zuschauen *v.* to watch (1) **4A**
zuverlässig *adj.* reliable (3) **3B**
zwanzig twenty (1) **2A**
zwei two (1) **2A**
zweite *adj.* second (1) **2A**
Zwiebel, -n *f.* onion (1) **4A**
Zwilling, -e *m.* twin (3) **3A**
zwischen *prep.* between (2) **1B**
zwölf twelve (1) **2A**

Englisch-Deutsch

A

a ein/eine (1) **1A**
able: to be able to können v. (1) **3B**
about über prep. (2) **1B**
  to be about handeln von v. (2) **3A**
above über prep. (2) **1B**
abroad Ausland n. (2) **3B**
accident Unfall, -̈e m. (2) **4A**
  to have an accident einen Unfall haben v. (2) **4A**
accommodation Unterkunft, -̈e f. (2) **3B**
according to nach prep. (1) **4B**
accountant Buchhalter, - / Buchhalterin, -nen m./f (3) **3B**
acid rain saurer Regen m. (3) **4B**
across (from) gegenüber (von) prep. (3) **2B**
address Adresse, -n f. (3) **2A**
address book Adressbuch, -̈er n. (3) **3A**
adopt adoptieren v. (1) **3A**
afraid: to be afraid of Angst haben vor v. (2) **3A**
after nach prep. (1) **4B**; nachdem conj. (3) **2A**
afternoon Nachmittag, -e m. (1) **2B**
  in the afternoon nachmittags adv. (2) **2A**
against gegen prep. (1) **3B**
air Luft, -̈e f. (3) **4A**
airplane Flugzeug, -e n. (2) **3B**
airport Flughafen, -̈ m. (2) **3B**
all ganz adj. (2) **3B**; alle pron. (2) **3B**
allergic (to) allergisch (gegen) adj. (3) **1B**
allergy Allergie, -n f. (3) **1B**
allow lassen v. (1) **2B**
  to be allowed to dürfen v. (1) **3B**
almost fast adv (1) **4A**
alone allein adv. (1) **4A**
along entlang prep. (1) **3B**
already schon (2) **1B**
alright: Are you alright? Alles klar? (1) **1A**;
also auch adv. (1) **4A**
although obwohl conj. (3) **2A**
always immer adv. (1) **4A**
ambulance Krankenwagen, - m. (3) **1B**
America Amerika n. (3) **2B**
American amerikanisch adj. (3) **2B**; **(person)** Amerikaner, - / Amerikanerin, -nen m./f. (3) **2B**
  American football American Football m. (1) **2B**
and und conj. (2) **2A**
animal Tier, -e n. (3) **4A**
angry böse adj.
  to get angry (about) sich ärgern (über) v. (3) **1A**
anniversary Jahrestag, -e m. (2) **1A**
announce verkünden v. (3) **4B**
answer antworten v. (1) **2A**; beantworten v. (1) **4B**; Antwort, -en f.
  to answer the phone einen Anruf entgegennehmen v. (3) **3A**
answering machine Anrufbeantworter, - m. (2) **4B**
anything: Anything else? Noch einen Wunsch? (1) **4B**; Sonst noch etwas? (1) **4A**
apartment Wohnung, -en f. (2) **2A**
appetizer Vorspeise, -n f. (1) **4B**
apple Apfel, -̈ m. (1) **1A**

applicant Bewerber, - / Bewerberin, -nen m./f. (3) **3A**
apply sich bewerben v. (3) **3A**
appointment Termin, -e m. (3) **3A**
April April m. (1) **2A**
architect Architekt, -en / Architektin, -nen m./f. (3) **3B**
architecture Architektur, -en f. (1) **2A**
argue sich streiten v. (3) **1A**
arm Arm, -e m. (3) **1A**
armchair Sessel, - m. (2) **2A**
around um prep. (1) **3B**
arrival Ankunft, -̈e f. (2) **3B**
arrive ankommen v. (1) **4A**
arrogant eingebildet adj. (1) **3B**
art Kunst, -̈e f. (1) **2A**
artichoke Artischocke, -n f. (1) **4A**
as als conj. (2) **4A**
  as if als ob (3) **2A**
ask fragen v. (1) **2A**
  to ask about fragen nach v. (2) **3A**
assistant Assistent, -en / Assistentin, -nen m./f. (3) **3A**
at um prep. (1) **3B**; bei prep. (1) **4A**; an prep. (2) **1B**
  at... o'clock um... Uhr (1) **2A**
athletic sportlich adj. (2) **2B**
ATM Geldautomat, -en m. (3) **2A**
Attention! Achtung!
attic Dachboden, -̈ m. (2) **2A**
August August m. (1) **2A**
aunt Tante, -n f. (1) **3A**
Austria Österreich n. (3) **2B**
Austrian österreichisch adj. (3) **2B**; **(person)** Österreicher, - / Österreicherin, -nen m./f. (3) **2B**
autumn Herbst, -e m. (1) **2B**
avenue Allee, -n f.
awful furchtbar adj. (2) **3A**

B

baby Baby, -s n. (1) **3A**
back Rücken, - m. (3) **1A**
backache Rückenschmerzen m. pl. (3) **1B**
backpack Rucksack, -̈e m. (1) **1B**
bad schlecht adj. (1) **3B**
  badly dressed schlecht gekleidet adj. (2) **1B**
bake backen v. (1) **2B**
baked goods Gebäck n. (2) **1A**
bakery Bäckerei, -en f. (1) **4A**
balcony Balkon, - e m. (2) **2A**
ball Ball, -̈e m. (1) **2B**
balloon Ballon, -e m. (2) **1A**
ball-point pen Kuli, -s m. (1) **1B**
banana Banane, -n f. (1) **4A**
bank Bank, -en f. (3) **2A**
  at the bank auf der Bank f. (3) **2B**
bank account Konto (pl. Konten) n. (3) **2A**
bank employee Bankangestellte, -n m./f. (3) **3B**
baseball Baseball m. (1) **2B**
basketball Basketball m. (1) **2B**
bath: to take a bath sich baden v. (3) **1A**
bathing suit Badeanzug, -̈e m. (2) **1B**

bathrobe Bademantel, -̈ m. (3) **1A**
bathroom Badezimmer, - n. (3) **1A**
bathtub Badewanne, -n f. (2) **2A**
battery charger Ladegerät, -e n. (2) **4B**
be sein v. (1) **1A**
  Is/Are there... Ist/Sind hier...? v. (1) **1B**; Gibt es...? (1) **2B**
  There is/are... Da ist/sind... v. (1) **1A**; Es gibt... (1) **2B**
beach Strand, -̈e m. (1) **2B**
bean Bohne, -n f.
beard Bart, -̈e m. (3) **1A**
beautiful schön adj. (1) **3A**
beauty salon Kosmetiksalon, -s m. (3) **2A**
because denn conj. (2) **2A**; weil conj. (3) **2A**
  because of wegen prep. (2) **4B**
become werden v. (1) **2B**
bed Bett, -en n. (2) **2A**
  to go to bed ins Bett gehen v. (3) **1A**
  to make the bed das Bett machen v. (2) **2B**
bedroom Schlafzimmer, - n. (2) **2A**
beef Rindfleisch n. (1) **4A**
beer Bier, -e n. (1) **4B**
before vor prep. (2) **1B**; bevor conj. (2) **4A**
  before noon vormittags adv. (1) **2A**
begin anfangen v. (1) **4A**; beginnen v. (2) **2A**
behind hinter prep. (2) **1B**
believe glauben v. (2) **1A**; meinen v. (3) **4B**
belly Bauch, -̈e m. (3) **1A**
belong gehören v. (2) **1A**
below unter prep. (2) **1B**
belt Gürtel, - m. (2) **1B**
bench Bank, -̈e f. (3) **2B**
best beste/bester/bestes adj. (2) **4A**
  All the best! Mach's gut! v. (1) **3B**; alles Gute (3) **2A**
better besser adj. (2) **4A**
  to get better gesund werden v. (3) **1B**
between zwischen prep. (2) **1B**
beverage Getränk, -e n. (1) **4B**
bicycle Fahrrad, -̈er n. (1) **2B**
bill (money) Geldschein, -e m. (3) **2A**
biology Biologie f. (1) **2A**
bird Vogel, -̈ m. (1) **3A**
birth Geburt, -en f. (2) **1A**
birthday Geburtstag, -e m. (2) **1A**
  When is your birthday? Wann hast du Geburtstag? (2) **3A**
black schwarz adj. (2) **1B**
  black board Tafel, -n f. (1) **1B**
  black-haired schwarzhaarig adj. (1) **3A**
bland fade adj. (1) **4B**
blanket Decke, -n f. (2) **2B**
blond blond adj. (1) **3A**
  blond hair blonde Haare n. pl. (1) **3A**
blood pressure Blutdruck m. (3) **1B**
blouse Bluse, -n f. (2) **1B**
blue blau adj. (1) **3A**
board Tafel, -n f. (1) **1B**
boarding pass Bordkarte, -n f. (2) **3B**
boat Boot, -e n. (2) **4A**
body Körper, - m. (3) **1A**

book Buch, -¨er *n.* **(1) 1A**
bookshelf Bücherregal, -e *n.* **(2) 2A**
boot Stiefel, - *m.* **(2) 1B**
boring langweilig *adj.* **(1) 3B**
boss Chef, -s / Chefin, -nen *m./f.* **(3) 3B**
bottle Flasche, -n *f.* **(1) 4B**
bowl Schüssel, -n *f.* **(1) 4B**
boy Junge, -n *m.* **(1) 1A**
brakes Bremse, -n *f.* **(2) 4A**
brave mutig *adj.* **(1) 3B**
bread Brot, -e *n.* **(1) 4A**
break brechen *v.* **(1) 2B**
  to break (an arm / a leg) sich (den Arm /Bein) brechen *v.* **(3) 1B**
  Break a leg! Hals- und Beinbruch! **(2) 1A**
breakfast Frühstück, -e *n.* **(1) 4B**
bridge Brücke, -n *f.* **(3) 2B**
bright hell *adj.* **(2) 1B**
bring bringen *v.* **(1) 2A**
  to bring along mitbringen *v.* **(1) 4A**
  to bring out rausbringen **(2) 2B**
  to bring with mitnehmen *v.* **(3) 2B**
broom Besen, - *m.* **(2) 2B**
brother Bruder, -¨ *m.* **(1) 1A**
brother-in-law Schwager, -¨ *m.* **(3) 3A**
brown braun *adj.* **(2) 1B**
  brown-haired braunhaarig *adj.*; brünett *adj.* **(1) 3A**
bruise blauer Fleck, -e *m.* **(3) 1B**
brunette brünett *adj.* **(1) 3A**
brush Bürste, -n *f.* **(3) 1A**
  to brush one's hair sich die Haare bürsten *v.* **(3) 1A**
  to brush one's teeth sich die Zähne putzen *v* **(3) 1A**
build bauen *v.* **(1) 2A**
building Gebäude, - *n.* **(3) 2A**
bulletin board Pinnwand, -¨e *f.* **(3) 3A**
burn brennen *v.* **(2) 1A**
bus Bus, -se *m.* **(2) 4A**
bus stop Bushaltestelle, -n *f.* **(2) 4A**
bush Busch, -¨e *m.* **(3) 4A**
business Wirtschaft, -en *f.* **(1) 2A**; Geschäft, -e *n.* **(3) 3A**
  business class Businessklasse *f.* **(2) 3B**
businessman / businesswoman Geschäftsmann, -¨er / Geschäftsfrau, -en *m./f.* (*pl.* Geschäftsleute) **(1) 3B**
but aber *conj.* **(2) 2A**
  but rather sondern *conj.* **(2) 2A**
butcher shop Metzgerei, -en *f.* **(1) 4A**
butter Butter *f.* **(1) 4A**
buy kaufen *v.* **(1) 2A**
by an *prep.* **(2) 1B**; bei; von **(1) 4B**
Bye! Tschüss! **(1) 1A**

cabinet Schrank, -¨e *m.* **(2) 2A**
café Café, -s *n.* **(1) 2A**
cafeteria Cafeteria, (*pl.* Cafeterien) *f.*; **(college/ university)** Mensa, Mensen *f.* **(1) 1B**
cake Kuchen, - *m.* **(1) 4A**
cake Torte, -n *f.* **(2) 1A**

calculator Taschenrechner, - *m.* **(1) 1B**
call anrufen *v.* **(1) 4A**; sich anrufen **(3) 1A**; nennen *v.* **(2) 1A**
  Who's calling? Wer spricht? **(3) 3A**
calm ruhig *adj.* **(1) 3B**
camping Camping *n.* **(1) 2B**
camping area Zeltplatz, -¨e *m.* **(2) 3B**
can können *v.* **(1) 3B**
Canada Kanada *n.* **(3) 2B**
Canadian kanadisch *adj.* **(3) 2B**; **(person)** Kanadier, - / Kanadierin, -nen *m./f.* **(3) 2B**
cancel abbrechen *v.* **(2) 3B**
candidate Kandidat, -en *m.* **(3) 3A**
candy Süßigkeit, -en *f.* **(2) 1A**
cap Mütze, -n *f.* **(2) 1B**
car Auto, -s *n.* **(1) 1A**
  to drive a car Auto fahren *v.* **(2) 4A**
card Karte, -n *f.* **(1) 2B**
career Karriere, -n *f.* **(3) 3B**
caretaker Hausmeister, - / Hausmeisterin, -nen *m./f.* **(3) 3B**
carpool Fahrgemeinschaft, -en *f.* **(3) 4B**
carrot Karotte, -n *f.* **(1) 4A**
carry tragen *v.* **(1) 2B**
carry-on luggage Handgepäck *n.* **(2) 3B**
cash bar *adj.* **(3) 2A**; Bargeld *n.* **(3) 2A**
  to pay in cash bar bezahlen *v.* **(3) 2A**
cat Katze, -n *f.* **(1) 3A**
catch fangen *v.* **(1) 2B**
  to catch a cold sich erkälten *v.* **(3) 1A**
CD player CD-Player, - *m.* **(2) 4B**
celebrate feiern *v.* **(2) 1A**
celebration Fest, -e *n.* **(2) 1A**
cell phone Handy, -s *n.* **(2) 4B**
cellar Keller, - *m.* **(2) 2A**
ceramic Keramik, -en *f.* **(2) 2B**
chair Stuhl, -¨e *m.* **(1) 1A**
champagne Sekt, -e *m.* **(2) 1A**
championship Meisterschaft, -en *f.* **(1) 2B**
change Kleingeld *n.* **(3) 2A**
  to change clothes sich umziehen *v.* **(3) 1A**
channel Sender, - *m.* **(2) 4B**
  channel surfing Zapping *n.*
charge laden *v.* **(2) 4B**
chat sich unterhalten *v.* **(3) 1A**
cheap billig *adj.* **(2) 1B**
check Rechnung, -en *f.* **(1) 4B**
Cheers! Prost! **(1) 4B**; Zum Wohl! **(1) 4B**
cheese Käse, - *m.* **(1) 4A**
chemistry Chemie *f.* **(1) 2A**
chess Schach *n* **(1) 2B**
chicken Huhn,-¨er *n.* 12A; **(food)** Hähnchen, - *n.* **(1) 4A**
child Kind, -er *n.* **(1) 1A**
China China *n.* **(3) 2B**
Chinese (person) Chinese, -n / Chinesin, -nen *m./f.* **(3) 2B**; **(language)** Chinesisch *n.* **(3) 2B**
Christmas Weihnachten, - *n.* **(2) 1A**
church Kirche, -n *f.* **(3) 2B**
city Stadt, -¨e *f.* **(2) 1B**
  city center Innenstadt, -¨e *f.*
claim behaupten *v.* **(3) 4B**
class Klasse, -n *f.* **(1) 1B**; Unterricht *m.* **(1) 1B**;

Veranstaltung, -en *f.* **(1) 2A**
  first/second class erste/zweite Klasse **(2) 4A**
classical klassisch *adj.* **(3) 2B**
classmate Klassenkamerad, -en / Klassenkameradin, -nen *m./f.* **(1) 1B**
classroom Klassenzimmer, - *n.* **(1) 1B**
clean sauber *adj.* **(2) 2B**; putzen *v.* **(2) 2B**
  to clean up aufräumen *v.* **(2) 2B**
cliff Klippe, -n *f.* **(3) 4A**
  to climb (mountain) klettern *v.* **(2) 2B**
  to climb (stairs) (die Treppe) hochgehen *v.* **(3) 2B**
clock Uhr, -en *f.* **(1) 1B**
  at... o'clock um... Uhr **(1) 2A**
close zumachen *v.* **(2) 4B**; nah *adj.* **(3) 2B**
  close to in der Nähe von *prep.* **(2) 2B**
closed geschlossen *adj.* **(3) 2A**
closet Schrank, -¨e *m.* **(2) 2A**
clothes Kleidung *f.* **(2) 1B**
cloud Wolke, -n *f.* **(2) 3A**
cloudy wolkig *adj.* **(2) 3A**
coast Küste, -n *f.* **(3) 4A**
coat Mantel, -¨ *m.* **(2) 1B**
coffee Kaffee, -s *m.* **(1) 4B**
coffeemaker Kaffeemaschine, -n *f.* **(2) 2B**
coin Münze, -n *f.* **(3) 2A**
cold kalt *adj.* **(2) 3A**; Erkältung, -en *f.* **(3) 1B**
  to catch a cold sich erkälten *v.* **(3) 1A**
college Universität, -en *f.* **(1) 1B**
college instructor Dozent, -en / Dozentin, -nen *m./f.* **(1) 2A**
color Farbe, -n *f.* **(2) 1B**
  solid colored einfarbig *adj.* **(2) 1B**
colorful bunt *adj.* **(3) 2A**
comb Kamm, -¨e *m.* **(3) 1A**
  to comb (one's hair) sich (die Haare) kämmen *v.* **(3) 1A**
come kommen *v.* **(1) 2A**
  to come along mitkommen *v.* **(1) 4A**
  to come back zurückkommen *v.* **(1) 4A**
comma Komma, -s *f.* **(1) 1B**
compact disc CD, -s *f.* **(2) 4B**
company Firma (*pl.* die Firmen) *f.* **(3) 3A**
complicated kompliziert *adj.* **(3) 2A**
computer Computer, - *m.* **(1) 1B**
computer science Informatik *f.* **(1) 2A**
concert Konzert, -e *n.* **(2) 1B**
congratulate gratulieren *v.* **(2) 1A**
  Congratulations! Herzlichen Glückwunsch! **(2) 1A**
construction zone Baustelle, -n *f.* **(2) 4A**
conversation: to have a conversation sich unterhalten *v.* **(3) 1A**
cook kochen *v.* **(1) 2B**; Koch, -¨e / Köchin, -nen *m./f.* **(1) 4B**
cookie Keks, -e *m.* **(2) 1A**
cool kühl *adj.* **(2) 3A**
corner Ecke, -n *f.* **(3) 2B**
correct korrigieren *v.* **(1) 2A**
cost kosten *v.* **(1) 2A**
cotton Baumwolle *f.* **(2) 1B**
couch Sofa, -s *n.* **(2) 3B**
  to couch surf Sofa surfen *v.* **(2) 3B**

cough husten *v.* (3) **1B**
country Land, -¨er *n.* (2) **3B**
countryside Landschaft, -en *f.* (3) **4A**
couple Paar, -e *n.* (1) **3A**
courageous mutig *adj.*
course Gang, -¨e *m.* (1) **4B**
  first/second course erster/zweiter Gang *m.* (1) **4B**
  main course Hauptspeise, -en *f.* (1) **4B**
court Platz, -¨e *m.* (1) **1A**
cousin Cousin, -s / Cousine, -n *m./f.* (1) **3A**
cover decken *v.* (2) **2B**
cow Kuh, -¨e *f.* (3) **4A**
cram (for a test) büffeln *v.* (1) **2A**
cross überqueren *v.* (3) **2B**
  to cross the street die Straße überqueren *v.* (3) **2B**
cross-reference Querverweis, -e *m.*
crosswalk Zebrastreifen, - *pl.* (3) **2B**
cruel grausam *adj.*; gemein *adj.* (1) **3B**
cruise Kreuzfahrt, -en *f.* (3) **3B**
cry weinen *v.* (3) **1B**
cup Tasse, -n *f.* (1) **4B**
curious neugierig *adj.* (1) **3B**
curly lockig *adj.* (1) **3A**
curtain Vorhang, -¨e *m.* (2) **2A**
custodian Hausmeister, - / Hausmeisterin, -nen *m./f.* (3) **3B**
customer Kunde, -n /Kundin, -nen *m./f.* (3) **1B**
customs Zoll *m.* (2) **3B**
cut Schnitt, -e *m.* (2) **1B**
  to cut class schwänzen *v.* (1) **1B**
cute süß *adj.* (1) **3B**
CV Lebenslauf, -¨e *m.* (3) **3A**

D

dad Papa, -s *m.* (1) **3A**
daily täglich *adv.* (1) **4A**
  daily routine Alltagsroutine *f.* (3) **1A**
dance tanzen *v.* (1) **2B**
danger Gefahr, -en *f.* (3) **4B**
dark dunkel *adj.* (1) **3A**
  dark-haired dunkelhaarig *adj.* (1) **3A**
darling Liebling, -e *m.*
date Datum (*pl.* Daten) *n.* (2) **3A**
  What is the date today? Der wievielte ist heute? *v.* (1) **2A**
daughter Tochter, -¨ *f.* (1) **3A**
day Tag, -e *m.* (1) **1A**
  every day täglich *adv.* (1) **4A**
Dear Lieber/Liebe *m./f.* (1) **3B**
December Dezember *m.* (1) **2A**
decide sich entschließen *v.* (1) **4B**
definitely bestimmt *adv.* (1) **4A**
degree Abschluss, -¨e *m.* (1) **2A**; Grad *n.* (2) **3A**
  It's 18 degrees out. Es sind 18 Grad draußen. (2) **3A**
delay Verspätung, -en *f.* (2) **3B**
delete löschen *v.* (2) **4B**
delicatessen Feinkostgeschäft, -e *n.* (1) **4A**
delicious lecker *adj.* (1) **4B**
demanding anspruchsvoll *adj.* (3) **3B**

dentist Zahnarzt, -¨e / Zahnärztin, -nen *m./f.* (3) **1B**
department store Kaufhaus, -¨er *n.* (3) **2B**
departure Abflug, -¨e *m.* (2) **3B**
deposit (money) (Geld) einzahlen *v.* (3) **2A**
describe beschreiben *v.* (1) **2A**
description Beschreibung, -en *f.* (1) **3B**
desk Schreibtisch, -e *m.* (1) **1B**
despite trotz *prep.* (2) **4B**
dessert Nachspeise, -n *f.* (1) **4B**
destination Reiseziel, -e *n.* (2) **3B**
detour Umleitung, -en *f.* (2) **4A**
develop entwickeln *v.* (3) **4B**
dictionary Wörterbuch, -¨er *n.* (1) **1B**
die sterben *v.* (2) **1B**
diet Diät, -en *f.* (1) **4B**
  to be on a diet auf Diät sein *v.* (1) **4B**
difficult schwierig *adj.* (1) **2A**
digital camera Digitalkamera, -s *f.* (2) **4B**
dining room Esszimmer, - *n.* (2) **2A**
dinner Abendessen, - *n.* (1) **4B**
diploma Abschlusszeugnis, -se *n.* (1) **2A**; Diplom, -e *n.* (1) **2A**
direction Richtung, -en *f.* (3) **2B**
dirty schmutzig *adj.* (2) **2B**
discover entdecken *v.* (2) **2B**
discreet diskret *adj.* (1) **3B**
discuss besprechen *v.* (2) **3A**
dishes Geschirr *n.* (2) **2B**
  to do the dishes Geschirr spülen (2) **2B**
dishwasher Spülmaschine, -n *f.* (2) **2B**
dislike nicht gern (+*verb*) (1) **3A**
divided by geteilt durch (1) **1B**
divorced geschieden *adj.* (1) **3A**
dizzy schwindlig *adj.* (3) **1B**
do machen *v.* (1) **2A**; tun *v.* (1) **1B**
  to do laundry Wäsche waschen *v.* (2) **2B**
  to do the dishes Geschirr spülen *v.* (2) **2B**
  to have to do with handeln von (2) **3A**
doctor Arzt, -¨e / Ärztin, -nen *m./f.* (3) **1B**
  to go to the doctor zum Arzt gehen *v.* (3) **1B**
document Dokument, -e *n.* (2) **4B**
dog Hund, -e *m.* (1) **3A**
door Tür, -en *f.* (1) **1B**
dormitory Studentenwohnheim, -e *n.* (1) **2A**
down entlang *prep.* (1) **3B**; herunter *adv.* (2) **2A**
  to go down heruntergehen *v.* (3) **2B**
download herunterladen *v.* (2) **4B**
dozen Dutzend, -e *n.* (1) **4A**
  a dozen eggs ein Dutzend Eier (1) **4A**
drawer Schublade, -n *f.* (2) **2A**
dream träumen *v.* (1) **2A**
dress Kleid, -er *n.* (2) **1B**
  to get dressed sich anziehen *v.* (3) **1A**
  to get undressed sich ausziehen *v.* (3) **1A**
dresser Kommode, -n *f.* (2) **2A**
drink trinken *v.* (1) **3B**
drive fahren *v.* (2) **4A**
  to drive a car Auto fahren *v.* (2) **4A**
driver Fahrer, - / Fahrerin, -nen *m./f.* (4) **4A**
drugstore Drogerie, -n *f.* (3) **2A**
dry trocken *adj.* (3) **4A**
  to dry oneself off sich abtrocknen *v.* (3) **1A**

dryer Wäschetrockner, - *m.* (2) **2B**
dumb dumm *adj.* (2) **4A**
during während *prep.* (2) **4B**
dust abstauben *v.* (2) **2B**
duvet Bettdecke, - n *f.* (2) **2B**
DVD DVD, -s *f.* (2) **4B**
DVD-player DVD-Player, - *m.* (2) **4B**
dye (one's hair) sich (die Haare) färben *v.* (3) **1A**
dynamic dynamisch *adj.* (1) **3B**

E

ear Ohr, -en *n.* (3) **1A**
early früh *adj.* (1) **2B**
earn verdienen *v.* (3) **3B**
earth Erde, -n *f.* (3) **4B**
earthquake Erdbeben, - *n.* (3) **4A**
easy einfach *adj.* (1) **2A**
eat essen *v.* (1) **2B**
  to eat out essen gehen *v.* (1) **2B**
ecological ökologisch *adj.* (3) **4B**
ecology Ökologie *f.* (3) **4B**
economy Wirtschaft, -en *f.* (1) **2A**
  economy class Touristenklasse *f.* (2) **3B**
education Ausbildung, -en *f.* (3) **3A**
egg Ei, -er *n.* (1) **4A**
eggplant Aubergine, -n *f.* (1) **4A**
eight acht (1) **2A**
elbow Ellenbogen, - *m.* (3) **1A**
electrician Elektriker, - / Elektrikerin, -nen *m./f.* (3) **3B**
elegant elegant *adj.* (2) **1B**
elevator Fahrstuhl, -¨e *m.* (2) **3B**
eleven elf (1) **2A**
e-mail E-Mail, -s *f.* (2) **4B**
emergency Notfall, -¨e *m.* (3) **3B**
emergency room Notaufnahme, -n *f.* (3) **1B**
employee Angestellte, -n *m./f.* (3) **3A**
endangered gefährdet *adj.* (3) **4B**
energy Energie, -n *f.* (3) **4B**
energy-efficient energiesparend *adj.* (2) **2B**
engaged verlobt *adj.* (1) **3A**
engine Motor, -en *m.* (2) **4A**
engineer Ingenieur, -e / Ingenieurin, -nen *m./f.* (1) **3B**
England England *n.* (3) **2B**
English (person) Engländer, - / Engländerin, -nen *m./f.* (2) **2B**; (language) Englisch *n.* (3) **2B**
enjoy genießen *v.*
  Enjoy your meal! Guten Appetit! (1) **4B**
envelope Briefumschlag, -¨e *m.* (3) **2A**
environment Umwelt, -en *f.* (3) **4B**
  environmentally friendly umweltfreundlich *adj.* (2) **4B**
environmentalism Umweltschutz *m.* (3) **4B**
equal (gleich) sein *v.* (1) **1B**
eraser Radiergummi, -s *m.* (1) **1B**
errand Besorgung, -en *f.* (3) **2A**
  to run errands Besorgungen machen *v.* (3) **2A**
even though obwohl *conj.* (2) **2A**
evening Abend, -e *m.* (1) **2B**
  in the evening abends *adv.* (1) **2A**
every jeder/jede/jedes *adv.* (2) **4B**

everything alles *pron.* (2) **3B**
  Everything OK? Alles klar? (1) **1A**
everywhere überall *adv.* (1) **4A**
exam Prüfung, -en *f.* (1) **1B**
except (for) außer *prep.* (1) **4B**
exchange umtauschen *v.* (2) **2B**
exciting spannend *adj.* (3) **2A**; aufregend
  adj. (3) **4A**
Excuse me. Entschuldigung. (1) **1A**
exercise Sport treiben *v.* (3) **1B**
exit Ausgang, -¨e *m.* (2) **3B**; Ausfahrt, -en *f.* (2) **4A**
expensive teuer *adj.* (1) **3A**
experience durchmachen *v.* (2) **4B**; Erfahrung,
  -en *f.* (3) **3A**
explain erklären *v.* (1) **4A**
explore erforschen *v.* (3) **4A**
expression Ausdruck, -¨e *m.*
extinction Aussterben *n.* (3) **4B**
eye Auge, -n *n.* (1) **3A**
eyebrow Augenbraue, -n *f.* (3) **1A**

F

face Gesicht, -er *n.* (3) **1A**
factory Fabrik, -en *f.* (3) **4B**
factory worker Fabrikarbeiter, - / Fabrikarbeiterin,
  -nen *m./f.* (3) **3B**
fail durchfallen *v.* (1) **1B**; scheitern *v.* (3) **3B**
fall fallen *v.* (1) **2B**; (season) Herbst, -e *m.* (1) **2B**
  to fall in love (with) sich verlieben (in) *v.* (3) **1A**
familiar bekannt *adj.*
  to be familiar with kennen *v.* (2) **1B**
family Familie, -n *f.* (1) **3A**
fan Fan, -s *m.* (1) **2B**
fantastic fantastisch *adj.* (3) **2A**
far weit *adj.* (3) **2B**
  far from weit von *adj.* (3) **2B**
farm Bauernhof, -¨e *m.* (3) **4A**
farmer Bauer, -n / Bäuerin, -nen *m./f.* (3) **3B**
fashionable modisch *adj.* (2) **1B**
fast schnell *adj.* (1) **3B**
fat dick *adj.* (1) **3A**
father Vater, -¨ *m.* (1) **3A**
father-in-law Schwiegervater, -¨ *m.* (1) **3A**
favorite Lieblings- (1) **3B**
fax machine Faxgerät, -e *n.* (4) **4B**
fear Angst, -¨e *f.* (3) **3A**
February Februar *m.* (1) **2A**
feel fühlen *v.* (1) **2A**; sich fühlen *v.* (3) **1A**
  to feel like Lust haben *v.* (2) **3B**
  to feel well sich wohl fühlen *v.* (3) **1A**
fever Fieber, - *n.* (3) **1B**
  to have a fever Fieber haben *v.* (3) **1B**
fiancé(e) Verlobte, -n *m./f.* (1) **3A**
field Spielfeld, -er *n.* (1) **2B**; Feld, -er *n.* (3) **4A**;
  Sektor, -en *m.* (3) **3A**
file Datei, -en *f.* (2) **4B**
fill füllen *v.*
  to fill out ausfüllen *v.* (3) **2A**
  to fill up tanken *v.* (2) **4A**
filthy dreckig *adj.* (2) **2B**
find finden *v.* (1) **2A**
  to find one's way sich zurechtfinden *v.* (3) **2B**

to find out (about) sich informieren (über) *v.* (3)
  1A
fine (monetary) Bußgeld, -er *n.* (2) **4A**
  I'm fine. Mir geht's gut. (1) **1A**
finger Finger, - *m.* (3) **1A**
fire entlassen *v.* (3) **3B**; Feuer, - *n.*
firefighter Feuerwehrmann, -¨er / Feuerwehrfrau,
  -en (*pl.* Feuerwehrleute) *m./f.* (3) **3B**
firm Firma (*pl.* die Firmen) *f.* (3) **3A**
first erster/erste/erstes *adj.* (1) **2A**;
  zuerst *adv.* (2) **3B**
  first course erster Gang *m.* (1) **4B**
  first class erste Klasse *f.* (2) **4A**
fish Fisch, -e *m.* (1) **4A**
  to go fishing angeln gehen *v.* (1) **2B**
fish store Fischgeschäft, -e *n.* (1) **4A**
fit passen *v.* (2) **1A**; fit *adj.* (1) **2B**
five fünf (1) **2A**
flat tire Platten, - *m.* (2) **4A**
  to have a flat tire einen Platten haben *v.* (2) **4A**
flavor Geschmack, -¨e *m.* (1) **4B**
flight Flug, -¨e *m.* (2) **3B**
flood Hochwasser, - *n.* (3) **4B**
floor Stock, -¨e *m.*; Boden, -¨ *m.* (2) **2A**
  first/second floor erster/zweiter Stock (2) **2A**
flower Blume, -n *f.* (1) **1A**
  flower shop Blumengeschäft, -e *n.* (3) **2A**
flu Grippe, -n *f.* (3) **1B**
flunk durchfallen *v.* (1) **1B**
fly fliegen *v.* (2) **3B**
fog Nebel, - *m.* (2) **3A**
follow folgen *v.* (2) **1A**
food Essen, - *n.* (1) **4A**
foot Fuß, -¨e *m.* (3) **1A**
football American Football *m.* (1) **2B**
for für *prep.* (1) **3B**; seit; zu *prep.* (1) **4B**
foreign fremd *adj.* (3) **2A**
foreign language Fremdsprache, -n *f.* (1) **2A**
forest Wald, -¨er *m.* (1) **2B**
forget vergessen *v.* (1) **2B**
fork Gabel, -n *f.* (1) **4B**
form Formular, -e *n.* (3) **2A**
  to fill out a form ein Formular
  ausfüllen *v.* (3) **2A**
fountain Brunnen, - *m.* (3) **2B**
four vier (1) **2A**
France Frankreich *n.* (3) **2B**
French (person) Franzose, -n / Französin, -nen
  m./f. (3) **2B**; (language) Französisch *n.* (3) **2B**
free time Freizeit, -en *f.* (1) **2B**
freezer Gefrierschrank, -¨e *m.* (2) **2B**
Friday Freitag, -e *m.* (1) **2A**
  on Fridays freitags *adv.* (1) **2A**
friend Freund, -e / Freundin, -nen *m./f.* (1) **1A**
friendly freundlich *adj.* (1) **3B**
friendship Freundschaft, -en *f.* (2) **1A**
from aus *prep.* (1) **4A**; von *prep.* (1) **4B**
  where from woher *interr.* (1) **2A**
front: in front of vor *prep.* (2) **1B**
fruit Obst *n.* (1) **4A**
fry braten *v.* (1) **2B**
full voll *adj.* (2) **3B**
full-time ganztags *adj.* (3) **3B**

fully occupied voll besetzt *adj.* (2) **3B**
fun Spaß *m.* (2) **3B**
  to be fun Spaß machen *v.* (2) **3B**
  to (not) have fun (keinen) Spaß haben *v.* (2) **1A**
function funktionieren *v.* (2) **4B**
funny lustig *adj.* (1) **3B**
furnished möbliert *adj.* (2) **2A**
furniture Möbel, - *n.* (2) **2A**
  piece of furniture Möbelstück, -e *n.* (2) **2A**

G

game Spiel, -e *n.* (1) **2B**
game console Spielkonsole, -n *f.* (2) **4B**
garage Garage, -n *f.* (2) **2B**
garbage truck Müllwagen, - *m.* (3) **4B**
gardener Gärtner, - / Gärtnerin, -nen *m./f.* (3) **3B**
garlic Knoblauch *m.* (1) **4A**
gas Benzin, -e *n.* (2) **4A**
gas station Tankstelle, -n *f.* (2) **4A**
generous großzügig *adj.* (1) **3B**
German (person) Deutsche *m./f.* (3) **2B**; (language)
  Deutsch *n.* (3) **2B**
Germany Deutschland *n.* (1) **4A**
get bekommen *v.* (2) **1A**
  to get up aufstehen *v.* (1) **4A**
  to get sick/better krank/gesund
  werden *v.* (3) **1B**
gift Geschenk, -e *n.* (2) **1A**
girl Mädchen, - *n.* (1) **1A**
give geben *v.* (1) **2B**
  to give (a gift) schenken *v.* (2) **1A**
glass Glas, -¨er *n.* (1) **4B**
glasses Brille, -n *f.* (2) **1B**
global warming Erderwärmung *f.* (3) **4B**
glove Handschuh, -e *m.* (2) **1B**
go gehen *v.* (2) **2A**; fahren *v.* (1) **2B**
  to go out ausgehen *v.* (1) **4A**
  Go! Los! (2) **2B**
goal (in soccer) Tor, -e *n.* (1) **2B**
golf Golf *n.* (1) **2B**
good gut *adj.* (1) **3B**; nett *adj.*
  Good evening. Guten Abend. (1) **1A**
  Good morning. Guten Morgen. (1) **1A**
  Good night. Gute Nacht. (1) **1A**
  Good-bye. Auf Wiedersehen. (1) **1A**
  Good luck! Viel Glück! (2) **1A**
government Regierung, -en *f.* (3) **4B**
grade Note, -n *f.* (1) **1B**
grade report Zeugnis, -se *n.* (1) **1B**
graduate Abschluss machen, -¨e *v.* (2) **1A**
graduation Abschluss, -¨e *m.* (1) **1B**
gram Gramm, -e *n.* (1) **4A**
  100 grams of cheese 100 Gramm Käse (1) **4A**
granddaughter Enkeltochter, -¨ *f.* (1) **3A**
grandson Enkelsohn, -¨e *m.* (1) **3A**
grandchild Enkel, - *m.* (1) **3A**; Enkelkind,
  -er *n.* (1) **3A**
grandfather Großvater, -¨ *m.* (1) **3A**
grandma Oma, -s *f.* (1) **3A**
grandmother Großmutter, -¨ *f.* (1) **3A**
grandpa Opa, -s *m.* (1) **3A**
grandparents Großeltern *pl.* (1) **1A**

grape Traube, -n *f.* **(1) 4A**
grass Gras, -¨er *n.* **(3) 4A**
gray grau *adj.* **(2) 1B**
great toll *adj.* **(1) 3B**; prima *adj.*; spitze *adj.* **(1) 1A**
great grandfather Urgroßvater, -¨ *m.* **(1) 3A**
great grandmother Urgroßmutter, -¨ *f.* **(1) 3A**
greedy gierig *adj.* **(1) 3B**
green grün *adj.* **(2) 1B**
green bean grüne Bohne (*pl.* die grünen Bohnen), -n *f.* **(1) 4A**
greet grüßen *v.* **(1) 2A**
greeting Begrüßung, -en *f.* **(1) 1A**; Gruß, -¨e *m.* **(1) 1A**
grocery store Lebensmittelgeschäft, -e *n.* **(1) 4A**
ground floor Erdgeschoss, -e *n.* **(2) 2A**
grow wachsen *v.* **(2) 1B**
grown-up erwachsen *adj.* **(3) 2A**
guest Gast, -¨e *m.* **(2) 1A**
  hotel guest Hotelgast, -¨e *m.* **7B**
guesthouse Pension, -en *f.* **(2) 3B**
gym Sporthalle, -n *f.* **(1) 2A**

H

hail Hagel *m.* **(2) 3A**
hair Haar, -e *n* **(1) 3A**
hair dryer Haartrockner, - *m.* **(3) 1A**
hairdresser Friseur, -e / Friseurin, -nen *m./f.* **(1) 3B**
half halb *adj.* **(1) 2A**
half brother Halbbruder, -¨ *m.* **(1) 3A**
half sister Halbschwester, -n *f.* **(1) 3A**
hall Flur, -e *m.* **(2) 2A**
ham Schinken, - *m.* **(1) 4A**
hand Hand, -¨e *f.* **(3) 1A**
handsome gut ausehend *adj.* **(3) 3A**
hang hängen *v.* **(2) 1B**
  to hang up auflegen *v.* **(3) 3A**
happen passieren *v.* **(2) 1B**
happiness Glück *n.* **(2) 1A**
happy glücklich *adj.* **(1) 3B** froh *adj.* **(1) 3B**
  Happy birthday! Alles Gute zum Geburtstag! **(2) 1A**
  Happy Easter! Frohe Ostern! **(2) 1A**
  Happy New Year! Ein gutes neues Jahr! **(2) 1A**
  to be happy (about) sich freuen (über) *v.* **(3) 1A**
hard schwer *adj.* **(3) 1B**
hard drive Festplatte, -en *f.* **(2) 4B**
hard-working fleißig *adj.* **(1) 3B**
hare Hase, -n *m.* **(3) 4A**
hat Hut, -¨e *m.* **(2) 1B**
have haben *v.* **(1) 1B**
  Have a nice day! Schönen Tag noch! **(1) 1A**
  to have to müssen *v.* **(1) 3B**
he er *pron.* **(1) 1A**
head Kopf, -¨e *m.* **(3) 1A**
headache Kopfschmerzen *m. pl.* **(3) 1B**
headlight Scheinwerfer, -e *m.* **(2) 4A**
headphones Kopfhörer, - *m.* **(2) 4B**
health Gesundheit *f.* **(3) 1B**
health-food store Bioladen, -¨ *m.* **(3) 1B**
healthy gesund *adj.* **(2) 4A**
hear hören *v.* **(1) 2A**
heat stroke Hitzschlag, -¨e *m.* **(3) 1B**

heavy schwer *adj.* **(1) 4B**
hello Guten Tag.; Hallo. **(1) 1A**
help helfen *v.* **(1) 2B**
  to help with helfen bei *v.* **(2) 3A**
her ihr *poss. adj.* **(1) 3A**
here hier *adv.* **(1) 1A**
  Here is/are... Hier ist/sind... **(1) 1B**
high hoch *adj.* **(2) 4A**
highway Autobahn, -en *f.* **(2) 4A**
hike wandern *v.* **(1) 2A**
his sein *poss. adj.* **(1) 3A**
history Geschichte, -en *f.* **(1) 2A**
hit treffen *v.* **(1) 2B**
hobby Hobby, -s *n.* **(1) 2B**
hockey Hockey *n.* **(1) 2B**
hold: to be on hold in der Warteschleife sein *v.* **(3) 3B**
  Please hold. Bleiben Sie bitte am Apparat. **(3) 3A**
holiday Feiertag, -e *m.* **(2) 1A**
home Haus, -¨er *adv.* **(2) 1B**
  at home zu Hause *adv.* **(1) 4A**
home office Arbeitszimmer, - *n.* **(2) 2A**
homemade hausgemacht *adj.* **(1) 4B**
homemaker Hausfrau, -en / Hausmann, -¨er *f./m.* **(3) 3B**
homework Hausaufgabe, -n *f.* **(1) 1B**
hood Motorhaube, -n *f.* **(2) 4A**
horse Pferd, -e *n.* **(3) 4A**
hospital Krankenhaus, -¨er *n.* **(3) 1B**
host / hostess Gastgeber, - / Gastgeberin, -nen *m./f.* **(1) 1A**
host family Gastfamilie, -n *f.* **(1) 4B**
hot heiß *adj.* **(2) 3A**
hotel Hotel, -s *n.* **(2) 3B**
  five-star hotel Fünf-Sterne-Hotel *n.* **(2) 3B**
hour Stunde, -n *f.* **(1) 2A**
house Haus, -¨er *n.* **(2) 2A**
housework Hausarbeit *f.* **(2) 2B**
  to do housework Hausarbeit machen *v.* **(2) 2B**
how wie *interr.* **(1) 2A**
  How are you? *(form.)* Wie geht es Ihnen? **(1) 1A**
  How are you? *(inf.)* Wie geht's (dir)? **(1) 1A**
  how many wie viele *interr.* **(1) 2A**
  how much wie viel *interr.* **(1) 2A**
human resources manager Personalchef, -s / die Personalchefin, -nen *m./f.* **(3) 3A**
humble bescheiden *adj.*
hurry sich beeilen *v.* **(3) 1A**
hurt weh tun *v.* **(3) 1B**
  to hurt oneself sich verletzen *v.* **(3) 1B**
husband Ehemann, -¨er *m.* **(1) 3A**
hybrid car Hybridauto, -s *n.* **(4) 4B**

I

I ich *pron.* **(1) 1A**
ice cream Eis *n.* **(2) 1A**
ice cream shop Eisdiele, -n *f.* **(1) 4A**
ice cube Eiswürfel, - *m.* **(2) 1A**
ice hockey Eishockey *n.* **(1) 2B**
ID card Personalausweis, -e *m.* **(2) 3B**
idea Idee, -n *f.* **(1) 1A**
if wenn *conj.*; ob *conj.* **(3) 2A**

as if als ob **(3) 2A**
  if I were you an deiner/Ihrer Stelle *f.* **(3) 2A**
  if... only wenn... nur **(3) 2A**
  if... then wenn... dann **(3) 2A**
imagine sich (etwas) vorstellen *v.* **(3) 1A**
imitate nachmachen *v.* **(2) 4B**
important wichtig *adj.* **(2) 3B**; bedeutend *adj.* **(3) 4A**
improve verbessern *v.* **(3) 4B**
in in *prep.* **(2) 1B**
  in the afternoon nachmittags *adv.* **(1) 2A**
  in the evening abends *adv.* **(1) 2A**
  in the morning morgens *adv.* **(1) 2A**
  in spite of trotz *prep.* **(2) 4B**
India Indien *n.* **(3) 2B**
Indian indisch *adj.* **(3) 2B**; **(person)** Inder, - / Inderin, -nen *m./f.* **(3) 2B**
injury Verletzung, -en *f.* **(3) 1B**
inside (of) innerhalb *prep.* **(2) 4B**
instead sondern *conj.* **(2) 2A**
  instead of statt *prep.*; anstatt *prep.* **(2) 4B**
intellectual intellektuell *adj.* **(1) 3B**
intelligent intelligent *adj.* **(1) 3B**
interested: to be interested (in) sich interessieren (für) *v.* **(3) 1A**
interesting interessant *adj.* **(1) 3B**
internet café Internetcafé, -s *n.* **(3) 2A**
internship Praktikum (*pl.* die Praktika) *n.* **(3) 3A**
intersection Kreuzung, -en *f.* **(3) 2B**
introduce: to introduce (oneself) (sich) vorstellen *v.* **(3) 1A**
invent erfinden *v.* **(2) 3A**
invite einladen *v.* **(2) 1A**
iron Bügeleisen, - *n.* **(2) 2B**; bügeln *v.* **(2) 2B**
ironing board Bügelbrett, -er *n.* **(2) 2B**
island Insel, -n *f.* **(3) 4A**
it es *pron.* **(1) 1A**
Italian (person) Italiener, - / Italienerin, -nen *m./f.* **(3) 2B**; **(language)** Italienisch *n.* **(3) 2B**
Italy Italien *n.* **(3) 2B**
its sein *poss. adj.* **(1) 3A**

J

jacket Jacke, -n *f.* **(2) 1B**
jam Marmelade, -n *f.* **(1) 4A**
January Januar *m.* **(1) 2A**
jealous eifersüchtig *adj.* **(1) 3B**
jeans Jeans *f.* **(2) 1B**
jewelry store Juweliergeschäft, -e *n.* **(3) 2A**
job Beruf, -e *m.* **(3) 3B**; Stelle, -n *f.* **(3) 3A**
  to find a job Arbeit finden *v.* **(3) 3A**
job interview Vorstellungsgespräch, -e *n.* **(3) 3A**
job opening Stellenangebot, -e *n.* **(3) 3A**
jog joggen *v.* **(1) 2B**
journalist Journalist, -en / Journalistin, -nen *m./f.* **(1) 3B**
judge Richter, - / Richterin, -nen *m./f.* **(3) 3B**
juice Saft, -¨e *m.* **(1) 4B**
July Juli *m.* **(1) 2A**
June Juni *m.* **(1) 2A**
just as genauso wie **(2) 4A**

K

key Schlüssel, - *m.* (2) **3B**
keyboard Tastatur, -en *f.* (2) **4B**
kind nett *adj.*
kiosk Kiosk, -e *m.* (3) **2A**
kiss Kuss, -ˮe *m.* (2) **1A**; küssen *v.* (2) **1A**
  to kiss (each other) sich küssen *v.* (3) **1A**
kitchen Küche, -n *f.* (2) **2A**
knee Knie, - *n.* (3) **1A**
knife Messer, - *n.* (1) **4B**
know kennen *v.* (2) **1B**; wissen *v.* (2) **1B**
  to know each other sich kennen *v.* (3) **1A**
know-it-all Besserwisser, - / Besserwisserin
  -nen *m./f.* (1) **2A**
Korea Korea *n.* (3) **2B**
Korean (person) Koreaner, - / Koreanerin,
  -nen *m./f.* (3) **2B**; **(language)** Koreanisch *n.* (3)
  2B

L

labor union Gewerkschaft, -en *f.* (3) **3B**
lake See, -n *m.* (3) **4A**
lamp Lampe, -n *f.* (2) **2A**
land landen *v.* (2) **3B**; Land, -ˮer *n.* (2) **3B**
landscape Landschaft, -en *f.* (3) **4A**
laptop (computer) Laptop, -s *m./n.* (2) **4B**
last letzter/letzte/letztes *adj.* (1) **2B**
last name Nachname, -n *m.* (1) **3A**
late spät *adj.* (1) **2A**
  to be late sich verspäten *v.* (3) **1A**
laugh lachen *v.* (1) **2A**
laundromat Waschsalon, -s *m.* (3) **2A**
laundry Wäsche *f.* (2) **2B**
  to do laundry Wäsche waschen *v.* (2) **2B**
law Gesetz, -e *n.* (3) **4B**
lawyer Rechtsanwalt, -ˮe / Rechtsanwältin,
  -nen *m./f.* (1) **3B**
lay legen *v.* (2) **1B**
lazy faul *adj.* (1) **3B**
leaf Blatt, -ˮer *n.* (3) **4A**
learn lernen *v.* (1) **2A**
leather Leder, - *n.* (2) **1B**
leave abfahren *v.* (2) **4A**
lecture Vorlesung, -en *f.* (1) **2A**; Vortrag, -ˮe *m.*
  (2) **2B**
lecture hall Hörsaal (*pl.* Horsale) *m.* (1) **2A**
leg Bein, -e *n.* (3) **1A**
leisure Freizeit *f.* (1) **2B**
lesson Stunde, -n *f.* (1) **1B**
let lassen *v.* (1) **2B**
letter Brief, -e *m.* (3) **2A**
  to mail a letter einen Brief abschicken *v.* (3) **2A**
  letter of recommendation
    Empfehlungsschreiben, - *n.* (3) **3A**
lettuce Salat, -e *m.* (1) **4A**
library Bibliothek, -en *f.* (1) **1B**
license plate Nummernschild, -er *n.* (2) **4A**
lie liegen *v.* (2) **1B**
  to lie down sich (hin)legen *v.* (3) **1A**
  to tell a lie lügen *v.*
light hell *adj.* (1) **3A**; leicht *adj.* (1) **4B**; Licht, -er
  n. (3) **4B**

---

lightning Blitz, -e *m.* (3) **3A**
like mögen *v.* (1) **4B**; gern (+*verb*) *v.* (1) **3A**;
  gefallen *v.* (2) **1A**
  I would like... ich hätte gern… (1) **4A**; Ich
    möchte... (1) **4B**
line Schlange, -n *f.* (2) **3B**; Linie, -n *f.*
  to stand in line Schlange stehen *v.* (2) **3B**
lip Lippe, -n *f.* (3) **1A**
lipstick Lippenstift, -e *m.* (3) **1A**
listen (to) hören *v.* (1) **2A**
literature Literatur *f.* (1) **2A**
little klein *adj.* (1) **3A**; wenig *adj.* (3) **2A**
live wohnen *v.* (1) **2A**; leben *v.*
living room Wohnzimmer, - *n.* (2) **2A**
load laden *v.* (2) **4B**
location Lage, -n *f.* (2) **3B**
long lang *adj.* (1) **3A**
  long-sleeved langärmlig *adj.* (2) **1B**
look schauen *v.* (2) **3A**
  to look at anschauen *v.* (2) **3A**
  to look for suchen *v.* (1) **2A**
  to look forward to sich freuen auf *v.* (3) **1A**
loose weit *adj.* (2) **1B**
lose verlieren *v.* (1) **2B**
  to get lost sich verlaufen *v.* (3) **2B**
love lieben *v.* (1) **2A**; Liebe *f.* (2) **1A**
  to fall in love (with) sich verlieben (in) *v.* (3) **1A**
  to love each other sich lieben *v.* (3) **1A**
loving liebevoll *adj.* (1) **3B**
low niedrig *adj.* (3) **3A**
luggage Gepäck *n.* (2) **3B**
lunch Mittagessen, - *n.* (1) **4B**

M

magazine Zeitschrift, -en *f.* (3) **2A**
mail Post *f.* (3) **2A**
  to mail a letter einen Brief abschicken *v.* (3) **2A**
mail carrier Briefträger, - / Briefträgerin,
  -nen *m.* (3) **2A**
mailbox Briefkasten, -ˮ *m.* (3) **2A**
main course Hauptspeise, -n *f.* (1) **4B**
main road Hauptstraße, -n *f.* (3) **2B**
major: to major in studieren *v.* (1) **2A**
make machen *v.* (1) **2A**
makeup: to put on makeup sich schminken *v.* (3)
  1A
mall Einkaufszentrum (*pl.* Einkaufszentren) *n.* (3)
  2B
man Mann, -ˮer *m.* (1) **1A**
manage leiten *v.* (3) **3B**
manager Geschäftsführer, - / die
  Geschäftsführerin, -nen *m./f.* (3) **3A**
map Karte, -n *f.* (1) **1B**; Landkarte, -n *f.* (2) **3B**
  city map Stadtplan, -ˮe *m.* (2) **3B**
  to read a map eine Karte lesen *v.* (2) **3B**
marble Marmor *m.* (2) **2B**
March März *m.* (1) **2A**
marital status Familienstand, -ˮe *m.* (1) **3A**
market Markt, -ˮe *m.* (1) **4A**
marriage Ehe, -n *f.* (2) **1A**
married verheiratet *adj.* (1) **3A**
marry heiraten *v.* (1) **3A**
match Spiel, -e *n.* (1) **2B**; passen *v.* (2) **1A**

---

material Material, -ien *n.* (2) **1B**
mathematics Mathematik *f.* (1) **2A**
May Mai *m.* (1) **2A**
may dürfen *v.* (1) **3B**
maybe vielleicht *adv.* (1) **4A**
mayor Bürgermeister, - / Bürgermeisterin,
  -nen *m./f.* (3) **2B**
meal Mahlzeit, -en *f.* (1) **4B**
mean bedeuten *v.* (1) **2A**; meinen *v.* (1) **2A**;
  gemein *adj.* (1) **3B**
meat Fleisch *n.* (1) **4A**
mechanic Mechaniker, - / Mechanikerin,
  -nen *m./f.* (2) **4A**
medicine Medizin *f.* (1) **2A**; Medikament, -e *n.* (3)
  1B
meet (sich) treffen *v.* (1) **2B**; **(for the first time)**
  (sich) kennen lernen *v.* (3) **1A**
  Pleased to meet you. Schön dich/Sie kennen zu
    lernen. (1) **1A**
meeting Besprechung, -en *f.* (3) **3B**
melon Melone, -n *f.* (1) **4A**
menu Speisekarte, -n *f.* (1) **4B**
Merry Christmas! Frohe Weihnachten! (2) **1A**
message Nachricht, -en *f.* (3) **3A**
Mexico Mexiko *n.* (3) **2B**
Mexican mexikanisch *adj.* (3) **2B**; **(person)**
  Mexikaner, - / Mexikanerin, -nen *m./f.* (3) **2B**
microphone Mikrofon, -e *n.* (2) **4B**
microwave Mikrowelle, -n *f.* (2) **2B**
midmorning Vormittag, -e *m.* (1) **2B**
midnight Mitternacht *f.* (1) **2A**
mild leicht *adj.* (3) **1B**
milk Milch *f.* (1) **4B**
minority Minderheit, -en *f.* (3) **4B**
minus minus (1) **1B**
mirror Spiegel, - *m.* (2) **2A**
mist Nebel, - *m.* (2) **3A**
modern modern *adj.* (3) **2A**
modest bescheiden *adj.* (1) **3B**
mom Mama, -s *f.* (1) **3A**
Monday Montag, -e *n.* (1) **2A**
  on Mondays montags *adv.* (1) **2A**
money Geld *n.* (3) **2A**
month Monat, -e *m.* (1) **2A**
moon Mond, -e *m.* (3) **4A**
mop wischen *v.* (2) **2B**
more mehr *adj.* (2) **4A**
morning Morgen, - *m.* (1) **2B**
  in the morning vormittags (1) **2A**
  tomorrow morning morgen früh (1) **2B**
mother Mutter, -ˮ *f.* (1) **1A**
mother-in-law Schwiegermutter, -ˮ *f.* (1) **3A**
mountain Berg, -e *m.* (1) **2B**; (3) **4A**
mouse Maus, -ˮe *f.* (3) **4A**
mouth Mund, -ˮer *m.* (3) **1A**
move umziehen *v.* (2) **2A**; sich bewegen *v.*
mp3 player MP3-Player, - *m.* (2) **4B**
Mr. Herr (1) **1A**
Mrs. Frau (1) **1A**
Ms. Frau (1) **1A**
much viel *adv.* (4) **4A**
mushroom Pilz, -e *m.* (1) **4A**
musician Musiker, - / Musikerin, -nen *m./f.* (3) **3B**
must müssen *v.* (1) **3B**

my mein *poss. adj.* (1) **3A**
myself mir *pron.* (2) **3A**

N

naïve naiv *adj.* (1) **3B**
name Name, -n *m.* (1) **1A**
  to be named heißen *v.* (1) **2A**
  What's your name? Wie heißen Sie? *(form.)* /
    Wie heißt du? *(inf.) v.* (1) **1A**
napkin Serviette, -n *f.* (1) **4B**
natural disaster Naturkatastrophe, -n *f.* (3) **4A**
nature Natur, -en *f.* (3) **4A**
nauseous übel *adj.* (3) **1B**
near bei *prep.* (1) **4B**; nah *adj.* (3) **2B**
neat ordentlich *adj.* (2) **2B**
neck Hals, -¨e *m.* (3) **1A**
necklace Halskette, -n *f.* (2) **1B**
need brauchen *v.* (1) **2A**
  to need to müssen *v.* (1) **3B**
nephew Neffe, -n *m.* (2) **4B**
nervous nervös *adj.* (1) **3B**
never nie *adv.* (1) **4A**; niemals *adv.* (2) **3B**
New Year's Eve Silvester *n.* (2) **1A**
newlywed Frischvermählte, -n *m./f.* (2) **1A**
newspaper Zeitung, -en *f.* (2) **3B**
next nächster/nächste/nächstes *adj.* (1) **2B**
  next to neben *prep.* (2) **1B**
nice nett *adj.* (1) **3B**
  It's nice out. Es ist schön draußen. (2) **3A**
  Nice to meet you. Schön dich/Sie kennen zu
    lernen. (1) **1A**
  The weather is nice. Das Wetter ist gut. (3) **3A**
night Nacht, -¨e *f.* (1) **2B**
  to spend the night übernachten *f.* (2) **3B**
night table Nachttisch, -e *m.* (2) **2A**
nine neun (1) **2A**
no nein (1) **1B**; kein *adj.* (1) **2B**
no one niemand *pron.* (2) **3B**
nonviolent gewaltfrei *adj.* (3) **4B**
noon Mittag, -e *m.* (2) **2A**
nose Nase, -n *f.* (3) **1A**
not nicht *adv.* (1) **2B**
  Do not enter. Keine Zufahrt. (1) **3B**
  not bad nicht schlecht (1) **1A**
  not much wenig *adj.* (3) **2A**
note Notiz, -en *f.* (1) **1B**
notebook Heft, -e *n.* (1) **1B**
nothing nichts *pron.* (2) **3B**
November November *m.* (1) **2A**
now jetzt *adv.* (1) **4A**
nuclear energy Kernenergie *f.* (3) **4B**
nuclear power plant Kernkraftwerk, -e *n.* (3) **4B**
nurse Krankenpfleger, - / Krankenschwester,
  -n *m./f.* (3) **1B**

O

ocean Meer, -e *n.* (3) **4A**
October Oktober *m.* (1) **2A**
offer Angebot, -e *n.* (2) **1B**; bieten *v.* (3) **1B**;
  anbieten *v.* (3) **4B**
office Büro, -s *n.* (3) **3B**

office supplies Büromaterial, -ien *n.* (3) **3A**
often oft *adv.* (1) **4A**
oil Öl, -e *n.* (1) **4A**
old alt *adj.* (1) **3A**
  How old are you? Wie alt bist du? (1) **1B**
  I am... years old. Ich bin... Jahre alt. (1) **1B**
olive oil Olivenöl, -e *n.* (1) **4A**
on an *prep.*; auf *prep.* (2) **1B**
once einmal *adv.* (2) **3B**
one eins (1) **2A**; man *pron.* (2) **3B**
  by oneself allein *adv.* (1) **4A**
one-way street Einbahnstraße, -n *f.* (2) **4A**
onion Zwiebel, -n *f.* (1) **4A**
online: to be online online sein *v.* (2) **4B**
only nur *adv.* (1) **4A**
  only child Einzelkind, -er *n.* (1) **3A**
on-time pünktlich *adj.* (2) **3B**
onto auf *prep.* (2) **1B**
open öffnen *v.* (1) **2A**; aufmachen *v.* (2) **4B**;
  geöffnet *adj.* (3) **2A**
or oder *conj.* (2) **2A**
orange Orange, -n *f.* (1) **4A**; orange *adj.* (2) **1B**
order bestellen *v.* (1) **4A**
organic biologisch *adj.* (3) **4B**
our unser *poss. adj.* (1) **3A**
out draußen *adv.* (2) **3A**; heraus *adv.* (2) **2A**
  It's nice out. Es ist schön draußen. (2) **3A**
  to go out ausgehen *v.* (1) **4A**
  to bring out rausbringen (2) **2B**
outside draußen *prep.* (2) **2A**
  outside of außerhalb *prep.* (2) **4B**
oven Ofen, -¨ *m.* (2) **2B**
over über *prep.* (2) **1B**; vorbei *adv.* (2) **3A**
  over there drüben *adv.* (1) **4A**
overpopulation Überbevölkerung *f.* (3) **4B**
owner Besitzer, - / Besitzerin, -nen *m./f.* (1) **3B**

P

pack packen *v.* (2) **3B**
package Paket, -e *n.* (3) **2A**
pain Schmerz, -en *m.* (3) **1B**
pajamas Schlafanzug, -¨e *m.* (3) **1A**
pan Pfanne, -n *f.* (2) **2B**
pants Hose, -n *f.* (2) **1B**
paper Papier, -e *n.* (1) **1B**
  sheet of paper Blatt Papier (*pl.* Blätter Papier)
    n. (1) **1B**
paperclip Büroklammer, -n *f.* (3) **3A**
paper-goods store Schreibwarengeschäft,
  -e *n.* (3) **2A**
paragraph Absatz, -¨e *m.* (2) **1B**
parents Eltern *pl.* (1) **3A**
park Park, -s *m.* (1) **1A**; parken *v.* (2) **4A**
  No parking. Parkverbot. (1) **3B**
participate mitmachen *v.* (2) **4B**
part-time halbtags *adj.* (3) **3B**
party Party, -s *f.* (2) **1A**
  to go to a party auf eine Party gehen *prep.* (3) **2B**
  to throw a party eine Party geben *v.* (2) **1A**
pass (a test) bestehen *v.* (1) **1B**
passenger Passagier, -e *m.* (2) **3B**
passport control Passkontrolle, -n *f.* (2) **3B**

password Passwort, -¨er *n.* (2) **4B**
past Vergangenheit *f.* (3) **4A**; nach *prep.* (1) **2A**
pasta Pasta *f.* (1) **4A**
pastries Gebäck *n.* (2) **1A**
pastry shop Konditorei, -en *f.* (1) **4A**
path Weg, -e *m.* (3) **4A**
patient geduldig *adj.* (3) **3B**; Patient, -en /
  Patientin, -nen *m./f.* (3) **1B**
pay (for) bezahlen *v.* (1) **4A**
  to pay by (credit) card mit der Karte
    bezahlen *v.* (3) **2A**
  to pay in cash bar bezahlen *v.* (3) **2A**
peach Pfirsich, -e *m.* (1) **4A**
pear Birne, -n *f.* (1) **4A**
pedestrian Fußgänger, - / Fußgängerin,
  -nen *m./f.* (3) **2B**
pen Kuli, -s *m.* (1) **1B**
pencil Bleistift, -e *m.* (1) **1B**
people Leute *pl.* (1) **3B**; Menschen *pl.*
pepper Paprika, - *f.* (1) **4A**; Pfeffer, - *m.* (1) **4B**
percent Prozent *n.* (1) **1B**
period Punkt, -e *m.* (1) **1B**
person Person, -en *f.* (1) **1A**; Mensch, -en *m.*
personal persönlich *adj.* (1) **3B**
pet Haustier, -e *n.* (1) **3A**
pharmacy Apotheke, -n *f.* (3) **1B**
phone booth Telefonzelle, -n *f.* (2) **2B**
photo Foto, -s *n.* (1) **1B**
physics Physik *f.* (1) **2A**
picnic Picknick, -s *n.* (3) **4A**
  to have a picnic ein Picknick machen *v.* (3) **4A**
picture Foto, -s *n.* (1) **1B**; Bild, -er *n.* (2) **2A**
pie Kuchen, - *m.* (1) **4A**
pigsty Saustall, -¨e *n.* (2) **2B**
  It's a pigsty! Es ist ein Saustall! (2) **2B**
pill Tablette, -n *f.* (3) **1B**
pillow Kissen, - *n.* (2) **2B**
pineapple Ananas, - *f.* (1) **4A**
pink rosa *adj.* (2) **1B**
place Ort, -e *m.* (1) **1B**; Lage, -n *f.* (2) **3B**; setzen
  v. (2) **1B**
  in your place an deiner/Ihrer Stelle *f.* (3) **2A**
planner Terminkalender, - *m.* (1) **1B**
plant Pflanze, -n *f.* (2) **2A**
plastic Kunststoff, -e *m.* (2) **2B**
plate Teller, - *m.* (1) **4B**
platform Bahnsteig, -e (2) **4A**
play spielen *v.* (1) **2A**
player Spieler, - / Spielerin, -nen *m./f.* (1) **2B**
pleasant angenehm *adj.* (1) **3B**
please bitte (1) **1A**; gefallen *v.* (2) **1A**
  Pleased to meet you. Freut mich. (1) **1A**
plumber Klempner, - / Klempnerin,
  -nen *m./f.* (3) **3B**
plus plus (1) **1B**
police officer Polizist, -en / Polizistin,
  -nen *m./f.* (2) **4A**
police station Polizeiwache, -n *f.* (3) **2A**
politician Politiker, - / Politikerin, -nen *m./f.* (3) **3B**
pollute verschmutzen *v.* (3) **4B**
pollution Verschmutzung *f.* (3) **4B**
poor arm *adj.* (1) **3B**
pork Schweinefleisch *n.* (1) **4A**
position Stelle, -n *f.* (3) **3A**

post office Post, *f.* (3) **2A**
to go to the post office zur Post gehen *v.* (3) **2A**
postcard Postkarte, -n *f.* (3) **2A**
poster Poster, - *n.* (2) **2A**
pot Topf, -¨e *m.* (2) **2B**
potato Kartoffel, -n *f.* (1) **4A**
pound Pfund, -e *n.* (1) **4A**
a pound of potatoes ein Pfund Kartoffeln (1) **4A**
practice üben *v.* (1) **2B**; Übung, -en *f.*
pregnant schwanger *adj.* (3) **1B**
preparation Vorbereitung, -en *f.*
prepare vorbereiten *v.* (1) **4A**; zubereiten *v.* (2) **3A**
to prepare oneself (for) sich vorbereiten (auf) *v.* (3) **1A**
prescription Rezept, -e *n.* (3) **1B**
presentation Referat, -e *n.* (1) **2A**
preserve erhalten *v.* (3) **4B**
president Präsident, - / Präsidentin, -nen *m./f.* (2) **4B**
federal president Bundespräsident, - / Bundespräsidentin, -nen *m./f.* (2) **4B**
pretty hübsch *adj.* (1) **3A**
pretty well ziemlich gut *adv.* (1) **1A**
principal Schulleiter, - *m.* / Schulleiterin, -nen *f.* (1) **1B**
print drucken *v.* (2) **4B**
printer Drucker, - *m.* (2) **4B**
probably wohl *adv.* (3) **2A**; wahrscheinlich *adv.* (3) **2A**; sicher *adv.* (3) **2A**
problem Problem, -e *n.* (1) **1A**
profession Beruf, -e *m.* (1) **3B**
professional training Berufsausbildung, -en *f.* (3) **3A**
professor Professor, -en / Professorin, -nen *m./f.* (1) **1B**
program Programm, -e *n.* (2) **4B**
promotion Beförderung, -en *f.* (3) **3B**
pronunciation Aussprache *f.*
propose vorschlagen *v.* (3) **4B**
protect schützen *v.* (3) **4B**
proud stolz *adj.* (1) **3B**
psychologist Psychologe, -n / Psychologin, -nen *m./f.* (3) **3B**
psychology Psychologie *f.* (1) **2A**
public öffentlich *adj.* (2) **4A**
public transportation öffentliche Verkehrsmittel *n.* (2) **4A**
pull ziehen *v.* (1) **3B**
purple lila *adj.* (2) **1B**
purse Handtasche, -n *f.* (2) **1B**
push drücken *v.* (1) **3B**
put stellen *v.* (2) **1B**; legen *v.* (3) **1A**; setzen *v.* (3) **1A**
to put away wegräumen *v.* (2) **2B**
to put on anziehen *v.* (2) **1B**

Q

quarter Viertel, - *n.* (1) **2A**
quarter past/to Viertel nach/vor (1) **2A**
question Frage, -n *f.* (1) **1B**
quicksand Treibsand *m.* (3) **4A**

R

rabbit Kaninchen, - *n.* (3) **4A**
rain Regen *m.* (2) **3A**; regnen *v.* (1) **2A**
raincoat Regenmantel, -¨ *m.* (2) **3A**
raise Gehaltserhöhung, -en *f.* (3) **3B**
rarely selten *adv.* (1) **4A**
rather lieber *adj.* (2) **4A**
rating Bewertung, -en *f.* (2) **3B**
razor Rasierer, - *m.* (3) **1A**
read lesen *v.* (1) **2B**
ready fertig *adj.* (3) **3B**
real estate agent Immobilienmakler, - / Immobilienmaklerin, -nen *m./f.* (3) **3B**
realistic realistisch *adj.* (3) **2A**
really wirklich *adv.* (1) **4A**
receive bekommen *v.* (2) **1A**
receiver Hörer, - *m.* (3) **3A**
recess Pause, -n *f.* (1) **1B**
recognize erkennen *v.* (2) **3A**
recommend empfehlen *v.* (1) **2B**
record aufnehmen *v.* (2) **4B**
recycle recyceln *v.* (3) **4B**
red rot *adj.* (1) **3A**
red-haired rothaarig *adj.* (1) **3A**
reference Referenz, -en *f.* (3) **3A**
refrigerator Kühlschrank, -¨e *m.* (2) **2B**
related verwandt *adj.* (3) **2A**
relative Verwandte, -n *m.* (1) **3A**
relax sich entspannen *v.* (3) **1A**
reliable zuverlässig *adj.* (1) **3B**
remember sich erinnern (an) *v.* (3) **1A**
remote control Fernbedienung, -en *f.* (2) **4B**
remove entfernen *v.* (2) **2B**
renewable energy erneuerbare Energie *f.* (3) **4B**
rent Miete, -n *f.* (2) **2A**; mieten *v.* (2) **2A**
repair reparieren *v.* (2) **4A**
repeat wiederholen *v.* (1) **2A**
repetition Wiederholung, -en *f.*
report berichten *v.* (3) **4B**
report card Zeugnis, -se *n.* (1) **1B**
reservation: to make a (hotel) reservation buchen *v.* (2) **3B**
resign kündigen *v.* (3) **3B**
rest sich ausruhen *v.* (3) **1A**
restaurant Restaurant, -s *n.* (1) **4B**
result Ergebnis, -se *n.* (1) **1B**
résumé Lebenslauf, -¨e *m.* (3) **3A**
retire in Rente gehen *v.* (2) **1A**
retiree Rentner, - / Rentnerin, -nen *m./f.* (3) **3B**
review Besprechung, -en *f.* (2) **4B**
rice Reis *m.* (1) **4A**
rich schwer *adj.* (1) **4B**
ride fahren *v.* (2) **2B**; reiten *v.* (1) **2B**
to give (someone) a ride (jemanden) mitnehmen *v.* (3) **2B**
to ride a bicycle Fahrrad fahren *v.* (1) **2B**
ring klingeln *v.* (2) **4B**
rinse spülen *v.* (2) **2B**
rise (sun) aufgehen *v.* (3) **4A**
river Fluss, ¨e *m.* (1) **3B**
rock Stein, -e *m.* (3) **4A**
roll Brötchen, - *n.* (1) **4A**
room Zimmer, - *n.* (1) **1A**
room service Zimmerservice *m.* (2) **3B**
roommate Mitbewohner, - / Mitbewohnerin, -nen *m./f.* (1) **2A**
rug Teppich, -e *m.* (2) **2A**
run laufen *v.* (1) **2B**; rennen *v.* (2) **1A**
Russia Russland *n.* (3) **2B**
Russian (person) Russe, -n / Russin, -nen *m./f.* (3) **2B**; **(language)** Russisch *n.* (3) **2B**

S

sad traurig *adj.* (1) **3B**
salad Salat, -e *m.* (1) **4A**
salary Gehalt, -¨er *n.* (3) **3A**
high/low salary hohes/niedriges Gehalt, -¨er *n.* (3) **3A**
sale Verkauf, -¨e *m.*
on sale im Angebot (2) **1B**
salesperson Verkäufer, - / Verkäuferin, -nen *m./f.* (2) **1B**
salt Salz, -e *n.* (1) **4B**
salty salzig *adj.* (1) **4B**
same gleich *adj.*
Saturday Samstag, -e *m.* (1) **2A**
on Saturdays samstags *adv.* (1) **2A**
sausage Würstchen, - *n.* (1) **4A**
save speichern *v.* (2) **4B**; retten *v.* (3) **4B**
to save the planet den Planeten retten *v.* (3) **4B**
say sagen *v.* (1) **2A**
scarf Schal, -s *m.* (2) **1B**
schedule Stundenplan, -¨e *m.* (1) **2A**; Fahrplan, -¨e *m.*(2) **4A**
scholarship Stipendium (*pl.* Stipendien) *n.* (1) **2A**
school Schule, -n *f.* (1) **1B**
science Naturwissenschaft, -en *f.* (1) **2A**
scientist Wissenschaftler, - / Wissenschaftlerin, -nen *m./f.* (3) **3B**
score Ergebnis, -se *n.* (1) **1B**
screen Bildschirm, -e *m.* (2) **4B**
screen name Benutzername, -n *m.* (2) **4B**
sea Meer, -e *n.* (3) **4A**
seafood Meeresfrüchte *f. pl.* (1) **4A**
season Jahreszeit, -en *f.* (2) **3A**
seatbelt Sicherheitsgurt, -e *m.* (2) **4A**
second zweite *adj.* (1) **2A**
second-hand clothing Altkleider *pl.* (3) **4B**
see sehen *v.* (1) **2B**
See you later. Bis später. (1) **1A**
See you soon. Bis gleich. / Bis bald. (1) **1A**
See you tomorrow. Bis morgen. (1) **1A**
selfish egoistisch *adj.* (1) **3B**
sell verkaufen *v.* (1) **4A**
seminar Seminar, -e *n.* (1) **2A**
seminar room Seminarraum (*pl.* Seminarräume) *m.* (1) **2A**
send schicken *v.* (3) **2A**; abschicken *v.* (3) **3B**
separate (sich) trennen *v.* (3) **1A**
separated getrennt *adj.* (1) **3A**
September September *m.* (1) **2A**
serious ernst *adj.* (1) **3B**; schwer *adj.* (3) **1B**
set setzen *v.* (3) **1A**; **(sun)** untergehen *v.* (3) **4A**
to set the table den Tisch decken *v.* (2) **2B**
seven sieben (1) **2A**

shampoo Shampoo, -s *n.* (3) **1A**

shape Form, -en *f.* (3) **1B**

  in good shape fit *adj.* (1) **2B**

  to be in/out of shape in guter/schlechter Form sein *v.* (3) **1B**

shave sich rasieren *v.* (3) **1A**

shaving cream Rasierschaum, -¨e *m.* (3) **1A**

she sie *pron.* (1) **1A**

sheep Schaf, -e *n.* (3) **4A**

sheet Laken, - *n.* (2) **2B**

  sheet of paper Blatt Papier (*pl.* Blätter Papier) *n.* (1) **1B**

ship Schiff, -e *n.* (2) **4A**

shirt Hemd, -en *n.* (2) **1B**

shoe Schuh, -e *m.* (2) **1B**

shop einkaufen *v.* (1) **4A**

shopping Einkaufen *n.* (2) **1B**

shopping center Einkaufszentrum (*pl.* Einkaufszentren) *n.* (3) **2B**

short kurz *adj.* (1) **3A**; **(stature)** klein *adj.* (1) **3A**

  short film Kurzfilm, -e *m.* (3) **2A**

  short-sleeved kurzärmlig *adj.* (2) **1B**

shorts kurze Hose *f.* (2) **1B**

shot Spritze, -n *f.*

  to give a shot eine Spritze geben *v.* (3) **1B**

shoulder Schulter, -n *f.* (3) **1A**

show zeigen *v.* (2) **1A**

shower: to take a shower (sich) duschen *v.* (3) **1A**

shrimp Garnele, -n *f.* (1) **4A**

shy schüchtern *adj.* (3) **3B**

sibling Geschwister, - *n.* (1) **3A**

sick krank *adj.* (3) **1B**

  to get sick krank werden *v.* (3) **1B**

side dish Beilage, -n *f.* (1) **4B**

sidewalk Bürgersteig, -e *m.* (3) **2B**

sign unterschreiben *v.* (3) **2A**; Schild, -er *n.*

silk Seide, -n *f.* (2) **1B**

silverware Besteck *n.* (1) **4B**

since seit (1) **4B**

sincere aufrichtig *adj.* (1) **3B**

  Yours sincerely Gruß, -¨e (1) **3B**

sing singen *v.* (1) **2B**

single ledig *adj.* (1) **3A**

sink Spüle, -n *f.* (2) **2B**

sister Schwester, -n *f.* (1) **1A**

sister-in-law Schwägerin, -nen *f.* (1) **3A**

sit sitzen *v.* (2) **1B**

  to sit down sich (hin)setzen *v.* (3) **1A**

six sechs (1) **2A**

size Kleidergröße, -n *f.* (2) **1B**

ski Ski fahren *v.* (1) **2B**

skirt Rock, -¨e *m.* (2) **1B**

sky Himmel *m.* (3) **4A**

sleep schlafen *v.* (1) **2B**

  to go to sleep einschlafen *v.* (1) **4A**

slim schlank *adj.* (1) **3A**

slipper Hausschuh, -e *m.* (3) **1A**

slow langsam *adj.* (1) **3B**

  Please speak more slowly. Sprechen Sie bitte langsamer. (1) **3B**

  Slow down. Langsam fahren. (1) **3B**

small klein *adj.* (1) **3A**

smile lächeln *v.* (2) **1A**

smoke rauchen *v.*

  No smoking. Rauchen verboten. (1) **3B**

snack Snack, -s *m.* (4) **4B**

snake Schlange, -n *f.* (3) **4A**

sneakers Turnschuhe *m. pl.* (2) **1B**

sneeze niesen *v.* (3) **1B**

snow Schnee *m.* (2) **3A**; schneien *v.* (2) **3A**

so so *adv.* (1) **4A**

  so far, so good so weit, so gut (1) **1A**

  so that damit *conj.* (3) **2A**

soap Seife, -n *f.* (3) **1A**

soccer Fußball *m.* (1) **2B**

sock Socke, -n *f.* (2) **1B**

sofa Sofa, -s *n.* (2) **2A**

soil verschmutzen *v.* (2) **2B**

solar energy Sonnenenergie *f.* (3) **4B**

solid colored einfarbig *adj.* (2) **1B**

solution Lösung, -en *f.* (3) **4B**

some mancher/manche/manches *pron.* (2) **4B**

someone jemand *pron.* (2) **3B**

something etwas *pron.* (2) **3B**

  something else etwas anderes *n.* (3) **2A**

sometimes manchmal *adv.* (2) **3B**

somewhere else woanders *adv.* (1) **4A**

son Sohn, -¨e *m.* (1) **3A**

soon bald (1) **1A**

  See you soon. Bis bald.; Bis gleich. (1) **1A**

sorry: I'm sorry. Es tut mir leid. (1) **1A**

so-so so lala (1) **1A**

soup Suppe, -n *f.* (1) **4B**

soup spoon Esslöffel, - *m.* (1) **4B**

Spain Spanien *n.* (3) **2B**

Spanish (person) Spanier, - / Spanierin, -nen *m./f.* (3) **2B**; **(language)** Spanisch *n.* (3) **2B**

sparkling water Mineralwasser *n.* (1) **4B**

speak sprechen *v.* (1) **2B**

  to speak about sprechen über; reden über *v.* (2) **3A**

special besonderes *adj.* (3) **2A**

  nothing special nichts Besonderes *adj.* (3) **2A**

species Art, -en *f.* (3) **4B**

spelling Rechtschreibung *f.*

spend verbringen *v.* (2) **3A**

spicy scharf *adj.* (1) **4B**

split up sich trennen *v.* (3) **1A**

spoon Löffel, - *m.* (1) **4B**

sport Sport *m.* (1) **2B**; Sportart, -en *f.* (1) **2B**

sprain (one's wrist/ankle) sich (das Handgelenk / den Fuß) verstauchen *v.* (3) **1B**

spring Frühling, -e *m.* (1) **2B**

squirrel Eichhörnchen, - *n.* (3) **4A**

stadium Stadion (*pl.* Stadien) *n.* (1) **2B**

stairs Treppe, -n *f.* (2) **2A**

  to go up/down stairs die Treppe hochgehen/ heruntergehen *v.* (3) **2B**

stamp Briefmarke, -n *f.* (3) **2A**

stand stehen *v.* (2) **1B**

  to stand in line Schlange stehen *v.* (2) **3B**

stapler Hefter, - *m.* (3) **3A**

star Stern -e *m.* (3) **4A**

start starten *v.* (2) **4B**; anfangen *v.* (1) **4A**; beginnen *v.* (2) **2A**

station wagon Kombi, -s *m.* (2) **4B**

statue Statue, -n *f.* (3) **2B**

stay bleiben *v.* (2) **1B**

steal stehlen *v.* (1) **2B**

steering wheel Lenkrad, -¨er *n.* (2) **4A**

stepbrother Halbbruder, -¨ *m.* (1) **3A**

stepdaughter Stieftochter, -¨ *f.* (1) **3A**

stepfather Stiefvater, -¨ *m.* (1) **3A**

stepmother Stiefmutter, -¨ *f.* (1) **3A**

stepsister Halbschwester, -n *f.* (1) **3A**

stepson Stiefsohn, -¨e *m.* (1) **3A**

stereo system Stereoanlage, -n *f.* (2) **4B**

still noch *adv.*; still *adj.*

  still water stilles Wasser *n.* (1) **4B**

stomachache Bauchschmerzen *m. pl.* (3) **1B**

stop sign Stoppschild, -er *n.* (2) **4A**

store Geschäft, -e *n.* (1) **4A**

storm Sturm, -¨e *m.* (2) **3A**

stove Herd, -e *m.* (2) **2B**

straight glatt *adj.* (1) **3A**

  straight hair glatte Haare *n. pl.* (1) **3A**

  straight ahead geradeaus *adv.* (2) **4A**

strawberry Erdbeere, -n *f.* (1) **4A**

stream Strom, -¨e *m.* (3) **4A**

street Straße, -n *f.* (2) **4A**

  to cross the street die Straße überqueren *v.* (3) **2B**

striped gestreift *adj.* (2) **1B**

strong stark *adj.* (1) **3B**

student Schüler, - / Schülerin, -nen *m./f.* (1) **1B**; **(college/university)** Student, -en / Studentin, -nen *m./f.* (1) **1A**

studies Studium (*pl.* Studien) *n.* (1) **2A**

study lernen *v.* (1) **2A**

stuffy nose verstopfte Nase *f.* (3) **1B**

style Stil, -e *m.* (2) **1B**

subject Fach, -¨er *n.* (1) **2A**

subway U-Bahn *f.* (2) **4A**

success Erfolg, -e *m.* (3) **3B**

such solcher/solche/solches *pron.* (2) **4B**

suit Anzug, -¨e *m.* (2) **1B**

suitcase Koffer, - *m.* (2) **3B**

summer Sommer, - *m.* (1) **2B**

sun Sonne, -n *f.* (3) **4A**

sunburn Sonnenbrand, -¨e *m.* (3) **1B**

Sunday Sonntag, -e *m.* (1) **2A**

  on Sundays sonntags *adv.* (1) **2A**

sunglasses Sonnenbrille, -n *f.* (2) **1B**

sunny sonnig *adj.* (2) **3A**

sunrise Sonnenaufgang, -¨e *m.* (3) **4A**

sunset Sonnenuntergang, -¨e *m.* (3) **4A**

supermarket Supermarkt, -¨e *m.* (1) **4A**

supposed: to be supposed to sollen *v.* (1) **3B**

surf surfen *v.* (2) **4B**

  to surf the Web im Internet surfen *v.* (2) **4B**

surprise überraschen *v.* (2) **1A**; Überraschung, -en *f.* (2) **1A**

sweater Pullover, - *m.* (2) **1B**

sweatshirt Sweatshirt, -s *n.* (2) **1B**

sweep fegen *v.* (2) **2B**

sweet süß *adj.* (1) **3B**

swim schwimmen *v.* (1) **2B**

swimming pool Schwimmbad, -¨er *n.* (1) **2B**

Switzerland die Schweiz *f.* (2) **3A**

Swiss schweizerisch, Schweizer *adj.* **(3) 2B**;
(person) Schweizer, - / Schweizerin,
-nen *m./f.* **(3) 2B**

symptom Symptom, -e *n.* **(3) 1B**

T

table Tisch, -e *m.* **(1) 1B**
  to set the table den Tisch decken **(2) 2B**
tablecloth Tischdecke, -n *f.* **(1) 4B**
take nehmen *v.* **(1) 2B**
  to take (a class) belegen *v.* **(1) 2A**
  to take out the trash den Müll rausbringen **(2) 2B**
  to take a shower (sich) duschen *v.* **(3) 1A**
  to take off abfliegen *v.* **(2) 3B**
talk reden *v.* **(2) 1A**
  to talk about erzählen von; sprechen/reden über *v.* **(2) 3A**
tall groß *adj.* **(1) 3A**
tank top Trägerhemd, -en *n.* **(2) 1B**
taste schmecken *v.* **(1) 4B**; Geschmack, -¨e *m.* **(1) 4B**
taxi Taxi, -s *n.* **(2) 4A**
taxi driver Taxifahrer, - / Taxifahrerin, -nen *m./f.* **(3) 3B**
tea Tee, -s *m.* **(1) 4B**
teacher Lehrer, - / Lehrerin, -nen *m./f.* **(1) 1B**
team Mannschaft, -en *f.* **(1) 2B**
teaspoon Teelöffel, - *m.* **(1) 4B**
technology Technik *f.* **(2) 4B**
  to use technology Technik bedienen *v.* **(2) 4B**
telephone Telefon, -e *n.* **(2) 4B**
  on the telephone am Telefon **(3) 3A**
telephone number Telefonnummer, -n *f.* **(3) 3A**
television Fernseher, - *m.* **(2) 4B**
tell erzählen *v.* **(2) 3A**
  to tell a story about erzählen von *v.* **(2) 3A**
temperature Temperatur, -en *f.*
  What's the temperature? Wie warm/kalt ist es? **(2) 3A**
tennis Tennis *n.* **(1) 2B**
tent Zelt, -e *n.* **(2) 3B**
ten zehn **(1) 2A**
terrific großartig *adj.* **(1) 3A**
test Prüfung, -en *f.* **(1) 1B**
text message SMS, - *f.* **(2) 4B**
textbook Lehrbuch, -¨er *n.;* Schulbuch, -¨er *n.* **(1) 1B**
thank danken *v.* **(1) 2A**
  Thank you. Danke. **(1) 1A**
  Thank you very much. Vielen Dank. **(1) 1A**
that das **(1) 1A**; dass *conj.* **(3) 2A**
the das/der/die
their ihr *poss. adj.* **(1) 3A**
then dann *adv.* **(2) 3B**
there da **(1) 1A**
  Is/Are there...? Ist/Sind hier...? **(1) 1B**; Gibt es...? **(1) 2B**
  There is/are... Da ist/sind... **(1) 1A**; Es gibt... **(1) 2B**
  there and back hin und zurück **(2) 3B**
  over there drüben *adv.* **(1) 4A**
therefore also; deshalb *conj.* **(3) 1B**

thermometer Thermometer, - *n.* **(3) 1B**
these diese *pron.* **(2) 4B**
  These are... Das sind... **(1) 1A**
they sie *pron.* **(1) 1A**
thin dünn *adj.* **(1) 3A**
thing Sache, -n *f.* **(1) 1B**; Ding, -e *n.*
think denken *v.* **(2) 1A**
  to think about denken an *v.* **(2) 3A**
  to think over überlegen *v.* **(1) 4A**
third dritter/dritte/drittes *adj.* **(1) 2A**
this das **(1) 1A**; dieser/diese/dieses *pron.* **(2) 4B**
  This is... Das ist... **(1) 1A**
three drei **(1) 2A**
through durch *prep.* **(1) 3B**
throw werfen *v.* **(1) 2B**
  to throw away wegwerfen *v.* **(3) 4B**
thunder Donner, - *m.* **(2) 3A**
Thursday Donnerstag, -e *m.* **(1) 2A**
  on Thursdays donnerstags *adv.* **(1) 2A**
ticket Flugticket, -s *n.* **(2) 3B**; Fahrkarte, -n *f.* **(2) 4A**
ticket collector Schaffner, - / Schaffnerin, -nen *m./f.* **(2) 4A**
ticket office Fahrkartenschalter, - *m.* **(2) 4A**
tidy ordentlich *adj.* **(2) 2B**
tie Krawatte, -n *f.* **(2) 1B**
tight eng *adj.* **(2) 1B**
time Zeit, -en *f.*; Mal, -e *n.* **(2) 3B**
  for the first/last time zum ersten/letzten Mal **(2) 3B**
  the first/last time das erste/letzte Mal **(2) 3B**
  this time diesmal *adv.* **(2) 3B**
  What time is it? Wie spät ist es?; Wie viel Uhr ist es? **(2) 2A**
times mal **(1) 1B**
tip Trinkgeld, -er *n.* **(1) 4B**
tired müde *adj.* **(1) 3B**
tissue Taschentuch, -¨er *n.* **(1) 1B**
to vor *prep.* **(1) 2A**; nach; zu *prep.* **(1) 4B**; auf, an *prep.* **(2) 1B**
  in order to um...zu **(3) 3B**
  to the right/left nach rechts/links **(2) 2A**
toast anstoßen *v.* **(2) 1A**
toaster Toaster, - *m.* **(2) 2B**
today heute *adv.* **(1) 2B**
  Today is ... Heute ist der ... **(1) 2A**
  What day is it today? Welcher Tag ist heute? **(2) 3A**
toe Zeh, -en *m.* **(3) 1A**
together zusammen *adv.* **(1) 4A**
toilet Toilette, -n *f.* **(2) 2A**
tomato Tomate, -n *f.* **(4) 4A**
tomorrow morgen *adv.* **(1) 2B**
  the day after tomorrow übermorgen *adv.* **(1) 2B**
  tomorrow morning morgen früh **(1) 2B**
too zu *adv.* **(1) 4A**; auch *adv.* **(1) 1A**
tool kit Werkzeug, -e *n.*
tooth Zahn, -¨e *m.* **(3) 1A**
toothache Zahnschmerzen *m. pl.* **(3) 1B**
toothbrush Zahnbürste, -n *f.* **(3) 1A**
toothpaste Zahnpasta (*pl.* Zahnpasten) *f.* **(3) 1A**
tornado Tornado, -s *m.* **(3) 4A**
toward in Richtung *f.* **(3) 2B**
towel Handtuch, -¨er *n.* **(3) 1A**

town Stadt, -¨e *f.* **(3) 2B**
town hall Rathaus, -¨er *n.* **(3) 2A**
toxic waste Giftmüll *m.* **(3) 4B**
track Bahnsteig, -e *m.* **(2) 4A**
track and field Leichtathletik *f.* **(1) 2B**
traffic Verkehr *m.* **(2) 4A**
traffic light Ampel, -n *f.* **(3) 2B**
train Zug, -¨e *m.* **(2) 4A**
transportation Verkehrsmittel *n.* **(2) 4A**
  public transportation öffentliche Verkehrsmittel *n.* **(2) 4A**
trash Müll *m.* **(2) 2B**
  to take out the trash den Müll rausbringen **(2) 2B**
travel reisen *v.* **(2) 2A**
travel agency Reisebüro, -s *n.* **(2) 3B**
traveler Reisende, -n *m./f.* **(2) 3B**
tree Baum, -¨e *m.* **(3) 4A**
trendy angesagt *adj.* **(2) 1B**
trip Reise, -n *f.* **(2) 3B**
truck LKW, -s *m.* **(2) 4A**
truck driver LKW-Fahrer, - / LKW-Fahrerin, -nen *m./f.* **(3) 3B**
trunk Kofferraum, -¨e *m.* **(2) 4A**
try probieren *v.* **(1) 3B**
  Give it a try! Probieren Sie mal!
T-shirt T-Shirt, -s *n.* **(2) 1B**
Tuesday Dienstag, -e *m.* **(1) 2A**
  on Tuesdays dienstags *adv.* **(1) 2A**
tuition fee Studiengebühr, -en *f.* **(1) 2A**
tuna Thunfisch *m.* **(1) 4A**
Turkey die Türkei *f.* **(1) 2B**
Turkish (person) Türke, -n / Türkin, -nen *m./f.* **(3) 2B**; **Turkish (language)** Türkisch *n.* **(3) 2B**
turn abbiegen *v.* **(3) 2B**
  to turn right/left rechts/links abbiegen *v.* **(2) 4A**
  to turn off ausmachen *v.* **(2) 4B**; einschalten *v.* **(3) 4B**
  to turn on anmachen *v.* **(2) 4B**; ausschalten *v.* **(3) 4B**
turning point Wende, -n *f.* **(3) 4B**
twelve zwölf **(1) 2A**
twenty zwanzig **(1) 2A**
twin Zwilling, -e *m.* **(1) 3A**
two zwei **(1) 2A**

U

ugly hässlich *adj.* **(1) 3A**
umbrella Regenschirm, -e *m.* **(2) 3A**
under unter *prep.* **(2) 1B**
understand verstehen *v.* **(1) 2A**
underwear Unterwäsche *f.* **(2) 1B**
undressed: to get undressed sich ausziehen *v.* **(3) 1A**
unemployed arbeitslos *adj.* **(3) 2A**
unfortunate arm *adj.* **(1) 3B**
unfortunately leider *adv.* **(1) 4A**
unfurnished unmöbliert *adj.* **(2) 2A**
unpleasant unangenehm *adj.* **(1) 3B**
university Universität, -en *f.* **(1) 1B**
until bis *prep.* **(1) 3B**; bis zu *prep.* **(3) 2B**
up herauf *adv.* **(2) 2A**
  to get up aufstehen *v.* **(1) 4A**

to go up hochgehen *v.* (3) **2B**
U.S.A. die USA (die) *pl.*; die Vereinigten Staaten *pl.* (3) **2B**
use benutzen *v.* (2) **4A**; bedienen *v.* (2) **4B**
  to get used to sich gewöhnen an *v.* (3) **1A**
useful nützlich *adj.* (1) **2A**
useless nutzlos *adj.* (1) **2A**

V

vacancy Zimmer frei *f.* (2) **2A**
vacation Ferien; Urlaub, -e *m.* (3) **3B**
  to go on vacation Urlaub machen *v.* (2) **3B**
vacuum staubsaugen *v.* (2) **2B**
vacuum cleaner Staubsauger, - *m.* (2) **2B**
validate entwerten *v.* (2) **4A**
  to validate a ticket eine Fahrkarte entwerten *v.* (2) **4A**
valley Tal, -¨er *n.* (3) **4A**
vase Vase, -n *f.* (2) **2A**
vegetables Gemüse *n.* (1) **4A**
verb Verb, -en *n.* (3) **1A**
very sehr *adv.* (1) **4A**
  very well sehr gut (1) **1A**
veterinarian Tierarzt, -¨e / Tierärztin, -nen *m./f.* (3) **3B**
visa Visum (*pl.* Visa) *n.* (2) **3B**
visit besuchen *v.* (1) **4A**
vocabulary Wortschatz, -¨e *m.*
volcano Vulkan, -e *m.* (3) **4A**
volleyball Volleyball *m.* (1) **2B**

W

wait warten *v.* (1) **2A**
  to wait for warten auf *v.* (2) **3A**
waiter / waitress Kellner, - / Kellnerin, -nen *m./f.* (1) **3B**
  Waiter! Herr Ober! (1) **4B**
wake up aufwachen *v.* (3) **1A**
walk Spaziergang, -¨e *m.*
  to go for a walk spazieren gehen *v.* (1) **2B**
wall Wand, -¨e *f.* (2) **1B**
want wollen *v.* (1) **3B**
warm warm *adj.* (3) **2A**
wash waschen *v.* (1) **2B**
  to wash (oneself) sich waschen *v.* (3) **1A**
washing machine Waschmaschine, -n *f.* (2) **2B**
waste Müll *m.* (3) **4B**; Abfall, -¨e *m.* (3) **4B**
wastebasket Papierkorb, -¨e *m.* (1) **1B**
watch zuschauen *v.* (4) **4A**; anschauen *v.* (2) **3A**
  to watch television fernsehen *v.* (2) **4B**
  water Wasser *n.*
  sparkling water Mineralwasser *n.* (1) **4B**
  still water stilles Wasser *n.* (1) **4B**
  water pitcher Wasserkrug, -¨e *m.* (1) **4B**
waterfall Wasserfall, -¨e *m.* (3) **4A**
we wir *pron.* (1) **1A**
weak schwach *adj.* (1) **3B**
wear tragen *v.* (1) **2B**
weather Wetter *n.* (2) **3A**
  What's the weather like? Wie ist das Wetter? (2) **3A**
Web Internet *n.* (2) **4B**

to surf the Web im Internet surfen *v.* (2) **4B**
Web site Website, -s *f.* (2) **4B**
wedding Hochzeit, -en *f.* (2) **1A**
Wednesday Mittwoch, -e *m.* (1) **2A**
  on Wednesdays mittwochs *adv.* (1) **2A**
week Woche, -n *f.* (1) **2A**
weekend Wochenende, -n *n.* (1) **2A**
weigh wiegen *v.* (2) **4B**
welcome (herzlich) willkommen (1) **1A**
  You're welcome. Gern geschehen. (1) **1A**
well gut *adv.*
  I am (very) well. Mir geht's (sehr) gut. (1) **1A**
  I am not (so) well. Mir geht's nicht (so) gut. (1) **1A**
  Get well! Gute Besserung! (2) **1A**
well-dressed gut gekleidet *adj.* (2) **1B**
well-known bekannt *adj.* (3) **2A**
wet nass *adj.* (3) **4A**
what was *interr.* (1) **2A**
  What is that? Was ist das? (1) **1B**
  What's up? Was geht ab? (1) **1A**
when wann *interr.* (1) **2A**
whenever wenn *conj.* (3) **2A**
where wo *interr.* (1) **2A**
  where from woher *interr.* (1) **2A**
  where to wohin *interr.* (1) **2A**
whether ob *conj.* (3) **2A**
which welcher/welche/welches *interr.* (1) **2A**
white weiß *adj.* (2) **1B**
who wer *interr.* (1) **2A**
  Who is it? Wer ist das? (1) **1B**
whom wen *acc. interr.* (1) **2A**; wem *dat. interr.* (1) **4B**
whose wessen *interr.* (2) **4B**
why warum *interr.* (1) **2A**
widow Witwe, -n *f.* (1) **3A**
widower Witwer, - *m.* (1) **3A**
wife Ehefrau, -en *f.* (1) **3A**
win gewinnen *v.* (1) **2B**
wind energy Windenergie *f.* (3) **4B**
window Fenster, - *n.* (1) **1B**
windshield Windschutzscheibe, -n *f.* (2) **4A**
windshield wiper Scheibenwischer, - *m.* (2) **4A**
windy windig *adj.* (2) **3A**
wine Wein, -e *m.* (1) **4B**
winter Winter, - *m.* (1) **2B**
wipe wischen *v.* (2) **2B**
wise weise *adj.* (1) **3B**
wish wünschen *v.* (1) **1A**
  to wish (for something) sich (etwas) wünschen *v.* (3) **1A**
with mit *(1)* **4B**
withdraw (money) (Geld) abheben *v.* (3) **2A**
within innerhalb *prep.* (2) **4B**
without ohne *prep.* (1) **3B**
woman Frau, -en *f.* (1) **1A**
wonder sich fragen *v.* (3) **1A**
wood Holz *n.* (2) **2B**
wool Wolle *f.* (2) **1B**
work Arbeit, -en *f.* (3) **3B**; arbeiten *v.* (1) **2A**; funktionieren *v.* (2) **4B**
  at work auf der Arbeit (3) **3B**
  to work on arbeiten an *v.* (3) **3A**

world Welt, -en *f.* (3) **4B**
worried besorgt *adj.* (1) **3B**
write schreiben *v.* (1) **2B**
  to write to schreiben an *v.* (2) **3A**
  to write to one another sich schreiben *v.* (3) **1A**

Y

year Jahr, -e *n.* (2) **3A**
yellow gelb *adj.* (2) **1B**
yes ja (1) **1B**; (contradicting) doch *adv.* (1) **2B**
yet schon (2) **1B**
yogurt Joghurt, -s *m.* (1) **4A**
you du/ihr/Sie *pron.* (1) **1A**
young jung *adj.* (1) **3A**; jugendlich *adj.* (3) **2A**
your euer/Ihr *poss. adj.* (1) **3A**
youth hostel Jugendherberge, -n *f.* (2) **3B**

Index

Understanding the Index references

The numbers following each entry can be understood as follows:

(2A) 51 = (Chapter, Lesson) page

So, the entry above would be found in Chapter 2, Lesson A, page 51.

About the Authors

Christine Anton, a native of Germany, is Associate Professor of German and Director of the Language Resource Center at Berry College. She received her B.A. in English and German from the Universität Erlangen and her graduate degrees in Germanic Languages and Literatures from the University of North Carolina at Chapel Hill. She has published two books on German realism and German cultural memory of National Socialism, and a number of articles on 19th and 20th century German and Austrian literature, as well as on second language acquisition. Dr. Anton has received several awards for excellence in teaching and was honored by the American Association of Teachers of German with the Duden Award for her "outstanding efforts and achievement in the teaching of German." Dr. Anton previously taught at the State University of New York and the University of North Carolina, Chapel Hill.

Tobias Barske, a native of Bavaria, is an Associate Professor of German and Applied Linguistics at the University of Wisconsin-Stevens Point. He has a Ph.D. in German Applied Linguistics from the University of Illinois at Urbana-Champaign with emphases on language and social interaction as well as language pedagogy. He has also studied at the Universität Regensburg in Germany. Tobias has over 10 years of experience teaching undergraduate and graduate courses at the university level and has earned numerous awards for excellence in teaching.

Jane Grabowski grew up in Germany and has an M.A. in German from Arizona State University. She is currently pursuing her Ph.D. and working on research relating to bilingualism, language contact, and the nature of linguistic evidence. Ms. Grabowski has spent a number of years teaching undergraduate German courses at the university level and enjoys volunteering her time to various translation projects.

Megan McKinstry has an M.A. in Germanics from the University of Washington. She is an Assistant Teaching Professor of German Studies and Co-Coordinator for Elementary German at the University of Missouri, where she received the University's "Purple Chalk" teaching award and an award for "Best Online Course." Ms. McKinstry has been teaching for over twelve years.

Television Credits

page 35 "**Shopping in München**" By permission of ppme.de.

page 83 "**Frauen machen doppelt…**" By permission of Telepool GmbH.

page 127 "**Urlaub im Grünen...**" By permission of Gebietsgemeinschaft Grünes Binnenland.

page 171 "**Mercedes**" By permission of Daimler AG.

Photography and Art Credits

All images © Vista Higher Learning unless otherwise noted. All Fotoroman photos provided by Xavier Roy.

Cover: (tl, br) Xavier Roy; (tr, bl) Gudrun Hommel.

Front Matter (TAE): T1 (tl, br) Xavier Roy; (tr, bl) Gudrun Hommel; **T7** © Mike Flippo/Shutterstock.com; **T8** © rvlsoft/Shutterstock.com; **T24** © monkeybusinessimages/Big Stock Photo; **T25** © SimmiSimons/iStockphoto.

Front Matter (SE): i (tl, br) Xavier Roy; (tr, bl) Gudrun Hommel; **xi** © Petr Z/Shutterstock.com.

Überblick: xv Xavier Roy; **9** (t) Ray Levesque; (mt, mb) Martín Bernetti; (b) © prism68/Shutterstock.com.

Chapter One: 17 Xavier Roy; **20** Darío Eusse Tobón; **24** © nagelestock.com/Alamy; **25** (l) © H. Brauer/Shutterstock.com; (tr) © vario images GmbH & Co.KG/Alamy; (br) © JTB Photo Communications, Inc./Alamy; **28** (tl) © Palladium/Age Fotostock; (tm) Ana Cabezas Martín; (tr) Pascal Pernix; (bl, bmr) Martín Bernetti; (bml) © Dmitriy Shironosov/Shutterstock.com; (br) Paula Díez; **31** (tl) Nicole Winchell; (tr) © Andrew Park/Shutterstock.com; (bl) © Aspen Stock/Age Fotostock; (bml) © moodboard/Fotolia.com; (bmr) Katie Wade; (br) Martín Bernetti; **37** (tl) Vanessa Bertozzi; (tm) © Corel/Corbis; (tr) © Danilo Calilung/Corbis; (bl, bm) Katie Wade; (br) © pedritobcn/Dreamstime.com; **38** (tl) © rolfbodmer/iStockphoto; (tm, tr, bl, bmr, br) Martín Bernetti; (bml) Darío Eusse Tobón; **42** © Imaginechina/Corbis; **43** (l) © Free Agents Limited/CORBIS; (tr) © Rabsch/laif/Redux; (br) © Splash News/Newscom; **44** (l) © Diego Cervo/123RF; (r) © Artur Bogacki/123RF; **52** (tl, bmr) Martín Bernetti; (tr) © Marc Pinter/Shutterstock.com; (bl) Nicole Winchell; (bml) © Celso Diniz/Shutterstock.com; (br) © silky/Shutterstock.com; **54** (l, r) © arbit/Shutterstock.com; **55** © Javier Larrea/ Age Fotostock; **56** (tl) © Hirotaka Ihara/123RF; (tr) © Vaclav Volrab/Dreamstime.com; (m) © Paha_L/Big Stock Photo; (b) Fabián Montoya; **57** (tl) © Enrico Nawrath/dpa/Corbis; (tr) © Maugli/Shutterstock.com; (m) © Tibor Bognár/Age Fotostock; (b) © Bloomberg via Getty Images; **58** © Gordon Welters/laif/Redux; **58–59** (full pg) © Petr Z/Shutterstock.com; **59** (t) © Arnold Morascher/laif/ Redux; (b) © Georg Knoll/laif/Redux; **60** © Masterfile; **61** © Sdeva/Dreamstime.com.

Chapter Two: 63 Xavier Roy; **66** © David Hughes/123RF; **70** © F1 ONLINE/SuperStock; **71** (l) © canebisca/Shutterstock.com; (tr) © Bettmann/CORBIS; (br) © Zoonar GmbH/Alamy; **74** © Anopa/Shutterstock.com; **75** (t) © Mark Bowden/iStockphoto; (b) © Zoe Michelle/Big Stock Photo; **77** © Pushkin/Shutterstock.com; **78** (tl) Martín Bernetti; (tr) © Clayton Hansen/iStockphoto; (bl) José Blanco; (bm) Vanessa Bertozzi; (br) © Rolf Fischer/iStockphoto; **86** © Ricardo Miguel/123RF; **90** © BERNINA International AG; **91** (l) © DreamPictures/VStock/Media Bakery; (tr) © INTERFOTO/Alamy; (br) Martín Bernetti; **93** © Photo Network/Alamy; **94** (tl) © Pixtal/ Age Fotostock; (tr) Martín Bernetti; (bl) Katie Wade; (bm) Ventus Pictures; (br) © Adam Kazmierski/iStockphoto; **95** © sjlocke/ iStockphoto; **100** (tablet) © Petr Z/Shutterstock.com; (hotel) © Phillip Minnis/123RF; **101** Anne Loubet; **102** (t) © Sergey Telegin/ Dreamstime.com; (ml) © Hongjiong Shi/Age Fotostock; (mr) © Christian Kober/Robert Harding World Imagery/Corbis; (b) Photo courtesy of National Police of Liechtenstein; **103** (tl) © Richard Wareham Fotografie/Alamy; (tr) © Yvan Reitserof/Fotolia.com; (m) © ROBYN BECK/AFP/Getty Images/Newscom; (b) © GAPS/iStockphoto; **104** © Fotosearch; **105** (t) © Antclausen/Dreamstime.com; (b) © clu/iStockphoto; **106** © Brian McEntire/iStockphoto; **107** © Purestock/Alamy.

Chapter Three: 109 Xavier Roy; **112** © notkoo/Shutterstock.com; **116** © Frank Krahmer/Corbis; **117** (l) © David Ball/Alamy; (tr) © LOOK Die Bildagentur der Fotografen GmbH/Alamy; (br) © Christian Ohde/CHROMORANGE/picture alliance/Newscom; **119** (l) Photo courtesy of Christina Manning; (r) © BananaStock/Jupiterimages; **120** (trl) © Javier Larrea/Media Bakery; (bl) © IT Stock Free/ Jupiterimages; (bml) Martín Bernetti; (bmr) © Oredia/Alamy; (br) Nicole Winchell; **126** (tl, tr) Nicole Winchell; (bl) Darío Eusse Tobón; (bml) © Georgios Alexandris/Shutterstock.com; (bmr) © MyasNick/Big Stock Photo; (br) Gudrun Hommel; **134** © Mlenny Photography/iStockphoto; **135** (l) © DeVIce/Fotolia.com; (tr) © Tupungato/Dreamstime.com; (br) © imagebroker.net/SuperStock; **139** (t) © kameraauge/Shutterstock.com; (m) © Elisabeth Holm/Shutterstock.com; (b) © Karel Gallas/Shutterstock.com; **143** (tl, bmr, br) Nicole Winchell; (tr) © Raimund Linke/Media Bakery; (bl) © Lanceb/Dreamstime.com; (bml) © marekuliasz/Shutterstock.com; **145** © Design Pics Inc./Alamy; **146** (t) © imagebroker.net/SuperStock; (ml) © Tibor Bognár/Age Fotostock; (mr) © Clearlens/Fotolia.com; (b) © imagebroker/Alamy; **147** (tl) © david harding/Shutterstock.com; (tr) © Stuart Forster/Alamy; (m) © bronswerk/iStockphoto;